Origin of
Shoichi Watanabe

青春の読書

渡部昇一

WAC

わが青春は本とともに

1937年、鶴岡市立朝陽第一小学校入学

『三好清海入道』
大日本雄辯會講談社編（1938年）当時の定価は九十銭だった

鶴岡中学校時代

1943年、山形県立鶴岡中学校(旧制)に入学。母・八重野と記念撮影。活字の船に乗ることを覚え、読書欲が爆発的に高まる。勤労奉仕の合間を縫って書物を楽しんだ。

鶴岡第一高等学校時代

1948年、学制改革により中学五年生から高校三年生に。「敵性語」だった英語の授業が解禁となり、英会話グループでは「チョーサー」という渾名に。

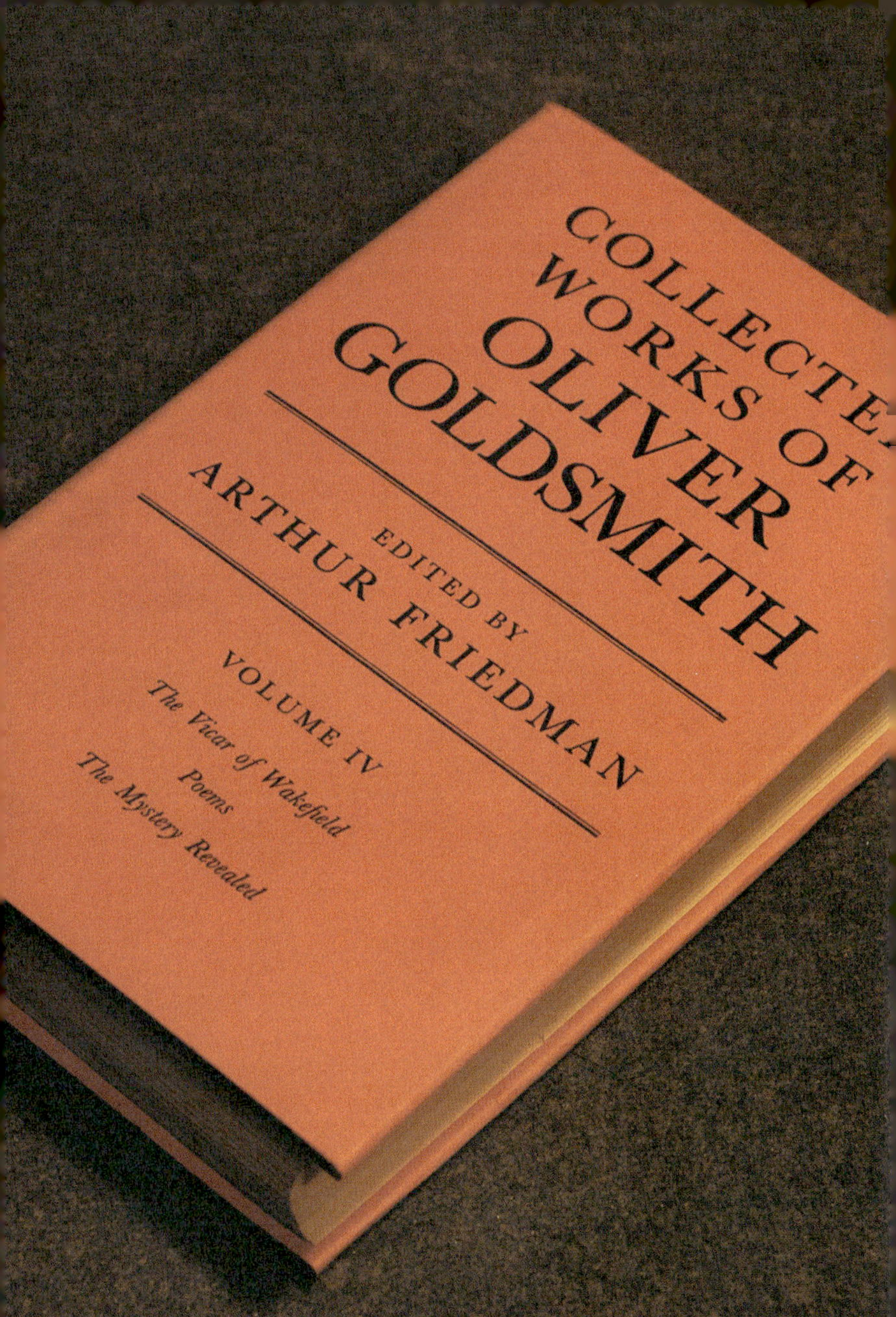

ゴールドスミス著『ウェイクフィールドの牧師』
教科書に掲載されていた作品。天才の目で平凡人の平凡な家庭生活の意義を示す

チェスタトン著
『文学におけるヴィクトリア朝』
大学三年生で読んで以来、
チェスタトンのファンに

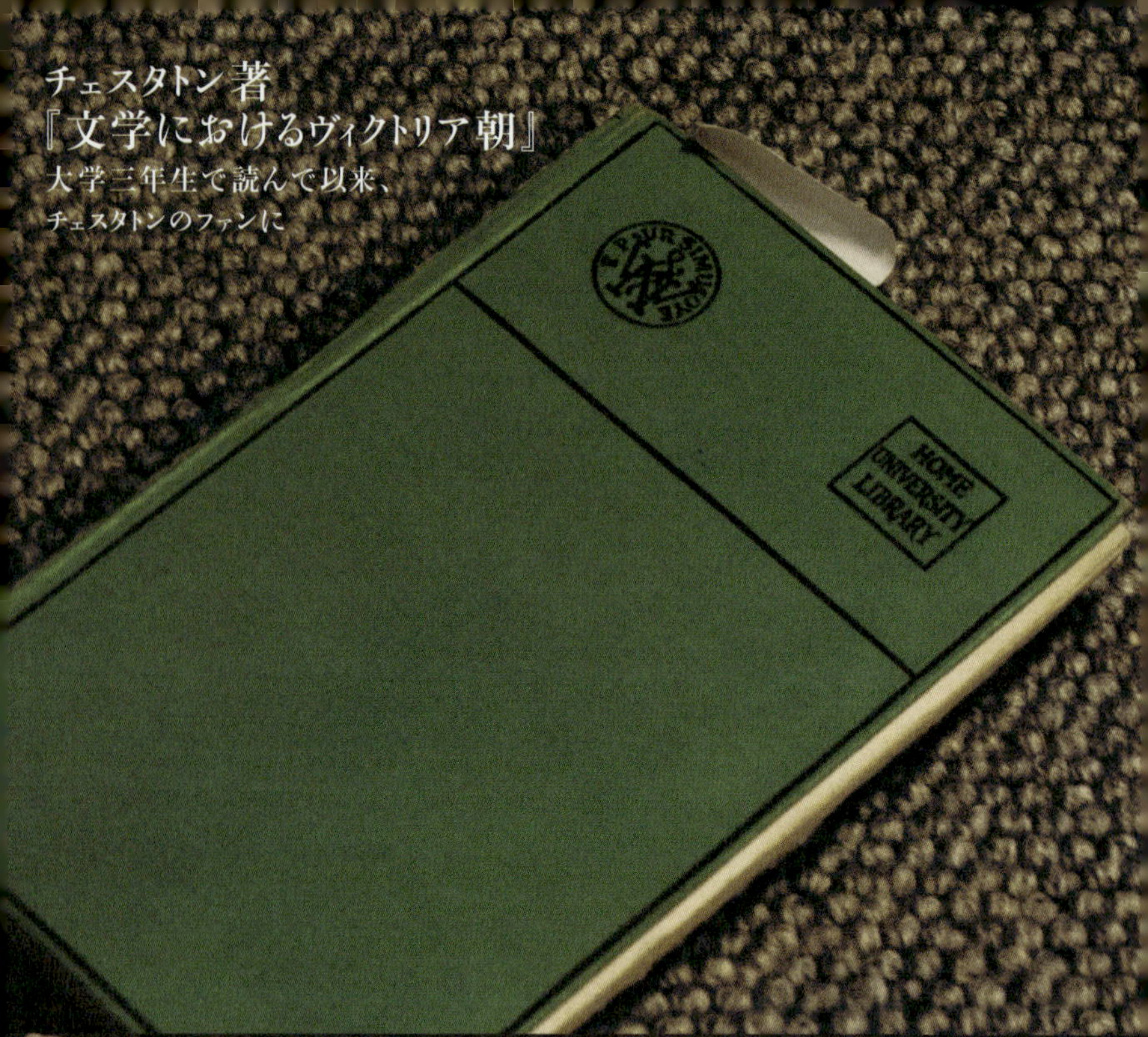

パスカル著『パンセ』
著者が学んだ本（左）と初版本（右）

上智大学時代

1949年、上智大学文学部英文学科に入学。「三つの幸運」のおかげで学恩に与かることが出来た。奨学金を受け、本以外は買わない、極貧の学生生活を送った。中央が恩師・佐藤順太先生。

上智大学大学院
～ドイツ留学時代

スマイルズをドイツ語で読んだおかげで決まった留学の幸運。博士論文はドイツ語で三百ページの本にもなった。

サミュエル・スマイルズ
『自助論』(セルフ・ヘルプ)
英語の原本とドイツ語版を比較して読み、ドイツ語を学んだ

Origin of
Shoichi Watanabe

渡部昇一

青春の読書　目次

Origin of
Shoichi Watanabe

第三章

鶴岡第一高等学校――戦後

1948年（昭和23年）

第四章

上智大学時代

1949年（昭和24年）

Origin of
Shoichi Watanabe

第五章

上智大学大学院〜ドイツ留学時代

1953年（昭和28年）

装丁――川上成夫
造本――スタジオＣＧＳ

Origin of
Shoichi Watanabe

第一章

鶴岡市立
朝陽第一小学校時代

1937年（昭和12年）

一、没収された本のゆくえ

遅進児《ちしんじ》という単語は精神科の医学用語であると記憶していたが、いまでは学校の勉強ができないというだけの意味ぐらいになっているらしい。人並みに学習が進まないのだから、やはり脳の発達が遅い子供を指すと考えてよいと思う。

自分の幼少期を振り返って、特に遅進児であったとは思っていなかったのであるが、初老の齢を過ぎる頃に、尊敬する学者や文筆家の読書体験を読んで、自分は本当は遅進児だったのだとつくづく思うようになっている。

『三好清海入道』大日本雄弁会講談社

たとえば、丸谷才一氏の読書体験である。丸谷さんは私と同じ中学校――山形県立鶴岡中学校――の先輩であるが、私が入学した頃に卒業されているので、学校で一緒だったことはない。

この丸谷さんが中学の頃に、岩波文庫の『サイキス・タスク』を読んだと知ってびっくりした。これは、イギリスの社会人類学・民俗学・

古典学の大学者フレイザーの俗信と社会制度に関する著作である。昭和十四（一九三九）年に、永橋卓介氏の訳で岩波文庫で出版されたものである。

私が『サイキス・タスク』というのを耳にしたのは、博学な刈田元司《かりたもとし》先生の英文学の授業の時だから、二十一歳の時である。それは何かの話のついでに先生が口にされたことで、私がその本を読むということはなかった。それからさらに二十年近く経った頃に、エリアーデの本を読むようになってから、同学の先達とも言うべきフレイザーの『金枝《ゴールデン》編《バウ》』を手に入れた。つまり、私が四十歳近くになった時に、私の関心が中学生の丸谷さんに追いついたという感じである。

丸谷さんのお家は鶴岡市中心部の有名な医院で、中学の校医でもあった。医者と教師は、今も昔も地方都市のインテリ層である。私の家は父も母も農村から出てきた無産の男女で、ようやく市のはずれに一家を構えたところから始まった。私の周囲も似たような家ばかりだった。

しかも、私の両親は二人とも小学校の卒業証書も持っていない。山形県の山村では、父が少年の頃は学校の建物はまだなく、父の父、つまり私の祖父と、村のお寺の坊さんがそれぞれの住宅で読み書きを教えていたのだそうである（父の弟、つまり私の叔父は小学校に通っている）。

母は幼くして両親を失って親類に預けられたので、ちゃんと学校に通わせてもらえず、テレビドラマ「おしん」の少女時代ですら、比較すれば、ひどく恵まれているような生活を送ったのである。

父の生家は当時は「本家《ほんけ》」といわれる家だったが、相続にゴタゴタがあって祖父は家を捨て、鶴岡に出てきて郵便局に勤めた。当時の手紙は毛筆草書の宛名のものが多かったので、多少の学がある人でないと勤まらない。しかし、この祖父は疫痢《えきり》で急死した。それで父は、自分の父から与えられた以上の教育を受ける機会がなくなってしまったのである。

それでも父は漢字をよく知っており、毛筆の字は達筆と言ってよかったが、学校というものに入ったことがないので、自分の父（私の祖父）の学識に対する尊敬心が強く、また学問に対する憧憬《しようけい》を終生失わなかった。仮名と少しばかりの漢字しか知らない母は、父を尊敬し、教育を尊いものだと思っていた。

『幼年倶楽部』を愛読

それで父は、子供の時から本や雑誌はよく買ってくれた。私には『幼年倶楽部』、姉には『少女倶楽部』を毎月取ってくれていたが、そんな「贅沢《ぜいたく》」な家は町内になかった。

私が物心着いた頃の周囲の大人たちは、『キング』が主で、そのうち『講談倶楽部』

とか『富士』が雑《ま》じるといった工合で、どっぷり大日本雄弁会講談社の文化のなかにいた。したがって、私が中学に入った時も、講談社的なものばかり読んでいた。中学一年生（昭和十八＝一九四三年）の時のことを思い出す。

中学一年生で、英語は英訳（英文和訳）と英作（英文法、英語作文）と二つの教科書を使っていた。英訳はKing's Crown Readersで、英国の王様の王冠が表紙についていた。英作文の教科書はいま、手元にない。英訳の先生は東北学院出身、英作の先生は東大英文科出身であった。昭和十八年の初夏の頃である。つまり、シンガポールを日本が占領し、昭南島《しようなんとう》と命名してから一年半ぐらい経った頃である。

私は敗けている国の言葉の勉強を軽んずる気は、特にあったと思わないが、通俗書に対する興味のほうがずっと大きかった。そして、机のなかにある読み止《さ》しの捕物帖――佐々木杜太郎《ささきもりたろう》の『名作主水《もんど》捕物集』――が気になって仕方がなかった。

いまから考えると、当時の規律の厳しい中学では大胆不敵なことに、机のふたをそっとあけてその捕物帖を読んだのである。英訳のG・S先生にたちまち見つけられ、教壇のところまでその捕物帖を持って出てくるように言われ、そこで鉄拳を頭に一つ食らって終わりになった。

その時、私はそれには納得した。授業中に他の本を読んでいたら、罰を受けるのが当然と思ったからである。しかし、授業のときでないならよかろうと思って、ある日、昼食の時に講談社の少年講談『三好清海入道《みよしせいかいにゅうどう》』を読んでいた。G・S先生はクラス主任だったから、同じ教室で弁当を食べていた。そして私を見咎《みとが》め、鉄拳を食らわせたうえに教壇の横に座らせて、「退学しろ」と叱った。結局、どうして許されたかはっきり記憶にないが、ずいぶんしつこくやられたという気がする。母に申し訳ない気がしたことだけをよく覚えている。

つまり、中学に入った頃の私の読書水準は、捕物帖か少年講談だった。あとになって、丸谷先輩の中学時代の読書水準は岩波文庫、しかも西洋の高級な学術書『サイキス・タスク』に及んでいたと知ってびっくりしたのも当然であった。

新刊書出版涸渇の時代

『三好清海入道』事件には、それに引き続いた事件が起こった。G・S先生の提案によるものと思われるが、全学一斉に持ち物検査があって、教科書以外の文学書などを持っている者は、その本を全部没収されたのである。その本の山は教員室の廊下に積み上げられた。上級生のなかには『愛染《あいぜん》かつら』などを取り上げられた者もいたという。

突如として、教科書以外の読書は一切罪悪というのが学校の方針になったのである。「教科書以外の本は学校に持ち込むべからず」という規則があったわけではなく、本の出版が極端に少なくなった昭和十八年頃には、生徒の間で本の貸し借りが特に盛んだったのだから、教員室の前に文学書の山ができたのも当然である。

しかし、その山はいつの間にか消えた。先生たちや職員たちが毎日少しずつ自宅に持ち帰ったと言われる。何しろ、新刊書の出版涸渇《こかつ》の時代だったから大変な役得になったはずだ。

数年後、私は自分から没収された本の何冊かを市内の古本屋で見つけて買い戻した。古本屋は、その本を誰が持ち込んだのかは教えてくれない。県立中学は、当時の鶴岡市のいわば最高学府であった。そこの教師のある人たちは英訳のG・S先生の如く、教科書以外の書物、教科書以外の読書そのものを憎んでいたとしか思われない。

これは、中学一年生としての私が受けた奇妙な体験であった。というのは、私の小学校では講談でも少年小説でも、読書そのものを褒めてくれる雰囲気だったからである。小学校は旧藩校で、旧藩士の家の出身の先生がかなり多かったと思う。一方、中学の先生たちは多くは旧藩とは関係がない人たちだった。私は小学校の時のつもりで、講談などを中学に持ち込んだわけだった。

ついでにG・S先生について言えば、一学期の英語の成績は赤座布団であった。落第点には赤いインクの下線がつく。これが学年末まで続くと落第、つまり原級留置《とめおき》となる。

この英語の赤座布団には私は納得した。英語の単語のスペリングを覚えることが要求されているとは知らなかったのである。あんなものを暗記できるとは思っていなかったのだから、いまから考えても不思議なほど私は幼稚だったのである。

最初の英語の試験のあった日、いつも一緒に登校していた近所の同級生の板垣良平が、しきりに「スクール」などのスペリングを口のなかで言っているのを見てびっくりした。

「単語のスペルを覚えるのかよ」

と言ったら、板垣は「当たり前だろう」と言った。それは試験当日の朝の登校中の話なのだから、私は目の前が真っ暗になるような気がしたことをいまでも覚えている。板垣は自分の兄が中学五年生だったから、そんなことは当然としていた。

人生の不可思議

というわけで、私が人生で最初に受けた英語の試験は、見事に赤座布団だった。学年末までには、平均点では赤座布団にならないまでにしたので、何とか落第はしないで済んだが。

ちなみに、他の学科には赤座布団はなかった。英語だけが落第点だったのである。そんな私がその後、英語の教師として人生を送ることになるのだから、おかしなものである。

振り返ってみて、自分の遅進性を知らされたもう一つの例は、故谷沢永一《たにざわえいいち》氏の『雑書放蕩記』(新潮社、一九九六年)を読んだ時である。谷沢さんはここ三十年ほど、御逝去なさるまでもっとも親しくしていただき、啓発を受けた方である。

谷沢さん自身は大学の劣等生で、金子又兵衛先生の粘り強い厚意のために大学に残れたという主旨のことを時々口にされた。しかし、それは谷沢さんの謙遜と、極端な学科の好き嫌いのことであって、私のような遅進児から見ると、丸谷才一さんに劣らぬ早進児であったと思われる。

谷沢さんと私の共通点といえば、両親が知識人でなかったということであり、この点は丸谷さんと異なる。そして谷沢さんも私も、二人とも幼稚園に行っていない。

このことについて、谷沢さんは次のように語っている。

「昭和四年六月二十七日。当時すでに規模の小さい幼稚園は近くにもあったが、それにはいれるのはよほど恵まれた家庭の子女であって、もちろん我が家では手が届かない。教育に重きをおく母ナツヱは、小学校の予備校ともいうべき幼稚園に通わせることができなかったのを済まないと思い、それが我が子の引け目になりはせぬかと案じつづけた」(前掲書、八ページ)

しかし、小学校に入った谷沢さんは母親の心配をはねとばした。入学当初は成績がまだ出ていないので級長は空席であるが、一学期の試験点数に基づいて、二学期には谷沢さんは級長に任ぜられているのだ。つまり、谷沢さんは小学校でクラス第一の秀才だったのである。

優等生の条件

成績一番のものが級長に任ぜられるというシステムは、私の小学校でも同じであった。もちろん、私は一度も級長になったことがない。それどころか、優等生になったのも、小学校六年生の時が初めてである。

優等生は、クラスの上位数パーセントのものが、進級する時に学業優等の免状を与えられる。私の小学校の優等生は、たいてい旧庄内藩士のうちの子か、幼稚園の出身の子、あるいはその両方だった子であった。私の小学校は、もと旧藩校の明倫致道館《めいりんちどうかん》であった。

庄内の酒井家は明治以後、東京に邸宅を持たなかった唯一の旧大名家である。西郷隆盛と親しかったということで西南戦争以後、旧藩主が明治政府に不当に冷遇されると、憤然として旧領地の鶴岡に隠棲《いんせい》されてしまった。

すると、殿様が東京にお住まいなら当然、中央に出て活躍するような高級武士の多くも、殿様と一緒に鶴岡に帰郷することになった。

それで鶴岡市には、旧御家中《ごかちゅう》の方々の住む地域があり、そこは断然たる鶴岡の知識階級の集中しているところであった。私はその学区の小学校に入ったというわけである。これは偶然の学区の問題で、私が越境入学したわけではない。

その旧士族の子供たちは真面目で礼儀正しく、勉強熱心で、宿題を忘れることがなく、習字（書道）にすぐれていた。つまり、旧士族出の先生のいる旧藩校の方針と波長が合っていた。優等生がそのなかからたくさん出るのは当然であった。

毎学年の終わりの終了式の時に、優等生総代としてクラス全員の証書を校長先生から頂くのもそうした子供たちであった。毎年、女生徒の優等生で総代を務めていた大瀬礼子という女の子の名前も姿も、七十数年たったいまでも覚えているが、大瀬家というのは、庄内藩のなかでも学問のある家として知られていた。

『幼年倶楽部』と『コグマノコロスケ』

そのほか旧士族の子供以外で優等生は、市の中心部あたりの裕福な家の子で、幼稚園の出身者であった。鶴岡市には当時、幼稚園が二つあって、一つはカトリック系のマリア園、もう一つはプロテスタントの小川牧師のやっている幼稚園であった。いずれも私の小学校の近くにある。

しかし学区は同じでも、私の家のある町内（養海塚《ようかいづか》と言った）からはずいぶんと遠い。そのせいもあってか、私の町内から幼稚園に通ったという子供は一人もいなかった。もちろん、私も通っていない。

しかし、小学校低学年では幼稚園で指導を受けてきた子と、全くの野育ちの子の差は歴然としている。優等生が旧士族出身か幼稚園出身か、その両方の出身の子供に独占されていたのは、いまから考えると当たり前の話だ。しかし、子供の頃の自分には分からない。「何とできる奴らがいるんだろう」と思っていた。

幼稚園に行かなかったのに、小学校一年生の二学期から級長に任ぜられたというのは、谷沢さんがとびぬけて勝れた才能をすでに発揮できたことを示している。

谷沢さんのご母堂は、「限りなく子供に甘かったから」本は何でも買うお金を与えてくれたそうである。そして小学三年生の谷沢さんはどういう本を買ったか。島崎藤村の四詩集『若菜集』『一葉舟』『夏草』『落梅集』の初版揃いである。真田幸村戦死の地の近くの、間口二間ほどの陰気で薄汚れた古本屋で見つけたというのだから凄い。

小学三年生の頃の私は、まだ「少年講談」も読んでいない。『幼年倶楽部』とその付録の吉本三平《よしもとさんぺい》の『コグマノコロスケ』という漫画、それに「講談社の絵本」である。絵本でない本を初めて読んだのは、小学校五年生頃だったと思う。最初に読んだのは講談社の「少年講談」で、『宮本武蔵』と『一休和尚』だった。絵本でない本を読み通したということで、なんだかぐんと大人に近づいたような気がしたことを覚えている。

谷沢さんと少年時代の頃の読書の話をした時、谷沢さんは『幼年倶楽部』も「コグマノコロスケ」もよくご存知だったどころか、『コグマノコロスケ』の実物もお持ちであった。つまり、私の読んでいたようなものも読んだうえで、大人の古書蒐集家《しゅうしゅうか》も欲しがるような初版本の発掘をなさっていたのである。

読書とは直接関係ないが、私の小学校では習字、つまり毛筆の字の上手下手が大きな問題であった。何しろ、殿様が字が上手で書道に深い関心を持っておられたから、その藩校であった私の小学校では――鶴岡市内や庄内地方のほかの小学校でもおそらく同じだったろう――習字が重んじられ、正月には清書の貼書《はりが》きがあった。

「貼書き」というのは、廊下に全クラスの児童の清書をランクを付けて貼り出すのだ。その上位の子供は例によって旧士族の子が多いが、みんなが見るわけだから、上位にあれば名誉だし、下位にあれば恥ずかしい。どのクラスでは誰が上位に貼られ、誰がビリのほうに貼られているか、それは全校の子供にわかるし、親も見に来る。不器用な私はいつもビリに近いところで、貼書きの季節は恥ずかしかった。

私の次姉は、私が一年生の時に五年生ぐらいだったと思うが、まずまずの上位であった。十歳年上の長姉は字の上手として有名で、鶴岡地区のみならず、庄内地区の書道展で金賞を得たりして、その額――たしか「光風霽月《こうふうせいげつ》」であったと思う――が居間に掛けてあった。

父は学歴がないが、毛筆の字は自慢であった。娘たちは上手なのに、息子の貼書きがいつもビリのほうにあるのを残念に思っていたが、私は上手にならないでしまった。

小学校六年生の時に、養海塚の町内会で子供の習字の「貼書き」があった。小学校の先生が審査員で、やはり一番上手なものから一番下手なものまでずらりと貼り出した。六年生では、私のものが六人の六年生の作品のうちビリだった。何しろ同じ町内のことだったから、毛筆自慢の父として恥ずかしくもあり、残念だったと思う。娘は字の上手として聞こえていたのに、一人息子はビリなのだから。

しかし、父は家に帰っても叱りもせず、愚痴も言わずに、ぽつりと「これからの世の中は筆の字の時代でもあるまいからな」と、自らを慰めるように言った。何しろ昭和十八（一九四三）年のはじめで、ガダルカナルから日本軍が「転進《てんしん》」し始める頃だった。そのときの父の姿が、その後もなぜか鮮明に記憶に残っている。

鉄棒・跳び箱は苦手

父の「諦観《ていかん》」にも似たつぶやきは、その後まもなく予言のような形で現れた。その後、三月に行われた中学校の入試で、私より字の上手だった男子はすべて失敗して農学校や高等小学校などに進学し、女子も一人も高等女学校に進学できず、みんな高等小学校か家事手伝いになった。たしかに父が呟いたように、毛筆の上手下手は進学には何の関係もない時代になっていたのである。

その印象が強かったものだから、中学では松平穆堂《まつだいらぼくどう》という書道の大家の時間があったのに、気合いを入れて習う気がなかったから、私は書道の点はいつも最低であった（書道は清書さえ出せば赤座布団になることはない）。

中学に町内から一人だけ合格したので、父は舞い上がるように喜んだ。私も小学校を卒業する時に、初めて優等生の仲間に入った。しかしこれも、中学や高等女学校に合格したものを優先的に優等生にするということであったらしい。小学校六年を優等で卒業したのに中学の入試で落ちたというのでは、小学校の先生としては工合が悪いからであろう。

もちろん、私も中学の入試に合格したことは喜んだが、「どうも学力で入ったのではないのではないか」という疑念を持ち続けていた。中学入試は、いまと違って戦時下の少年を選ぶのだから、体力の試験もあった。

私は自転車と竹馬と逆立ちには自信があったが、鉄棒とか跳び箱には自信がなく、部屋の隅の鴨居に鉄棒を渡してもらって懸垂をして腕を鍛えることなどを自分でやったが、入試のための学科の準備は全くやらなかった。

試験は三日続き、口答試験のなかで算数、国語、理科などについての試験があり、最後の三日目が校長先生直接の口答試験である。校長の試問では、「君はどういう気持ちで入学を望むのか」と聞かれるのが定石《じょうせき》だというので、小学校の先生は受験生にこうアドバイスしてくれていた。

「宣戦《せんせん》の大詔《たいしょう》のご趣旨を拳々服膺《けんけんふくよう》（難しい字だが、「教育勅語」にある言葉なので当時の小学生は知っていた）して、立派な軍人、あるいは科学者、あるいは医者になってお国の役に立つ人間になります」

というようなことをいえばよいとのことであった。

神武天皇の御稜威

当時の校長は真木勝《さなぎまさる》先生で、堂々として迫力のある人だった。その校長先生と三、四人の先生方の並ぶ部屋に入っていって、

「この大戦下の小国民として、君はどんな気持ちでいるのか」

と威厳のある校長先生に睨みつけられながら質問されたとき、覚えてきた小学校の先生のアドバイスは消し飛んでしまい、その朝、受験場に来る途中の電柱のポスターで読んだ言葉がとっさに出てしまった。

「討ちてしやまんの気持ちであります」

すると、校長先生は体を机のうえに乗り出すようにして、

「よーし、その精神だ！」

と言って机を叩いたのである。口頭試問は一瞬にして終わってしまった。このとき、私は「合格したな」という感触を得た。

あとから考えてみると、校長先生は「宣戦の大詔の精神に従い……」というような返事を三百回近く聞いて、うんざりしていたはずなのである。

しかも、「討ちてしやまむ」という言葉は、戦時スローガンではあったが、東大史学科御出身の学のある校長先生には、それが神武天皇御東征の時の久米歌《くめうた》、いわば進軍歌であることがすぐに頭に浮かんだに違いない。

私はその日の朝に電柱で見て口ずさんでいたので、校長先生の前で緊張のあまり思考停止になり、ちゃんとした言葉で答えることができずに、とっさのことで、その電柱のスローガンを反射的に言っただけなのである。

他の二日間の算数や国語などの成績がよかったわけはない。私よりそういう学科の成績のよかった同級生が何人も不合格になっているのだから。それで私はいまでも冗談に、「中学に入学できて今日まで勉強できたのは、神武天皇の御稜威《みいつ》のおかげだ」と言っている。

戦前の日本において中学を出ることは、小学校を出ただけの人と社会的に分ける分水嶺《ぶんすいれい》のようなものであることを私は中学に入って知った。校長先生は訓辞のなかで、「諸《しょ》子《し》は社会の中堅になるのだ」と言われた。「中堅」という言葉も中学に入って知ったのであるが、何でも大将のいる本陣のことらしかった。

つまり、社会を幕藩体制に譬《たと》えて言えば、中学を出た者は旗本《はたもと》か御家人《ごけにん》であり、中学に入らなかった者は足軽《あしがる》である、ということと理解させられた。事実、周囲を見回しても、市役所でも銀行でも、上の人たちはみな中学出であった。のちに田中美知太郎先生の自伝的な著書にも、同じような観察があることを知った。旧制の中学というのはたいしたものだったのである。

中学に入ってそういう意識を与えられて同級生を見ると、不思議な気持ちになった。私の通った小学校は旧藩校で、鶴岡市周辺では一番格が高いとされていたが、そこから中学に進むことのできる者は、男子六年生の二つのクラスに限られてくる（女子も二クラス）。

私のクラスからは一割ぐらい、つまり六人ほど中学に進んだが、そのなかに旧藩士の家の者が一人もいなかった。もう一つの男子クラスからは一人いたと思う。

この事実に気がついて、私はびっくりした。というのは、小学校入学以来、旧藩士の家の同級生たちはずらりと優等生であり、書道にすぐれ、貼書きもトップのほうを占めていたからである。私のクラスには、幕末期の偉大な家老で、西郷隆盛も「菅先生」と読んだ人物の曾孫《ひまご》か玄孫《やしやご》もいた。抜群に毛筆の字の上手な男であった。しかし、彼も中学に入れなかった。

家老の子孫Tも、級長だったYも、学問の家として旧幕時代有名だった藩士の子孫のKも、みんな中学入試に落ちているのだ。前に述べたように、これが私が生まれて初めて小学校六年生の時に優等生にされた理由なのだが。

戦時型教員の厳しさ

この妙な体験は、その後ずっと私の頭のなかで「不思議なこと」として残っていた。そして自分も教員になり、子供を育てたりした経験から、general enlightenment（一般的啓蒙）という言葉がそれを説明してくれるように思われてならない。つまり、当時の旧藩士の家では、昔風に礼儀正しく、また書道を仕込まれ、雑書や漫画などは読むことを許されず、教科書中心の勉強中心の生活を送っていたのではないか。こういう家の子は小学校の成績は抜群になるだろう。

ところが中学に入った連中は、講談社の雑誌や少年講談や少年小説好きだった。その分、学校の勉強や書道では遅れを取ったが、一般的啓蒙を体験していたのではないか。われわれは、盛んに絵本や雑誌や小説の貸し借りをしたものだったが、旧藩士の家の子供はそれにはほとんど加わらなかった。雑書《ざつしよ》を家に持って帰ったら叱られるからだったろう。

雑誌や小説を嫌悪する風潮が露骨に出たのは、前に述べたG・S先生らの中学の先生だったが、中学に入ったのは、皮肉にも講談社の雑誌や小説で一般的啓蒙を受けていた子供たちであったのだ。

神武天皇のおかげで私は中学に入ったと言ったが、もちろん、真木校長のおかげである。入学試験の口頭試問の時以外には、この校長先生とは個人的に会ったことも話したこともない。しかし、ともかく私は入学させてくれたのはこの人だと信じていたので、淡い好意を持ち続けていた。

しかし、この校長を丸谷才一さんは不倶戴天《ふぐたいてん》の敵の如く思っているらしいことを、ずっとあとになって丸谷さんの著書で知った。その大体の事件の筋は、次のようなものであったらしい。

中学生の丸谷さんは、学業優秀で健康優良であった。海軍兵学校か陸軍予備士官学校か、高校の理科に進むことを校長は期待していたらしい。しかし、丸谷少年は戦時の非常時なのに、東京の予備校に行った（丸谷家は金持ちなのだ）。

そして、新潟高校の文科に入った。それを知った真木校長は、「決戦下の国情も辨《わきま》えぬけしからんこと」として、非国民のように丸谷さんのことを批判したというのである。

私にとっては何となく恩人のように思われた真木校長も、丸谷さんのような頭の進んでいた文学少年にとっては敵だったのである。その点、頭の進み方は遅いという点では違うが、捕物帖や講談を敵視し、憎悪の目付きをして私に退学を強要した英語教師のG・S先生と真木校長は、同じタイプの戦時型教員だったのだろう。全校生徒の持ち物検査をして、教科書以外の本の山を教員室の廊下に積み上げさせたのも真木校長であった。

丸谷さんと谷沢さんの頭脳の発達の速進性、特に文学への関心の成熟度の高さに私は感銘しているが、丸谷さんと谷沢さんは、傾向や背景は違うのに、お互いに敬重《けいちょう》し合っておられる風だった。どこか通底する書物愛の素質があったのではないだろうか。

二、活字の舟で大海原へ

江戸川乱歩に「活字の舟」という卓抜《たくばつ》な比喩がある。本を読むということは、活字の舟に乗って別の国に出かけるようなものだというのである。乱歩はそのために活字に凝って、少年時代に活字を買ってきて印刷までやっている。私には活字を買ってまで想像の世界に乗り出す才覚はなかったが、活字が日常生活とは全く異質な世界を開いてくれることは実感できた。

『幼年倶楽部』や「講談社の絵本」や『コグマノコロスケ』は、たしかに日常生活とは別の世界に入ることを教えてくれたが、それは常に画像とともにあった。ところが、活字だけの本は——たとえところどころに挿画があったとしても——抽象世界へ導き入れてくれるものだったのである。絵本とはどこか本質的に違うのだ。それは、テレビと読書の違いと本質的に同じなのではなかろうか。

いまでも最初に読んだ本のことは鮮明

野村愛正『三国志物語』
大日本雄弁会講談社、昭和15年刊

に覚えている。『宮本武蔵』と『一休和尚』というどちらも講談社の「少年講談」シリーズのものである。講談社は読者に親切な出版社であった。まず、ほとんど総ルビである。学校でまだ習っていない漢字が出てきてもすらすら読める。意味は前後関係で分かるから、漢字の勉強にもなる。

事実、私は少年講談を読み出してから、学校の教科書で新しい漢字を覚えるということはなくなった。講談のほうがボキャブラリィが教科書よりはずっと広大だ。これが、すでに言及したgeneral enlightenment（一般的啓蒙）に関係があったのではないだろうか。

さらに少年講談が読者に親切だったのは、会話が出てくると、必ずそれが誰の発言であるか分かるようにしてくれていることであった。たとえば、魚久という魚屋と女房の会話があると、次のようになっていた。

女『一源寺《いちげんじ》さんの勘定《かんぢよう》はどうでした。』

久『きはだとよ。』

女『きはつて、今日が晦日《みそか》ぢやありませんか。』

久『きはにもいろいろあるから死にぎはかも知れねえ。』

といった具合に、発言者を示す字が行の上についており、会話がどんなに長く続いても、また発言者が何人いても、読んでいる子供は「誰の言葉だろう」と考える必要が全くないから、バリバリ読み進むことができた。その後、別の出版社の小説にも手を出すことがあったが、ルビのないものは、いたるところに邪魔物のある運動会の障害物競走みたいな感じであったし、また、会話が出てくると誰の発言か考えなければならないことがしばしば出てくるので、どうしても敬遠してしまった。

戦前の講談社が、日本に比類のない大出版社に発展したのは、読者に対するこうした親切さがあったからではないだろうか。大人向きの雑誌『キング』でも総ルビだし、そのなかの講談では誰が喋《しゃべ》っているのか、その話者がわかるようになっている。

当時の読書階級でも、講談本を読むような人たちには、そういう親切な配慮をしたのである。まさに大日本雄弁会講談社であった。

舟乗りを覚えてからは

私の活字の舟は、少年講談二冊から始まったわけだが、乗り出した海は古今東西の知識の世界に通じていた。幼稚な形で提供されたとはいっても、宮本武蔵は日本の過去の武士の世界に通じていたし、一休和尚は仏教の世界に通じていた。たとえば、一休和尚の話のなかに、こんな奇妙な、つまりパラドックス（逆説）だらけの和歌が出てくる。

闇の夜に　鳴かぬ烏《からす》の聲《こえ》聞けば
生まれぬ先の　親ぞ戀《こひ》しき

鳴かない鳥の声がどうして聞こえるのだろう、生まれない前の親なんてあるだろうか――などと幼い頭をひねったものだった。それは気味の悪い歌として何度も反芻《はんすう》しているうちに、七十年も経ったいまでも覚えているほど、脳裏に刻み込まれてしまった。

この和歌は一休のものでないとあとになって何かで読んだ気がするが、そんなことはどうでもよい。何か禅宗と関係があるらしい。私の母の家は曹洞宗であり、中学の同級生にはその宗派の僧侶になったものもいるが、私の仏教理解――それは理解と言えない程度のものと思うが――は、この子供の時に少年講談で覚えてしまった歌から始まっている。

時に、こうした和歌が頭にぽんと浮かんでくるということは、脳に対して妙な働きをするものなのである。

こうして、ひとたび活字の舟に乗ることを覚えると、私の読書欲求は爆発的に増大した。そして、講談社の出している少年小説を片っ端から読んだ。江戸川乱歩の少年探偵団もの、山中峯太郎の陸軍もの、平田晋策の海軍もの、佐々木邦や佐藤紅緑《さとうこうろく》の少年もの、それに横山美智子や吉屋信子の少女ものまで手当たり次第である。そして、頭のなかの世界は突如広くなった。あとで考えると、これが例の一般的啓蒙と言えるものと連なったように思う。

本に夢中になっている私を見て、父は喜び、母は健康の心配をした。いまの私は、その頃の父母の年齢より三十歳以上も年上になっているが、改めて父の経済観念の欠如と、母の勤勉努力に感謝せざるを得ない。父はいわゆる「いいふりこき」のところ、漢字で言えば誇負《こふ》するところがあった。ある時、私を近くの本屋に連れて行った。それは和泉屋書店という古本と新刊雑誌の両方を扱う小さな店であったが、その主人に向かってこう言ったのである。

「この子がほしいといった本は、何でも帳面につけて渡してやってくれ」

うちはこの書店から『キング』や『幼年倶楽部』を取っていたから、父と書店主はよく知っている仲だったのだ。

「これは大変なことを言っているな」と、私は子供心にも思った。当時の田舎では、住や食や衣にはまず困らない家でも現金収入が少ない。それに、たいていのうちはケチ――方言でネツイといった――であった。

私の母が時に借金に行くような豊かな家でも、子供に本を買ってやるようなことはまずなかった。うちより金持ちの家の子供たちが、姉や私のところに「遊ぼう」と言ってくる。そして家にあがると、別に遊ぶわけではなく、先ず姉や私の本や雑誌を貪《むさぼ》るように読むのだった。

そんな時代に、「この子は本は何でも買ってきてよい」ということを書店主に対して言うことは、まともな大人のやることではないと子供心にもわかった。そんなことをしたら、母が支払いに苦労することは目に見えている。

だから、私はこの与えられた「特権」をほとんど使ったことがない。ただ、明らかに私の家より豊かな家の同級生たちと学校の帰りにこの本屋に入った時——当時の子供たちは（おそらくいまの子供たちも）下校の時はいろんなところに寄り道をした。つまり道草を食ったものだった——そして少年講談の古本などがあった場合、「これを帳面につけておいてくれ」と言って持ち帰ったことはあった。これは同級生や遊び友達の羨望の的であった。大きな医院の家の息子がなかなか本を買ってもらえないのに、貧家の息子の私が帳面づけで書店から本を持ち帰れるのだから。

こうして持ち帰ったことは二、三回に過ぎなかったと思うが、子供の私は「自分は本に対しては特別な人間である」と思い込むようになったらしい。コレクターの本能が芽生えてきたのだ。そして、その頃はすでに新刊が出なくなっていた「少年講談」を全て集めようと決心したのである。

私の父や親類や親しい家の人は時々、東京や仙台や山形などの大都市に商用で出かけることがあった。その頃に旅に出た人は、頼まれたお土産を持って帰ることになっていた。そういう人には、「ともかく大きな古本屋に入って〝少年講談〟を見つけてきてくれ」と頼んだ。

昭和十五、六年ともなると紙が窮屈になり、古本以外で「少年講談」を入手できなかったのである。「少年講談」という名前を忘れて、「本なら何でもいいだろう」と思って別の本を買ってきてくれた人もいる。そんななかには、まったく大人向けの恋愛ものもあったし、『潜水艦銀龍號』などという思いがけないおもしろいのもあった。

何だかんだで、私はついに「少年講談」のほとんどすべて（カタログが手元になかったが、おそらく全部）を集めることに成功したのである。

子供の「蒐集本能」

——本のコレクターとして名高い学者は、子供の頃は昆虫採集から始める場合が少なくないようである。

戦前の東大の英文学の蔵書を世界的レベルにした市河三喜《いちかわさんき》先生は、その著書『昆虫・言葉・国民性』（研究社、昭和十四年）のなかに「済州島紀行」を収録されているが、これは先生がまだ高等学校の生徒の時に、大英博物館から派遣されてきた動物学者アンダーソンとともに、日韓併合以前のこの島で、いくつかの未発見の新種を学会に提供した話である。

少年の昆虫採集と言っても、そのコレクターとしての力量は動物学者と伍《ご》していけるほどのものだったというから凄い。

市河先生の話が出たついでに、先生の「先進度」と私の「遅進度」を対比させておきたい。先生は中学のときは英語ばかりに熱心で、他の学科はほとんど顧みず、数学の点数は悪かったという。

中学五年の幾何《きか》の時間の教科書は菊池大麓《きくちだいろく》のものだったが、市河先生はその英語版を見ていた。すると、数学の教師が「また市河は数学の時間に英語をやっているのか」と教壇から駆け降りてその本をひったくったのだが、見たら数学の教科書だったので、叱るわけにもいかず、テレてしまったというのである。

幾何の時間にその英訳本を使うほどの高いレベルの市河中学生と、英語の時間に捕物帖を見ていた渡部中学生の差は、全く天地霄壌《てんちしょうじょう》の差とも言うべきもので、東京と地方、「百年書香《しょこう》の家」と「歴代田舎百姓の家」の違いはあるにせよ、脳味噌の先進性と遅進性の懸隔《けんかく》に、いまさらながら嘆息せざるを得ない。

もう一人、本のコレクターで名高い人で、少年時代は昆虫採集に熱心だったという例として、中野三敏《なかのみつとし》氏をあげておきたい。中野氏については、故谷沢永一氏から「日本で一番たくさん、和本を持っている江戸学の権威」という紹介の手紙をいただいたことがあった。その中野氏の『本道楽』（講談社、二〇〇三年）によると、本格的な装備を持って採集していた少年だったようである。

子供は収集本能がある場合が多いようである。切手とかめんことかいろいろあるが、昆虫採集というのは子供にとってはもっとも高級なコレクター本能の発芽《はつが》であるらしいが、それには相当の経済的余裕や住居の広さのある家を持つ親が必要である。私は少しばかりペッチ（めんこ）を集めかかったことがあったぐらいで、すぐに「少年講談」のコレクターになった。

『世界名作全集』の啓蒙

出版事情が日に日に悪くなる時代に、ともかく全部古本で――そのコレクションを完成したという達成感は、心のそこに一種の自信として沈殿していたようである。それが再び表に出てくるのは戦中・戦後期をまたいで、約四十年後のことになる。

それには日本経済の高度成長と、ポンドやドルに対する円の大幅な切り上げという客観情勢が必要だった。一ポンド約千円、一ドル三百六十円の時代の日本人の収入で洋書のコレクションをすることなどは、夢のなかにもなかなか現れることのできない話であった。

それにしても、楽でもない生活のなかから、学校の本でもない「少年講談」を集めることを息子に可能にしてくれた亡き両親を、ただただありがたいと思うだけである。

その報恩の一端として、私は自分の子供たちには、西荻窪の今野書店――この店主は私の中学の友人の弟であった――から自由に帳面付けで本を買う許可を与えた。これは私の父が私にやってくれたことであり、母が反対しないことだった。そのせいか、うちの子供は三人とも、学校の勉強はあまりしなかったが読書好きになった。

一般的啓蒙が効いたのであろうが、三人ともすでに中年になったが、みなよく読む。私に「読んだらいい」とすすめてくれることがあり、趣味は異なるが、すすめられて読んで「よかった」という本がたまにはある。

「少年講談」のおかげで「活字の舟」の操縦法を覚えて間もなく、今度は講談社の「世界名作全集」のシリーズに出会うことになった。これは文字どおり、世界中の折り紙つきの名作の少年版である。谷沢永一氏はそのなかでも、澤田謙の『プリュターク英雄伝』に特別の思いを寄せておられる（『雑書放蕩記』新潮社、一九九六年、十二～十八ページ）。

谷沢さんがこれを最初に読んだのは小学校二年生。私は六年生頃だったから、やはり三、四年ほど頭の進度が違う（この頃の三、四年の違いは知能指数上の巨大な差であることは、知能検査のことを考えるとよくわかる）。

澤田謙の『プリュターク英雄伝』は、原書より遥かに優れた著作であることは谷沢さんのご指摘のとおりだ（たとえばシーザーのところでは、名演説はシェイクスピアから取っていることなど）。私も西洋古代の偉人の大部分はこの本で知った。谷沢さんはこの本の復刻までやるくらい、この本に恩を感じておられた。

この「世界名作全集」シリーズは、実に一般的啓蒙に役立った。特に私にとってその後の人生にまで影響を及ぼしたのは、野村愛正《のむらあいせい》の『三國志物語』であった。谷沢さんの話では、この野村という人は他にこれというほどの著作はないが、この『三國志物語』だけは傑作だということであったが、私もそう思う。

私がこの本を手に入れたのは小学校の五年生の終わり頃か、六年生になり始めの頃だったと思う。もう憑《つ》かれてしまったと同然で、読み返し、読み返しを繰り返しているうちに、ページをめくるところがケバが立ってきた。当時の紙質のせいもあるだろうが、誇張ではない。

その後、漢文で『十八史略』を読むようになってから、「韋編三絶《いへんさんぜつ》」という言葉を覚えた。孔子は晩年、易経《えききょう》を愛読したが、あまり何度も読み返したので、書物を編んだ韋《い》（柔らかいなめし皮）の綴じ紐が何度も切れたというのである。私の『三國志物語』の装丁は崩れなかったが、「ページにケバが立つ」というようになったのである。

この本のよいところは、巻頭に主な登場人物の銘々伝《めいめいでん》が簡潔に載せてあることで、そのカットの肖像画も目に焼きつき、その人物の略歴とか字《あざな》まで全部覚えた。シナ人には字があることとや、官職が実に偉そうであることなどもそこで覚えた。そんなことは小学校では教えてくれない。これが私の言う「講談社の本の一般的啓蒙」の一つなのである。

漢詩の世界に手を伸ばし

『三國志物語』の愛読は、私の人生に対して今日にまで及ぶ――二つの痕跡を残した。それは、シナの漢文文化に対する興味と、漢字そのものに対する興味である。そんな時に出会ったのが『キング』の折り込み付録であった。それはその頃、毎号についていたのであるが、山鹿素行《やまがそこう》の『武教小学』とか『論語』とか、いろいろであった。

その白い折り込みの一つは『唐詩選』であった。そして、その最初に五言絶句《ごごんぜつく》(そういう術語はまだ知らなかった)があったのである。それに私は不思議に魅了されたのだった。それはいまでもすらすら言える。

國ヲ去ツテ三巴遠シ
樓ニ登レバ萬里春ナリ
心ヲ傷《いた》マシム江上ノ客
コレ故郷ノ人ニアラズ

この春望の風景、その詩情。この感慨は『三國志物語』の登場人物の誰かに当てはまりそうであった。この時に、私は子供心にこの漢詩が本当に解ったという気がしたのである。「解った」という実感はそれが数学であろうが何であろうが、少年を確実に変えるのではなかろうか。頭のなかが別になり始めたのだ。

それまで私は作文（綴方《つづりかた》と言っていた）が嫌いではなかったが、特に上手という意識もなかった。特に、小学校三年生までの若い女教師K・M先生――士族の出身――は、明らかに私を嫌っていたようだった。

自由詩の宿題が出たとき、私は大いに努力して五・七調のスタンザ（詩の連や句）が三つばかり続くのを作った。『幼年倶楽部』の愛読者だったから、童謡詩の何たるかに触れていた。その作品を先生に提出したところ、「これ、あんたが作ったの」と不思議な顔をして、それっ切りだった。もちろん、私は誰に助けてもらったわけではなかった。私の創作意欲はそれっ切りになってしまったのである。

思い出ついでに少し脱線すると、この女教師が妊娠のためにしばらく休んで、その間に、イバラギ先生というおばあさんの先生が代わりに担任になったことがあった。その短い間、私は学校生活が楽しく、褒められてばっかりいたことを覚えている。そして、K・M先生が産後に復帰してきたときの憂鬱さも。

面白いことに、私の長男も小学校の時、若い女教師に嫌われていたようだったが、担任がおばあさんの先生になったら学校が楽しくなったようだった。親と息子は似るのか、それとも単なる偶然か。

対照的な二人の恩師

──小学校四年生からは男女別教室になり、担任も初めて男の先生になった。高橋正己先生は、徴兵から伍長になって除隊してきたことが自慢の男らしい先生だった（徴兵が終わった時、普通に勤めたものは上等兵くらいで除隊して出てくる。伍長──下士官──になるのは成績抜群の青年である。私の岳父も伍長だった。そういう人は除隊しないでそのまま軍隊に残って、軍曹、曹長……となることが多い。日本陸軍の下士官が優秀だったというのは、家計のために旧制中学に進めなかった青年のなかの俊秀の集まりだったからだろう）。

この高橋先生は、学校の成績はともかく、一般的啓蒙による私の知識を認めてくれたが、すぐに転勤になり、その後任が榎本春三先生になった。高橋先生は鉄棒の蹴上がりを自慢にするようなフィズカル派（体育系）であったが、榎本先生はすでに中年で、リテラリ派（文科系）のタイプであった。

「自分は榎本家の婿《むこ》になったが、生家は紀《きの》で、先祖は紀貫之《きのつらゆき》だ」といわれたこともあった。この先生に私がいまでも感謝するのは、私に文才があることを初めて認めてくれた方だったからである。

「少年講談」で活字の舟に乗り出し、「世界名作全集」の海を航海し続けていた当時の私、つまり、小学校六年生になった頃の私のボキャブラリィや、いろいろな言い回しのやり方の豊富さは、同級生を超えてきていたらしい。榎本先生は、それを認めてくれる言葉を時々かけてくださった。高級士族や幼稚園卒の同級生も、私の一般的啓蒙に一目置く感じになってきたのだ。

この頃、例の和泉屋書店で古い動物学の本を買った。昆虫採集はしなかったが、動物が分類されているのに興味を持ったのである。動物の門、類、種などには難しい漢字が多い。また、漢詩や三国志に出てくる漢字も調べたいので、漢和辞典が欲しかった。わが家には、忘れた漢字を思い出すために父が使っていた「いろは字引き」の辞書しかない。

和泉屋書店には、売れ残りらしい『自修漢和新辞典』(東雲堂、一九三四年)という講談本くらいの大きさの辞典が三、四冊棚の最上段にあった。その一冊を買ってきてもらった(いま手元にない)。この時はどういうわけか母に買ってもらった。母に買ってもらった本はこれだけなので よく覚えている。

この辞典を使って動物学の本を読んでいるうち、〝棘皮《きよくひ》動物〟というのが出てきた。振り仮名がついていない本なので「棘皮」が読めない。それで、その字を紙に書いて行って榎本先生に読み方を尋ねたら、先生は「ウーン、何だっけかな。しかし、これ（棘）はトゲという意味だ」と教えてくださった。私は家に帰って、例の辞書の字訓索引を引いて「棘皮」は「キョクヒ」と読むことに辿り着いた。

こんなことがあってから、榎本先生はクラス全員の前で私の漢字力のことを褒め、また私が漢和辞典を引いていることを褒めてくれた。小学校に入って六年目で、クラスの前で褒められるという体験を初めてしたのであった。

長姉からの贈り物

必然的ともいえる結果として、私は作文が上手な子ということになった。榎本先生が吹聴《ふいちょう》してくださったと見えて、他のクラスの先生も私のことを「作文の上手な子」として扱ってくれるようになった。私が作文上手として褒められていることを知って面白い反応をしてくれたのが、十歳年上の私の長姉である。なんと、私に塚本哲三『基本漢文解釈法』（有朋堂・昭和十四年）を買ってくれたのである。私が買ってくれといったわけではない。姉の頭のなかのどこかで、作文と漢文が結びついていたのかもしれない。

もちろん、姉は漢文を学んだことはないが、習字の貼書きではいつもビリのほうで恥を書いている弟が、作文が上手だという評判を聞いて嬉しくなったのだと思う。

私には姉が二人いるが、次姉とは年も近いので物を買ってもらったという記憶はないが、長姉は私を特に可愛がってくれた。それは長姉の弟、つまり私の兄が夭折《ようせつ》して父母が悲しんだのを知っていたからだろう。

その後に次姉が生まれたが、戦前の日本では男の子がいないのは一家の重大な問題なのだ。そして、両親も年をとって諦めかけたところに、私という男の子が生まれたわけである。

そんなこともあってと思うが、その後も長姉から可愛がられ、そして受けた恩は大きい。八十歳を過ぎたこの頃、思い出す回数は父母よりも長姉のほうが多いのだ（次姉はまだ生きている）。

その長姉が与えてくれた最初の大きな恩恵が、塚本哲三の漢文の入門書だったわけである。

当時でも、小学校では漢文は教えない。しかし三国志で、また唐詩選で古代シナに夢中になっており、また漢字そのものにも興味を持つようになっていたその頃の私に、塚本の本はちょうどよかった。毎朝、御飯を炊く竃《かまど》の火を燃し続けるのは私の役目だったが、その火を前にして漢文の入門書を読んだことを懐かしく思い出す。

もちろん、この本を読み終えないうちに中学に進んだ。中学では漢文が正科だ。中学に入る前から、私は漢文には返り点とか送り仮名があることを知っていた。そして、そんな符号のついた文章も少しは読んでいた。たとえば、頼山陽《らいさんよう》の立志に関する文章。

男児不學則已　學則當超羣矣

今日之天下　猶古昔之天下也

（男児学バザレバスナワチ已《や》ム　学ババ即チ当《まさ》ニ群ヲ超ユベシ。今日ノ天下ハ猶ホ古昔《こせき》ノ天下ノゴトキナリ）

などは、この本の比較的巻頭にある。この程度の漢文の返り点と送り仮名の要領をわきまえておれば、中学の漢文は苦にならない。中学では英語やら何やらでは苦労したが、漢文だけは何もしなくてもいい点数が取れた。

何十年かのちに、白川静《しらかわしずか》先生と対談をさせていただいて、それを一冊の本にしたことがあったが（白川・渡部『知の愉しみ　知の力』、致知出版社、平成十三年）、その時に、白川先生は「漢文は人間を大人にする」ということを強調された。

私が塚本の漢文の入門書で学んだことの一つはそのことだったのかと思い合わされた。たとえば、右に引用した頼山陽の文章の一部にしても、音読すれば人を奮い立たせる力がある。「男児学バザレバスナワチ已ム　学ババ即チ群ヲ超ユベシ……」と、私は窯の火の前で音読していたことになる。

他の引用文でも、全て私を「大人にする」力があったように思う。つまり、漢文というのは入門書の前の入門書程度のものでも、引用文には深い内容がある。

ところが、中学の英語の教科書は、先ず「これはテントです」「これはベッドです……」から始まって、「トムと私は兄弟です。われわれは町《シティ》に住んでいます……われわれの家は屋根に二本の煙突を持っています……」というふうな話が続く。

「男児学バザレバスナワチ已ム……」などを読んできた少年の私には、自覚はしなくても英語教科書は内容空疎という気がしたのではなかろうか。「こんな話よりは捕物帖のほうが……」ということで、授業中に『主水捕物集』を拡げて英語のG・S先生にやられたのであろう。

漱石と同じ悩み

のちになって、漱石も少年時代に同質の悩みを持っていたことを知った。もちろん、漱石の少年時代の漢文の力と、私のそれとでは雲泥の差があり、比較しては失礼千万なのであるが、悩みの性質だけは同じであったのだ。

漱石は開成校にいた長兄・大一の勧めで進学することに決めたが、予備校に入るためには英語をやらなければならない。漱石は子供の頃に、蘐園《けんえん》学派（荻生徂徠《おぎゅうそらい》派）と非蘐園学派の漢文の臭《におい》の差を嗅ぎ分けるほどの漢文の力があった。だから、英語の入門書の内容のなさには付き合えなくて入学はうまくいかない。

しかし、開成校（のちの東大）に行っている兄から、「これからの世の中は適者生存だ。アヘン戦争を見ろ。漢文より英語だぞ」というようなことを言われて、漱石は好きな漢籍を一冊残らず売り払って、駿河台の成立学舎に英語を学びに通い始めたのである（その前は三島中洲《みしまちゅうしゅう》の二松學舍に通っていた）。

漱石の場合は、進学のためには好きな漢文の本を売り払ってまで幼稚な英語を学ぶ決心が必要だったのだ。

もちろん、私の場合はそんな高級な話ではない（漱石も驚くべき早進児だったのだ）。私の場合は何となく英語が嫌いで、漢文に好意が持てただけの話であった。そして、のちに奇妙な運命のおかげで英文科に進むことになったが、それでも漢文の教師になれるだけの単位を大学でとることになったのは、長姉が買ってくれた一冊の本のおかげである。おかげで私のそばには常に漢文の本があり、そこから受けた恩恵は量り難い。その出発点は野村愛正の『三國志物語』であり、長姉であった。

"The child is father of the man."（三つ子の魂百まで）というワーズワースの言葉を、いま、思い出した。

Origin of
Shoichi Watanabe

第二章
鶴岡中学校（旧制）時代——戦中

1943年（昭和18年）

一、敵機と辞書と捕物帖

家にどんな辞典があるかは、その家のインテリ度を示す間違いのない指標であった。「であった」、というのは大戦前のことを指しているからである。戦後は、家族に英語を読む者が一人もいないのに、英語の『ブリタニカ百科事典』を子供のために——その子供はまだ日本の小説も読めないのに——買った家庭を私は複数、知っているからだ。

国民雑誌『キング』と『冨士』『講談倶楽部』

　戦後の親たちは少子化のせいもあってか、戦前に比べると断然、教育熱心で、辞典を子供が使おうが使うまいが買ってやる家が珍しくない。『ブリタニカ百科事典』を自宅に持っている家は、戦前ならば華族か大富豪にきまっていた。いまでは国語辞典や漢和辞典など、家にないほうがインテリ度平均以下の家庭である指標になるくらいだ。

　ところが戦前はそうでなかった。私の郷里のような田舎町だけでなく、大阪のような大都市でもそうであったことが、谷沢永一氏の『雑書放蕩記』（新潮社、一九九六年、五四～五五ページ）にある。

谷沢さんは中学（大阪府立天王寺中学校）に入った時、国語の時間に恥をかいた話を書いている。先生が、辞書が学習に大事なことを教えてくれた時、谷沢さんは自分のうちには『掌中《しょうちゅう》伊呂波《いろは》字引《じびき》』があるといった。その時の国語教師の顔に浮かんだ、蔑《さげす》みと哀れみの表情を忘れ難いという。先生は、『辞苑』か『言苑』（ともに博文館）か『広辞林』（三省堂）のような辞典を考えていたのであった。

最近の日本家屋は立派になって、『広辞林』のような辞書を置いても違和感はないが、戦前の日本では二千ページ以上もある、枕のような辞書は庶民の家に置くところがなかったのである。

谷沢さんの父は職人であった。『いろは字引』があるだけでも、職人の間ではインテリである（事実、谷沢さんの父は出世された）。私の家でも、私が六年生の時に母から『自修漢和新辞典』（東雲堂）というインテリ向きでない漢和辞典を買ってもらうまでは、『いろは字引』しかなかったのである。

ここまでは、辞書に関して谷沢さんと私は同じようなものであったが、大都市か田舎町か、あるいは昭和十七年中学進学か、十八年中学進学か、その違いで、辞書との関係は巨大な差になった。

谷沢さんは『掌中伊呂波字引』を口にしたことで中学で恥ずかしい思いをしたので、先生の薦《すす》める辞典を買い求めることにした。職人（大工の棟梁《とうりょう》）の娘で、職人（大工）の妻となった谷沢さんのお母さんは、単行本が一冊もない環境で育った人であったが、長男の谷沢さんの教育には金を惜しまなかった。

「幸い、中学校は物要《ものい》りやと覚悟している母が、先生が指図しはるもんはみんな買いなはれ」と言ってくれたので、谷沢さんは辞書を買い出す。昭和十七年の四月のことである、ハワイ空襲から五カ月経った頃だ。

大都市と田舎の格差

この頃になると、大阪でも新刊の辞書は自由に買えなくなっていた。参考書専門の杉山書店に行ってみると、辞書は一回の販売部数を制限して籤引《くじび》きだったそうである。それで谷沢さんは籤に漏れてしまった。しょんぼり帰るうち、道の両側のほとんどが古本屋であることに気付くと、覿面《てきめん》に元気が出た。

さすが大阪は大都市である。評判の『辞苑』は手に入らなかったが、もっと本格的な辞書が欲しくなり、それは手に入った。『大日本国語辞典』五巻、『大言海』五巻、『言泉』六巻を揃えたという。

その時のことを谷沢さんは、「これらが書斎に勢揃いした時には、軍艦を買ったような気分になったものである」と書いている（『書物耽溺《しょもつたんでき》』、講談社、一〇ページ）。

これだけの辞書は、国語の先生だって持っていなかったであろう。谷沢さんは、『掌中伊呂波字引』でかいた恥を見事に雪《そそ》いだわけだ。

それにしても、中学一年生にこれだけの辞書を買い与えた谷沢さんのお母さんの愛情に感銘する。戦前の中学は、たしかに大工の息子がくるようなところではなかった。それを谷沢さんのお母さんはよく知っていて、本の好きな長男のために奮発してくれたのである。

ところで、私の場合は中学に進学した時点が昭和十八年で、谷沢さんより一年遅い。この頃の一年の差は、物不足の進行が早かったので、古本状況をもまるで変えていた。それに大阪市と鶴岡市では町の人口が百倍も違うし、インテリ層や裕福層の厚さでは一千倍ぐらいの差があったであろう。

大阪には帝国大学も旧制高校や旧制専門学校もあったが、鶴岡市の最高学府は県立鶴岡中学だったのである。古本屋は三、四軒しかなく、谷沢さんが買ったような数巻ものの大辞典など店にあるはずがなかった。

中学一年の時の漢文の教科書は、塩谷温《しおのやおん》先生のものだったと思う（いま、手元にない）。

「風聲鶴唳《ふうせいかくれい》」とか、「一狐裘《こきゅう》三十年」とか、「琴柱《ことじ》に膠《にかわ》して瑟《しつ》を鼓《こ》す」などなど、いまでもよく口にする文句は、この教科書で習ったものだ。

諦められぬ漢和辞典

中学二年になった昭和十九年には中学校の教科書も一変して、すべて国定になり、装幀も粗末になった。英語の教科書の第一課（lesson one）も「軍事教練」（Military Training）といったようなものになった。

漢文の教科書も前年までの教科書会社製の立派なものでなく、粗末な紙に大きな文字で『論語』からの名文句などが刷ってあるものだった。教科書の外装は粗末であっても、内容は古典のなかの古典からの抜粋であるから、菅原五八先生の授業は楽しく、その時間をいつも待っているような気持ちだった。

しかし、漢文の授業に出てくる漢字の意味を確かめるには、小学校六年生の時に母に買ってもらった『自修漢和新辞典』では物足りなくなってきていた。

そんな時、学校で辞典の配給があった。『コンサイス英和辞典』（三省堂）と『広辞林』（三省堂）と『新字鑑』（弘道館）の三種が、各クラスに数冊ずつ割り当てられたのである。この年の秋、いわゆる台湾沖航空戦の報道が流れていた頃であった。

さすがに英和辞典を欲しがる生徒はいなかったが、国語辞典と漢和辞典を欲しがる者は多く、籤引きになった。そして私には当たらなかった。国語辞典は諦めることができたが、漢和辞典のほうは諦めきれなかった。

私が見た最初の本格的な漢和辞典は、この『新字鑑』である。まず、厚さが十センチもある（これは当時、すでに紙質が悪くて特に厚かったのだ）。そんな枕みたいな辞書があるとは知らなかった。そしてパラパラめくってみると、見出しの単語、熟語にはシナ古典からの引用、つまり出典まで付いているではないか。それは初めて見る学問的な本であった。祈りながら引いた籤は当たらなくて、後ろの席の武田君に当たった。彼は別に漢文好きというわけではなく、物資不足の当時、「配給品は何でも貰っておけ」という風習のためだけらしかった。

私が籤に当たらなかったことをあまりに残念がっているのを見て、「貸してやるよ」と言って貸してくれたのである。彼は、鶴岡の近くの余目《あまるめ》駅の駅長の息子だったと記憶している。卒業名簿に名前がないところを見ると、卒業前に父親の転任でどこかへ転校したものと思われる。

貸してもらった『新字鑑』を抱えて家に帰ってところどころ読んでみると、ますます欲しくなってたまらない。一つひとつの語句に出典があることは、いまから考えると当たり前だが、そういう辞典のあることを知らなかった私には、何とも深遠な学問がそこにある気がして、惘然《ぼうぜん》としたというか憧憬《しょうけい》したというか、少し気が変になったのだと思う。

「よーし、これを写してやろう」

と思い立ったのである。いまから考えると、幕末の頃、勝海舟や福沢諭吉がオランダ語の辞書を写した話などが頭の隅にあったのかもしれない。またそうだとしても、授業が普通に行われている時代なら、そんな暇《いとま》など生徒にあるはずがなかったが、ちょうどその頃、学校では校庭の片隅に炭焼き窯《かまど》をつくって冬期の炭の用意をするということで、生徒はその木を山で伐《き》って学校に運ぶという勤労奉仕をやらされていたのである（学校は何ともバカなことをやっていたのだ）。

それでわれわれは山に行き、伐った木を一本ずつ担いで学校に運んでいたのだった。この材木運びをしながら、みんなで興奮して語り合っていたのが、いわゆる台湾沖航空戦の「大戦果」であったから、昭和十九年十月中旬の頃であることはたしかだ。

なにしろ大本営発表では、アメリカの空母十一隻、戦艦二隻などを撃沈し、空母八隻、戦艦二隻などを大破したという。サイパン島が八月に玉砕したあとだから、われわれが狂喜して日本の空軍の健在を祝し合ったのは当然だった（実際には、アメリカ機動部隊の受けた被害は巡洋艦二隻大破で沈没したものなしというのだから、とんでもない話である）。

こんなわけで授業はないし、雨が降れば山には行かない。つまり、生徒には暇があったのである。私は必死になって『新字鑑』を写しだした。雨の日で早退した時は午後も、それから毎夜も。大分、続けたような気がするが、ほんの数日だったに違いない。「一《いっ》竿風月《かんふうげつ》」などというのを写した覚えがあるから、数ページは進んだはずである。

その頃、偶然父が、私が辞書写しをやっているところを見た。特に強く注意する語調ではなかったが、「それは無理だから辞めたほうがいいぞ」と言ってくれた。

辞書写しと戦争の終わり

私も、やり始めたらとんでもなく時間と労力を食うことを実感していたので、すぐ辞めた。写したノートは捨てたわけはないから、ひょっとしたらまだどこかにあるかもしれない。

私の生家は市の環状道路計画のために取り壊され、新しい家は長姉が継いだが、古いものをどれだけ残していたか分からないし、長姉の死後はその家屋敷を次姉が貰ったが――私は東京にいるので、正式に相続放棄した――その家と土地は売ってしまったので、その家の中味《なかみ》をどれだけ次姉が引き取っているか分からない。

次姉の家にはいくつかの木箱が車庫に積んであるらしいから、昔使った私の愛読書や教科書や参考書なども入っている可能性があるが、まだ調べていない。なにしろ、自分がいま住んでいる家でも、数年前の引越しの荷物が片付いていない有り様なのだ。

『新字鑑』を写すという野望は、台湾沖航空戦の戦果にも及ばぬまま、アメリカ空軍の攻撃がフィリピンに移った頃に消えてしまった。辞書は武田君に返した。

その後、終戦に至るまで何かを勉強したという記憶がまったくない。翌年、三年生になると、一時間の授業もなく、学徒勤労動員を受けた。最上川《もがみがわ》の堤防工事という土方仕事をやり――洪水で広い田畑が荒地になり、雲雀《ひばり》が盛んに舞い上がっていたのが印象的だった――その後は学校に帰って、雨天体操場の床をはがし、学校工場にし、そこに日本電線という会社が入ることになっていたらしいが、床をはがし終えたところで終戦になった。

天皇陛下のお言葉は、職員室の前の廊下に整列して聞いた。ラジオに雑音が多く、聞きにくかったが、共同（ポツダム）宣言という言葉は聞き取れたので、敗戦だとわかった。学校の授業はなくとも、当時の中学生たちには共同（ポツダム）宣言という言葉だけで事態を把握できたのである。

次姉の勤めていた村役場では、同じく雑音の多いラジオのため、天皇のお言葉の意味がよくわからず、ポツダム宣言の意味を解る人もなく、天皇陛下が国民に「頑張れよ」とお励ましになったのだろうと思って、聞き終わってからみんなで万歳三唱したと言っていた。

これという読書のない二年間であったが、それでもあとで振り返ってみると、その後の自分に関係があったと思われることがいくつかある。

まず第一は、古雑誌の精読である。家には古い『キング』がだいたい揃ってあった。そのほか『富士』や『講談倶楽部』の特集号もあった。

私は昭和五年生まれであるから、時局についての意識を持ち始めたのは支那事変からである。当時は、小学生でも男の子はそのうち兵隊になるということが頭に沁《し》み込んでいたので、戦局に対する関心の深さは、いまの子供のワールド・カップに対する関心よりも、さらにもっと深く鋭かったと思う。だから、昭和十二年以後のことは、私の実体験として振り返ることができる。

ところが、大正末や昭和初年のことまで、私は自分の体験であったような気がするのだ。それは、その時代の古雑誌を繰り返し読んでいたためである。新しい雑誌や書物が出ないのだから、そういうことになった。

それに、『キング』というのは本当の国民雑誌であった。実物を知らない人に当時の『キング』の性質を譬《たと》えて言えば、月刊『文藝春秋』と『週刊文春』と女性雑誌と『フォーカス』を全部まぜて圧縮して、一冊にした感じの雑誌であった。

皇室の方々の写真も出るし、芸者たちの写真も出る。首相の談話もあれば、落語・浪曲まであるのだ。神社も出るが、お坊さんも牧師さんも登場する。乃木《のぎ》大将も出るが、賀川豊彦も山室軍平も出る。つまり、当時の日本の社会をまずは忠実に反映したものと言えよう。それを耽読《たんどく》すれば、その頃に生きていたような気になれる。私が昭和史を語る時のイメージは、こんなところに根があったと思う。

戦局がどんどん悪化して物資はますます不足し、堂々たる厚さの『キング』も薄っぺらな『富士』になっていくのを見つつ、私は大日本帝国の理想の姿として、漠然と『キング』が厚かった頃の日本をイメージしていたように思う。「戦争に勝てば、あの頃の日本に再びなれる」と期待した。

「欲しがりません勝つまでは」という当時の標語《スローガン》も、そういう国民の気持ちを反映していたのではないか。

それは、政府当局にもあったように思う。当時のラジオ放送で、ピアノの鋼線が対戦車用の防禦線《ぼうぎょせん》に使われるので供出を求める話がなされた時、「戦争に勝ったなら、またピアノでも何でも買えるようになるのだ」と放送者（おそらく大本営の報道部関係の人）が言っていたのを記憶している。

これは、少年だった私一人の受け取り方ではなかった。戦後に読んだポツダム宣言の第十項にもこうあった。

「日本国国民ノ間ニ於《お》ケル民主主義的傾向ノ復活強化ニ対スル一切ノ障礙《しょうがい》ヲ除去スヘシ」（傍点渡部）

ポツダム宣言を起草した連合国側も、戦前の日本には民主主義的傾向があったので、それを強化しなさいということであったのだ。

この民主主義的傾向のあった時代の日本とは、私は『キング』が厚かった頃の日本ということだと実感している。大正デモクラシーの時代は、私はまだ生まれていないから体験できなかった。しかし、大正末期から昭和十年代前半までの日本は厚い『キング』が出版されていた時代であり、当時の世界のどこの先進国と比べても、そう見劣りしない自由な雰囲気の国だったと思われる。

この『キング』体験が、戦後に暴威を振った史観、すなわち「戦前の日本は軍国主義の暗黒時代だった」という史観に与《くみ》することを私に許さなかったのである。

戦前の日本を暗黒時代のように言った人たちは、コミンテルンのテーゼに従って皇室を消滅させようという思想運動に関係して警察の厄介になった人たち、あるいはそれに同情した人たち――山本夏彦翁の言葉によれば「引かれ者」だった人たち――であるか、あるいは戦後のアメリカの洗脳政策――この前の戦争は一方的に日本が悪かったという罪悪感を日本人の心に植えつけるための宣伝計画（＝War-Guilt-Information Program）――

にやられてしまった人たちであろうと思う。

私は戦前の大衆雑誌に漬《つ》かっていたおかげで、アメリカ占領政策に完全に洗脳されずに済んだのだ。

戦闘機乗りの求道心

――この戦時中の読書体験で気付いたことの第二の点は、戦争と戦争小説の関係である。その頃に愛読した長編小説を二つあげるとするならば、吉川英治の『新書太閤記』（講談社）と『三国志』（講談社）である。

いまから考えると、この二点の小説には独特の緊張感があったように思う。秀吉の話も戦争の話であり、『三国志』も戦争の話である。そこには、戦争している人間の心理への著者の感情移入が当然ある。大戦争をやっている国の著者としての吉川英治の筆致が、奇妙に『太閤記』や『三国志』の登場人物の心を私にもよく共感できるようにしてくれたと思う。吉川の『宮本武蔵』でも、あの頃の日本人の心と共鳴するところがあったのではないか。

たとえば戦闘機に乗る者は、吉川の宮本武蔵の求道心に連なる心がけがあったのではないか。当時、『五輪書《ごりんのしょ》』は普通の人の手には入らない本だった。若い兵士たちや、兵士になる予定になっていた若者たちには、死を前にして求道心みたいなものが少しはあったように思う。そして、吉川『宮本武蔵』を愛読したのだ。

余談になるが最近、佐々淳行《さっさあつゆき》氏と対談する機会があった。その時、佐々氏は楊脩《ようしゅう》の逸話を出した。例の「鶏肋《けいろく》」の話である。鶏のあばら骨は、食うほどの肉もついていないが、捨てるには惜しい——しかし、結局は捨てざるをえないものの譬《たと》えである。楊脩は、曹操《そうそう》が鶏肋とつぶやいているのを聞いて軍の撤収だと解釈したが、曹操にその才知を憎まれて処刑されたという話が、吉川『三国志』に上手に書かれている。

佐々氏は私と同じ年齢で、東京の最高インテリの家庭に育ち、秀才中の秀才として東大法学部を出た人だが、戦争中は吉川『三国志』を読んでいたと知って、何だか嬉しくなった。

戦前の講談社の出版文化は、東京の高級インテリ階級や上級階級の子供でも、田舎の学歴なき両親の家庭の子供でも同じ本を読みながら育つという、本質的な民主主義を日本のなかに実現していたのだ。それは、岡崎久彦氏と対談しても感じたことであった。

戦時中の読書でこの頃気付いている第三のことは、読書には現実逃避を可能にしてくれる力があることである。学徒勤労動員で出かけていた最上川の堤防工事から休暇で二、三日帰ると、母は無理して牡丹餅《ぼたもち》などつくってくれたものだが、私はそれを昼から蒲団《ふとん》に入って腹這いになって食い、『銭形平次捕物控』を読んだ。

その頃は爆弾は落とさなかったが、アメリカの飛行機が家の上を飛んでいくことがあった。特にグラマン（アメリカ艦上戦闘機）は、低空で飛んでいた。その爆音を聞きながらも私は防空壕にも入らず、蒲団のなかで捕物帖を読んでいたが、それがいかにも甘美な思い出として残っている。

これは何なのだろうか、敵機が家の上を飛んでいる時に、江戸時代という超の字がつく平和な時代の「お話」を読んでハッピーな気持ちになるとは。特に、平次の女房のお静がこのうえなく魅力的な女性に思われた。

あとで知ったことだが、作者の野村胡堂《のむらこどう》も、意図的にお静を自分の理想の女房像として描いたというが、胡堂も私も同じタイプの女性を最も好ましい女房として考えていたことになる。戦前の日本の男たちは、お静のような妻を女房にしたがっていたのだ。

敵機と捕物帖――この組み合わせは、極度の緊迫感のある状況における一種の退行現象と言えるのではなかろうか。グラマンが飛んで来る空の下では、いくら軍国少年でも山中峯太郎の『敵中横断三百里』とか平田晋策の『昭和遊撃隊』というような勇ましい物語は御免で、平和な江戸の町のお話がよかったのである。

これは少年だった私だけの話ではなく、のちに私が最も尊敬することになる英文学者の福原麟太郎先生も同じだったことを発見して嬉しかった。

福原先生が喜寿《きじゅ》の頃に出された本に、『かの年月』（吾妻書房、昭和四十五年）がある。

これは、昭和十九年十月一日から昭和二十年十月二十日まで、つまり例の台湾沖航空戦の始まる十日前ぐらいから、天皇陛下の終戦のお言葉があってから約一カ月後までの日記である。つまり、戦争最後の約一年間の日記だ。

　これを読んで私は感激した。福原先生はあの緊迫した状況の下にある東京で、平生の如く難しい専門書を読み、平生《へいぜい》の如くゼミを続ける努力をなさっていた。途中で出征する人も出て来るし、勤労動員で工場で働かされている学生たちもいる。その場合はその工場まで出かけて行って、休みの時間に英文学の話をしておられるのだ。

　英語は当時、敵性国家の言葉であり、英文学は敵国の文学であるのに、福原先生は平和の時と及ぶ限り同様の研究、講義を続けるという姿勢を保とうとされていた。それは東京がしばしば爆撃され、知人たちの家や出版社も焼かれ、ご自分の家具や書物が大学の演習室に運び込まれるようになっても続く。

非常時には呑気な本を

　その福原先生の読書に変化が見えるのは昭和二十年五月初旬、ヒトラーやゲーリングが死んだ頃である。五月四日（金）の記述は、

「……ベルリン全く抗戦を中止す。これにてヨーロッパ戦局片づきたりというべし。日本いかになりゆくや」（傍点渡部）

その翌日の記述から、福原先生が英文学でない本を読む記述が入ってくる。五月五日には諸橋轍次《もろはしてつじ》『孔子の生涯』、五月八日には丘浅次郎《おかあさじろう》『煩悶と自由』、そして九日の記述には「このごろ寝る前しばらく『饗庭篁村集《あえばこうそん》』を読むことにしている。……」とある。篁村の名を知っている人は、いまでは稀であろう。人名辞書では、明治十年代に戯作者《げさくしゃ》として活躍し、文壇の長老と認められていたことが知られる。私ももちろんその作品を読んだことはないが、その名前を知っているのは、幸田露伴の座談のなかに時々出てくるからである。たとえば、小林栄子『露伴清談』(鬼怒書房、昭和二十四年)では、露伴は篁村についてこう語っている。

「あの方はわいしの知らない事をいろいろ知つて居らしつたし、わいしが廿代位の時分ですし、よくお供をして箱根などへも往き、あそこの涵翠樓《かんすいろう》などで、お酒が長いんで……」(三四ページ)

「……わいしが(饗庭)先生より十二年下で、みんな卯歳。よくお供を仰せつかつて。饗庭先生は小さいからだで、しな〳〵した、そしてまことによいお人で、温和《おとな》しい人ですが……」(一四一ページ)

つまり、篁村とは幸田露伴が先生と呼び、露伴が知らない昔のことをよく知っていて、露伴が腰巾着《こしぎんちゃく》のようについて歩いた人である。いわば、泰平の逸民《いつみん》として戯曲を書いたり、歌舞伎の批評を書いた人である。

東京が空襲で焼かれ始め、大学に爆弾が落ちる頃になると、福原先生は泰平の逸民たちが書いた呑気《のんき》な書物にのめり込むような姿を残して下さっている。またしきりに廣津《ひろつ》柳浪《りゅうろう》や斎藤緑雨《さいとうりょくう》を読んでおられるのだ。

広島に原爆が落ちた翌日には、この二人の作品を読んだ感想を、印刷本のページにして五ページも書き連ねておられる。異常としか言えない。福原先生が若い文学青年として読んだものが、原爆が落ちると突然、懐かしくなったのであろう。私は、これはやはり一種の退行現象と考える。私の読んだ『銭形平次』と先生の読んだ明治文学という、読んだ物の間には、質の大きな相違はあったにせよ。

神社の拝殿で読んだ『凡人伝』

敗戦とともに、学徒勤労動員は終わってくれなかった。今度は食糧生産の開墾動員ということで、山奥の伐採作業に駆り出されたのだ。それは榺代《たらのきだい》という、庄内でも山奥とされたところであった。われわれのクラスの宿泊所はそこの部落の神社であり、電燈もなかった。寝る時は、小さな拝殿に畳鰯《たたみいわし》のようにぎっしりと詰まっており、寝返りもなかなかできにくいくらいだった。

なにしろ、夜は何の明かりもない。困るのは小便だ（大便は朝に藪のなかに入ってやる）。みんなしようがないから、その神社回廊の上から立ち小便になった。そして、しばらくすると耐え難い臭気になり、さすがに放っておけないと電燈が引かれた。
山へ伐採に出かけるのに、みんな裸足《はだし》である。革靴もズック靴もすでになくなってい
た時代だ。それで山に登り、木を伐っていたのだから、いまから考えると不思議なこと
だ。足に怪我したという話も記憶にない。
雨が楽しみだった。雨だと雨具がないからその神社の拝殿でごろごろしたり、将棋を
指したり、本を読んだりするより仕方がない。敗戦のおかげで本の取り締まりはなくな
り、小説でも捕物帖でも何でも自由だった。
そんな時に、大江英夫という同級生から佐々木邦《ささきくに》の『凡人伝』を借りたのがアイ・オ
ープナーというか、私にとっての一種の覚醒のきっかけになった。彼は豊かな呉服屋の
息子で、たしか学習院大学に進み、その後、映画の助監督になったが若くして亡くなっ
た。私は彼に、『凡人伝』で恩を感じている。
佐々木邦の少年向きの小説はいくつも読んでいたが、『凡人伝』は初めてだった。こ
れには佐々木邦の自伝小説的な要素が濃い。明治学院というミッション・スクールに、
河原友一という少年が入る話である。
明治時代には、明治学院で英語を専攻しても中学校の教員免許状を取れない。だから、
旧制中学・旧制高校・大学、あるいは高等師範に行ける青年はこういう学校には行かな

い。牧師になるか、旧制中学に進めなかった少年、つまり落伍者みたいな少年が入学する。

河原少年は勉強はできるが、中学に進めなかった少年だ。「明治学園・飯食《めし》えん」と言われた頃だが、教師のアメリカ人たちは親切で優秀。学生数はうんと少ないから、アメリカ人の牧師の家族とも付き合える。

ここの学生生活を描く佐々木邦の筆力は、それまで私の知らない「明るい」コミュニティを生き生きと、またユーモラスに示してくれた。

大江君は「俺もミッション・スクールに行きたい」と言っていた。上智大学はいわゆるミッション・スクールではなかったが、のちに私がそこに進むことになった遠因の一つは、梳代の神社の拝殿で秋雨の日に読んだ『凡人伝』であったことに間違いない。

二、戦渦に燈るユーモア

「愉悦《ゆえつ》を与える文学は、ひたすら苦悩を描く文学より、くらべものにならないほど難しいし、かつずっと立派なものである」

と、G・K・チェスタトンはその処女出版の本『被告側の人々』（*The Defendant*、一九〇一）のなかで述べている。簡単に言えば、ユーモア小説を書くほうが、深刻ぶった小説を書くよりも難しいし、また稀であることを言ったものと解してもよいのではあるまいか。

　私が山奥の神社の拝殿のなかで、雨の日に友人に借りて読んだ佐々木邦《ささきくに》の『凡人伝』は、正にチェスタトンの言う「愉悦を与えてくれる文学」（the literature of joy）であった。

　十月ともなれば、山のなかは寒くなってくる。山は雑木を伐《き》っただけで開墾《かいこん》というところまではいかなかったが、戦争はとっくに終わっていて、学徒勤労動員の継続でもあるまいというこ

“愉悦の文学”佐々木邦『珍太郎日記』

とになったらしく、山を下りることになった。

十月はじめのよく晴れた日だった。鶴岡市には、もうアメリカ兵も進駐して来ているという話だった（その頃になっても、中学の生徒たちに山のなかで木を伐らせていた学校の方針は理解に苦しむが、おそらく県庁からの命令だったのだろう。勉学軽視の戦争中の名残りと思われる）。

その山を下りるとき、同級生たちと当時、流行していた歌を歌った。それはいまから考えると妙な話だが、「ジャワのマンゴ売り」というのであった。これは昭和十七年、つまり日本が勝ちまくっていて、ジャワ島を占領した頃の歌だ。「フレームトリーの木陰に　更紗《さらさ》のサロンを靡《なび》かせて　笑顔もやさしく呼びかける乙女《おとめ》よ」と歌ったのだ。

もう一つ、山を下りる時にみんなで歌ったのは「マニラの街角で」という歌で、これも昭和十七年、日本がフィリピンを占領した頃のものである。フィリピンでは日本軍は敗れ、山下奉文《やましたともゆき》大将は、われわれが山を下りる少し前にマニラの戦犯裁判で起訴されているのだ（もちろん、われわれは山のなかにいて、そんなことは知らなかったが）。

そんな時に「……花のマニラの街　青空高く　喜びは胸に充ち　苦し夜は明け行く」と歌っていたのだからおかしい。

いまから考えると、敗戦とともに勇ましい歌はみんな歌う気がしなくなったのだ。戦時中は〝銀翼連ねて〟の「ラバウル航空隊」の歌とか、〝可愛い魚雷と一緒に〟青いバナナを積んだ潜水艦の「轟沈《ごうちん》」の歌は、最上川《もがみがわ》で堤防工事の土方仕事をしていたときは大いに流行《はや》ったものだったが、もう誰も歌わない。そして、ジャワの乙女の歌とか、マニラの街角の歌になってしまった。

これもいまから考えると説明がつく。日本が負けたあとにも継続された学徒勤労動員令から解放され、山も下りることになった頃、若い中学生の胸のなかには新しい希望が生じてきていたのだ。

勉強が恋しくなっていた

なにしろ敗戦直前は、学校の雨天体操場の床を剝がして工場にする作業の間には、爆薬を抱えて敵の戦車の下に飛び込む訓練をやらされていたのだ。それが終わると、電気もつかない山のなかだ。

そんなことはもうおしまいになって、山を下れば普通の中学生に戻って勉強できるのだという希望がみんなの胸に出てきたのだと思う。学校の勉強はあまり好きでない者でも、もう十カ月も何の授業もなく土方や木こりの仕事と自爆の練習をやらされていたのだから、勉強が恋しくなっていた。

前にも述べたとおり、旧制中学生はそれぞれの小学校でのエリートだったのだ。勉強と将来への希望が改めて胸に湧いたが、その喜びを表す歌を知らなかったのである。ところが、昭和十七年のはじめ頃は、アジアの植民地解放が、無敵日本軍によって実現しつつあるように見えていた。

その頃、我々は小学校六年生だった。ジャワの乙女の歌もマニラの街角の歌も、希望に溢れる歌として覚えていたのである。その時の明るい、希望に満ちた気持ちが——残念ながらというべきだが——終戦とともにわれわれ中学生の胸に湧いてきたのである。そして、昭和十七年のジャワやマニラの歌をみんなが歌いながら山を下るという、いまから思うと不思議な現象が起きたのだった。偶然にも、この歌の歌手は灰田勝彦である。

私にとってはこの二つの歌は、その後、数年にわたってかなり重要な役割を果たすことになった。学校が平常に戻れば、勉強に倦《う》むことがある。そんな時に、「ジャワの乙女」や「マニラの街」の歌を歌うと、あの日、山を下りる時の気持ちが甦《よみがえ》ってくるのであった。そしてこの二つの歌とともに、学業に倦む私にやる気を起こしてくれたのが、佐々木邦の『凡人伝』の記憶なのである。

佐々木邦の評価を聞くことは、この頃絶えてないようである。しかし、戦前は大人気作家であった。いま、戦前の『キング』をみても、佐々木邦の連載のないものは少ない。『少年倶楽部』でも、彼の人気はたいしたものだった。

大人向けで彼の小説を読んだのは『凡人伝』が最初であったが、少年小説の『苦心の学友』『村の少年団』『出世倶楽部』『トム君・サム君』などは、小学校の終わり頃に読んでいた。そして、彼の書くものが「ユーモア小説」と言われたり、難しい漢字で「諧《かい》謔《ぎやく》小説」と言われていることも知っていた。しかし、大人の社会を描いた『凡人伝』は、たしかに私の戦後を開いてくれた感じがする。

佐々木邦のユーモア

山から下りてからは、一所懸命に佐々木邦全集を探し回って、古本屋で見つけたり、友人に借りたりして読み耽《ふけ》った。ゲラゲラ笑いながら読んでいるのを、たまたま客に来た近所のおばさんが聞いて、不思議がって「何をやってるんですか」と母が訊かれたことがあった。

そのときの本は、佐々木邦の『珍太郎日記』であったと記憶している。『凡人伝』にしろ『珍太郎日記』にしろ、『地に爪跡を残すもの』にしても『奇物変物』にしろ、佐々木邦の大作には戦前の英語教師の生活をテーマにしているものが多い。しかもユーモアがあり、彼の博識がそれとなくいたるところに散りばめられている。

佐々木邦自身も英語教師であったし、英語に自信を持ったきっかけがマーク・トウェインを読めたことにあるというから、書くものがユーモアになっているのも不思議でない。

佐々木邦は夏目漱石の『坊っちゃん』や『吾輩は猫である』を感激して読んだという。

「しかしその後の漱石の小説は、自分とは無縁になった」という主旨のことを告白している。

たしかに、漱石は偉大な作家であるが、深刻な小説を書く人、また書ける人は他にもいくらでもいたし、いまもいる。しかし、『坊っちゃん』や『吾輩は猫である』の系統の小説を継いだ作家はあまりいない。

戦前でも、講談社から堂々たる全集――一冊七、八百ページもある――を出したユーモア作家は、佐々木邦以外にいないようだ。その佐々木邦も、いまでは名を聞くことは稀で、たいていの若い人はその名も聞いたことがないらしい。「人に愉悦感を与える文学は、苦悩を描く文学よりくらべものにならないほど難しい」というチェスタトンの言葉が甦るのである。

漱石にとっても『坊っちゃん』を書くほうが、後年の〝本格的〟と言われる小説を書くより難しかったのではないか。人間は、深刻な気持ちにはなろうと思えばなれるし、〝近代〟においてはそういう心理を持った登場人物を見つけることも、比較的簡単であろう。

たしかに、『坊っちゃん』は〝軽い〟。それを書き上げるには数日を要しただけだったという。それに反して、〝重たい〟本格的小説のほうは、漱石も大変に苦労しながら筆を進めていた。それだけ、〝重たい〟小説は入念に書かれたと言えようが、その逆に『坊っちゃん』の時は、若く、病気もなく、気力充実していたのに反し、その後は、漱石の気力と体力が衰えてきたのを努力と精進《しようじん》で補ってきたのではないかと言えるかもしれない。

「三太郎」より「珍太郎」

これは、チェスタトンがその名著『チョーサー伝』で言っていることである。チョーサーの作品のなかで『カンタベリ物語』が最高傑作であるが、これはチョーサーのなかでもっとも軽々と書かれたものだからだと言う。サーカスを見ればいかにも軽々とやっている。それは、サーカスの人に力が充実しているからに他ならないと指摘する。

なるほど、われわれもオリンピックの体操選手のやることは、いかにも軽々としているように見える。しかし、われわれには全く真似ができない。われわれの筋肉にはそれだけの力が充実していないからだ。

チェスタトンはチョーサーの作品のなかでも、力の充実が十分でない時期のものは〝重たく〟感じられるのに、『カンタベリ物語』は〝軽々〟と、〝楽々〟と書いていて、ユーモアに溢れていることを指摘し、作風の差を作者の力の充実度の視点から見ているのだ。

このチェスタトンの視点は、私の読書体験に一種の支持を与えてくれるように思われる。というのは、私は佐々木邦の『珍太郎日記』のほうが、阿部次郎の『三太郎の日記』

よりもずっと面白く、私ののちの人生にも役立ったように思うからである。

阿部次郎は私の中学の先輩だ（もっとも、彼は卒業せずに山形中学に転校）。評判の『三太郎の日記』にも、畏敬《いけい》の念を持って手を出したことがある。だが、私の心は受け付けなかった。

『三太郎の日記』は平成十二（二〇〇〇）年の十二月に、読売新聞が「次の二十一世紀に残すべき二十世紀の本」のアンケートをとったら、そのリストの第五位に挙がっていたという。古典的名著とされているわけである。

しかし、山を下りて戦後の学校生活に戻った私には、それはダメだった。

終戦直後の学力低下

阿部次郎は戦前の典型的な秀才である。庄内地方の教師の家に生まれ、彼自身を含めて四人の兄弟が国立大学の教授になるという家庭に育ち、一高から東大哲学科を出たが、一高では鳩山秀夫や岩波茂雄と同級生だった。

その彼が二十三歳から三十一歳にいたる青年期の内面的生活を、自虐的とも言われるほど赤裸々に記した記録が『三太郎の日記』である。つまり、阿部次郎が哲学青年として、まだ私立大学講師ぐらいの職しかなく、しかも離婚婦人と結婚するという身辺事情を抱えていた頃に、自白的に書いた日記体の記録、つまりチェスタトンの言う「墨絵のような苦悶の文学」（the black and white literature of pain）なのである。

戦争の時期をくぐり抜け、特攻隊として死に赴《おもむ》いた多くの優秀な若者たちの死を見、自分自身も爆薬を抱えて戦車の下に飛び込む訓練までさせられた私には、大正の平和な時期の哲学青年の煩悶《はんもん》は、深刻であればあるほど贅沢な楽しみに思われたのである。特攻隊の青年の出撃直前の遺書に比べれば、という気になってしまうのだ。

こういう平和時の思想には、もちろんそれなりの価値はあるであろう。トゥーヘイ（Peter Toohey）というカリフォルニア大学のギリシャ・ラテン文学の教授が『退屈』（Boredom）という著書のなかで、三太郎のような心理や精神活動を歴史的に説明しているのを最近読んだ。

大学に入ってから岩下壮一神父のものを読んでいたら、第一次世界大戦以前のドイツでも三太郎風の煩悶文学や人生哲学が流行していたが、大戦の体験によって一掃されてしまったという文章に出合って、私が『三太郎の日記』を読めなかった理由の一端が解った気がした。

ようやく学校生活に戻った私には、「苦悶の文学」より「愉悦の文学」、つまり三太郎よりは珍太郎の日記のほうが嬉しかったのだ。

ちなみに、阿部次郎が岩波書店から「哲学叢書《そうしょ》」を出す企画の中心人物の一人となり、その叢書に『美学』や『倫理学の根本問題』の二冊を入れ、何《いず》れも売れ行き好調であり、しかも自分が主幹として月刊『思潮』を出すようになると、『三太郎の日記』も終わりになる。

清水幾太郎氏が書いたものに、「高校（旧制）や大学で思想的煩悶とか言っていた者も、就職が決まるとその悩みは霧消するものだった」というような観察があったように思う。

長い間、全く授業を受けず、肉体労働ばかりやったあとで教室に戻ってみると、やはり学力は酷いものだった。学校に戻った直後の英語の先生は、英語の教師免状もないという噂の老人で、教える先生にも英語の力はろくになく、習う生徒のほうにも英語の基礎がまるでない。

最初の頃の授業で、いまでも印象的だったので覚えていることは、"This is a book."というような簡単な文章を疑問文にしてみろ、と言われて、"Is this a book ?"というようにすることができた者が、クラスに一人もいなかったことである。私も疑問文の作り方などすっかり忘れていた。これが、阿部次郎や石原莞爾《いしはらかんじ》や大川周明《おおかわしゅうめい》が学んだ名門中学の後輩たちの終戦直後の学力であった。

幸いに翌年（昭和二十一年）の四月からは、専門の英語の先生たちに習うことになった。教頭先生ともう一人の英語の先生は東大英文卒、そのほか、東北大英文卒の先生も大阪外語大卒の先生もおられた。いろいろな学校を出られた英語の先生に教えていただいたが、英語を読む実力を最もよくつけてくださったのは、二人とも東京高等師範出の老人であった。

一人は中村善士先生で、高等女学校校長をなさっていたが、とっくに隠退しておられた方である。もう一人は佐藤順太先生で、やはりとっくに隠退しておられたが、敗戦とともに急に英語の先生の需要が増えたため、再び教壇に立たれた方であった。

大阪外語出の島田昇平先生は、英会話も得意な唯一人の方であった。間もなく、関西方面の進駐軍の仕事に招かれ、その後は関西の大学の教授になられた。

こうした英語の先生方のうち、私の人生の最大の恩人となったのは佐藤順太先生であり、英語の作文のコツを教えてくださったのは京大英文科卒で校長でもあった笹原儀三郎先生である。もとは旧制仙台第二高等学校の教授であったが、母校の鶴岡中学が新制高校になった時、校長として着任され、最上級生の英語も教えられたのであった。

笹原先生の英作文の教え方は実に簡単明瞭で、「日本文を見て、何が主語で何が動詞であるか決めろ。あとは和英辞典の助けで英文になる」というものであった。笹原先生の授業を数回受けただけで、私も新聞の社説の英訳——上手下手は全く別として——もできるようになったのである。

あとで考えてみて分かったことだが、これはプラトン以来の論理の背骨なのだ。叙述の主部と述部を明確に意識したうえで、主語と述語を明確にすれば文章は成り立つ。英文法はそれを教えればよく、その他のことは「文法」でなく「語法」の話である。

語法は母国語においても一生修練すべきもので、教え始めても習い始めてもキリがない。それに反して、「文法」は力量のある人が教えれば、短期間に確実に力がつく。「文法」の問題と「語法」の問題をごっちゃにしているので英語教育は混乱し、これだけ英語が盛んなのに、ちゃんとした英語が書け、内容の豊かな英文を正確に読める青年の数が減少し続けているのだ（これは、長く予備校で教えている教師の観察と一致する）。

「教養ある会話」に憧れて

戦後の三年間くらいは、佐々木邦の作品の多くを読み、また、それを何度も繰り返すのが私の「読書」の重要な部分であった。佐々木邦のユーモア小説——明朗小説とも呼ばれていた——は、いつも私に愉悦感を与えると同時に、いろんな知識を与えてくれた。

彼の描くのは、主として当時（大正から昭和初期）の中流社会である。特に、英語の先生の世界が多い。そこの会話にさり気なく出てくる英語とか引用などがあって、当時の私の目には羨ましい「教養ある会話」に思われた。

夏目漱石の『吾輩は猫である』も手にとって読み始めてはみたものの、そこに出てくる会話は高級すぎて味わうことができず、結局、読まなかった。否、読めなかった。漱石の『猫』が面白く読めるようになったのは、大学に二、三年通ってからである。

これに反して、佐々木邦の小説の登場者の会話のレベルは、漱石ほどハイ・ブラウではなく、田舎の中学生にも理解できるし、かつ「こういう会話のなかに入りたいものだ」という一種の憧憬を与えられるものであった。

たとえば、珍太郎のお父さんは英文学者で翻訳もやっている。珍太郎のお母さんが、自分の夫が物臭《ものぐさ》で、「縦のものを横にもしない」とこぼすと、珍太郎の父親はこう応える。

「俺は縦のものを横にはしないけれども、横のものは縦にしている」

「それはどういうことですか」と夫人が訊き返すと、「俺は英語を訳して生計を立てている」と答える。なるほど、英語は横文字で、日本語は縦に書く。こんな気の利いた会話が、いたるところに散りばめられているのが佐々木邦のユーモアだ。

私も家内にそう言われたら、珍太郎の父親のように答えてやろうと思っているが、私の家内の世代の女性は「縦のものを横にもしない」という、無精者《ぶしようもの》を批判する表現を知らないのだから、残念ながらその機会がない。

戦後の不思議な縁

帝国大学の英文科の卒業生でも田舎の中学の英語教師になっているのに、中学教員になる免許状も出せない当時の明治学院出の佐々木邦が官立の旧制の第六高等学校（いまの岡山大学の前身）の教授になれたのはなぜだろうかと、私は長年、不思議でならなかった。

ところが、昭和六十一（一九八六）年から『諸君！』（文藝春秋）に「随筆家列伝」を連載し、その第一回の登場人物に佐々木邦を取り上げた（この時の担当は『歴史通』の現編集長の立林昭彦氏であった）。そのおかげで、佐々木邦のお孫さんで、母が病没したため養女として育てられた佐々木とも子さんからお便りをいただき、その御厚意で佐々木順三著の『佐々木家の人々』（私家版、一九七五年、一五九ページ）もいただいた。

それで初めて、当時の事情が分かった。ちなみに、佐々木順三氏は邦の弟で、東大英文科首席卒業、一高教授などを経て、戦後は立教大学総長になった人である。

佐々木邦と六高の話になれば、どうしても石川林四郎《りんしろう》という英文学者に登場してもらわなければならない。彼は佐々木邦の先輩として明治学院で学び、東大英文科ではラフカディオ・ハーンに学んだが、当時から抜群の英語力で有名であった。

市河三喜博士も一高受験準備のため夜間の英語学校に通った頃、大学生だった石川の授業が、周到綿密で一言一句もゆるがせにしないのに感激したという。また千葉勉先生も仙台の二高時代に、アメリカの有名な雄弁家、ジョン・モット博士の講演の通訳をする大学生の石川の驚くべき語学力に全く敬服したという。

市河、千葉といえば、お二人とも夏目漱石のあとの東大英文科を担う者として選抜され、文部省留学生としてイギリスに学ぶことになった大秀才である。その二人とも、石川の実力には感嘆の言葉を残している。

千葉先生は私も教えていただいた恩師であるが、他人を褒めることの、まずはなかった人である。しかし、石川林四郎は別格だった。石川のハマトンの講釈に感銘された千葉先生は後年、私が「英文の手本にすべき本はどんなものがよいでしょうか」と質問した時、即座に「ハマトン」と答えられたのである。

このハマトンの『知的生活』は、そんな質問をした時から三十年ぐらい経って、突然、私の人生に大きな影響を与えることになるから不思議な縁というべきだろう。

雪の別れとなりにけり

石川はイギリス留学後、東京文理科大（東京高師）の教授となり、三省堂の『コンサイス英和辞典』の編者となったほか、著書には『英文学に現れたる花の研究』（研究社、大正十三年、二六八＋四九ページ）がある。

これは英文学に現れた花の詩に、解釈と訳を付け、さらに便利な付録もつけてある英文学者必携の名著である。その詩の訳にも名訳とされるものがあり、お茶の水女子大学の木原研三先生などは暗誦《あんしょう》されていたものである。

この石川が第六高等学校の教授として岡山に赴任した。そこでの学生間の人気は凄かったようだ。その時の校長・酒井佐保《すけやす》は、石川の実力はそれは東大英文科の教育のせいでなく、明治学院の教育のせいだと思ったらしい。石川が東京高等師範に迎えられて岡山を去る時、酒井校長は、石川から明治学院の最優等生として推薦された佐々木邦を石川の後任として六高に採用したのであった。

佐々木邦は、明治学院を出ても当時は日本内地の中学で教える資格が与えられないので、日韓併合以前の朝鮮釜山の商業学校の英語教師をしていたのだったから、当時としてはまことに異例な人事であった。

当時は、朝鮮釜山の日本人居留民団立の商業学校の教師であった佐々木邦も、文名のほうでは知られる存在になっていた。日本人には読める人があまりいないので有名だったマーク・トウェインの *A Bad Boy's Diary* を『いたずら小僧日記』(内外出版協会、明治四十二年、私が持っているのはのちの弘学館版、大正十三年)として出版した。

これは翻訳と言っても、日本に舞台を移して、しかも自分のアイデアも織り交ぜているので、翻案小説に近かったのである。これはよく売れた。そして、たしかトウェインの翻訳者という名は、六高への推薦には役立ったと思われる。

日本内地に就職先が見つからず朝鮮まで行く時、佐々木邦は『ウェブスター辞典』の中古品を持っていった。その辞書は十三円だった。明治四十年の十三円は、巡査の一カ月分の給料ぐらいだったのではないか。大きな辞書である。風呂敷包みにして彼は抱えて行った。関釜連絡船《かんぷれんらくせん》のなかで、税関吏《ぜいかんり》も驚いて何の本かと聞いたという。

釜山に行ったら、佐々木邦はこの辞書を使って英米文学を徹底的に勉強する覚悟であった。実際、その頃ほど勉強したことはなかったと彼は懐古している。

下宿先は広い屋敷で広い池があるところだった。日本領事館員の未亡人の家だったという。たまたまその家に、山形県鶴岡市から教員志望の小雪さんという若い女性がやってきた。そのうち、その女性に縁談が出たのを知って、邦は決心した。結婚申し込みのラブレターを書き、ウェブスター辞典に挟んだ。

そして学校に出勤する前に、その女性に「私の机の上のウェブスターのなかを見てください」と言った。学校から帰ってみると、同じ辞書に小雪さんから返事が挟んであり、「日頃の御勉強に敬意を表してますからお受けします」という返事があった。

この佐々木夫人となった小雪さんの従弟《いとこ》には、日本陸軍きっての秀才と言われ、東條大将の秘書官、参謀本部作戦課長として主要作戦のほとんどすべてを指導し、戦後もGHQからその才能を認められ、服部機関の名で働き、『大東亜戦争全史』（原書房、昭和四十年、一〇八六ページ）をまとめた服部卓四郎《はっとりたくしろう》がいる。

この小雪夫人の関係で、佐々木邦は戦争末期に鶴岡に疎開してきた。そのおかげで、私も中学生の時に彼の話を聞く機会に恵まれた。

この小雪夫人は、昭和二十二年十二月十日に疎開先のある郷里、鶴岡で亡くなる。三十六、七年の結婚生活であった。雪のしんしんと降り積もる日に、川のそばの焼き場に橇《そり》で運ばれて行った。俳句にたしなみのある邦は、手向《たむ》けの一句を作った。

四十年　雪の別れとなりにけり

役場の月給の三倍の辞書

ウェブスターの話に戻ると、佐々木邦は昭和十五年にウェブスターの一九四〇年版、すなわち、ニュー・インターナショナル第二版を丸善で買った。輸入制限で洋書が不自由になり始めた頃である。八十八円だったという（私の姉の役場からの給料が、当時三十円）。

この買い物が子供たちを喜ばした情景は、彼の随筆「ウェッブスターの記」（『豊分居雑筆』春陽堂、昭和十六年、二一三―二二一ページ）に、滋味《じみ》溢れる筆致で描かれている。長男も次男も英語に関係のある人たちだった。

このウェブスターの第二版は、まことに秀れた辞書である。よき時代のアメリカの文明の最善の部分が凝縮された形で出ている。その後、いろいろ新しい辞書や大きな辞書も出ているが、ウェブスター第二版は捨て難い良さを持っているのだ。

戦後はウェブスターの第三版が出ているが、これは量が増えているかもしれないが、引いても面白味がない。これは私の個人的感じではなく、多くの辞書引きの人々がそう感じていると見えて、戦前出版の第二版のほうが古書価格も高い。保存状態にもよると思うが、神田では四、五万円から七万円ぐらいすると思う。三版は新しいのに一万円もするかしないかだ。辞書も新しければいいというものではない。

それで私も、学生たちに機会があったらウェブスターの二版を買うようにすすめてきた。たまたま教え子の江藤裕之君（現東北大学教授）がアメリカ留学した時、アメリカの古本屋で安い第二版を見つけたら何冊でも買って、日本の同学の士に分けたらよいだろうと進言した。

はたせるかな、アメリカの田舎の古書店などでは一冊百ドルくらいで見つかったという。アメリカの古本屋たちはみんな、「これはいい辞書なんだが、この頃は買う者がいない」と言っていたそうだ。

このウェブスター辞典と朝鮮の話は、佐々木邦だけではない。戦後の引き揚げの時、当時の京城帝国大学（いまのソウル大学）で英語学を教えておられた中島文雄先生は、「何はともかくウェブスターを」と大きな辞典を抱えて帰国されたという。これには苦労されたと思う。

しかし、戦後の日本の英語教育の世界で、ウェブスター第二版を手元に持っているというのは凄い武器になったと思う。焼け野原の東京で、英語の本に註でもつけようと思ったら、そういう辞書がなければ話にならない。

中島先生は市河三喜博士のあとを継いで、東大の英語学教授として、戦後の日本英語学界のリーダーになられた。のちに津田塾大学の学長にも就任されたいかにも温容な方であったが、戦後の引き揚げのゴタゴタの時にも、大部なウェブスター第二版を抱えてくるというファイトをお持ちだったのである。

日本唯一のユーモア大作家

――佐々木邦は日本最高の、そしてほとんど唯一人のユーモア大作家で、日本に二人だけのマーク・トウェイン協会名誉会員に推された人で、それを評価する文芸評論家は見当たらないが、私が知る限り、唯一人だけまともに取り上げた人がいた。それは、私とはまったく別の視点からであるが、鶴見俊輔氏である。

彼の「佐々木邦――小市民の日常生活」(『思想の科学』、一九四八年二月、『アメリカ哲学』世界評論社、昭和二十五年、二二六―六五ページ)に、「自分(鶴見氏)は哲学者としての佐々木邦に対して、現代日本の専門的哲学者に対するより多くの敬意を抱くものだ」(二六五ページ)と言っている。

戦後しばらくの間、佐々木邦の数多い著作に私は〝小市民的〟に共感していたから、ハイ・ブラウな哲学や煩悶文学や左翼イデオロギー的な本に惹《ひ》かれなかったことは、鶴見氏の視点からは「いい線」を行っていたことになるだろう。

私は戦前の『キング』全盛期こそ日本の幸せだった時代という実感を持っていたが、まさにその時期の別の日本において、佐々木邦は大流行作家であり続けたのだから、適合性があるといえるのではないだろうか。

Origin of
Shoichi Watanabe

第三章

鶴岡第一高等学校
——戦後

1948年(昭和23年)

一、生涯の恩師との出会い

いつか覚えた英語の表現に"a blessing in disguise"《ア・ブレッシング・イン・ディスガイズ》というのがあった。「不幸だと思ったことが、本当はありがたいものだった」ということで、直訳すれば「変装した天恵《てんけい》」となる。

昭和二十一年の四月、終戦後最初の新学期が始まった時、教科書はなかった。紙の欠乏はそれほどだったのである。

国語の担当の菅原五八先生は、何を教えようか迷われたらしいが、「古い時代から」

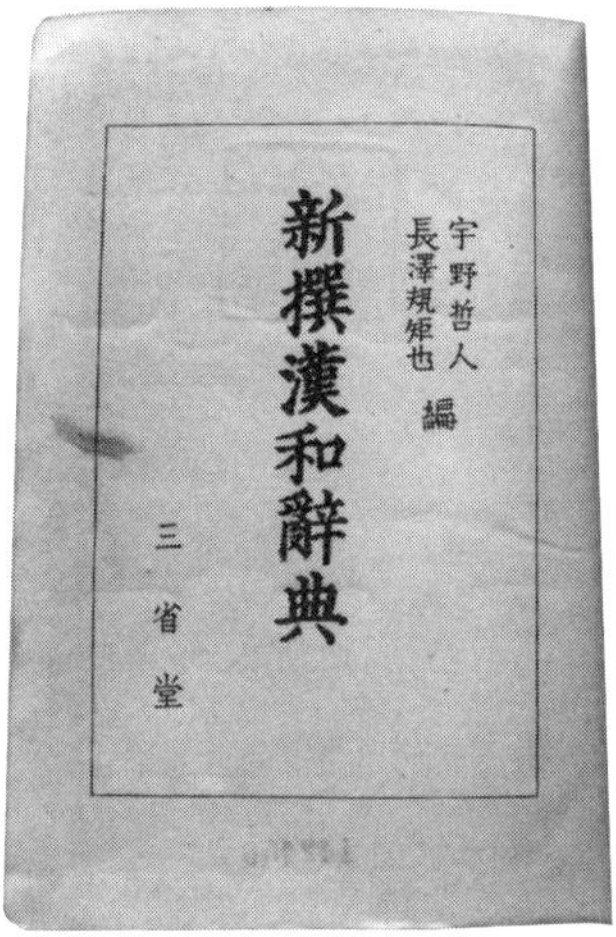

『新撰漢和辞典』三省堂

ということで『万葉集』を教えることに決められたのである。しかし、生徒のほうにはテキストがないので、先生は黒板に『万葉集』の最初の歌、つまり雄略《ゆうりゃく》天皇の長歌を白墨で書かれた。菅原先生は字が上手だった。われわれ生徒はそれを紙に、ノートのある者はノートに書き写す。先生はその歌の説明をされて、「暗記しろよ」と言わ

れた。それでわれわれは、

籠《こ》もよ　み籠持ち
ふぐしもよ　みふかし持ち
この岳《おか》に菜摘《なつ》ます兒《こ》
……

というのを暗記することになった。その次の週は舒明《じょめい》天皇の長歌である。

山常《やまと》には　村山《むらやま》あれど
取《とり》よろふ　天《あめ》の香具山《かぐやま》
……
怜𢘟国《うましくに》ぞ　蜻島《あきつしま》　やまとの国は

これも暗記する。

こういう授業がいつまで続いたかははっきりしないが、そのうち教科書が配布されたようである。

皇神のいつくしき国

戦後最初の国語の授業が『万葉集』を書き写し、それを暗記することから始まったことは、振り返ってみると大きな恩恵となっていた。

まず第一に、先生が手にしていた戦前の『万葉集』の本が実に美しく見えたことである。どの出版社のものか知らないが、先生が学生だった大正期に刊行されたものだろうと思う。

古書に関心のある人はみんな知っているように、明治の末期から大正、昭和初期にかけては実に立派な装幀の本が出ていたのである。「あんな本が欲しい」という燃えるような欲求が起こった。その体験——正確に言えば欲しい本を手に入れることができないというトラウマ——がいまでも続いて、その頃の本をいまも集めている。

第二の恩恵は、『万葉集』への「お近付き」が、長歌の書写と暗記で始まったことである。万葉の名歌集や引用はたいてい短歌であるが、それをただ読むのと、長歌を写して、学校の行き帰りに暗記したというのでは、『万葉集』への親近度が違うと思う。

この日本の古典に対して、「少年の頃からよく知っているよ」という感覚を持ちえたことは有り難かった。

そんなこともあってか、のちに有名な万葉学者の意見に対しても、「そんなバカなことがあるものか」と感ずるようになった。たとえば、『万葉集』第五巻に山上憶良《やまのうえのおくら》の「好去好来歌」と題する長歌がある。

神代《かみよ》より　言《い》ひ伝《つ》てけらく

そらみつ　大和《やまと》の国《くに》は
皇神《すめらぎ》の　いつくしき国
言霊《ことだま》の　幸《さき》はふ国と
語り継ぎ　言ひつがひけり
……
高光《たかひか》る　日のみ門《かど》に
神《かむ》ながら　めでの盛《さか》りに
……
大《おほ》み言《こと》　戴《いただ》き持《も》ちて
もろこしの　遠《とほ》き境《さかひ》に
遣《つかは》され　罷《まか》りいませ
……
諸《もろもろ》の　大《おほ》み神達《かみたち》
船《ふね》のへに　みち引《び》きまをし
天地《あめつち》の　大み神達
大和の　大国御魂《おほくにみたま》

……

と続く長歌を、日本人以外の誰が作りえたであろうか。ちなみに、使われている言葉はすべて大和言葉──つまり言霊《ことだま》の籠《こも》った言葉──である。

ところが、私が教壇に立ち始めた頃、山上憶良はコリア人だという説が、権威あるとされる国文学の雑誌『文学』（一九六五年十月号、岩波書店）に出たのである。この論者の中西進氏は万葉学の権威だという。しかし、右に引用した長歌が帰化人に作れるものかどうかと考えると、私は率直に中西氏は『万葉集』が本当に読めていないのではないかと思ったのである。

神功皇后を称えて

山上家は白村江《はくそんこう》の戦で日本軍が唐《とう》と新羅《しらぎ》の連合軍に敗れたあと、引き揚げてきたのだと考えるべきであろう。西暦四百年頃に建てられた高句麗《こうくり》の広開土王《こうかいどおう》の碑には、その頃の日本が朝鮮半島に広大な支配地を持っていたことを示している。

この前の大戦で敗戦したあとでは満洲、朝鮮、台湾からたくさんの日本人が引き揚げた。山上家も七世紀の朝鮮引き揚げ家族であろう。山上憶良には、三韓征伐《さんかんせいばつ》を行った神《じん》功《ぐう》皇后を称《たた》えた長歌（『万葉集』第五巻の「鎮懐石《ちんかいせき》の歌」）があることを中西氏は考えなかったのだろうか。

かけまくはあやに畏《かしこ》し
足日女神《たらしひめがみ》の命《みこと》
韓国《からくに》を　むけ平《たひら》げて
御心《みこころ》を　鎮《しづ》め給《たま》ふと
い取《と》らして　斎《いは》ひ給《たま》ひし
ま玉《たま》なす　二つの石を
……
神《かむ》ながら　神《かむ》さびいます
奇《く》しみ霊《たま》　今の現《うつつ》に
　尊きろかも
折口信夫《おりぐちしのぶ》訳では次のようになる。
「口に申し上げるのは、無上に恐れ多いことだが、神功皇后と申し上げた、あの貴《たふと》い御方が、朝鮮の国を従へあげるために、御心持ちをおちつけなさる為に、お取りなされて、祀《まつ》らせられた、玉のやうな立派な二つの石を……様様《さまざま》不思議なことの行《おこな》はれた大昔から、現在に伝《つたは》って、尊いことであるよ」
三韓征伐を行ったとされる神功皇后を称える長歌を渡来人が作るだろうか。作るとすれば、山上憶良は完全に帰化し、日本の神道を信じ、皇室を崇《あが》め、大和言葉だけで名歌を作った人——つまり、完全な日本人なのである。

中西氏は姓氏録《しょうじろく》とかの文献を多く引用し、山上憶良が帰化人と考えうるかもしれないという程度の論証（?）をしているが、まず暗記するほど万葉の歌も読んで、静かにその歌の言っていることを考えたらどうだろうと、素人《しろうと》の私は考える。

考えてみると、中西氏に限らず、六〇年代、七〇年代には中韓に尻尾《しっぽ》を振るような珍説が多く出た時期であった。中西氏もその一人だったのだろうか。当時の岩波書店の出版物には、北朝鮮の公報みたいな記事も出ていたものである。

国土愛を育む歌

長歌の暗記で始まった国語の授業の第二の恩恵は、敗戦して廃墟だらけになった日本の国に対して、改めて新鮮な愛国心を呼び起こしてくれたことである。戦前の歌で日本の国土を愛する気持ちを起こしてくれたのは、小学校の四年生の時に学校で教えられた「大日本の歌」であった。

これは、芳賀秀次郎《はがひでじろう》作詩・東京音楽学校作曲の国民歌謡であったが、つまり小学校唱歌でなかったが、伍長で除隊になったことを誇りにしておられた高橋正巳先生が、好きで自分の担任のクラスに教えて下さったものである。一連七行で三番まであるが、いずれも書き出しが日本の国土を誇り高く描いている。各連の最初の三行を書き出してみよう。

一、雲湧けり　雲湧けり
　みどり島山
　潮みつる　潮みつる　東の海に
　……

二、風迅《はや》し　風迅し
　海をめぐりて
　浪さやげ浪さやげ　敢《あへ》てゆるさじ
　……

三、気は澄めり　気は澄めり
　うまし山川
　眉あがる眉あがる　雲の極《はたて》に
　……

日本の国土に対して誇りと愛が生ずるような歌詩で、また曲も明るく力強かった。しかし敗戦とともに、「大日本の歌」も跡かたもなく消えてしまった。私の愛唱歌は「ジャワのマンゴ売り」や「マニラの街角」になり、さらに流行してきた「リンゴの歌」になっていた。

そんな時に、『万葉集』の舒明天皇の長歌を暗記することになったのだ。その長歌の最後が「うまし国ぞ　あきつしま　やまとの国は」で終わるのを唱えていると、あの「大日本の歌」を歌った時の、国が栄え発展しつつあると実感した少年の頃の気持ちが戻ってきた。

日本は大日本でなくなった。明治以後、発展して大日本の版図《はんと》に入ったところはみな失われた。しかし、大和の国は「うまし国ぞ」と七世紀のはじめに舒明天皇が詠《よ》み上げられたと同じく、やはり日本は「うまし国」なのだという実感が湧いたのである。大日本は小日本になったけれども、依然として雲湧き、潮みつる、風迅く、気の澄める緑の島山の国なのだと思うきっかけを与えて下さった菅原先生に感謝しなければならない。

のちに、G・K・チェスタトンがイギリス帝国民よりも小英国民《リトル・イングランダー》（Little Englander）になることを主張した気持ちもわかるような気がした。もっとも、チェスタトンが小英国主義を唱えたのは大英帝国の隆盛期であり、考え方の出発点は私とは全く違っていたのだが。

和漢の〝しば〟が瓶を割り

戦争が終わったら、校長先生がいつの間にか変わっていた。

――丸谷才一先輩が目の敵《かたき》にしていた真木勝《さなぎまさる》校長は典型的な軍国

主義的教育者と見られていたので、追放されたか、追放される前に隠退されたかどちらかであろう。

戦時中、無暗《むやみ》に生徒を撲《なぐ》ったので憎悪の的となっていたカメという渾名《あだな》の数学教師は、われわれが勤労動員から学校へ戻った時はもう姿を消していた。彼は生徒の復讐を怖れたのである（それから二十年も経ってから私は偶然、このカメと山梨県のバスで出会ったことがある）。

新しい校長は小野左恭という漢文の先生であった。テキストは大槻磐渓《おおつきばんけい》の『近古史談』であったから、講談のように面白かった。日本人が日本人のことを書いた漢文の面白さを知らされたことが恩恵だったと思う。頼山陽《らいさんよう》の『日本外史』などはまだ読んでいなかったのだから。『近古史談』のテキストはどうしたのか記憶にない。教科書として配布されたはずはないと思うのだが。

小野校長は漢文注釈の著作もある人で、漢文の読み方も朗々として楽しい授業であったが、間もなくその授業はなくなった。そして、文部省からも遅まきながら漢文や英語の教科書が配布された。粗末な紙のものであったが、久しぶりで教科書を手にすることになったのである。

その漢文の教科書は、いきなり『資治通鑑《しじつがん》』の一部なのである。この本は宋《そう》の司馬光《しばこう》が撰した三百五十巻以上にもなる編年体の歴史で、百十数人の君主の治績《ちせき》を扱っている。『論語』や『孟子』などと違って、われわれが当時知っているような題名の本ではなかった。もっとも、著者の司馬光は司馬温公《しばおんこう》として通俗の本にも出てくる名前で私も知っていた。

それはこういう話である。子供たちが遊んでいるうちに、一人が大きな瓶《かめ》のなかに落ちた。誰も助けることができないでわいわい騒いでいると、少年司馬光がいきなり石でその瓶を割ったので、そのなかに落ちた少年が助かったというのである。これは少年の機転と、いざという時には価値のある瓶でもすぐ割る判断ということで、日本でも教訓の材料になっていたのである。古川柳にも、

瓶破《かめわ》りは　和漢名高き　柴《しば》と司馬《しば》
和でも柴《しば》　唐でも司馬《しば》が、瓶を割り

というのがある。「司馬」は司馬温公だが、「柴」は織田信長の家来の柴田勝家だ。柴田は元亀《げんき》元年五月、自分が守っている近江《おうみ》の長光寺城《ちょうこうじじょう》を佐々木承禎《ささきしょうてい》入道の軍に囲まれ、城内の水が次第に欠乏した。もう水瓶三箇にしか水が残っていない時、柴田は八百余人の部下に水を十分に飲ませたうえ、薙刀《なぎなた》の石突《いしづき》で瓶をみな割って、全員決死の覚悟で城内から突出して敵を破ったというのである。

私も、司馬温公が瓶を割っている絵がついた話を『少年倶楽部』か何かで読んだ覚えがある。このように、司馬温公の名は「瓶割り柴田」と同じくらい戦前の子供には知られていたが、その著述になると全く聞いたことがなかった。

どうして敗戦後間もない頃の、そして紙もまだ不足している頃の漢文の教科書に『資治通鑑』などというプロの漢学者か、旧幕時代の学問する武士が読むようなものを持ってきたのだろうか。その頃は全く解らなかったが、あとになって一つの推測を立てるようになった。

というのは、『資治通鑑』は北畠親房《きたばたけちかふさ》が最もこれを愛読し、京都にある足利尊氏《あしかがたかうじ》に擁立されている朝廷に対し、吉野に逃避した後醍醐《ごだいご》天皇の朝廷を「南朝」と称するというアイデアをこの本から得たと言われるからである。

「南朝」と称する朝廷が吉野にあるということになると、都にある朝廷は「北朝」になる。つまり、都にある朝廷が相対化されてしまう。かくて日本にも「南北朝時代」ができたわけだが、これこそ北畠親房の渾身《こんしん》の知力を振り絞った政策だったのである。そして、宋においては南宋が正統とされるのだ。

ひょっとしたら、敗戦直後の文部省で漢文の教科書に関係した人は、「こういう時こそ北畠親房が『神皇正統記《じんのうしょうとうき》』を書く跳躍台となった『資治通鑑』を若者に読ませるべきだ」と考えたのかもしれない。これは全く私の頭に浮かんだ推測であるからこれという根拠はないが、この教科書の編纂《へんさん》に当たった人のお話を伺ってみたいと思うが、なにしろ六十年以上も前の話だからそれは無理であろう。

いまでは学校で『資治通鑑』を教科書としても、その解釈を調べる方法は簡単である。昭和はじめに出た「続国譯漢文大成」(戦後復刊)は第一巻から十数巻にわたって書下ろし文で、しかも難語には注釈付きのものが出ている。

しかし、戦後の田舎の中学生はそんな叢書の存在すら知らないし、知っていたとしても、おそらくアクセスできるところには置いてなかったであろう。したがって、授業では先生の解釈だけを覚えることになる。この時の漢文の先生は、その二年前にわれわれに『万葉集』を筆記させた菅原先生であった。

これに先立って、私には一寸《ちょつと》した幸運があって、和泉屋書店から、宇野哲人《うのてつと》・長澤規矩也《ながさわきくや》両先生編纂の『新撰漢和辞典』(三省堂、昭和十二年、一〇四四+一一一ページ)のまっさらなものを入手したことである。この本屋は古本と新刊雑誌を売る小さい店で、私が子供の頃に父が「この子には帳面付けにして好きな本を渡してやってくれ」と言ったあの店である。この辞典はまっさらではあったが、古本として売られたものである。「志賀蔵書」という蔵書印も押してある。こんな辞書をその頃に持っていた人なら、鶴岡市ではインテリということになる。しかし、市内にそういう苗字《みょうじ》の学問のある家があったという記憶はない。おそらく、疎開で来た人か誰かのものだったのであろう、と想像している。

著者名には宇野先生の名前もあるが、先生は当時すでに東大の名誉教授であるから、編集に直接かかわってはおられなかったと私は勝手に想像して、この辞書を「長澤先生の辞書」と呼んでいる。

この辞書を手に入れた時は実に嬉しかった。裏表紙の見返し《エンド・ペーパー》の裏に、毛筆で「昭和二十一年六月廿九日　和泉屋ヨリ求之」と書いてある。父の字だ（父は達筆であった）。本格的な漢和辞典が欲しくて、塩谷温《しおのやおん》先生の『新字鑑』を私が写し出したことを覚えていたのであろうか。それから一年八カ月ぐらい経っていることになる。長澤先生のこの辞書は、大事典と小辞典の間ぐらいの大きさ、英書で言えばデュオデシモ版といわれる大きさに近い。

半世紀を越える愛用書

これは、私が戦時中に望んでも得られぬ「本格的」な漢和辞典であった。

――私が「本格的」という意味は、熟語の引用文が出典としてついていることであった。しかも、長澤漢和の特色は、引用分の多くを日本の学者の書いた漢文から採用していることである。もちろん、シナ古典からの引用もあるが、日本漢文からの引用はありがたい。例の『近古史談』からの引用も、頼山陽からの引用もある。

この辞書はまことにすぐれた辞書である。まず大きさが手ごろである。英語の『リーダーズ英和辞典』（研究社）や『岩波国語辞典』とほぼ同じだ。自分が就職する頃になって本がよく出回るようになると、私は谷沢永一さんではないが、軍艦を集めて喜ぶ提督のように、いろいろな大辞典を揃えた。もちろん、諸橋先生の『大漢和辞典』（大修館書店）も。

しかし、漢和辞典で最もよく引くのは長澤漢和である。昭和二十一年から六十数年使い続けているから、ぼろぼろに近い。そんなに使い続けると、その辞書の誤植などもいくつか気がつく。

つい最近も、気づいたのがある。「懶《ラン》」は「なまける」という意味で「懶《ライ》」（にくむ）とは異なるとわざわざ明記しているうえに、「懶眠《らんみん》」とか「懶惰《らんだ》」とかいう熟語をあげ、それぞれが「ランミン」「ランダ」と読みをつけているのだ。長い間使っていると、こういう間違いの発見も溜まってくる。版元に報告したいのだが、この辞書はとっくに絶版になっている。惜しい辞書だ。

この長澤漢和が大いに面目《めんもく》をほどこしたのは、『資治通鑑』の授業であった。菅原先生は国漢の先生ではあるが、元来は国文学の方である。『資治通鑑』の参考書、たとえば「続国譯漢文大成」などはお持ちでなかったようだ。鶴岡中学の図書館にも、市立図書館にもなかったのであろう。

時々、先生の訳がしっくりしないことがあった。私は長澤漢和を手に入れて嬉しくてたまらない時だから、知らない漢字は片っ端から引く。すると、先生の解釈よりもぴったりくる訳語が見つかることがある。

そういう時、私はそれを書き抜いて職員室に質問に行った。すると、菅原先生は喜ばれて「漢和辞典を引いてくるような生徒がいるとは、張り合いがあるよ」と言って喜ばれるのだ。

漢字のことで先生に褒められたのは、小学校六年の時に、「棘皮《きよくひ》動物」という字を調べた時以来である。もっとも、そういう質問を教室でしないでわざわざ職員室まで行ってやるという、私の先生に対するデリカシーを認めて下さったのかもしれない。

受験生などいなかった

敗戦後の最初の新学期には、英語の教科書ももちろんない。東京高師出身で、一度は隠退しておられた中村善士先生のお作りになったプリントを用いた。それは周到なものであったと記憶している。

そのうち、シェイクスピアを子供用にしたものが配られた。戦前、どこかに取り置きされていたものが見つかったらしかった。教科書販売店の倉庫の隅にでもあったのではなかろうか（鶴岡市は空襲をうけていなかった）。

このテキストを用いて教壇に登場されたのは、中村先生と同じく明治の頃の東京高師出身の佐藤順太先生であった。なにしろ隠居所から出て来られた方だから、若い先生のようにびしびし教えるというふうではなく、閑々《かんかん》として、脱線しながらゆっくり授業された。

当時は、東京も仙台も新潟も戦災にやられていた。特に、東京は浮浪児や夜の女でいっぱいだという噂だった。なによりも食糧がないという。そんなことで、われわれ生徒たちの進学熱もほとんどなかった。戦後の開放感で、クラブを作ったり、女学校と合同の劇をやったり（女子と一緒になる機会などそれまでは絶対になかった）、野球を始めたり——といったことが盛んになって、受験勉強という雰囲気はほとんどなくなっていたのである。

もう幼年学校や海軍兵学校の受験もない。受験勉強をやっていた者は、一クラスに三、四人ぐらいではなかったかと思う。だから、順太先生の漫漫的《まんまんてき》な授業のやり方に文句を言う者もなかった（それから数年後に大学生として母校を訪ねてみると、若い英語の先生が、「いまは佐藤先生のような授業はありえないよ」ということだった。クラスの大部分が受験生になってしまっていたのである)。

シェイクスピアをうんと易しい英語に書き換えた戦前の副読本で『リヤ王』を読むことになった。順太先生は、そこに出てくる親不孝な娘たちの行為についても人生論的な脱線に入る。私はこれが面白かった。それまでの英語の授業は英語を間違わずに訳すことであり、その英語の文章の意味が日本語になっておればよいので、その文章の内容に注意を向けられたことはなかった。

その時使った『リヤ王』の英語は、戦前の中学低学年用のものとみえて難しいことはなかったが、何と言っても、元来はシェイクスピアの最高傑作の一つだ。人生経験の豊富な順太先生には、いくらでも脱線するタネがあった。

『青い山脈』の空気

私は先生の机の直前の席に移って、夢中になって脱線話を聞いた。教室の後ろのほうでは、午前中なのにこっそり弁当を食べている者、内職(他の学科の勉強)する者、小説を読む者もいたと思うが、先生はうるさい声を立てなければ一向に気になさる様子がなかった。戦時中のクラスのピリピリした雰囲気に比べると、随分ダレているようであったが、実害はなかったと思う。

なにしろ、みんな近辺《きんぺん》の家から来ていて、どこの家の誰かはお互いに知っているし、先生とだって近所に住む者も多い。要するに、戦中の反動で学校全体が明るく、先生とも仲良く和気藹々《わきあいあい》、みんなほっとして暢気《のんき》になったのである。この頃の雰囲気は、石坂洋次郎の戦後のミリオン・セラー『青い山脈』と通じていると思う。あれも東北の学校の話だった。

そして学制改革があり、私は旧制中学五年を終えると、そのまま同じ学校で新制高校三年生になった。昭和二十三年の春である。この年になると英語の教科書も配布された。紙は粗末なものであったが、内容は凄い。

第一課がフランシス・ベーコンの『エッセイ』の「学業論」であり、その次はジョン・ロックの『人間悟性論』の一部といった具合である。この教科書を持って教壇に立たれた順太先生は、こう言われたものである。

「戦争に敗けて、版権を取るのが難しいので、こんな古いものを教科書にしたのだろうな。ベーコンとかロックとか、こういう著者のものはわれわれが教えることのできるものじゃないのだけどね」

この時、私は「版権」という概念に初めて接した。版権期間の切れていない英米作家のものは、その頃の文部省が採用できなかったのかどうかは知らない。当時の英語教科書制作に関係した人に訊いてみたいところだが、漢文の教科書と同様、その頃の方が生きておられる可能性はまずないと思う。

『西洋哲学史』との出会い

いずれにせよ、新制高校に移ったばかりの、英語力の基礎が薄弱に決まっている生徒の教科書として、大学や大学院のゼミで使うようなイギリスの古典中の古典を集めた教科書というのは、不思議なものであった。

それを手にしてすぐ「版権」を連想された順太先生は、戦前に三省堂の百科事典の猟銃の項目の担当者であり、また、イギリスの猟犬の本の翻訳者でもあったという経験の持ち主であったからであろう。しかし、当時のわれわれは、戦後の英語教員不足のため教壇に復帰した老人としてしか順太先生を知らなかったから、「何を言ってんだろう」と思っただけだった。

「こういうものは元来、私の教えることのできるテキストでない」というようなことを教壇で生徒に言えるということは、順太先生はその方面の素養を持っておられたからであるとあとで分かった。私が大学に入ってから、先生の御自宅を訪問して哲学の話になった時、先生は大西祝《おおにしはじめ》の『西洋哲学史』をすすめて下さったからである。

「哲学の本というものはなかなか解りにくいものだが、大西博士のこの本はよくわかる。よっぽど頭のよい人で、自分で解ったことを書いているからであろう。若くして亡くなられた人だが、高山樗牛《たかやまちょぎゅう》と同じ頃に、同じ病気だった。あの頃は肺病が多くてね」

この話を聞いて私は東京に戻ると、すぐに神田に行って大西博士の『西洋哲学史』を買った。私の手に入れたのは警醒社書店出版の大西博士全集の縮刷版であった（大正三年、二＋十七＋七四八＋二三ページ）。

内容は、大西博士が早稲田大学で講義された「早稲田講義録」に連載されたもの、とのことであるから、元来は啓蒙的なものであった。きっと、当時のドイツで出ている哲学史――当時のドイツにはエルトマンのものなど浩瀚《こうかん》な哲学史がいろいろ出ている――を自分の言葉で要約されたものかもしれないが、とにかく明解である。きっと評判の名講義だったのであろう。

この講義は綱島栄一郎（梁川《りょうせん》）、五十嵐力（甲馬）に、大西博士が同宅で筆録させたものを、出版に当たって大西博士がさらに加筆したもののことである。

綱島梁川が大西博士に傾倒していたことは有名である。その後、全集版が出される時には、明治三十六年に三年間のドイツ留学から帰ったばかりの気鋭の谷本富《たにもととめり》（のちに文学博士、京都帝大教授）が三カ月を費やして校訂し、さらに綱島・五十嵐が校訂したという。

五十嵐力は国文学者で、早稲田大学に国文学科を創設した人である。その彼が大西の『西洋哲学史』にこれほど関与したのは、内容がよく解るので嬉しかったに違いなく、したがって、『西洋哲学史』を良書と確信したからであろう。また、谷本は「〝後世《こうせい》畏《おそる》べシ〟とは孔子も愚ならず」と言ったほど鼻っ柱の強い学者である。その彼も入念に大西のこの本を校訂したのは、そこに敬意があったからであろう。

ともかく、順太先生のおかげで、大西博士の『西洋哲学史』は私の座右の書として、いまもすぐ手もとに置いてある。目次も附録もよくできていて、哲学辞典の代わりにもなって重宝なのである。私の買ったのは全集の袖珍本《しゅうちんぼん》であるから、持って歩くにも便利で、ドイツ留学の時も持って行った。ドイツでも実によく役に立つ本だった。

二、郷里の先達からの恩恵

戦後の中学・高校の教科に導入されたものに、「社会」があった。それ以前なら地理・歴史・公民・修練と分かれていた科目がなくなって、「社会」になってしまったのである。先生方も最初は戸惑うことが多かったようである。

その時に、急にはしゃいだような感じだったのが吉野先生であった。この先生は東大哲学科のご出身ということで突然、クラスで哲学の尊いこと、哲学は諸学の根源であることを話されたのである。学問の系統図みたいなものが黒板に書かれたことを覚えているが、実際の授業内容は何も覚えていない。

吉野先生は間もなくどこかへ転勤になり、その後任の先生は商科大学卒という柄の悪い先生で、経済学のことを語ってくれた気がするが、何も覚えていないし、その先生の顔は目に浮かぶが、名前は忘れた。渾名《あだな》は「ダッペ」といったが、これは庄内方言では卑猥語である。

画期的な『岩波哲學小辭典』

1948年4月……米トルーマン大統領、マーシャルプラン署名

授業の内容は何も覚えていないが、吉野先生の雑談でいまでも覚えていることがある。それはわれわれの中学は伊藤吉之助先生の母校である、ということであった。吉野先生によれば、伊藤吉之助《きちのすけ》という学者は東大の哲学科の大将で、『岩波哲學小辭典』の編集者であるという。その哲学辞典は実に優れたものであるが、自分はそれを持っていると自慢された。

戦後の岩波書店の本の人気はダントツで、しかも紙不足の時代だから、戦前に出版されたその有名な哲学辞典を入手することなど田舎の生徒にできることでなかったから、羨ましい思いをしたことを覚えている。そして、諸学の根源だという哲学の本を春休みに読もうと思った。偶然、古本屋で見つけた田辺元《たなべはじめ》の『哲学通論』（岩波全書）を読みだしたが、全く歯が立たないことを知って、文字どおり三日坊主でやめてしまった。

この本はいまでも書庫のどこかにあるはずだが、今日に至るまで二度と開くことがなかった。あとで何かで読んだ知識によると、田辺先生の哲学は科学や数学が入っていて、特に難しいのだそうである。「パイのお好きな田辺君」という言い方があったという。これは田辺哲学には円周率π《パイ》が出てくるからだというが、もちろんこれは「おっぱい」とかけているらしい。

また、戦後にできた小さい本屋さん——丹花書房といったと思うが、木田元《きだげん》先生が高等農林学校の頃に出入りして本を借りたという三井邸の向かい側にあった——で、山崎謙『百万人の哲学』（昭和二十三〈一九四八〉年、第一出版株式会社、二百五十六ページ）を買った。

これには当時の書き込みがあるので、「哲学というものを誰にでも解るように説明したい」という著者の序文に同感している新制高校三年生の私の考えがわかる。この本は農民との対話が二章、労働者との対話が二章、婦人代議士との対話が二章、サラリーマンとの対話が二章、学生との対話が二章、教育家との対話が二章、自然科学者との対話が二章の、合計十四章から成り立っている。

それぞれの対話の相手は「哲学者」である。山崎という人の立場はいまから見ると唯物論、あるいは当時の共産党の立場のようであるが、党派性は表面に出さないで説くという形になっている。新聞程度の難しさなので、田辺哲学に跳ね返された私にも何とか読めたので、感激したのであろう。

ところが一年後の八月に、つまり大学に入った年の夏休みに、この本の巻末に二ページにわたって再読の感想が書いてある。そして「この書に対し悲しき幻滅を感じた」と書いているが、それは大学で半年受けた哲学のおかげであることを示しているのが面白い。そして、本書は哲学の俗書であるといいながらも、この著者の鋭さや取り上げた問題の適切さを認め、こうした偏見（唯物論的左翼の論理）が「中正なる哲学的訓練を受けていない人が読むことを怖れる」などと生意気なことを書き記している。

しかし、こうした生意気な感想を約一年前に読んだ哲学の本に対して書いていることは、上智大学でのボッシュ教授の哲学の講義がいかにすぐれたものであったかを示す証拠になるであろう。ボッシュ先生の立場は言うまでもなく、ネオ・トミズム、認識論では批判的実在論である。

「哲学は諸学の基礎である」という吉野先生の御託宣が耳に残っていたので、哲学というものが尊い学問だし、やらねばならぬものだという気になっていて、『百万人の哲学』のほかにも啓蒙的な哲学書を求めていた。新刊書は手に入らないので、古本で買ったものに大島正徳『哲學の話』（寶文館、昭和八〈一九三三〉年、三百ページ）がある。相当汚れているうえに装幀が壊れていて、目次と序文が欠落している。それに丁寧な目次を自分でつけているのだから熱心に読んだことはたしかだが、記憶に残っているものがいまは何もない。

大学に入ってからは、佐藤順太先生のお宅に休暇中は――つまり春、夏、正月の休みで帰省した時は――毎日のようにお伺いした。そして、哲学も話題になった。大西祝博《おおにしはじめ》士の『西洋哲学史』を示されたことは大きな恩恵でもあったが、その頃のお話のなかで、のちにまで思い出されたお言葉があった。

その一つは、「哲学をやった者はどうも顔つきが貧相になるが、牧師になったものは福相になるようだ」という御観察である。

もう一つは、「辞書を作ることは特別な仕事で、他の著書はあまりできなくなるものらしいな」という御観察であった。順太先生はその時、具体的に頭に浮かべていたらしい人たちの名前を言われなかった。私もその時は「たとえば誰ですか」とは聞かなかった。

庄内出身の先輩たち

ところがずっとあとになり、いろいろな情報が知識として入ってきた知命《ちめい》の年頃になった時、「あの時に順太先生の頭に浮かんでいた哲学者は伊藤吉之助であり、牧師は黒崎幸吉だったに違いない」と思うようになった。伊藤吉之助は明治十八（一八八五）年、黒崎幸吉はその翌年生まれで、ともに荘内中学（いまの鶴岡南高校）の出身で、ともに一高から東大に進んだ郷里の秀才である。順太先生は微禄《びろく》した武家のため中学に進学する学費がなく、専検を受けて合格し、授業料の不要な東京高等師範に入られたのである。そして、日露戦争前後に東京で学ばれた。伊藤も黒崎もその頃は東京で学生だった。通っている学校は違っていても、どちらも代表的な官立の学校であり、天下の秀才が集っていた。

同じ庄内藩の出身者であるから、何らかの交渉、たとえば庄内出身学生の集まりなどでの接触があったとするのが自然である。そこで伊藤と黒崎を見比べることがあったのではないか。

黒崎は在学中から内村鑑三に学んで入信し、住友本社に勤めたが、妻の死をきっかけに牧師になった人である。私もあとになって、彼の訳書『ヒルティ　宗教論文集（上）』（イデア書院、昭和三年、三百八十三ページ）を手に入れ、特にそのなかの「病気治療法」は感銘深く、何度も読み返している。

この本の裏表紙の見返しに、「世に勝つ勝利は我らの信仰なり」という言葉がペン書きで記してあり、黒崎光子と署名してある。この女性の知人だった私のかつての女性同僚の言葉によると、黒崎幸吉夫人とのことであるから、おそらく黒崎の後妻になった婦人であろう。

その黒崎幸吉の風貌はどうであったか。大正十四（一九二五）年頃の、つまり四十歳頃の写真を載せた小冊子が私の手元にあるが、それは驚くほどの美貌であり、かつ福相である。黒崎の父は庄内酒井藩の家老の家の出身で、有名な書家の黒崎研堂《けんどう》であり、幸吉はその長男で、子供の時から漢学の教師の個人指導も受けていた。飛びっきりの秀才である。

これは、彼がヨーロッパ留学から帰国した時の写真である。この写真が掲載されている小冊子『回心』は、黒崎がテュービンゲン大学のカール・ハイム教授に示した自伝である。それを息子の黒崎勇が、母・光子の求めで訳したもので、出版社は山本七平さんの山本書店で、昭和四十六（一九七一）年出版、四五ページである。私はこの小冊子を黒崎光さん（この署名には「子」はついていない）から頂いた。これで順太先生が「牧師になったものは福相だ」とおっしゃられたことに納得がゆく。

では、伊藤吉之助は貧相であったか。

彼の生誕百年記念で、酒田市の教育委員会が酒田市の小・中学校に寄贈した写真（木村立子『哲学者　伊藤吉之助先生の思い出』贈呈本、平成二〈一九九〇〉年、九七ページの巻頭に掲載されている）によると、品位のある学者に見える。

ちなみに、酒田市が生誕百年記念を行ったのは、伊藤吉之助は酒田の商家の出身だからである。当時は酒田には中学校がまだなく、鶴岡にある荘内中学に学び、その学校の寄宿舎で暮らし、そこを卒業したのであった。荘内中学の後身である鶴岡南高校では、この偉い卒業生の生誕百年を祝う行事はなかったようだ。

それはともかく、この写真で見る限り、順太先生が「哲学をやった人間はどうも貧相になる」と言われたのは伊藤吉之助ではないことになる。しかし、この写真は何歳頃のものかわからない。「晩年の伊藤吉之助先生」という説明のついた写真では、和服姿の立派な老人である。では、順太先生が知っていたと推定される頃の姿はどうであったか。これについては山崎正一《やまざきまさかず》（哲学者・東大名誉教授）の観察がある。

「……四月の学期はじめ、新入生のガイダンスがあるから、所定の期日に集まれということで、哲学科の新入生一同が文学部11番教室に集まっていると、やがて先生方があらわれた。

一番年長の主任教授が、桑木厳翼《くわきげんよく》という先生で、温顔の紳士である。……それから次に、やや小男の、三角形の鋭い顔つきの先生が演壇に立って話をされた。伊藤吉之助という教授だそうである。……」（『山崎正一全集』第十巻、「伊藤吉之助先生管見」、木村『上掲書』一六ページ、傍点渡部）

また、「せきこむまいぞ伊藤さん」という言い方が、東大の哲学科の学生のなかで言われていたようである。伊藤吉之助はヘビースモーカーで、歩くのがせかせかしていたという。煙草で「咳《せ》きこむ」と、小柄で歩き方が「急《せ》きこむ」を掛けて言ったものと思われる。

東大の教授という安定した名誉ある地位についても、「三角形の鋭い顔つき」だった人が、野心と向上心に燃えていた青年時代はどうであったろうか。順太先生が見たのはこの時代の伊藤吉之助に違いない。
伊藤が物凄い勉強家であること、東大の哲学科のなかでも特に嘱望《しよくぼう》されていた存在であることが、同郷人として順太先生の耳に入っていたのであろう。そして、同じ鶴岡の武家の出身の黒崎幸吉と自然と比べるようになったのではないか。
「辞書作りは特別なもので、他の著作がどうもできなくなるらしい」という順太先生の観察はどうだろうか。東大の哲学教授で戦後、共産党に入党したので有名になった出《いで》隆《たかし》――彼は伊藤吉之助が教授のとき、助教授であった――の自叙伝のなかに、次のような話が書いてある。
「……伊藤さんを教授に推薦するとき、教授会の席上で桑木教授は……伊藤さんの学問上の業績を挙げるのに窮して、そのころ出版が予告されていた『岩波哲学小辞典』を伊藤さんの編集した力作だとして推奨し、かつ伊藤君自らの学位論文も出来ていて近々提出されるはずだから、と言われたとのことだ」（木村『上掲書』一二ページ）
しかし、伊藤はついに学位論文は書かないでしまったのである。出隆の言葉によれば、
「……しかしあのころには、書く気になっておられた。そして書こうとしても書けないで、いらいらしておられた。」（『同右』、一三ページ）
それで、口の悪い若手の連中は「伊藤さんは食いすぎの糞づまりだ」と陰口をたたい

ていたという。本を読むばかりで書かない、という意味である。

たしかに、昭和五（一九三〇）年に出た『岩波哲學小辞典』は画期的な辞典であり、改訂・増訂を重ねて、今日に至るまでダントツにアカデミックな内容の辞典として尊重されている。吉野先生が終戦後間もない頃に、これを持っていることをわれわれに自慢した辞典なのである。哲学関係の出版社としては、大関なしの横綱のような感じのあった岩波書店の哲学辞典として、関係諸項目には日本中のその道の権威や研究者が寄稿している。項目担当者名のリストは圧倒的だ。

そして、この辞書の編集者として扉に出ている名前は伊藤吉之助の名前だけなのである。この意味で伊藤吉之助は偉大なる辞書家であり、学問をする者たちに対する貢献も実に大きい。

しかし、彼が出版した単行本は『最近の獨逸《ドイツ》哲学』（理想社、昭和十九〈一九四四〉年、二三八ページ）だけである。

弟子の〝涕泣事件〟

この本については、今道友信《いまみちとものぶ》氏（哲学者・東大名誉教授）が「なくてもよかったかと思われる一書」（木村『上掲書』、六四ページ）と評価している。今道さんも中学は伊藤吉之助の後輩、つまり私の先輩でもある（もっとも阿部次郎の場合と同じく、今道さんも父親の転勤によって卒業せず転校）。

今道さんは文科系の学生が学徒出陣をしていた頃、東大が学問の伝統を絶やさないようにするため、勤労奉仕にも行かず勉強に専念するために学部学生から選抜されたごく少数の学生のうち、哲学系の学科からただ一人選ばれた人である。

そして伊藤吉之助の、ヘーゲルの『歴史哲学緒論《しょろん》』の演習を敗戦の年に一人で受けていた。そして伊藤の癇癪《かんしゃく》の爆発を一人で受けて、教室で涙を流して泣いたという。今道さんのこの涕泣《ていきゅう》事件が、伊藤の東大における最終の授業だった。この伊藤吉之助の文字どおり最後の弟子が、「なくてもよかったと思われる」と評価している本を私が評価するのはおかしいが、いまでも古本で買っておいて損はない本だと思う。

なにしろ伊藤は『岩波哲學小辭典』を、四十代半ばの壮年の時に単独編集者となって、あれだけの各界の権威・俊秀を動員して完成するほど、その学力はみんなに評価されていた人物なのである。

三十五歳でドイツに留学した時は、かのハイデガーを個人教師に傭《やと》ってドイツ語などの勉強をしていたというくらいで、ドイツの哲学の学界事情についてはもっともよく知っていた日本人と言ってよいだろう。そのドイツにナチスが台頭した時の哲学を、哲学史的見地から理解しようとすれば、彼のこの本は大いに役に立つ。「ナチス哲学者とヘーゲル」という章だけでも、当時のドイツの思想界を示して面白い。

序文の最後のほうには次のような「時局的」な文言《もんごん》が記されているが、それは昭和十九年夏頃の出版物として考えれば必要なものであったろうし、当時の日本人の考え方としては不自然ではない。

「蓋《けだ》し盟邦獨逸の思想的状況を理解することは、共同の敵国「イギリス・アメリカ」の撃滅に邁進《まいしん》しつつある現下の我邦《わがくに》にとつて重要なる意義あることを考へ、この蕪雑《ぶざつ》なる小著もまつたく無意味ではないと思ひかへしたからである……」

こういう言葉は戦後の日本においては好ましくないと、最後の弟子の今道さんは考えられたのかもしれないが、これは安っぽい内容の本ではないし、附録や索引もありがたい。

前述したが、ハイデガーを家庭教師にした日本の哲学者ということも、伊藤吉之助についてては忘れてはいけないことであろう。こんな話がある。ある会合で蓑田胸喜《みのだむねき》が、道元禅師とハイデガーを比較し、ハイデガーの「存在と時間」の説は、日本ではずっと昔に道元が「有事《うじ》」の説で述べていると言って道元を褒めた時、それを横で聞いていた伊藤吉之助が言った。

「君！　ちょっと聞くがねえ、道元はハイデッガー程度の男かい」と。

それでさすがの蓑田も参ったという。ここで重要なのは、伊藤がハイデガーをもヤスパースをも、日本のほかの哲学者がよくやるように偶像化して仰ぎ見ていないことである。これと関連して、田中美知太郎《たなかみちたろう》先生の発言が思い出される。

田中先生が京都大学に選科生として入学なさってみると、哲学関係の人たちは、みんなドイツ人の哲学者などを無暗《むやみ》に尊敬していた。しかし、田中先生は京大に行く前に上智大学で何人ものドイツ人の先生についていたので、ドイツ人だからと言って無暗に尊敬するということはなかったというのである。

日本には、仏教にしろ近代的学問にしろ儒学にしろ、外国から入ってきた。それで外国から来た先生、あるいは外人学者を特別に尊敬する風習があるのではないか。それは稀人《まろうど》思想の流れにあるのかもしれない。日本人の美徳と言ってもよいと思うが、時にはゆき過ぎもあろう。幕末にポンペに医学を習った医師のなかには、自宅の庭にポンペ神社を作った者もあるという。

日本ではいまもハイデガー研究が盛んなようであるが、彼が使った有名な術語に「世界内存在」(Das In der Welt Sein)があるが、あれは元来、岡倉天心が『茶の本』をニューヨークで出した時、荘子の「処世」を「Being In The World」と訳したのを、一九〇八年にシュタインドルフが右のようなドイツ語に直訳したものである。

伊藤吉之助が留学から帰る時、自分の家庭教師をしてくれたハイデガーに、お礼のつもりで『茶の本』のドイツ語訳を手渡した。それが一九一九年のことで、一九二五年にハイデガーの名を高からしめた『存在と時間』が出版された。そしてそこにはあの術語が何のことわりもなしに使われていたので、伊藤吉之助は憤慨した。

そして、最後の弟子の今道友信さんに「いやあ、世話にはなっだんだが、やづければ〔やっつければ〕よがっだなあ」と庄内弁で述懐したという（今道友信『知の光を求めて』、中央公論新社、一一五〜一一七ページ）。

「博士にならずに白紙だ」と嘲笑《ちようしよう》する人もあった東大哲学科の主任教授、伊藤吉之助はそのことをどう考えていたであろうか。怒りっぽくて、いらいらしていたということは多くの人の観察するところである。順太先生の目にはそれは貧相になっているという印象だったらしい。その心境を直接聞いてみたという伊藤の弟子がいる。それは茂手木元《もてぎもと》蔵《ぞう》（大正大学教授、横浜市立大学名誉教授）である。

秀才が背負った苦悩

茂手木は東大哲学科に入った時、近代哲学専門のはずの伊藤吉之助に「古典をやれ」「現代のものなんか二年くらいやれば分かるよ。古典はそうはいかんからなあ」と言われたという（『大正大学哲学学会会報』「伊藤吉之助先生の思い出」昭和五十七年、木村『上掲書』二一六――五〇ページ）。

伊藤吉之助は怒りっぽくていつもいらいらしているので、弟子たちは怖がってあまり自宅を訪ねることはしなかったようである。しかし、茂手木は家が近かったこともあり、ときどき訪問して話を聞いた。これは茂手木の人柄によるのではないかと思う。

彼は伊藤の世話で、山形県の寒河江《さがえ》中学で特別高給で教えたということもあり、ずっとあとにも酒田の伊藤吉之助の墓詣でをして俳句を捧げている。こういうところからみて、伊藤と茂手木の間には特別に親しい雰囲気があったように思う。茂手木は近代哲学の伊藤から古典哲学をすすめられ、のちにはアリストテレスの翻訳や論文、セネカの翻訳など、古典哲学の第一人者になっている。

その茂手木はある時、伊藤の自宅で、叱られるのを覚悟で「先生、どうして博士論文をお書きにならんのですか」と言ったら、ちょっと沈痛な面持ちで、「書けないからねえ」と言った。その表情の記憶はあとあとまで茂手木の記憶に残ったそうである。

自分が学位論文や著述ができなくいらいらしていた時に、彼の頭に浮かんだのは――これは私の想像だが――阿部次郎であり、宮本和吉《みやもとわきち》であり、ひょっとしたらそれに大川周明《おおかわしゅうめい》も加わったかもしれない。

伊藤吉之助自身の回顧話によると、荘内中学の寄宿舎には、二年先輩に阿部次郎と宮本和吉がいた。宮本の部屋に行くと文芸や小説の本がずらりと並んでおり、阿部の部屋に行くと哲学と思想の本があり、自分はこの二人の先輩に刺激されたという。

母校自慢になるが、中学で一緒だった伊藤、阿部、宮本の三哲学者が、戦前九つあった帝国大学のうち、三つの大学の哲学科を背負っていた。つまり東大の伊藤、東北大の阿部、京城（ソウル）大学の宮本である。当時の庄内の気風がわかる気がする。

阿部、宮本、伊藤の三人は、一高・東大哲学科で岩波茂雄と一緒である。そして、岩波茂雄が哲学の本を続々と出す頃になると、阿部次郎は『倫理学の根本問題』を書き、宮本和吉は『哲学概論』を書き、また波多野精一博士との共訳ということで『カント実践理性批判』の翻訳を出す。

そのなかでも、二年後輩の伊藤吉之助は最高の秀才と認められ、『岩波哲學小辭典』の編集者という名誉ある大役をもらうことになった。しかし振り返ってみると、まともな著書を出していないし、博士論文も書いていないのは自分だけだと伊藤は気付くのだ。井上哲次郎、桑木厳翼両博士のあとを受けて東大哲学科を一身に背負って立つような立場になり、先輩の宮本和吉にも博士号を与えることにはなったが、自分には著述も博士論文もない。学科は違うけれども、中学で一年後輩だった大川周明も評判の本を出し続けている。自分は来年で定年だ。しかし、世の中は戦争の異常な雰囲気だ。という時に、すすめられるままに一冊の本『最近の獨逸哲学』を匆卒《そうそつ》の間《かん》に書き上げるということになったのではないか。

青年の日に留学した懐かしのドイツ――当時のドイツのインフレのおかげで留学生は大金持ちだった――はいまや「盟邦」であり、「共同の敵国」はあの大川周明が前からそう指摘していた国だ。そこに伊藤吉之助の伎癢《ぎよう》があったと私は見たい。つまり腕、いな指がむずむずしたのではないか。

「辞書をやると他の著述ができなくなるものらしい」という順太先生の観察は、私の人生に影響を及ぼしている。英語教師であるから、大きな辞書を作るところから誘われたことが二、三度あったが、私はいずれも辞退している。偉い先生の本の索引作りもお断りした。そういう話があるたびに、順太先生のあの時の話の御様子が目に浮かんでしまうのである。

しかし、私は辞書家を尊敬するし、よい辞書ほどありがたいものはないと思っている。阿部次郎の本よりも宮本和吉の本よりも、伊藤吉之助の辞典は遙かに私の役に立って、いまも座右にある（ちなみに、宮本和吉は私の祖母の生まれた山村の出身で、武蔵大学や成城大学の学長を務めた人だが、いまでは郷里でも知る人に出合ったことがない）。

英語をやる者たちに最もよく使われている英和大辞典は、研究社のものであろう。その画期的な第五版（研究社、一九八〇〈昭和五十五〉年、Xxi＋二四七ページ）の中心になっておられたのは、小稲義男《こいねよしお》先生である。この方は当時、上智でも教えておられたのでよくお茶などご一緒することがあった。大変おだやかな方で、福相であり、非常に頭のよい方だと感銘したことがあった。

自分の父親に近い年頃の先生に対してこんなことを言うのは失礼だが、私の『英文法史』のカン所を言及して褒めてくださったのは、小稲先生だけであった。

簡単に言えば、近世初頭のヨーロッパ諸語の文法書はラテン文法書の構成に従って作られたというのは常識であったが、その手本になったラテン文法書というのは、最初の英文法書に関しては、ルネッサンス期のラテン文法書でなく、中世の通俗教育用のラテン文法書であったというのが私の発見だったが、「ここが一番面白かった」と小稲先生は言ってくださったのである。

“日本人への恩恵”

この小稲先生は定年で御退職に近くなった頃は、手に白い包帯をしておられた。「どうしたのですか」とお訊きしたら、「辞書をやってるんで、書痙《しょけい》というんですかね」とおっしゃった。

私は知らなかったが、小稲先生は研究社の『新英和大辞典』の主幹として原稿の作成・構成の責任を果たしておられたのである。この本当に画期的な大辞典についての小稲先生の指の「残酷物語」は、当時『毎日新聞』の編集委員であった徳岡孝夫さんが七ページにわたる詳細なレポートを『新潮45＋』の創刊号に寄せている（昭和五十七〈一九八二〉年五月号、一二九～一三五ページ）。

研究社の「新大英和」は、岡倉由三郎《おかくらよしさぶろう》（岡倉天心の弟）が主幹で昭和二年に出され、第二版は昭和十一年に出たが「岡倉英和」として知られていた。

戦後は第三版（昭和二十八年）、第四版（昭和三十五年）が出たが、小稲先生主幹の第五版は二十年ぶりの全面改訂で、二段組のものを三段組にし、収容語数二十三万余であり、実に十一年間を要した。

その間に小稲先生の書痙は悪化し、震えを止めるため絆創膏《ばんそうこう》で固定したら、指が伸びも曲がりもしなくなって治療のやり直しだったという。こうした御努力のおかげで、何万人、何十万人の英語に関係する日本人が恩恵を受けることになったわけである。

誰も読まないような論文、読んでも何の足しにもならない書物が氾濫《はんらん》している時代に、黙々と作業を続けてこられた小稲先生のような方の社会に与える学恩は巨大である。

そして翻《ひるがえ》ってみると、阿部次郎や宮本和吉の著書よりは、伊藤吉之助の辞典のほうが、学問を志す人間に与えた恩恵は、遙かに大きかったのではないか。

三、友から得た知的快感

「幾何学《きかがく》を解せざる者、この門に入るべからず」

と、プラトンの学校では規則にしていたという話をしてくれたのはどの数学の先生だったか覚えていない。しかし、「数学が解らないような者は学問に向いておらないぞ」という一種の嚇《おど》しの言葉として私は受け取った。

小学校では、算術は苦手ではなかったが得意でもなかった。中学に入ったらピタゴラスの定理の証明など習って、ギリシャの学問の匂《にお》いを嗅いだような気がして嬉しかったが、中学二年生頃には数学ははっきりと苦手になった。

例のカメという渾名の幾何の教師は、教えている時間より生徒をぶんなぐっている時間のほうが多いくらいだった。代数の先生は日本海大海戦に出たことがあるというのが自慢の海軍中佐の老人で、元来は教師ではなかった。戦時中の数学教師不足のため、「昔、海軍兵学校に行った人だから中学の数学ぐらいは教えることができるだろう」といったぐらいの資格で教壇に立つことになったらしかったが、その授業が面白いはずがない。

昭和十九年（一九四四）の学校の授業で「面白かった」という記憶があるのは、漢文の『論語』と国語の『平家物語』ぐらいであった。

そのままゆけば私は数学嫌い、したがって「数学は解らなかった」という劣等感をもったまま中学を終えたことになったであろう。陸軍幼年学校の志願者などは、学校で早朝の特訓の勉強をさせられていたからまともな数学の授業もあったらしく、私の目からは「よくできるなぁ」と、みな秀才に見えた。

ところが終戦直後に、山のなかで伐採の勤労動員をさせられるという最も非学業的な時期に、あとになって見ると重要な二つの知的な刺激を受けていた。一つはすでに述べた佐々木邦の『凡人伝』によるミッション・スクールの生活の描写であり、もう一つは佐藤信雄という同級生を発見したことであった。

宿泊していた山のなかの神社で彼に初めて会った。それまで会ったことがなかったということは、敗戦後に転校してきたことになる。敗戦とともに戦時中に疎開していた者たちは、続々と東京に戻った。戦後の内閣で、陸軍大臣として陸軍解体を担当した下村定《しもむらさだむ》陸軍大将の息子もその一人であった。戦後に転入してきた生徒のなかには、広島の原爆で家を失った者もいた（彼

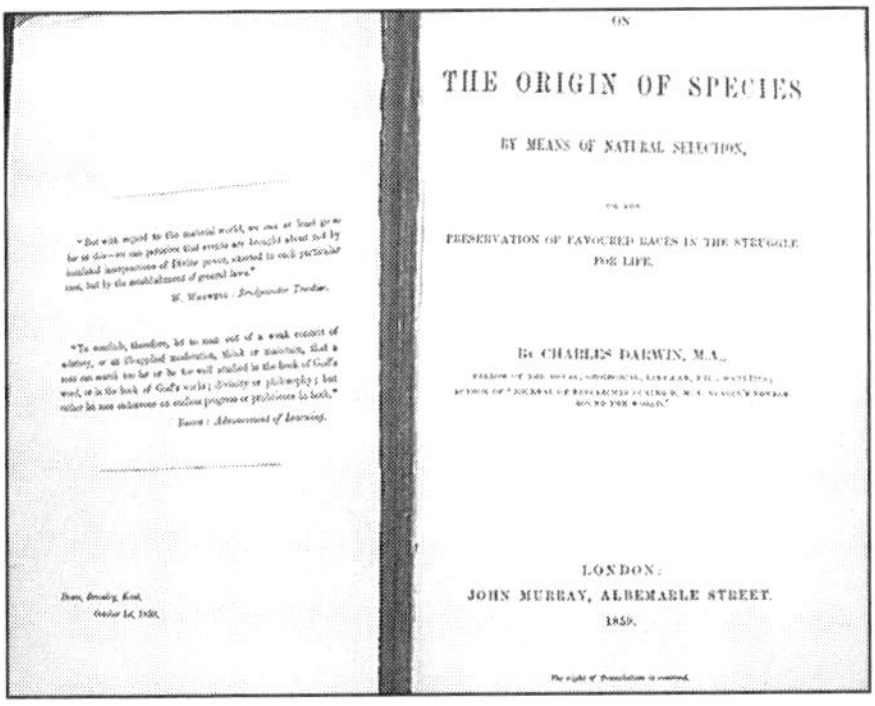
ON

THE ORIGIN OF SPECIES

BY MEANS OF NATURAL SELECTION,

OR THE

PRESERVATION OF FAVOURED RACES IN THE STRUGGLE FOR LIFE.

By CHARLES DARWIN, M.A.,

LONDON:
JOHN MURRAY, ALBEMARLE STREET.
1859.

ダーウィン『種の起源』の初版本

とはいまも交際している)。佐藤信雄の場合は、父親が戦後にできた鶴岡の高等農林学校の教授になるために移転してきたと聞いている。

彼は山の伐採をしながら、いろいろな雑木《ぞうき》の小枝を鉛筆ぐらいに切って、何と植物分類の標本を作っているのである。そんな知的なことをする同級生はそれまで見たことがなかった。山を降りて授業に戻ってからも、数学の問題などを聞くと実に明確に説明してくれる。

幸いに、彼と私は何となく気が合ったのである。私は彼の知的教養に敬意を持ったのだが、彼のほうはどうだったのだろう。伊賀の上野で荒木又右衛門が三十六人斬りをやった時の刀が三池典太光世《みいけてんたみつよ》の大業物《おおわざもの》であった、などという私の講談的知識に敬意を持ったのかもしれない。

博士の家に育った友

彼に数学を助けてもらっている時、「岩切の代数学がよい よ」と言われたので、さっそく古本屋で岩切晴二の『最新代数学精義』(培風館)を買った。そして第一ページからやってみると、高級そうに見えた問題も解ける。それまで、戦前の受験参考書で数学を勉強するなどということを考えたこともなかったが、岩切の代数学で問題を解くこと、また解けた時の喜びを知ったのである。少年の時に数学の問題を一人で解くことができた時の喜びというのは、本当に心の底から、かすかながら確実に込み上げてくる知的快感であり、これを体験したことのあるなしは、その人の一生に関係があるような気がしてならない。

ちょうど、今日開いてみた『産経新聞』（平成二十三年十月二十九日）に、ＴＯＳＳ（教育技術法則化運動）代表の向山洋一《むこうやまよういち》氏が書いている話が載っている。中学で数学ができず不登校になっている生徒に、中学一年からの数学を基本から教えたところ、「勉強ってこんなに楽しかったんだ」と呟き、その後、希望の高校に進み、成績は一番だったという。私はこの話を信ずる。それまで手の出しようがないと思われていた数学の問題が解けたという体験は、特別のものだからである。

佐藤信雄の父親は理学博士か工学博士だと聞いた。それまでの鶴岡市には博士号のある人など住んではいなかった。医学博士のお医者さんもいなかったのではないか。私は家族の者に佐藤信雄のことを紹介する時、「博士の家の子だ」と言った。ところが、彼自身は博士というものをあまり評価していない口ぶりなのである。

「博士というのは、何か小さいことでもそれだけ研究すればよいのだから、たいしたものでないよ」

と言って私を驚かせた。博士の「博」の字は「ひろい」という意味ぐらいのことは知っている。同級生にも博《ひろし》という名前の者もいるのだ。だから、博士というのは広大深遠な学者のことだと思っていた。幸田露伴《こうだろはん》とか北里柴三郎《きたざとしばさぶろう》とかが博士のイメージだった。

しかし佐藤信雄は、「本当に偉い学者というのは南方熊楠《みなかたくまぐす》のような人だ」と言った。

私は、それまで南方の名前も聞いたことがなかったから説明してもらわなければならなかった。そんなことから、博士の家に育った者と自分との知的レベルの違いを知らされたのである。

谷沢永一氏の評価

こんな思い出があるものだから、私はのちに『南方熊楠全集』（乾元社、昭和二十七年）十二巻も買ったし、中山太郎『学界偉人　南方熊楠』（冨山房、昭和十八年、二五七ページ）も読んだ。これは書き手が偉いこともあって、南方の偉さを十分、私にもわからせてくれた。また、二十世紀も終わりに近づき、ソ連や毛沢東への夢が左翼に薄れ始めた頃に、南方の小ブームが学界にあったのではないかと思う。『熊楠漫筆　南方熊楠未刊文集』（八坂書房、平成三年、三八七ページ）など、八坂書房からいろいろ出版されている。

講談社現代新書には『南方熊楠を知る事典』（平成五年、六五三ページ）もあるが、これには索引があって便利である。また、小説には神坂次郎『縛られた巨人――南方熊楠の生涯』（新潮社、昭和六十二年、三八九ページ）もある。

私も佐藤信雄のおかげで南方についての知見を得たことは、彼からの学恩と言ってよいであろう。しかし、わが尊敬する谷沢永一さんは南方をあまり評価しなかった。
「南方熊楠は記憶力の世界に稀な天才ではあったが、人の世を少しでも豊かにする新しい見方や考え方を、ついに何ひとつ同胞への贈り物として残すことはできなかった。……熊楠がそうなった理由たるや簡単明瞭で、彼は家業にも家事にも交友にも意を用いることなく、ただもう関心ある領域にのみ閉じ籠って、世間から身を遠ざけて一人合点の渉猟《しょうりょう》に終ったからである。……」（『ローマの賢者セネカの智恵』講談社、平成十五年、三七ページ）

谷沢さんとは、セネカについて対談本を作ることになっていた。その時はこの南方も取り上げたいと思っていたのであるが、谷沢さんはその後入院され、退院されることなくお亡くなりになったので、永久にその機会を失った。

南方と言えば、彼について語り合ってみたいと思う人がもう一人いた。それは鶴見和子さんである。彼女の父は鶴見祐輔《ゆうすけ》であり、戦前の『キング』に最もよく出ていた政治家の一人であり、広い教養が売り物だった。

彼の著書は講談社から多く出されており、私も何冊かを愛読し、いまも持っている。小説も書いていて、彼の『母』などを読んだ時は大いに感激したことを覚えている。

その鶴見祐輔は後藤新平の女婿《じょせい》であり、和子と俊輔の父である。この鶴見家のなかでは、あの大戦中も英語を日常語としていたと聞いている。飛びっ切りハイカラなハイソサエティの家庭だったわけである。

和子は津田英学塾を出て、アメリカの東部の名門女子大学ヴァッサーで戦前に哲学修士を取り、日米交換船で帰国した。戦後は共産党員になったり、六〇年安保騒動参加のあとは再びアメリカに留学し、プリンストン大学で社会学博士になっている（カナダの日系移民に嫁いだ女性がテーマといわれるが、その論文は未見）。

ざっと経歴を見ただけでも、アメリカとソ連という両極の文明（?）の合いの子みたいな教養をバックボーンに持った女性のように思われる。ところが、私が彼女を見かけたのは上智大学のキャンパスのなかである。いつも高価そうな着物を着ていた。洋服だった姿を見かけたことがない。

そういう人が、左翼思想から日本の底辺と見られる人たちに関心を持つという研究テーマを扱うことはわかる気がする。しかし、南方は豪家《ごうか》のいわば放蕩《ほうとう》息子である。そして、南方の研究の中心は日本の土俗的なものである。そこに関心が流れていた鶴見和子の個人的契機というものを、彼女の口から聞きたかった。

彼女は生涯独身で、「生涯で一番愛したのは父（祐輔）なんだ」と弟の俊輔は語っているそうだ。それなら、父が最もよく活躍した敗戦前の日本の立場や生活に理解のある著述がなぜないのであろうか。父は米内光政《よないみつまさ》内閣の内務政務次官でもあったし、その前は立憲民政党の議員として長く活躍していたのだ。知命《ちめい》の年齢をすぎてから就職した大学に人目を惹《ひ》く和装で出勤し、耳順《じじゅん》の年を越してから南方の専門家になったのは、単なる「日本回帰」なのであろうか、と私は疑うのである。

数学を解く面白さ

——新制高校になって、数学が無限級数から微分・積分になったことは幸いであった。岩切の代数学のおかげで数学が面白くなり、相当難しい問題が自力で解けるようになった時に、高等数学の入り口にさしかかったことになる。岩切の本のおかげで、数学を理詰めで推し進めてゆくことができるようになり、またそこに快感を覚えるようになっていた。それで、大学受験の見通しもないのに——これは家庭の経済状態のため——たしか津田栄という一高の教授の書いた化学の計算問題の本を買い、化学の実験などの数値計算まで正確にできることを確かめて喜ぶようになっていたのである。

幸いなことに、微分・積分の時の数学の先生はまともな学校、つまり東京高等師範を出たと言われる先生だった。積分と一緒になった解析幾何学を応用すると、複雑な形をした容器の体積まで計算できることを知った時は驚いた。あとで解析幾何学はデカルトが始めた、と何かで読んだか誰かに聞いたかしたので、デカルトに対する尊敬の念を持つようになった。

しかし、私が習った程度の微分などは、専門の数学者から見れば数学の初歩にもならないと思うが、「極限」という概念を与えてもらったことは、のちにまで私の知的財産になったように思う。

ずっとあとになって、私の理解力がこの頃に得た微分の概念によるものであったことが何度かある。その一つはヒューム（David Hume）――カントを独断の眠りから醒《さ》めさせたといわれる哲学者――が、徹底的に哲学的思索を深めた結果、人間の理性にはどこか本質的な欠陥があるのではないかと考えるに至り、ついには理性信仰にひたすら走る当時のフランスの思想界の現状を危ぶみ、大革命を予言するようになったり、またおよそ理屈のとおりにはならないイギリスの通史を書くようになったこともわかるような気がしたのである。

たとえば、エレアのゼノンのパラドクス（逆説）に「アキレスでも先に出発した亀に追い付くことはできない」というのがある。わかり易い例としては、「兎は先に行った亀に追いつけない」という逆説を考えてみよう。

兎は亀の二倍の速さだとする。亀が百メートル進んだのを兎が追いかけて、百メートル行くまでに亀はさらに五十メートル先にいる。兎がさらに五十メートル行く間に、亀はさらに二十五メートル先に行っている……という具合で、兎は亀に永久に追いつけないことになる。論理で考えれば、どうしてもそうなる。

しかし、実際に兎は亀に追いつくのである。緻密《ちみつ》な論理の天才であったヒュームは、これを論理で説明できなかったと思われる。微分を知っておれば何のことはない。極限点は計算できるのだ。ヒュームの青年時代、ニュートンは微分を発見していたが、それは限られた数学者の間だけの話で、スコットランドの学校で教えていたはずはないのだ。「微分」が進化論を考えるうえで極めて重要であるという洞察を得たのは、ウォレスの『自叙伝』(A.R.Wallace, *My Life*, New York : Dodd, Mead & Co. 2vols.1905) を読んでいた時である。彼は海外に採集旅行に出る前の若い頃、私立の寄宿学校で教えていたことがあった。その学校の経営者はケンブリッジを出た人で、数学の心得があった。

それで、夜にウォレスに微分や積分の初歩を教えてくれたのであった。そんな知識は、その後のウォレスがブラジルやマレー諸島で動植物の採集をやっていた頃には忘れていたと思う。

しかし、長期にわたってマレー諸島(大体、いまのインドネシア)で苦労し、高熱の病気にかかった時に「変種の極限」というアイデアが頭に浮かんだのである。彼はいわゆる虫屋であり、同じ虫でも変種が多く、珍しい変種には高価なものがあることも知っていたから、変種には特に敏感だったのである。

『種の起源』誕生秘話

その彼が病床でふと考え付いたのが、変種から変種が生じ、その変種からまた新しい変種が出るという具合に連鎖していったらどうなるかとふと考えた。そして「新種」になるのではないかと思いついたのだ。これが本当の「種の起源」の中心をなす「分岐の理論」なのである。

彼はそれを急いで論文にまとめ、「原種《オリジナルタイプ》から無限に離れてゆく変種の傾向について」と題して、日頃、尊敬するダーウィンにボルネアのサラワクから送ったのが一八五五年であった。

それを読んで驚いたのは、ダーウィンである。ダーウィンは厖大《ぼうだい》なコレクションをすでに集めており、進化論を信じて疑わなかったが、その場合の新種が分岐する原理がわからなかったのである。

ダーウィンはケンブリッジに学んではいたが、元来は国教会の牧師になる予定でもあって、微分はやっていなかった。微分をやらなければ「極限」の概念が持てない。微分の極限の概念なしでは分岐の原理が明らかにならず、いわゆるダーウィニズムは成り立たないのである。

このウォレスの手紙を貰ってからのダーウィンの悩み——進化論についての優先権《プライオリティ》が

ウォレスという無名の青年のものになる——と、それに対する学界貴族たちの動きについては、ブラックマンの『ダーウィンに消された男』（羽田節子・新妻昭夫訳、朝日新聞社、一九八四年、三六九ページ、A.C. Brackman, *A Delicate Arrangement*, Times Books, 1980 xi+370pp）などに詳細に説かれている。そして、ウォレスの論文はリンネ学会でダーウィンとアーサ・グレイの論文とともに、地質学者チャールズ・ライエル卿と植物学者ジョウゼフ・フッカー卿によって、一八五八年七月一日に紹介されたのであった。

この時に紹介されたものは、その年のリンネ学会の紀要（*Journal of the Proceedings of the Linnean Society*. London : Longman etc 1858. 62pp）に収録されている。

この珍しい出版物をいま、私が所蔵しているが、元来はサンフランシスコのジェイナス財団の図書室にあったものである（私が盗んだのではない）。

これを見ると、ダーウィンの未刊の本の一章からの要約ということで四ページ、アーサ・グレイのものは彼の書簡の要約ということで三ページにすぎない。これに対してウォレスのものは十ページあり、それは要約でなく、新種ができる分岐の原理を説いて余すところがない。

ダーウィンがウォレスのこの手紙を読んで、いままで蒐集《しゅうしゅう》した厖大な資料を一挙にまとめる原理に目を開かれ、『種の起源』をまとめることができたという見方は十分に説得力がある。ウォレスが手紙を書いたのは一八五五年で、それがリンネ学会で紹介されたのが一八五八年、そして『種の起源』が出版されたのは一八五九年である。

ウォレスは微分を学んだことがあり、ダーウィンは学んだことがなかったということが、進化論紀元元年といわれる一八五八年のリンネ学会の共同発表の背後にあったというのが私の考えである。

ちなみに、ダーウィンは『種の起源』が出版されると、それをまだマレー諸島にいるウォレスに贈った。ウォレスは自分がダーウィンに与えたアイデアの価値を知らないから、博物学の先輩ダーウィンの学識と親切さにひたすら感激している。

というわけで、進化論に関する優先権《プライオリティ》の問題は起こらず、これは学界の美談とされている。ウォレスがボルネオあたりにいて、当時のロンドンの学者貴族たちの動きを知らなかっただけと思われるのだが。

友のその後

ちなみに、「ダーウィニズム」というタイトルの本を書いたのは、私の知る限り、ウォレスが最初である（*Darwinism: An Exposition of the Theory of Natural Selection*, London:Macmillan, 1889.xvi+494pp）。その後、ウォレスはダーウィン・メダルができた時、第一回の受章者となっている。

ところで、高校生の時の私に数学の面白さを教えてくれて、微分がわかるようになったきっかけを作ってくれた佐藤信雄は、現役で京大の理学部に入り――当時は湯川博士のノーベル賞のため、京大理学部が優秀な高校生の憧憬《しょうけい》の的であったことと、彼の親類が京都にあって下宿の都合がよいことがあった――まだ学生の頃にオッペンハイマーの論文の誤植を見つけたという噂があった。彼は二〇一四年、電気に関する堂々たる著書を贈ってくれたが、私には一行も理解できない本であった。また、彼の一級下の弟も京大理学部に現役で入った。

この彼の弟の結婚式は、新婦が上智の教授の娘ということで上智大学の構内にある会館で行われたが、その質素な結婚式に旭化成の現役社長が出席したので驚いた。よっぽど嘱望《しょくぼう》されていたのであろう。頭のいい兄弟だった。

そして、佐藤信雄と一緒に高校卒業後に、英語の佐藤順太先生のお宅にお伺いしようということになった時、彼の母親に「また順太征伐にゆくのですか」と言われたのでびっくりした。聞けば親類とのことであった。だから冗談半分に、「順太征伐」などという表現が使われたのであった。

順太先生と言えば、あのフランシス・ベーコンの『エッセイ』で始まる教科書が忘れ難く結びつく。この十六世紀末の英国第一の、いやヨーロッパ第一等の思想家の試論《エッセイ》を教科書にすることを余儀なくされた順太先生は、一行一行、一語一語を舐《な》めるように丁寧に扱われた。文法的にも、語彙的《ごいてき》にも。たった三、四ページのものにまるまる一学期を使ったのだから尋常ではない。

それは、内容にかかわることとなると、先生は自由に脱線して話されたからである。猟銃や猟犬の権威であり、その関係の翻訳も戦前に出されたことのある先生はイギリスの社会、特に貴族についての知識を持っておられた。それを孫のような生徒たちに語ってくれたのである。

そうした折に、「C.O.D.（*The Concise Oxford Dictionary*）を使えれば英語も一人前だが、英語の先生のなかには使えない人もいるものだ」と言われたのである。たしかに、イギリスの英語辞典には手を出しそうもない英語の先生もいるように思えた（私の『三好清海入道』を取り上げ、「退学しろ」と迫ったG・S先生もそんな感じだった）。

それで、私はすぐにC.O.D.に挑戦しようと思い、古本屋を回ったら多介屋《たけや》書店という古本屋で見つかった。初版（一九一一年＝明治四十四年）の何刷目かのものである。

早速これを使って、ベーコンの『エッセイ』に出てくる主な単語を片っ端から引いて、先生の解釈と比べることにした。時に、先生の解釈よりもずっとよいと思われる解釈がC.O.D.で見つかることがあった。その時は「しめた！」とばかりに、「先生、C.O.D.にはこういう説明がありますす」というと、先生は何のこだわりもなく、むしろ嬉しそうに

「そうか、そのほうがいいな」と言われたものであった。

わざわざ手を挙げて質問する必要のないように、私は先生の教壇のすぐ前に席を取り、先生にすぐ提案したり、質問したりすることができるようにした。クラスの授業なのに、先生と対話ができるようになった。

何十年かあとになって、同窓会の時にのちに英語で中学校の校長になった男が「順太先生の授業の時は、先生と君が教卓を差し挟んで禅問答みたいなことをやっていたなぁ」と言った。先生と私が、勝手に二人でやり取りしていたことが本当にしばしばあったのである。こんなことはいまの学校で赦《ゆる》されるはずはないが、荘内中学以来、変わった先輩がいっぱいいた学校であるのと、戦争直後の呑気《のんき》な空気（大学受験ということがたいていの生徒の頭のなかになかった）のおかげで、誰も目くじらを立てず、教科書がそのため進まないので学期末テストの範囲が増えないことを歓迎しながら、ある者は小説を読んだり、ある者は弁当をこっそり食べたりしていたのである。

いまも書庫の片隅に

このC.O.D.は、大学に入ってからは登校する時も持って寮を出た。寮はキャンパス内にあったから手に持っていくことができたのである。さすがに表紙（堅い装幀だ）が離れそうになったが、それには布を膠《にかわ》で貼って補修した。その補修した布も擦り切れる頃に私は留学することになり、このC.O.D.の役目は終わり、いまでは書庫の片隅に立っている。

この本の裏表紙に貼ってある小さいレッテルを見ると、「基督教＋一般書籍　恵林堂書店　渋谷区上通一丁目」とある。大正の頃に鶴岡の誰かが、おそらく青山学院に入学して買ったものではあるまいかと思われる。所有者の名前がわかればどこの家の出身者か見当がつくのだが、蔵書印もない。

ちなみに、C.O.D.は辞書作りの天才と言われたファウラー兄弟（H.W.Fowler, F.G.Fowler）の画期的な傑作と言われるだけに、丁寧に読むと思わず膝を打ちたくなるような的確な説明があるが、実際は使いにくい。それで私がいま、座右において使っているのはソヴァンズ（C.Sovanes）とスティーヴンソン（A.Stevenson）の改訂第十一版（二〇〇九年）であるが、これはまことに使いよくできているし、説明も的確だ。しかし奇妙なことに、タイトルがC.O.D.からC.O.E.D.に変わっている。つまり、Eが余計に入っている。Concise Oxford Dictionary は Concise Oxford English Dictionary となっているのだ（二〇一一年、第十二版が出るということだったが、未入手）。

これは、オックスフォード出版部が English 以外の言語のタイトルの辞書をいろいろ出すことになったからであろう。日本では三省堂がこのC.O.D.の評判に便乗してか、自社の英和辞典にも「コンサイス」という名前をつけた。編纂者の石川林四郎の権威もあってか、一世を風靡《ふうび》した感があった。戦後ある辞書に、コンサイスの項に「辞典の名」という説明を入れてもの嗤《わら》いになったことがあったくらいである。

三省堂の『コンサイス英和辞典』は、その後も古書愛好家としても知られる木原研三先生などの後継編集者に人を得て、いまも優れた英和辞典として知られている。

このC.O.D.を使ってベーコンを精読したという経験は——エッセイの一つだけではあったけれど——私に奇妙な自信を与えた。たった三、四ページではあったが、これの理解については、同じ年頃のイギリスやアメリカのいかなる少年にも負けないぞ、という感じであった。本当はこれでベーコンを知ったという気になったのは滑稽千万な話だが、田舎の少年は時に物知らずな感想を持つ。

しかし、ベーコンにはずっと懐かしい気持ちを持っていた。昭和三十三年（一九五八）にオックスフォードに留学した時は、乏しい奨学金で古典的な古書を買うことなど夢のような話であったが、装丁の崩れたベーコンの哲学論集五巻のためには五ポンド払った。

もちろんずっとあとになってからは、スペディング（J.Spedding）とエリス（R. L. Ellis）とヒース（D. D. Heath）の共同編集による十数巻の全集版なども備えるようになったが、このおんぼろ十八世紀版は、もう一冊の古書ヴァーステガン（R.Verstegan）の本とともに、極貧だったオックスフォード留学時代の思い出として、いまも特別なセンチメンタル・

ヴァリューを持っている。

上智大学の英文科の講読でも、ベーコンの『エッセイズ』(研究社版)を用いたことがあった。ある時、一人の男子学生が「なぜこんな古いものを読まなきゃならないのですか」と教室で立ち上がって質問したことがあった。私は一瞬、唖然とした。

英文科の学生が、イギリスの随筆文学の始まりとも言うべき随筆を読む価値について懸念を持つとは。国文学専攻の学生が『徒然草《つれづれぐさ》』を読む価値に疑念を持つようなものではないか、というようなことを言って、私はその学生を叱ったような記憶がある。もちろん、このこととは関係なかったのだが、数年後に彼は自殺したと聞いている。

イギリスの古典を読む気がないのに英文科に入るということは、その頃は考えられなかったと思う。近頃はどうだろうか。いつの間にか時事英語、あるいは英会話のために英文科にくる若者が当たり前になり、古典などには関係のない英文科を持つ大学も出てきているのではないだろうか。敗戦後間もない頃の新制高校の教科書には、ベーコンもロックもあったのに。

最近では英語史や英文法も選択になったり、なくなったりしている英文科を持つ大学が増えているらしい。大学の英文科という昔のアカデミックなイメージは消えつつあるようだ。そして、C.O.E.D.を使って古典的文献を読むような学生たちも。

四、「英文学」への誘い

「私淑《ししゅく》する」という言葉は、「直接にその人の教えは受けないが、ひそかに敬慕してその言行を見習おうとする」という意味とされている。『孟子』に二度ほど出てくる言葉だ（離婁《りろう》 下、尽心 上）。孟子は、自分が生まれるのが遅くて、直接には孔子の弟子にはなれなかったが、孔子の余沢《よたく》を保っている人から間接に学んで修養したのだと言っているのである。

私は、旧制中学五年から新制高校三年に切り替わって進学した年の夏休み、つまり昭和二十三年（一九四八年）の夏に、二人の学者に、その著書を通じて私淑することになった。その一人は福原麟太郎先生であり、もう一人は市河三喜先生である。

夏休みの前の学期にベーコンの『エッセイ』の一つを読んだだけであったが、それに付随していろいろ脱線された佐藤順太先生のお話やC.O.D.のおかげで英語・英文学に関心を持つようになった

福原麟太郎『英文学の思想と技術』（光風館）

1948年7月……優生保護法公布

のである。

生き生きと語られるイギリス文化

たまたま入ったゑびす屋という鶴岡で一番大きい新刊書店で、福原先生の『英文学の思想と技術』（光風館、昭和二十三年五月、百七十ページ）という薄手の本を見つけて買った。この小著を一読して、私は英文学の大体に通じたような気になり——何という滑稽な錯覚であろうか——将来は英語・英文学の道に進めたらよいな、と漠然と思うようになった。

福原先生が佐藤順太先生の東京高等師範学校の後輩でもあり、そこの教授であることも、私淑の一つの動機であった。

たった百七十ページの本を読んで英文学が分かったような気になった私もおかしいが、そんな気を田舎の少年に起こさせた福原先生の学力と筆力も恐るべきものがあったと思う。この本のもとは、敗戦の翌年（昭和二十一年）の秋、九月十二日から五週間、毎週一回二時間ずつ、外務省の外務官吏研修所で行った英文学講義の速記を印刷したものとのことである。当時の研修所長は佐藤尚武《さとうなおたけ》で、参事官は成田勝四郎《なりたかつしろう》であった。

第一講は「英文学の組織」というテーマであるが、これはイギリスにアングロ・サクソンが移住してくる前の歴史から始まるが、それのどの部分にも、無味乾燥《むみかんそう》な記述はない。シーザーの頃、イギリスはアルビヨンと呼ばれていたが、これはラテン語で「白い国」という意味である。それは英国南岸が白堊質《はくあしつ》で、海から近づけば白く見えるからだ……ということから始まって、ストーンヘンジという巨石文化まで、たった二ページで、しかし面白く語っている。

そして、アングロ・サクソンがやってきた話、その後、英語が一度、表から、つまり文学からも全く消えた話。これに関連して森有礼《もりありのり》という、のち文部大臣になった男が、日本の国語を英語にしようと思って、イエール大学のホイットニーという言語学教授に相談したところ、止められたというエピソードが挿入される。

その時、ホイットニーは「国語はその国の固有の文化精神を代表しているものであるから、簡単にしたものからはその背後の文化を学ぶことができない。君たちはやはり日本語を持ち続け、英語は外国文化を輸入するための知識階級の言葉として採用したらよいだろう」という忠告を与えた。

このような日本の国語喪失危機の話をも入れながら、英語が復活し、チョーサーが出てくるまでの数百年間のことを、たった四ページで頭に入るように、明確に述べている。この調子で二十世紀まで語っていただくと、イギリスの歴史と文化の輪郭《りんかく》が、生き生きと、かつ面白いという感情とともに頭に入ってしまう。ここまでが第一講で、たった三十一ページだ。

驚くべき知識と叙述力

この調子で第二講の「英文学の思想」、第三講「英文学の技術」を読むと、英文学が解ったような気になってしまうのも無理はないような気がする。そして第四講の「シェイクスピア」を読めば、シェイクスピアが解ったような気になり、第五講「ジョンソン博士」を読めば、ジョンソン博士とそのグループや、イギリスの出版業界の歴史まで解った気になってしまう。

まことに驚くべき知識と叙述力である。そして福原先生はこういう言葉をも、ジョンソン博士の講義のなかに付け加えておられる。

「皆さんが外交官として社交界などにお出になるときに、ジョンソンのこの伝記を読んで居られて、ジョンソンの言葉を口にしたり何かされるならば、それは非常に高い教養を示されたことになりましょう」

そして、ボズウェルという古今東西無類の伝記を書いた男を紹介する。ジョンソン博士は十八世紀の人であるが、この人について二十世紀のイギリスでもっとも有名な詩人で批評家であるT・S・エリオットが言っている言葉——「ドクター・ジョンソンと説を異にすることは危険である」——を福原先生は引用しているので、ジョンソンの話は十八世紀だけのことでもないことがよく分かる。

この百七十ページの本で、英文学全体のパースペクティブを得たと感じて、私はこの講義集に百何十項目かの内容索引となる目次を自分で作っている。この本の隅から隅まで頭に入れておきたいと思ったのであった。

その後、私は大学の英文科に進んだので、福原先生の本は目に触れる限り買って読んだ。福原先生の著作集十二巻（研究社、昭和四十四～五年）も出ているが、私はわざと持っていない。というのは、「福原先生の単行本は、まずは全部持っているはずだ」という自信があるからである。そして、四十年以上も大学で教えていた間も、その小著は常に私の座右にあった。それは英文学についての実に役に立つ鳥瞰図《ちょうかんず》だったからである。

福原先生の本はときに思いついたように取り出しては読んでいるが、今年になってから読み返し、いまさらながら感銘を受けたのは、『かの年月』（吾妻書房、昭和四十五年＝一九七〇年、四＋百九十四ページ）である。これは昭和十九年十月一日から、翌昭和二十年十月二十日までの先生の日記である。

昭和十九年十月と言えば、ペリリュー島の日本軍の死守奮闘が国民の――そして昭和天皇の――話題になっている一方、アメリカの大機動部隊が、沖縄、奄美大島《あまみおおしま》、徳之島、宮古島に来襲し、損害も甚大で、日本の敗色が濃くなった頃である。

その頃、私は中学二年生で、校庭で炭を焼くというので、その木を運ぶための勤労奉仕をさせられ、夜は塩谷《しおのや》博士の『新字鑑』の筆写という愚行を始めた頃である。

その頃から敗戦に至るまでの福原日記は感激的である。前にも述べたように、途轍《とてつ》もない非常の時に、平常のごとく英文学の講義や演習を継続するために最大の努力をされていることが、淡々と即事的に書き記されている。

戦前同様に難しい英文学関係の本が購読、輪読されている。空襲があれば中断、学徒勤労動員で工場に出ている学生のためには、先生が出かけて行って昼休みの時間にも講義される。ゼミなどのメンバーが応召のために抜ける。それでも先生はできる限り平常の勉強をやり、学徒や同学の士と学問の交わりを続けられる。

さすがに原爆が落ち、ソ連が参戦するようになった頃になると、先生の夜の読書の対象が変化する。高浜虚子の作品を読んで感想を書き記したり、饗庭篁村《あえばこうそん》や斎藤緑雨《さいとうりょくう》のものをしきりに読んでおられる。これなどは明治の庶民の風俗ものだ。

たとえば昭和二十年の八月八日、つまり広島の原爆の二日後の日記に、緑雨の「油地獄」について、次のような読後感を書いておられるのである。

「信州の豪家《ごうか》の息、東京に法律を学び、謹直なり。信州人会にて芸妓小歌に会い、これに迷う。小歌落籍《らくせき》さると知り、その写真を鉄瓶の中の油に煮溶かして已れもまた狂す。世間知らず一本気、しかも内気なる恋、巧みに写されたり」

こうした読後感が続く。こうした種類の本の読後感は、それまでの日記には見えない。

いよいよ日本が敗北するという実感に迫られた時、福原先生は一人孤燈の下、明治の花《か》柳《りゆう》文学など読んでおられたのである。

生意気のようだが、この気持ちは私には分かるような気がする。私も最上川《もがみがわ》の堤防の土木工事という勤労動員からの休暇で家に帰ると、昼から布団に入り、母のこしらえてくれた牡丹餅《ぼたもち》を食いながら、『銭形平次捕物控』を読んで、空飛ぶグラマンは気にかけないで、平和な江戸の町人生活の話を読み、平次の女房のお静みたいな女がいたらよいだろうなアと空想していたからだ。

福原先生も、毎日の空襲、日に日に濃くなる敗戦の予感が身に迫った時は、専門で研究した英文学ではなく、文学青年時代に親しんだ明治の花柳文学に戻られたのである。軽文学や軟文学は異常な危機的な状況にある時には、本を読める人間にとっての究極の「退行」の場所なのではないか。福原先生のような人にとっても。

日本英語界の王様《キング》

——戦後の日本で市河三喜——いつも市河博士と言われていた——は日本の英語界の王様《キング》と言われていた。英語を学ぶ者にとっては、本当に富士山のような感じがしたものである。旺文社がその頃出していた英語雑誌『The Youth's Companion』の正月号の巻頭に、市河博士の「これから英語を学ぶ者のために」というような題の——この雑誌は田舎に置いてきたので手元にない——談話が載っていた。

私はそれを英訳して佐藤順太先生に提出し、添削をお願いした。私はいいことをしているつもりであったが、先生は迷惑そうであった。そして、随分経ってから手直しして返してくださった。教員の経験を経たいまの私には、その気持ちがよく分かる。いわんや、先生は一度、隠退された方なのだ。

私も現役のときに一番厄介なのは、学生の英語を直すことであった。直し始めるときりがなくなる程度のものが多かったからである。順太先生も私の英文を見て、そう思われたに違いない。

何はともあれ、その頃の私は市河博士という方に英雄崇拝にも似た気持ちで私淑していたので、例の巻頭談話を読むとすぐに英訳してみる気になったのだった。

その頃、つまり昭和二十三年の夏頃に――福原先生のあの『英文学の思想と技術』が出たのと同じ頃に――市河博士の随筆集『昆虫・言葉・国民性』(研究社、昭和十四年、三百七十八+四十八ページ)の再版が出た。早速、入手したが、まず「はしがき」を見て驚いてしまった。そこにはこうあった。

「……今迄書いたものの中で専門に流れない大衆向きのものを集めてみるやうにとの勧誘を受けたのであるが、さて大衆向きと云つても、学者が〝キング〟に成り下がることも出来ず、又〝富士〟の高さにレベルを引き下げる訳にも行かず……」

『キング』も『富士』も講談社の代表的な雑誌であり、つい最近まで私の教養（?）の基本ともいえる出版物であった。その雑誌に対する皮肉の鋭さを、ユーモアのある表現にした凄さ。私は唸《うな》ってしまった。巻頭には軽井沢山荘でくつろいでいる市河博士の写真が掲載されている。別荘という言葉自体が、私はそれこそ『キング』で知った言葉であり、獲得した概念である。

「軽井沢の山荘」というのは戦前の日本のブルジョワ階級のシンボルみたいなもので、菊池寛の小説の舞台でもあった。市河博士はまことに学者貴族であったのだろう。

「百年書香之家」の生まれ

そもそも、市河博士の家は江戸時代に高名な儒者・書家を出している。高祖父の市河蘭台《らんだい》は細井広沢《ほそいこうたく》――五代将軍綱吉の老中として勢力のあった柳沢吉保《やなぎさわよしやす》に仕《つか》えて政治にも関与した大学者・大書家――の弟子であり、曽祖父の寛斎《かんさい》は幕府の学問所・昌平黌《しょうへいこう》の塾長（啓事役）をも務めた儒学者で、能書家である。

祖父の米庵《べいあん》も儒学者であり、幕末の三筆といわれる書家で、頼山陽《らいさんよう》とも交際があった。米庵は生まれた年が亥《い》年、しかも亥の日、亥の刻《こく》であったので、三亥《みつい》と名づけられたという。その後は、市河家では男の子には三をつけるようになった。

市河博士の父も書家で、三兼が名で号が萬庵《まんあん》である。その長男が三陽（書家）で、次男が三喜（英語学者）、三男が三禄（林学者）であり、三禄の長男が三太、次男が三次という。シナで科挙《かきょ》の試験に合格するような者は「百年書香之家」と言われるような、代々書物に親しんだものの家系からしか出ないと言われているが、市河博士の家は、文字どおり百年以上も書香、墨香の家であったのである。まさに学者のサラブレッドだ。「百年泥耕之家」の家系に属する私とは、子供の時からの教養のレベルがまるで違う。習字は市河家のお家の芸であるから、幼年時代から毎日習わせられていた。市河博士が十三歳の時に書いた「赤壁賦《せきへきのふ》」をのちに福原麟太郎先生に見せたら大変感心して、「すでに一家を成している」と言われたそうだ。

教養の差に嘆息

赤壁とは『三国志』に出てくる戦場で、曹操《そうそう》百万の大軍が、——呉《ご》の孫権《そんけん》・周瑜《しゅうゆ》の火攻によって全滅したといわれるところである。その旧戦場を訪れた宋《そう》の蘇東坡《そとうば》がその感慨を述べたのがこの賦で、これには「前赤壁賦」と「後赤壁賦」があるが、〝前〟のほうが有名である。市河少年が書いたのは〝前〟のほうだと思われるが、これは五百字くらいある。

ずっとあとになって知ったことだが——賦自体は中学か高校の漢文で読まされた——「赤壁賦」は『文章軌範《ぶんしょうきはん》』や『古文真宝《こぶんしんぽう》（後）』に収録されていて、古い世代の人たちはその名作を愛して暗記し、教養ある家庭では、正月の書初めに子供に書かせたものだという。

大名を多く含む門弟数千人を教えたという市河米庵の孫の市河博士が、少年時代に「赤壁賦」を書かされたのは当然で、しかも見事に、すでに一家を成すほどの作品に仕上げたのも当然過ぎる話である。

私が市河博士の随筆集『小山林堂随筆』(研究社、昭和二十四年、三+三百五十一ページ)でこの「書」の話を知ったのは、大学に入った最初の夏休みであったと思うが、私が十三歳の頃は、町内の同年輩の子供の貼り書きのなかで一番字が下手だったことを思い出し、市河博士の少年時代との教養の差——質量ともに——の巨大なのに嘆息したことを覚えている。

ちなみに、小山林堂という名を市河博士が自宅につけたのは、祖父米庵の号を取ったのだという。米庵は宋の米元章《べいげんしょう》の書を崇拝していたので、米元章が山林堂と称したのにちなんで小山林堂としたもののことである。

市河博士の受けた教育の先進度は書道だけではない。漢文も小学生のときに『大学』を暗誦《あんしょう》させられた。英語も仕込まれた。さらに驚くべきことは昆虫採集で、中学生のときに回覧雑誌「博物之友」を発刊、印刷しているのだ。そして高等学校の時は、大英博物館から派遣された動物学者アンダーソンについて、まだ日韓併合以前の朝鮮の済州島で採集し、この旅行は多くの未発見の新種を学会に提供している。ちなみに、アンダーソンが獲た「狼」は真正のヤマトイヌで、この絶滅種の最後の個体だという。

「英語学の王様」にふさわしい経歴の市河博士を、高校三年生の私は、農奴《のうど》が王様を仰ぎ見る感じで尊敬していた。そんな時、鶴岡の古本屋で——多分、多介屋《たけや》書店だったと思う——青色の表紙の英語の本を見つけた。それはスティーブンソンの『宝島』の注釈本であった。

『宝島』なら子供の時から知っている話だ、と思ってよく見ると、市河博士の註釈本だったのである（*Treasure Island* by R.L.Stevenson;Edited by Sanki Ichikawa、研究社、大正十年、xxi＋三九一ページ）。その本の序文を立ち読みして驚いた。そこにはこう書き出してある。

「本書は大正八年九月より同年一月に亘って東京帝国大学文学部英文科に於いて購読したものを、学生の一人岩崎民平君を煩《わずら》はして下原稿を書いて貰ひ、之に厳密なる校訂と幾多の加筆を施したものである……」

私は『宝島』は子供の本だと思っていたから、それが帝大英文科で、市河博士が授業で使ったということでまず驚いた。しかし、そのノートを作った学生が岩崎民平だったとは。岩崎先生は当時、東京外国語大学教授（のちに学長）で、NHKの英語講座を担当しておられたから名前は知っていた。丁度、夏休みのはじめの頃だったので、「よーし、この帝大の英文科で用いられたという本を読んでみよう」と思い立ったのである。

もちろん、丁寧に註釈を読みながらやってゆくという学力はない。佐々木直次郎訳の岩波文庫の『宝島』――これも古本で買った――を並べて、両方眺めながら、なんとか巻末に至っただけである。『宝島』を原文で読んだなどとはとても言えない。市河・岩崎の註はまことに詳細丁寧で、註釈本の手本とすべきものだとあとになって解ったが、その時は高級だし、煩わしかったのである。

ハッタリも楽しい年頃

ずっとのちになって知ったことだが、土居光知《どいこうち》（英文学者・東北大学教授）が「駒込神明町時代の市河君」と題して、『英語青年』（一一六巻第七号、一九七〇年）の「市河三喜先生追悼特集」に寄せた言葉に、次のような箇所がある。

それは明治四十三年（一九一〇年）から三年間、当時、大学院生だった田中秀央《たなかひでなか》（西洋古典学者・京大教授）、土居光知、市河三喜の三秀才が、駒込神明町の家に一緒に住んでいたことがあったという。

「……ここで市河君の勉強ぶりをちょっと紹介してみると、［明治］四四年（一九一一）

の夏、一月ばかり大学の研究室へ通って、Stevensonの Treasure Islandを初めから終わりまで、問題になると思われる語句を、一々N.E.D.でしらべながら読んだといっていた。これは一九二一年研究社から発刊されたTreasure Island, ed. by Sanki Ichikawaの発端となったものであろう。……」（土居の追悼文は菅原・飯塚・西山編『田中秀央　近代西洋学の黎明』京都大学学術出版会、二〇〇五年、二二二—二二四ページに再録）

ここでN.E.D.というのは、いまのOxford English Dictionary, つまり、O.E.D.のことである。はじめO.E.D.はNew English Dictionaryと称していたのである。この辞書の価値を市河博士の師のロレンスが説き、学生に知らせたが、当時三百円もする辞書を買える学生はいない。市河博士は他の研究者の来ない夏休み中に研究室に通って、この辞書を利用したのであった。

したがって、私の読んだ——正確には眺め通した——『宝島』の註には、N.E.D.からの引用も多く、それは原文よりも難しいことがあった。特に、市河博士は航海関係や船員の用語（nautical terms）をこの辞書で調べたものと思われる。当時、そんな専門用語が出ている英和辞典などはなかったはずだから。

こうして、眺めたとしか言えない『宝島』をも友だちには、「帝大で使っていたんだぜ」と言って市河本を見せびらかしたものである。空虚なハッタリであるという自覚はあったが、そんなことも自慢になる年頃であった。

「ライフワーク」になる仕事とは

「英語の王様」と仰ぎ見られていた市河博士の足元から、思わぬ叛乱が起こった。それは、市河博士が中野好夫について、やや揶揄《やゆ》的《てき》な言及を雑誌に書いたことに起因する。それに対して中野好夫が猛反撃したのである。中野の反撃の要点は、「市河先生もいろいろ教訓的なことを言っていないで、そろそろライフワークになる仕事をしたらどうだ」というものであった。

これは天下を──と言っても英語関係者の世界だが──衝動させた。批判するほうもされるほうも東大英文科の教授で、しかもそれは当時は英語関係者の間では最も権威と伝統のある雑誌『英語青年』の誌上で行われたからであった。私もその頃、この雑誌を講読していたのである。それは「王様は裸だ」という叫び、しかも王様の同族から発せられた怒声のごときものであった。

ここで話題になったのは「ライフワーク」という言葉であった。市河博士が日本の英語学の大先達《だいせんだつ》であることを疑う人はいない。大正元年に初版が発行された『英文法研究』（研究社、昭和二十三年、訂正増補第二十五版、x＋三百二十三ページ）は、英語関係者の間では、ずっと「日本の英語学研究の金字塔」として賞賛され続けてきたのである。その市河博士に対して、「あなたはもう余計なことは書かないでライフワークを書きなさい」

1948年9月……朝鮮民主主義人民共和国成立

という東大英文科教授（中野好夫はまだ助教授だったかもしれないが、少なくともこの市河批判の前後には教授になっている）が出たのである。

そういえば、市河博士には一つのテーマ、一つの分野についての大きな論文も著書もなかった。「金字塔」と言って持《も》て囃《はや》された『英文法研究』も、いろいろなテーマについて『英語青年』という雑誌に書いたものを集めたものである。「あの市河大先生にこれという著作はなかったのか」と、英語関係者はいまさらながら気がついたのであった。

これに対して、市河博士の反論は見た覚えがない。中野好夫の単行本はたいてい持っているつもりだが、この市河博士批判の文章が収録されているものにはまだ出会っていない。

これは、哲学における伊藤吉之助と少し似ている。伊藤は最初から「博士でなく、白紙」と言われ、学位論文もなく、著書もないことが学会で話題になっていた。

世界無類の英語辞典

——しかし、市河三喜の場合は、学位を取っているが、その博士論文は英語学のものではないという噂もあって、単行本としては出版されず、見ることができないものだった。しかし、学会関係の本や雑誌では常に市河博士として言及されていたから、「白紙」ということにはならなかった。

また、雑誌に寄稿したいろいろなテーマの小論集——いわゆるmiscellaneous articles《ミセレニアス アーティクルズ》

――であるにせよ、『英文法研究』は英語関係出版の名門・研究社から早い時期に出て評判になっていた。だから中野好夫の叛乱まで、市河博士にライフワークがないことに誰も気づかなかった、少なくとも誰も口にしなかったのである。

しかし、伊藤吉之助の場合と同じく、市河博士にも大いに自慢できる業績があった。それは『研究社　英語学辞典』（研究社、昭和十五年、xiii＋一千百六十五ページ）である。これは当時の世界に類例のない、とびっきり優れた辞書であった。

伊藤吉之助の『岩波　哲學小辭典』には、ドイツなどにはアイスラー（Rudolf Eisler）の三巻本の哲学辞典や、関係諸学科についても参考になる辞典があった。しかし、市河博士の『英語学辞典』は当時としては世界にも手本のない、全く独創的コンセプトと類のない大規模の辞典であったのである。

東大でロレンス先生の下で市河博士とともに学び、ロレンスに最も愛されて東大助教授になったが、のちに東大を追われて東京外語の教授となった千葉勉先生は、口を開けば市河博士を批判する人であった（私はこの人の授業を上智大学で受けている）。しかし、その千葉先生も「市河君の〝英語学辞典〟はすばらしい」と言っておられたのである。

これは、当時の市河博士の実力と威信とその下に集った俊秀たちのチームワークがなければできなかったであろう。たとえば、当時の英語学は印欧比較言語学の背景もあって、ドイツが断然たる先進国であった。オックスフォード大学の有名な英語学者のライト（Joseph Wright, 1855-1930）もスイート（Henry Sweet, 1845-1912）も、デンマークのイエスペルセン（Otto Gespersen, 1860-1943）も、ドイツで英語学を学んだのである。

　その戦前の世界の学界の状況を正確に反映して、市河博士のものは英語学辞典なのに、そのなかに採択されている学者はドイツの学者が一番多く、その業績の紹介も詳細である。

　たしかに、世界無類の英語学辞典であり、これを持っていたために、私がドイツに留学した時も、ドイツの学生にハンディを感ずるどころか、しばしば教授を感心させることもできたのであり、私にとっては恩人ならぬ恩書である。

　このような英語学の業績が、シナ事変勃発の三年後、日・米開戦の一年数カ月前に完成している事実こそめざましい。しかも、短期的に多くの版を重ねている。戦前の日本を軍国主義の暗黒時代としか見ない史観の人も、こういう戦前の大業績を見るといい（ついでに言っておけば、『キング』のような雑誌も見るといい）。

　幸いに、この個々の学者の伝記や業績を網羅するという伝統は、戦後も研究社に引き継がれて、同社の『新英語学辞典』（一九八二）とは別に、『英語学人名辞典』（佐々木《ささき》達《たつ》・木原研三編、研究社、一九九五年、xvi＋四百三十ページ）が出されていることは喜ばしい。

この英語学辞典には市河博士の書物愛がこめられ、その編集を担当した若い学者たちがそれを実際に示してくれたことに特色がある。学者の名前と、その人の業績——つまり著書や論文——を残らず辞典に盛り込もうというのは、リーダーである市河博士の意思であったと思われるし、そんな厄介なことをして厖大《ぼうだい》になる企画を出版社にのませたのも市河博士の威信であったと思う。これは市河博士のライフワークと言ってよいのではないか。伊藤吉之助の『岩波哲學小辭典』がそうであったように。

二人の学者の行く末

——では、市河博士に「ライフワークを作りなさい」といった中野好夫はどうであったか。彼は専攻が英文学であり英語学ではなかったから、この『英語学辞典』の恩恵を受けなかったろうし、また受ける必要もなかったろう。

彼は自ら書いているように、大学で副手、助手というようなコースを経ずに中学校の教師から経歴が始まり、斎藤勇《たけし》先生からいきなり東大の助教授にしてもらった。そして、昭和九年には研究社の英米文学評伝叢書《そうしよ》に『バニヤン』(一五八ページ)を書いて西荻窪に豪勢な書斎のある家を建て、『英語学辞典』の出た年には岩波新書から『アラビアのロレンス』(昭和十五年、二百五ページ)を出した新進の著者であり、この辞典を引く機会もなかったと考えてもよいだろう。

　そして、戦後は代表的な進歩的文化人として持て囃《はや》され、左翼市民運動の名士であったから、市河博士も怖くなかったと思われる。しかし彼は、優れた文学評論や時事的な評論など残したものの、厳密にアカデミックな仕事は目に付かないし、自分のライフワークはなかった。

五、青年の心、奮い立つ

本でしか知ることがなく、お目にかかったこともないのに尊敬していた英語関係の学者に、田中菊雄先生がいる。福原麟太郎先生や市河三喜博士に私淑したのとは違った意味もあって、私が高校生の頃に理想像として田中菊雄を仰いだ理由は、彼が旧制高校も大学も出ずに、旧制山形高校（現在の山形大学）の教授となっておられたからである。田中菊雄は検定試験で旧制中学の教員資格を取り、さらに高等教員検定試験で旧制高校の教授資格を取った。学歴は高等小学校中退で、中学にも入学していないのである。検定といえば、尊敬する佐藤順太先生も中学には入らず、検定試験で高等師範を受験する資格を取得して入学されたのであった。

田中菊雄『英語研究者の為に』（柁谷書院）

「検定」という言葉は、その頃の私にひどく魅力的であった。というのは、新制高校には進んだものの、大学に進む予定もなく、可能性も薄弱だったからである。東京や仙台に住んでいるなら何とか大学に通えるかもしれないが、敗戦直後の田舎町から大学のある大都市に出て、下宿代を払い、学費を払うことはまず不可能な話だったからである。

また、いまのように、コンビニやファミレスのアルバイトがある時代でもなく、アルバイトを予定することもできなかった。ただでさえ生活することが難しく、住宅も空襲を受けた大都市では極端に不足していたのだ。私にとっては、学問をする道は検定しかないように思われたとしても当然である。その点で、田中菊雄は検定の大道《だいどう》を示してくれた先達《せんだつ》のように見えたのであった。

簡単に田中菊雄の略歴を見ると、明治二十六（一八九三）年に北海道炭鉱鉄道員の息子として生まれた。父は酒乱で、退職後に始めた商売も失敗したので高等小学校を中退し、旭川駅の列車の給仕になった。時あたかも日露戦争に日本が勝ち、日英同盟時代とあって、英語熱が盛んであった。向学心に燃えていた田中少年は、その年に創刊された『初等英語研究』という雑誌を、列車に乗っている勤務中も手から離さなかった。そんなことで、旭川から二里ほどの田舎の高等小学校の代用教員となった。

布団に入ることもなく、ゴロ寝しながら猛勉強し、翌年に本科正教員の検定に合格した。彼の検定人生の始まりである。この小学校に約七年間在職中、文検（文部省中等学校教員検定試験）を受ける決心をし、英語の猛勉強を始める。「文検」というのは、独学者に当時の帝国大学卒業に準ずる資格を与える試験だから大変だ。アメリカで出版された十巻の英語の大辞典『センチュリー辞典』を買った時は、その支払いのために一年間、ご飯は沢庵《たくあん》だけで過ごしたという。

漱石との「邂逅」

この辞典は第九巻が固有名詞辞典で、第十巻が詳細な索引つきの地図書になっており、「オックスフォード英語大辞典」(N.E.D.、のちにO.E.D.)が出るまでは、世界で最も網羅的な英語辞典であり、独学の田中菊雄にはぜひ必要な勉強道具だったのである。

ちなみに、この辞典の有用性はO.E.D.のあとも失われたとは言えず、戦後は日本でもリプリントされており、私もたまにはO.E.D.にないことを教えられることがある。

書誌学的なことを付け加えておけば、一八九一年の初版は八巻、一八九四年に固有名詞辞典が一巻加わり、さらに一八九四年に地図一巻が加わって十巻となった。田中菊雄が買ったのはこの版である。のち一九〇九年に補遺二巻が加わって十二冊になった。

戦後の日本の異色の出版者であった小関貴久《こせきたかひさ》が、一九一一年の最終改訂版を九巻のものにして一九八〇(昭和五十五)年、名著普及会から出版した。ちなみに、この辞典の編集者のホイットニーはすでに言及したように、森有礼《もりありのり》に日本の国語を英語にしようという考えをやめさせ、英語を外来文化の導入の道具にするように忠告した、イエール大

1948年10月……芦田内閣総辞職(昭和電工事件)

学の教授である。

文検を受けるとなれば、英語の本を読めるだけでは足りない。旭川の中学で英語を教えているアメリカ人の女性が、自宅でも教えてくれるというのでお願いして毎週三回通うことになった。片道二里の道を五年間、一度も休まなかった。どんな吹雪の夜でも、彼女はストーブを焚いて待っていてくれたからだという。

この女性のすすめで、田中菊雄はメソジストのキリスト教信者になる。そして牧師になろうと考えたこともあり、また夏目漱石を尊敬して『行人《こうじん》』の読後感を送り、前途の相談までして、漱石から返事をもらったりしている。

北海道の寒村の小学校教師に手紙をくれた漱石も偉いし、また田中に文学者になることをすすめなかったのも親切である。

迫力の読書法

田中の文検の勉強への志は固く、鉄道院文書課の職を得て上京し、夜は正則英語学校に通った。その頃の彼の心境を示した歌がある。

金ゆえに　学びの庭も　退《しりぞ》かむ　常世《とこよ》に尽さぬ　恨を呑みて

文検の壁はそれほど高かったのである。しかし、大正十（一九二一）年に田中は文検に合格、広島の呉中学校に赴任し、憧れていてもくぐることができなかった「中学校」

の門を、教師としてくぐることになったのであった。

しかし、田中菊雄の向学心はこれで留まらない。上京しては丸善で英語・英文学の本を買い込み、今度は高検（高等学校教員検定試験）に挑戦するのだ。旧制高等学校の先生になるのは、帝国大学を出て、大学院に何年かいて、指導教授の顔やコネでそのポストを得るものであった。その検定試験の難しさは、文検の比ではない。

しかし、田中菊雄は文検合格四年後の大正十四（一九二五）年に合格、富山高校（現在の富山大学）に赴任、そこからスカウトされて山形高校（現在の山形大学）に移り、そこで島村盛助という英語科の主任に頼まれて、岩波書店の英和辞典を作るのに協力者としてかかわり、七年かけて実質上の執筆者として完成させた。

田中菊雄という人の存在を私が強く意識したのは、中学五年と高校三年の時であるが、彼の詳しい履歴を知ったのは大学に入ったあとである。しかし、山形高校（旧制）に高等小学校中退で偉い英語学者になった人がいるということは、当時の山形県の少年で学問に関心があるものはみんな知っていたと思う。

私は幸運にも大学に入ることになったが、田中菊雄の名前は尊敬すべき人として脳裏に刻み込まれていた。それで彼の著書はすべて買い求めて精読、再読、再々読して教えられることが多かった。

彼の『現代読書法』（柁谷《かじたに》書院・昭和十七年・三百五ページ）は、アメリカとの開戦後に出版されたものであり、戦時中も版を重ねている。この読書法の迫力は凄まじい。彼の体験、彼の読書歴が凄い迫力で迫ってくる。凡百《ぼんぴゃく》の読書論にはない、切れば血が出るような感じだ。

しかも参考文献などは簡潔でありながら、おざなりでない。自分が読んだ本だからだろう、もちろん、英語修行の自分の体験を主としたものだから、戦時色はない。よき時代の『キング』の雰囲気と通ずるものがあり、立志とか、自助努力とか、惰夫《だふ》をして立たしむるものがあった。これは戦後も何度か出たらしいが、私は戦後版は持っていない。ネットで調べたら、この戦前版は一万二千円だった。いまも人気のある古本らしい。

ゲーテの言葉を冒頭に

昭和十五（一九四〇）年、つまり日本が国を挙げて皇紀二千六百年を祝っていた頃——私も小学校三年生で〝金鵄《きんし》輝く日本の　栄《はえ》ある光　身に受けて　今こそ祝え　この朝《あした》　紀元は二千六百年……〟と歌っていた頃——田中菊雄は『英語研究者の為に』という本を柁谷書院から出版していた。

当時は支那事変が始まってからすでに三年、世間では中学校の英語廃止論や外交官試験から外国語試験を除外せよという議論が盛んになっていた頃であった（中学、すなわち男の学校では英語は残されたが、女学校の多くでは廃止された）。

その風潮に反対して、田中菊雄は「一外国語を暁得《ぎょうとく》するは一新天地を発見するなり」、また「外国語を知らざるものは、自国語をも知らざるなり」という二つのゲーテの言葉を巻頭に掲げて、この本を出版したのである。『英語研究者の為に』と題する本でありながら、ドイツ人のゲーテの言葉だけを巻頭に出したのは、当時のドイツは日本の同盟国なので、出版の際の検閲のことも考慮したのではなかろうか。

田中のこの本を引っさげて、ある一高（現在の東大教養学部）の教授は、文部大臣・橋田邦彦を訪ねて、外国語教育に対する政府の考え方の反省を求めたという。橋田は生物学者で東大教授であったが、支那事変の年から一高校長を兼ね、第二次近衛《このえ》内閣から東條内閣に至るまで、文部大臣として戦時教育体制を作った科学者である。彼は小学校を国民学校に変え、育英会を発足させ、『臣民の道』を発行した。そして、敗戦後は戦犯に指定されると、服毒自殺した。

戦時中も中学校の英語が廃止されなかったのは彼の方針と考えられるが、それには田中菊雄の本が少しは関係あったのかもしれない。

コネもなければカネもない

この『英語研究者の為に』を私が手に入れたのは、すでに触れた福原先生の『英文学の思想と技術』（光風館・昭和二十三年）や、市河博士の『昆虫・言葉・国民性』（研究社・昭和二十三年）と同じ頃のことで、戦前の杮谷書院版ではなく、戦後版（星書房・昭和二十三年・一九一ページ）であった。

まことにユニークで内容豊富な本であったが、特に私の関心を惹《ひ》いたのは、附録に英語の中等教員になるための検定試験（文検）や、英語の高等学校教授になるための試験（高検）の受け方、案内、および試験問題をも掲げていることであった。こんな本の類書があることを私は知らない。

このほかに、検定によらずに「英学者として身を立てんとする人々の選択すべき学校」というのが詳しく挙げられている。いまでは昔話になるが、当時の学校制度や、学校のランキングを反映しているので面白い。

第一コースは、中学↓高校（旧制）↓官立大学（東大・京大・東北大・九州大）。

第二コースは、中学・師範学校↓高等師範学校（東京・広島）、（旧制）高校↓文理科大学（東京・広島）。

第三コースは、中学↓外国語学校（東京・大阪）。この第三コースには、「将来教師として立つ人にも、実業方面に立つ人にも等しく有利なるコースである」というコメントがついている。

第四コースでは、中学校・商業高校↓商科大学予科（東京・大阪・神戸）・各種経済専門学校↓商科大学（東京・大阪・神戸）。これには、「もっぱら実業界に立つ人々の取るべきコースとして有利である」というコメントがついている。

以上の四コースが官立である。次いで私立学校コースが続く。これには、その大学の持つ高等師範部や予科や専門学校まで挙げてある。早・慶はもとより、東北学院高等学部（仙台）や西南学院高等学部（福岡）を含めて、十四校まで挙げてある。ここには上智大学が入っていないのに、いま気がついた。

女子では、第一コースの官立校は東京と奈良の女子高等師範の二校のみで、第二コースの公立校では大阪府女子専門学校の一校があるのみだ。第三コースの私学は十三校挙げてある。

この他、いかにも田中菊雄らしく、入学資格の制限なく、誰でも入学でき、かつ昼でも夜でも自分の学力程度に応じた科に入ることができる「独学者の利用すべき英語学校」を東京から十六校挙げ、住所までつけてある。大学進学の可能性が見えなかった私はこれらの附録を熱心に読んだが、「これは大変だな」と思った。

入りたい学校は東京などの大都市にあるし、独学者向きの英語学校もすべて東京である。一番の問題は、敗戦直後の東京に、親類もなければコネもなく、下宿代もなければ学費もない自分は一体どうすればよいのか、ということだった。この頃ほど、東京に住んでいる青年たちを羨ましく思ったことはない。

空襲を逃れて疎開してきた東京からの同級生たちは、終戦とともに東京に戻った。鶴岡には戦後にできた高等農林学校があるだけである。哲学者の木田元《きだげん》先生がそこの生徒であったことを知ったのは、つい数年前の話だ（木田先生はその後、東北大学に進学）。

この本の附録に掲《かか》げられている文検や高検の試験問題や参考文献は、当時の私にはまったく見当もつかないほど程度の高いものであった。しかし、具体的に検定試験の受け方や問題が示されていること、そして小学校しか出ていないのにそれをすべて突破して教授になった人が山形にいることは、少しばかりの可能性を自分の将来に見た感じがした。それよりも、この本の方々に散りばめられている田中菊雄の体験談には、まことに心を奮い立たせるようなものがあった。

その後、まったく運がよかったおかげで私は大学の英文科に進むことになったが、田中菊雄の著作はすべて繰り返して読み、大なる恩恵を受けた。この学恩とも言うべきものに多少は酬《むく》いることになると思い、のちに、彼の『私の人生探求』（柁谷書店・昭和十七年・二百二十ページ）を三笠書房から復刊するとき、三十七ページもの長い「特別解説」をつけさせてもらった（『知的人生に送る』三笠書房、同書はのちに『あなたはこの自助努力を怠っていないか』に改変、一九九一年、二百二十二ページ）。

この復刊本が出たとき、田中菊雄の娘さんから、大変丁寧な、また謙遜なお手紙をい戦前の中学では体験したことがなかったが、戦後しばらくして流行（？）したのが生徒の研究発表であった。たいてい、ただき恐縮した。

谷脇素文の川柳漫画

そのとき限りの他愛のないものが多かったが、思いがけず、いまの私にまで続いていることの出発点になったものがある。それは「川柳」だ。菅原七郎先生の国語の時間に、研究発表が割り当てられた。テーマは自分で選んでもよいということなので、私は「川柳」を選んだ。

というのは、川柳には子供のときから馴染《なじ》みがあったからである。戦前の講談社の雑誌は『少年倶楽部』でも『キング』でも、必ず川柳のために二ページくらい割《さ》いていた。そして谷脇素文《たにわきそぶん》という人の漫画と組み合わさっていたので、いつも楽しみに読んでいたからである。

講談社からは「谷脇素文編竝畫《ならびに》」ということで二、三冊出版されており、私の家にもあった。谷脇の『川柳漫画　うき世さまざま』（大日本雄弁会講談社・大正十五年・三百三十二ページ）などは布地のハードカバーで、表紙には金銀朱墨の刻印漫画がついているほど豪華なものである。

その他、谷脇には『川柳漫画傑作集』（大日本雄弁会講談社・昭和十七年・二百三十八ページ）とか、『川柳漫画　いのちの洗濯』（戦後版は文雅堂・昭和二十三年・三百八ページ）があって、いずれも何度も読んでいて、漫画と一緒になっているせいもあってか、本当に川柳が好きになっていた。

研究発表のテーマとして選んだが、谷脇素文の川柳漫画だけでは物足りないなと思っていたところ、例のゑびす屋という新刊本の書店で麻生磯次《あそういそじ》『川柳雑俳《ざつぱい》の研究』（東京堂・昭和二十三年・二＋五＋二百九十二ページ）を見つけた。早速、買って読んでみると、学術書であるから谷脇素文の漫画のようなわけにはいかない。第二章以下の発生や展開についての考証的な部分には立ち入らず、第一章の「川柳の特質と可笑味《おかしみ》」だけを使うことにした。

この章では、「優越感と暴露的な笑」とか、「凝固《ぎようこ》と不調和の可笑味」とか、「無邪気な笑」とか、笑の種類を分類している。これなら使える。序論みたいな「町人の自覚」とか「町人意識の表現」などという学問的に聞こえる部分を少し混ぜることにした。

この時は、村役場に勤めている次姉が協力してくれた。私の選び出した川柳を、役場の謄写版《とうしやばん》で刷ってくれたのである。みんなに配布する五十枚ばかりの紙は家にあった（戦前、私の家は習字用の紙などを扱っていたので、戦時中は売らないで取っておいたもの――まことに小規模だが、隠退蔵物資《いんたいぞう》の一種である）。

大成功の研究発表

こうした私の川柳についての研究発表なるものは、大成功だったと思う。なにしろ、発表のためのハンドアウト（講演内容を記載した配布用印刷物）などはその頃にあるわけがなかった。それに私の使った麻生博士の研究書は、出版されたばかりのもので、菅原先生だって見たことがないものだった。先生が激賞してくれたのも、当然といえば当然だった。

第一、当時の研究発表などみんな慣れていなかったし、おざなりだったのである。先生方だって、戦後のアメリカ占領下の教育改革で、「生徒には研究発表させるように」などと急に指令を受けたものらしかった。先生も生徒も慣れていなかった時代である。

しかし、この発表で激賞されたことは、私の一生に少なからざる関係があったことを、私は近頃ひしひしと実感している。というのは、なんとなく自分はその時、川柳通になったような気になったし、それが江戸の庶民文学であるところから、子供の時から親しんできた「少年講談」や捕物帖で出来上がっていた趣味、あるいは〝好み〟と通底していたから、さらに進んで江戸の軟文学の系統への関心となっていったからである。

たとえば、その後に松村範三《まつむらはんぞう》『川柳から観たユウモアの日本』（磯部甲陽堂・昭和四年・十六＋一千八＋一ページ）を読んだのもそのひとつである。約一千八十ページの大冊である。内容は神代のイザナギ・イザナミの神から始まって、大坂城落城、大久保彦左衛門に至るまでの日本史上の伝承・歴史・逸話などについて、川柳となっているのを拾い出して簡単な説明をつけたもので、「川柳による日本通史」といってよいものである。「詠史《えいし》川柳」といわれるものだ。

たとえば、イザナギ・イザナミの神についてはこんなのが挙げられている。

知りきって居るに　鶺鴒《せきれい》びくつかせ
伊弉冊《いざなみ》の尊《みこと》が女房始《はじめ》也

スサノオノミコトの大蛇《おろち》退治では、

神代の物入甕《ものいりかめ》を八つ買ひ

とある。大蛇が頭を八つ持っていたのだ。大蛇に酒を飲ませ、奇稲田姫《くしなだひめ》を食いに来た時に殺そうというわけだ。

どちらも好きで大蛇《おろち》はしてやられ

この八岐大蛇《やまたのおろち》は「酒」と「女」のために首を八つも失ったということで、読者の笑を誘う。

このような工合に、三千五百首くらいの川柳を使って、日本史を通観するのである。昔の人たちが、日本史について語り継いできた事件や伝説がすっかり頭に入ってしまうのだ。八十歳になって、私も思いがけず日本通史七巻を書くことになったが、ところどころに川柳を入れたのは、この松村範三から教えられたヒントなのである。

天下に唯一冊の本

大学生として東京に出ると、なんと言っても古本屋の多いこと、またその本の多種多量であることは、鶴岡とは比較に絶している。そこで見つけた川柳の本で、松村のものと同工ではあるが異曲だったのが、岡田甫《おかだはじめ》『川柳愛欲史』（有光書房・昭和三十三年・序と索引を除く本文で三百五十二ページ）である。

松村のものは出版が戦前ということもあって露骨なのは抑えているが、岡田のものは題名どおり、エロチシズムが中心である。注釈は抜きにして、何点か挙げてみる。

あな嬉し陰の欠けたへ陽を足し（イザナギ）
父《と》う様は良実《よしざね》だのに惜しい事（小野小町）
船で仕ましたと梶原申し上げ（建礼門院）
弁慶と小町は馬鹿だナァかかあ（弁慶）

こんな句を読んですぐわかるようなら、相当の軟文学に通じていることになる。この本は残念ながら、義経と弁慶まで終わっているが、この本から始まって、私は岡田甫のものなら何でも集めるようになった。

そのうち、彼の『川柳末摘花《すえつむはな》註解』（第一出版社・昭和二十六年・三百十三ページ）に出会ってびっくりした。こんな本が江戸時代にはあったのかと。明治以後も禁止本で、その出版に関係した人たちがいかに警察から逮捕されるのを逃れつつ研究を進めていったかは、ずっとあとになって知るようになった。江戸軟文学の粋《すい》と言ってもよいものだが、何を言っているのか解るためには、博く深い江戸の風物・風習などの知識が必要である。

実に勤勉に研究をやっている人たちの努力のおかげで、私などようやく意味がわかったものが多い。岡田は昭和三十年代のはじめになると、同じ有光書房から『川柳末摘花詳釋』として、上・下・拾遺篇・研究資料の四巻にして出している。また、大曲駒村《おおまがりくそん》（『川柳大辞典』高橋書店・昭和三十七年・〈上〉九百六十二〈下〉九百七十二ページ＝旧版は『川柳辞彙』昭和十六年・私家版の著書）と富士崎放江《ふじさきほうこう》の共著の『末摘花通解』（昭和七年）の新版にも、岡田は約五百句以上の増補をし、索引をつけて『定本　末摘花通解』（書痴往来座・前篇・昭和丙申・二百六十七ページ・後篇、昭和戊戌五百三十一＋四十五ページ・附録　斎藤昌三《さいとうしょうぞう》「駒村と放江の略傳」）という贅沢本を出している。

いまでこそ、『末摘花』は何種も出ているが、なにしろ破礼《バレ》句集であるから、戦前は出版禁止である。駒村と放江が昭和三年春から七年十二月まで、会員を限定して九冊まで私刊する間、内務省より再三の中止の内命があったがやめなかったので、罰金を科せられている。しかし駒村は、「これは利益のためではなく、学術研究だ」と言って屈しなかったのである。罰金で支払いに苦しむ駒村のために、宮武外骨《みやたけがいこつ》や斎藤昌三らが発起人となって義捐金《ぎえんきん》を募集しているのだ。

岡田も東京で同じような苦労をして、資料発掘や研究を少数の同好の士と続けていたのであった。特に、岡田が発見した『末摘花』の初版本『川柳評万句合書抜恋の部誹風末摘花　全』は、天下に唯一冊、漢学者流に言えば「寰宇《かんう》の孤本」なのである。

官憲の目を盗み研究を

岡田はさらに、破礼句の極（？）ともいうべき『全釈　柳の葉末』（美和書院・昭和二十八年・百六十一ページ）、その新訂版『柳の葉末』（美和書院・昭和三十一年・二百三ページ）を出している。同じ破礼句集でも『末摘花』のほうは、初代の柄井川柳《からいせんりゆう》の選評からなる万句合《まんくあわせ》から抜き集めたものであるから、それなりの品を感じさせるところがあるが、『柳の葉末』は狂句の元祖と自称した四代目川柳（八丁堀の町同心だった人見周助）の頃のもの、つまり文化・文政以降のものであるから、破礼具合も品がないものが多い。この本についての大学の国文学者の著作などあるわけもなく、僅かに戦後になって京都の魔山人（広田政之進）が手をつけたぐらいで、全釈をやったのは岡田が初めてである。

戦後、「アマトリア」と題する性に関する書物をたくさん出していた高橋鐵《たかはしてつ》は、『末摘花』の存在も知らなかったらしい。それを教えたら、早速利用して本を書いたそうである。当時、すでにこの方面の研究をする人には生活に余裕のある好事家《こうずか》もいたが、多くは陋巷蓬屋《ろうこうほうおく》で、官憲の目を盗みながら、発掘・研究・私家版などをやってきた人たちであった。

それが時代が変わったからといって、高橋鐵が大活躍して、自家用車にふんぞり返って紅燈の巷《ちまた》に出入りするのを見て苦々しく思う人たちもいたそうである。

岡田が初めて全訳を完成した古典(?)に、『全釈　江戸三大奇書』(有光書房・昭和四十五年・四百九十九ページ)がある。

「川柳には手を出すな」

江戸時代に軟文学、艶笑《えんしょう》文学の優れたものが数あるなかで、『逸著聞集《いつちよもんしゆう》』『阿奈遠加志《あなおかし》』『藐姑射秘言《はこやのひめごと》』だけが「三大奇書」と呼ばれるのは、これらは江戸時代の有名な国学者の筆になる純国文のすぐれた秘本とされるからである。

有名な画家にも秘画があるのが珍しくない(上村松園《うえむらしょうえん》にもあるといわれている)。有名な国学者に秘本があっても不思議はない。しかし、この三大奇書はえらい学者が書いたものだけに、古典を換骨奪胎《かんこつだつたい》を自由にしながら遊んでいるのだから、その言及する出典とかは普通の人にはわからない。それがわからなければ、この三大奇書のおかしみも本当に味わうことはできない。

早稲田大学国語漢文科の卒業生でもあった岡田は、なんと二十年もかけて研究し、全釈したのだ。その努力と精進が『古事記伝』を書いた本居宣長《もとおりのりなが》にも一脈通じている。このほかにも岡田は、『誹風《はいふう》　柳多留《やなぎだる》全集』十二巻と、それに一千ページを超える索引をつけて出版した（三省堂・昭和五十一〜五十九年）。まことに圧倒的な仕事である。こうした大事業を岡田はペンネームでやっていた。最初は警察沙汰になったときのためだったのではないかと思われる。

その岡田が本名の千葉治の名前で出した本が一点ある。それは、岩波文庫で出た『初代川柳選句集』（上・下、昭和三十五年）である（これは現在絶版のようだ）。私はこの本によって、柄井川柳自身の作ったものは三句しか残っておらないことを知った。しかも、それは川柳というより俳句といったほうがよさそうである。この岩波文庫を買った読者の多くは、千葉治が岡田甫だとは気がつかなかったのではないだろうか。

いつか川柳について谷沢永一さんと話したことがあった。谷沢さんが次のようなことを言われたのが印象的だった。

「大学の国文科の人間は川柳には手を出すな、といわれています。民間の研究者たちに絶対かなわないから」

その谷沢さんと、川柳をある雑誌のために語り合ったことがあった。それから対談で単行本を作ろうという話になった。お互いに好きなもの二十句ぐらい持ちよって、それを種にして人生を語ろう、という企画だったが、まもなく谷沢さんは病気になり、果たせないことになってしまった。

和本リテラシーの重要性

——川柳は形も内容も大文学ではないかもしれない。しかし、沼波瓊音《ぬなみけいおん》の言葉に私は感動している。沼波は東大と一高で国文学を教えた人であるが、大正十二年、難波大助《なんばだいすけ》が皇太子（のちの昭和天皇）を狙撃した「虎ノ門事件」をきっかけにして、憂国の念から日本精神研究の運動を始め、大学も辞めて「瑞穂会」を作った人である。純粋・良質な右翼になったといってよいと思う。その彼がある時、こう漏らしたというのだ。

「いま、一緒に運動している人たちに、江戸の川柳を楽しむぐらいの余裕があればよいのになァ」と。

なるほど、沼波には『柳樽評釈』（南人社・大正六年・新版は彌生書房・一九八九年・二百八十五ページ）がある。

川柳から私の受けた恩恵は、沼波の言う遊び心の余裕のほかに、江戸の軟文学の文字が読めるようになったことである。中野三敏《なかのみつとし》氏（元九州大学教授）は、谷沢さんの話では日本で一番たくさん和本をお持ちの方だそうであるが、その中野さんは「近頃の人が江戸の仮名文字が読めない、つまり和本リテラシーがなくなっている」と嘆いている。

私は絵のついた江戸川柳の本を詠《よ》んでいるうちに、まずまずの和本リテラシーが身についた。幕末期から絵入りの川柳本が多く出ているのである（谷脇素文はその系統である）。外国語のリテラシーを高めることを本職にしてきた私が、和本リテラシーを身につけることができたのも、その発端は高校三年時の川柳についての研究発表であったことをいま思い出し、その機会を与えて下さった菅原先生の霊に合掌した。

六、〝チョーサー〟と呼ばれた日々

「結婚して大勢の子供を育てている真面目なものの方が、結婚もしないで人口問題などを語っているものよりもずっと世の中の役に立っているというのが私の持論だった……」

という書き出しで始まる英文が、高校三年生のために文部省が昭和二十三（一九四八）年に配布した英語の教科書にあった。

この教科書はフランシス・ベーコン、ジョン・ロック……と続く非常識に難しい例の教科書のことである。佐藤順太先生はロックの「人間悟性論」のようなものは、初めから「手に負えないもの」としてすっとばして、ゴールドスミスの『ウェイクフィールドの牧師』（Oliver Goldsmith, *The Vicar of Wakefield*,1761-2）に進まれた。

この小説の書き出しが、上に引用した文句である。教科書に用いられていたのは数ページだったが、その時の授業に関連した順太先生のお話の記憶もあって、いま考えてみると私の人生に影響があったことが分かる。

若い頃に読んだ文章というのは、ほんの時たまに頭に浮かんでくるだけで、意外にその人間の人生観を作るものではないかと考えることがある。このゴールドスミスの書き出しから私が受けた恩恵の一つは、英語の表現である。
この小説の書き出しは「I was ever of opinion that……」（私はいつもthat以下の意見であった）というのだが、「自分の意見はこうである」と言いたい時に、私は「I am of opinion that……」と言えばよいことをこの時、覚えた。「私はこう思う」というのを「I think that……」とばかり言っているより恰好《かっこう》よいように思われたので、大学に入ってからは外人の授業の時にも、のちに留学したイギリスでも、客員教授になったアメリカでもよく用いた。

ゴールドスミス『ウェイクフィールドの牧師』

おそらくこの表現はやや古風で、ブッキッシュ（bookish）なのであろう。他のネイティブスピーカーが使っているのは聞いた覚えがない。しかし、日本人が使う分にはむしろ良いのではないか。これに限らず、日本人としてブッキッシュな英語を使っても感心されたり、時に尊敬されたりすることはあっても、軽蔑されることはないだろう。

受けたと思われる影響の第二のものは、ちゃんと結婚して、何人もの子供を育て上げる堅気《かたぎ》の人間は、それだけで社会に対して立派な貢献になるという趣旨の話である。これは長男意識のある私にも素直に受け取られた。順太先生もそんなような話をされたように思う。

そういう考え方の先生のお孫さんには――私の知っている限りで言えば――現在、東大の理系の准教授の人と、警視、警察大学校教授の人がおられる。先生ご自身も立派に子供を育て上げられ、そこからまた立派な子供（つまり孫）も成長しておられるのである。

偉い人のなかには独身者が多い。順太先生は「西洋の学者に独身が少なくないのは、奥さんがいると社交に時間を取られるからではないか」というようなことを、その時、教室で言われたと思う。

当時は日本の男が、女房の社交の付き合いで時間を取られることなどはまずなく、結婚すると男は楽になるという感覚があった時代だから、先生の解説は新鮮だった。

杉田玄白の如くありたい

そんなこともあって、その後は西洋の偉い学者のことになると、その人が独身かどうかが気になる癖がついたようである。

カントの独身は有名であるし、デカルトは独身だったが女中に子供を産ませてしまったとか、ニーチェはホモで、たまたま女と同棲したらサドでありマゾであったとか、ハーバート・スペンサーは晩年に厖大《ぼうだい》な自著を膝の上に載せて、「この重さが孫の重さであったらよかったのに」と言ったとか、井戸端会議の女たちのテーマになりそうなことに興味があるのである。

日本では、たとえば『解体新書』を訳した杉田玄白《すぎたげんぱく》は家庭にも恵まれ弟子も多かったが、そのオランダ語文献の共同解読者仲間では、リーダー格だった前野良沢《まえのりょうたく》は学問一筋で独身・孤死であったというのも記憶に残っている。同じ進化論者でも、スペンサーは独身だったが、ダーウィンは十人前後の子供を持ち、父から受けた財産は死ぬときまでには増やし、子供の一人はケンブリッジ大学の教授になったという顕著な対比をなしている。

こんな学者の個人生活は学問そのものの価値には関係ないが、十八歳の時にゴールドスミスを読み、順太先生のお話を聞いてからは、学問をやっても私生活があるという当たり前のことが、はっきりした形で脳に刻み込まれてしまった気がする。私は前野良沢より杉田玄白の如くありたいというイメージをのちに抱くようになった。

ゴールドスミスが言ったことは平凡人の道である。彼自身は放浪時代もあり、家庭を作って大勢の子供を育てるのとは正反対の人生を送ったが、この愛すべきアイルランドの牧師の子は、天才の目で平凡人の平凡な家庭生活の意義を正確に把握していたと思われる。

私が長男ということもあったが、「子供の多い家庭の意味」ということを忘れることができなくなった。それは明らかに非凡を求める天才の道ではなく、平凡を求める凡人の道である。勤労動員の山のなかで佐々木邦《ささきくに》の『凡人伝』に目を開かれた私は、ゴールドスミスによって「凡人の道」に確信を持つにいたったようである。だから、結婚すれば子供を作るのに躊躇《ちゆうちよ》しなかったし、子供の結婚を常に喜び、孫のできることをさらに喜んだ。この人生観について家内とまったく同じだったことは幸せであった。

娘の結婚の時も私があまり嬉しそうに見えたので、それを訝《いぶか》しがる人もいた。最近では娘を嫁にやるのを惜しがったり、嘆いたりする父親もあるとか。娘を育てたら、家庭を作って孫を作ってもらうのが楽しみなのではないかと私は思うのだが。

孫と言えば、私の母は私の姉に最初の孫が生まれた時、「これでお婆さんになった」と本当に嬉しそうだった。親の任務を本当に果たしたという感じだった。こんな素朴な、平凡な道を心から肯定する一つの機縁は、若い時に英語の教科書でゴールドスミスを読み、教室で順太先生の解説を聞いたためであろう。

最近は少子化、さらにゼロ孫化による急速な人口減少が日本に起こっているが、子供も孫も作りもしないで論じている論者よりも、すでに五人の孫に押しかけられる私のほうが問題解決に貢献していることになるというのが、ウェイクフィールドの牧師の意見（of opinion）になるであろう。

予科練復員兵は恐かった

「男の子たちは自然にヒエラルキーを作るが、女の子は作らない」

という観察を、私は土居健郎《どいたけお》先生（『「甘え」の構造』の著者）から、ある研究会の席上で直接に承った。これはだいたい私の感じていたことと合う。しかし、運動部ではそうでもないことを最近、酒井順子さんのエッセイで知った（「その人、独身？」『週刊現代』二〇一二年二月四日号）。酒井さんは卓球部だったそうであるが、上級生を憧憬《しょうけい》と畏怖《いふ》の混ざり合った視線で見ていたそうだ。一年生の時は、卓球部にいてもほとんど玉拾いだけだったという。

女子でもそういうことがあると知ったが、私が入った頃の旧制中学校（もちろん男だけ）では、上級生と下級生の差は絶対だった。私は柔道部にいたが、こういう体育系の部ではさらにその差別は甚《はなはだ》しい。「この頃の一年生は弛《たる》んでいるぞ」などと言って、一年生の部員を並べて、三年生ぐらいの上級生が往復ビンタを張ったりしたものである。軍隊の内務班で古兵が新兵をやったのと同じである。おそらくその真似だったろう。

これは戦争が終わっても本質的に変わらなかった。予科練（海軍飛行予科練習生のことで、七つボタンの制服で有名）から復員してきた連中は怖かった。なにしろ、もう少しで特攻隊になるところを終戦で命が繫がったという青年たちだから気が荒い。つまり荒れている。下級生で少しでも生意気と見られたものはメチャメチャにやられた。とにかく上級生は怖かった。

そんな時に、終戦時に三年生だったものと、二年生だったものとの学力の差がほとんどないということがあった。われわれは三年生になるとすぐに勤労動員の対象となり、神町の空港造り（現在の山形空港）や最上川《もがみがわ》の堤防工事、そして終戦後も山奥で伐材と開墾《かいこん》にこき使われていた間に、一級下の二年生までは動員対象にならず、学校に通っていたのである。

疎開生徒の英会話力

他の学科はともかくとして、確然と差が見えたのは二年生のあるグループの生徒たちの英会話力である。山形県にも進駐軍が来たが、それに依頼されて通訳として出かけることのある生徒たちもそのグループにいた。われわれの学年にはそんなにできるものは一人もいない。これは動員ボケということもあったと思うが、一級下の学級の英語の先生に島田先生という人がいたことが決定的であった。

島田先生は大阪外語の卒業生であった。前出の田中菊雄先生の本にもあったように、戦前は官立の外国語学校は東京と大阪にしかなく、そこの卒業生は英会話もよくできるという特徴を持っていた。

ついでだから当時の私の中学の英語の先生を見てみると、東大英文学科卒の人が二人(一人は教頭)、東北大が一人、大阪外語が一人、東北学院が一人、東京高師が二人であった。東大や東北大出身の先生は実力はあったかもしれないが、生徒にはそれが伝わらなかった。東京高師の先生はゆるぎない実力と教え方を持っていた。東北学院の先生は、私が一年生の時に捕物帖や講談本でやられた人で、その後もずっと私は「睨《にら》まれていた」から、私としては彼から何も学ばなかった。京大出の笹原先生、東北学院出の矢板先生を知ったのは、そのあとである。

こうした先生のなかで島田先生が特別だったのは、何と言っても英会話であった。しかも、戦時中も最も厳しく英語を教え続けていたという自信をも持っておられたようだった。確かめることはできなかったが、キリスト教徒だったのではないかと思う。鶴岡市には当時、プロテスタントの教会が一つあり、そこには日曜日に進駐軍のアメリカ兵たちも来た。そこに島田先生は出ていたようである。そして自分のクラス(私の一級下)のできる生徒の有志を数人連れて、英会話の練習になるというのでアメリカ兵と話す機会を与えたらしい。

そういう島田先生の生徒の数人たちが、英会話クラブを作った。面白いことに、そのオリジナル・メンバーは全員戦時中に疎開してきたとか、大陸から引き揚げてきた生徒たちだけだった。土着の生徒たちは英会話を敬遠していたのである。それに新しく方言を習得せざるを得なかった他所《よそ》から来た生徒たちは、耳の感覚が、一つの方言のなかで育ったものよりも鋭くなっていたのではないか。

日本語に聞こえた英語の挨拶

島田先生のクラスの英会話クラブ数名は、特別、英語が喋れる特異な生徒たちだった。しかし、他の生徒たちが特に羨んだとかいうことはなかったと思う。何と言ってもまだ英・数・国・漢が入試の主要科目という伝統のなかに育っているので、英語は和訳が中心であればよく、英会話は入試に少しも関係なかったから、英会話をやっているこの小さなグループは、一つの趣味のグループという感じだったのだ。

幸いに、その一級下の英会話グループのリーダー格だった榎本雄行は、どこからかの引揚者で近所に住んでいた。明らかに私よりは頭がよく、しかも人柄もよかった。ボーガスとかいう占領軍の教育関係者が鶴岡に来るというので、市役所や学校関係者たちが挙げて鶴岡駅に迎えに出た。その時、歓迎の言葉をちょっと言える人間が欲しいということで、榎本が選ばれた。

彼はその時、私にも「一緒に行こう」と誘ってくれたのである。ボーガス氏が駅に着いた時、駅前の歓迎集団のなかから榎本と私が進み出た。そして、榎本が三十秒ぐらい歓迎の言葉を述べ、私も一言、ウェルカム・トゥ・ツルオカとか言ったと思う。あとで進駐軍の通訳をしていた関係者から聞いたところによると、東北各県を回ったが、榎本の英語が一番良かったと言っていたそうである。つまり、英語の発音がずば抜けてアメリカ人のものに似ていたということである。

島田先生の特別の指導はあったにせよ、彼の耳の良さと語学の才能は天性のものであったのだろう。彼は当時の平川唯一《ひらかわただいち》氏の「カム・カム英語」のラジオ放送も欠かさず聞いていた。私の歓迎の言葉はボーガス氏の耳には英語としては聞こえず、日本語と思ったらしかった。

この榎本の関係で、私は下級生の英会話グループに入れてもらうことにした。私の級からはたった一人、下級生の仲間に入れてもらったことになる。当時の中学校のヒエラルキーでは例のないことだった。

いまから考えると、これについてはあの女性マラソン選手、有森裕子さんの言葉ではないが、「自分を褒めてやりたい」気がしないでもない。どうして下級生の仲間に平気で加わる気になったか、といま考えてみると、明らかに戦前の講談社文化の影響のためである。

戦前の『キング』には、人生の教訓になるような人たちの話をコンパクトにまとめた付録が付いていた。たとえば、『偉人は斯《か》く教へる』（昭和八年新年号、二百十六ページ）とか、『考へよ！　そして偉くなれ』（昭和十四年新年号、百三十六ページ）などがあった。私の周囲には社会的に偉い人とか成功した人とかは一人もいなかったので、私はかえって偉い人についての逸話や美談を愛読するようになっていたのである。

そして、こういう小冊子に次のような話があったことを感心して覚えていたのである。江戸時代の終わり頃に、大坂から米を積んだ江戸に向かう船が、遠州灘《えんしゅうなだ》で時化《しけ》に遭い、数日間吹き流された。時化がようやくおさまってから、折れた帆柱を直し、破れた帆を繕《つくろ》って日本のどこかの港に戻ろうということになった。その時、船頭は風の方向から考えて八丈島か小笠原のほうへ流されたと判断して、それに基づいて針筋《はりすじ》を決めていこうと思った。重大なことなので、他の舵手《かじとり》や水夫《かこ》の意見も聞いてみた。みんな船頭の言うことに同意した。すると、末座にいた老人の炊夫《かしぎ》（飯炊き）が恐る恐る言い出した。

当時の船のヒエラルキーでは親方、船頭の下に舵手、次いで水夫がいて、猫が来る（船では鼠が問題だった）。その猫の下が炊夫なのである。炊夫が船頭に自分の意見を言うことは、連隊で言えば二等兵が部隊長に意見の具申をするようなものであるから、普通は絶対ないことである。しかし、この炊夫は敢えて意見を述べたのである。

「自分は洟垂《はなた》れ小僧の時から白髪頭になるまで飯を炊き、茶碗やお鉢を洗い、また拭き、そこいらの雑巾掛けをやってきました。一日何回も海の水を汲んでは手を突っ込んできました。目をつぶっても水に手を突っ込めばどこあたりの水かわかります。この二、三日の水の感じでは小笠原や八丈の水ではなく、ずっと北前の水です。これは金華山沖の水です」

その船頭は猫より下のその炊夫の老人の言葉に理のあることを悟って、金華山沖として針筋を決めた。そして何日かのちに、はたして金華山が見えてきたという。

この話に私は感動していたので、明らかに英会話の上手な下級生のグループに平気で「入れてくれ」という心構えができていたのだと思う。戦前の講談社の出版物を貫いていた石門心学《せきもんしんがく》的な教訓は、それからも私の生き方を左右してきたと思う。

「銃にだけは触るなよ」

ついでに自慢みたいなことを付け加えておけば、当時は学期試験とは別に実力考査という試験が時に抜き打ちであり、上位の点数のものの名前が十傑とかいうタイトルで廊下に張り出されたのである。

これには学年に区別がなかった。順太先生と巡り会ってからは、私は英語に特別に力を入れていたので、英語ではずっと十傑のトップだった。それで一級下のグループに入る時も、「英語は俺のほうができるんだが、英会話だけはできないから入るんだ」という気があったと思う。

当時は東大出の英語の先生でも、「自分は英文学をやったので英会話をやったのではない」と平気で言える雰囲気だったから、英会話のできないのは恥という感じは同級生の誰も持っていなかったと思う。

英会話クラブは楽しい集まりだった。学校祭のときには、この学校ではおそらく空前の英語劇をやろうということで、オー・ヘンリィの乞食《こじき》の話を上演することになった。一応、上級生の私の顔を立てて主役みたいなものにしてもらったが、一番喋る役は当然、榎本だった。

榎本は本当に英語の実力のある男で、教員室にある『ブリタニカ百科事典』（十一版だったと思う）からオークション・ブリッジの項目を訳して、英会話クラブをブリッジ・クラブにしてしまった。その頃は島田先生は関西に転勤され、インドネシアから復員してきたという若い矢板末松先生がクラブの指導教員になってくださった。そして、まだ独身だった先生のお宅でブリッジをして遊ぶ会になった。

その遊ぶ間に、なるべく英語を混ぜるところが英会話クラブの実体だった。その頃、貴重だったトランプを持っていたのは、アメリカ兵に貰ったからである。鶴岡に進駐軍の見廻り隊みたいな部隊が来た時、彼らの宿泊先の鶴岡ホテルに英会話クラブの名前で、榎本が「会話の機会を与えてください」と申し込むと断られることはまずなかった。そして三十分ぐらいすると、アメリカ兵は「楽しい場所」にお出かけになる。そんな時、トランプをみんなにくれたりしたのだった。

いまでも印象深いのは、アメリカ兵たちは自分たちの部屋にわれわれだけを残して遊びに行く時に、壁に掛けてあるピストルを指して「これにだけは触るなよ」と言ったことである。

拳銃をわれわれがいるところに置きっ放しにして遊びに行くということは、当時のアメリカ兵がいかに日本人を、また日本の治安を信用していたかわかる。占領地がこんなに平和的で友好的で安全であるということが、アメリカ人にインプリントされたのではないか。日本だけが全く違う国であることを、彼らは朝鮮半島で、ベトナムで、イラクで、アフガニスタンで経験することになったのだ。

これだけでも日本人論になるかもしれない。日本人は死力を尽くしてアメリカ人と戦った。そして負けた。占領軍が来たが、テロはやらなかった。戦うだけ戦って負けたのだから、いまさらテロをやっても、天皇陛下やほかの国民の迷惑になるだけだと、右翼を含めてみんなが思ったのである。テロをやった人間を英雄視するような国民は、まともな戦争を自前でやったことがないため、怨とか恨とかが残るからではないか。ドイツでも、敗戦後に占領軍に対してテロがあったということは耳にしたことがない。

名もまた識を成す

英会話クラブのオリジナル・メンバーたちは、自分たちに英文学中の大作家の名前の渾名《あだな》をつけることにしていた。榎本はシェイクスピア、新井はミルトン（本当の渾名はドナルド・ダック——ちょっと家鴨《アヒル》に似た顔つきだった）、私は年上なので古いところでチョーサーなどなどであった。

新井はのちに東京教育大学の英文学の教授になって、ミルトンの『パラダイス・ロスト』の全訳者になったし、私ものちに、チョーサーの『カンタベリー物語』の絵入りのキャクストン版（世界に十二部しか残っていない）を持つことになったのだから、名もまた識《しん》を成すことがあるというべきか。

矢板先生の家では、英語の試験の採点の手伝いをやったが、先生が「こいつはできるんだ」といった二、三年下級生の男は、のちに東京外語に入り共産党員となり、モスクワにも行って著書もあるG・Hである。

矢板先生が結婚なさると先生の家に集まることもなくなったが、ブリッジの伝統は生きていて、河上昭は国際的なブリッジの会のメンバーとなったし、榎本はそっちでも有名になったらしい。

榎本は一橋大学を出て大商社に入り、間もなくアメリカ駐在員になった。現地では演劇の団体にも入ったそうだから、彼の英語は本当に素晴らしかった。

その彼が帰国すると、その商社をやめて自立した。彼はアメリカに日本のような商社のないのを見て、日本にもそのうち商社がなくなると予見したのだ。頭のよすぎる人の間違いであった。彼の自立した事業は、一緒に立ち上げた男が資金を持ち逃げしたとかで潰《つぶ》れ、彼は別の大商社に入った。一橋大学のコネと、彼の能力があれば放っておかれることはない。

船岡末利は私のあとにメンバーになったが、英会話に執念があって、山形の米軍兵舎にもぐりこんでまで英会話をマスターしようとして、隊長に認められた。彼の英会話の熱心さに感銘したアメリカ兵が学資を出してくれて、東北大学に進学することができた。

これは当時の美談として地方紙に大きく取り上げられたものである。彼も大商社に入ったが、のちに大学の教員になって、ラフカディオ・ハーンや、ピエール・ロチの研究をやっていた。しかし、英会話クラブのなかには自殺したものもいる。小説家ならかなり面白い物語にできるクラブだったと思う。

矢板先生には教室で習うことがなかったので、楽しくブリッジを遊んだという記憶が主である。ただ先生の御尊父は、鶴岡市の学校関係のトップの人だったそうで、日記が何十年分も揃っているのが印象的なお部屋であった。矢板先生からは『チボー家の人々』を読むように言われたことがあったが、読まなかった。順太先生が口にされた本は何でも読む気になったのに、おかしなことである。

矢板先生は私の好きな先生ではあったが、まだ若くて順太先生の場合のように「自分もああいう老人になりたい」というタイプの方ではなかったからであろう。

ただ、矢板先生の書棚にあった市河三喜博士の例の『英語学辞典』は凄いと思い、欲しいと思ったが、当時の鶴岡で手に入るはずはなかった。

この辞典は順太先生の書斎にもなかった（世代がまるで違うのである）。しかし、この辞典を欲しいと心に焼き付けたことが、書物について矢板先生から受けた唯一の恩恵である。この辞典こそ、いまに至るまで手放すことができないほど、それほど私を助けてくれた本だからである。

百人一首、男のプライド

言出而《ことにいでて》　云者忌染《いはばゆゆしみ》　朝皃乃《あさがほの》　穂庭開不出《ほにはさきいでず》　恋為鴨《こひをするかも》（『万葉集』巻第十　秋相聞　詠み人知らず）

契《ちぎ》りおきし　ほどはちかくや　なりぬらむ　しをれにけりな　あさがほの花（建礼門院右京大夫集）

たまたま朝顔の花の歌の二首をあげたが、朝顔と桔梗《ききょう》は子供の頃から、庭に咲く花のうちで私の最も好きなものであった。どちらも夏休みの頃に咲く花だったので、朝にゆっくり眺めることができたからである。

しかし、朝顔についての右の歌のようなものが好きになるのは、高校三年生の頃に偶然生じた動機のためである。その動機は正月の百人一首であった。私の近所と言っても行政区画的には農村になるところに、鶴岡でも有名な実業家が住んでおり、その長男の今野俊夫は私の同級生で同じ柔道部であったから、よくお互いの家に遊びに行ったものである。

彼には、われわれより二、三歳年上の従姉《いとこ》がいて、彼女は東京女子高等師範の学生だった。女子の官立の高等教育機関は東京と奈良の高等師範だけだった頃である。鶴岡から女高師に入る女学生は、何年に一度ぐらいしか出ないとびっきりの才媛ということになる。

この頃、もう一人女高師――たしか奈良の女高師――に入っている人がいるという話だったが、この人は笹原校長先生のお嬢様ということで、当時は遠くから見る機会もなかった。とびっきりの美人という噂だったが。

この超才媛も交えて、今野の家で百人一首をやることになったのだ。それまで私と和

1949年4月……数え年から満年齢となる法律が公布

歌との接点は、小学校以来の教科書だけといってもよいくらいだった。小学校の頃は幼稚な和歌など作ったこともあったが、中学に入ってからはそんなこともやっていない。百人一首はうろ覚えだった。

そこで、私は新刊本屋のゑびす屋に行って、何か百人一首の本はないかと探したら一冊あった。それは清水正光『評釈伝記　小倉百人一首』(大日本雄弁会講談社、昭和二十三年=一九四八年、三十+二百五十五ページ)である。終戦直後の出版物で、〝講談社〟にまだ〝大日本雄弁会〟がついていた頃のものであるから、粗悪な紙である。しかし、内容は良かった。解説も詳しすぎないから読んで覚えることができた。

私はこの本を頼りに、暮れから正月にかけて必死になって暗記した。巻末には「上《かみ》の句」「下《しも》の句」の索引が別についているから、百人一首の試合の練習には便利だった。

こうして二、三度、今野の家で、例の超才媛もいれてかるた取りがあったが、私の取札はいつも彼女より多かった。それで満足だか安心だかをしたのである。なぜ自分がこんなに必死になったかと言えば、彼女に恋したわけではなく、戦前からの男のプライドをまだ濃厚に残していたので、「女には負けたくない、特に女高師の女には」というような気持ちだったと思う。

その今野の従姉は、当時の鶴岡辺りでは一番頭のいいとされている女だ。その女に和歌で勝って自分の頭を誇ってみたいと思ったらしい。実のことを言えば、彼女はあんまり百人一首には興味がなかったのであり、特に練習もしていなかったのだから、私が有利なのは当たり前な話だということはあとになって自分でも分かったが、その時はちょっといい気分だったのである。

しかし動機は何であれ、百首の和歌、少なくとも藤原定家《ふじわらのさだいえ》が認めた百首を徹底的に暗記し、その解説まで頭に入れたことは、当時の私が若かったこともあって、教養の一部みたいになったと思う。たとえば、天智《てんじ》天皇の、

秋の田の　刈穂の庵の苫を荒み
わが衣手は露にぬれつつ

が、万葉集では、

秋田苅《あきたかる》　借廬乎作《かりほをつくり》　吾居者《われをれば》　衣手寒《ころもでさむく》　露置爾家留《つゆおきにける》

となっていることを例の清水正光の本で知らされれば、万葉の時代と定家の新古今の時代の和歌の調子に対する趣味の変化がよくわかった気がしたのである。

『愛国百人一首』も

そんなことは学校の授業では習わない。これが突破口みたいになって、私の関心は和歌に向かって開かれたような気がする。かるた会から三カ月後に卒業して大学入試までに完全に閑《ひま》な時間が生じた時、窪《くぼ》

田空穂《たうつぼ》『新古今和歌集評釈』（東京堂、上巻、昭和二十一年、七＋五百四十二＋十一ページ）を最初から暗記しようと思って毎朝、数首暗記し始めたのだ。

しかし、これはその数年前に『新字鑑』という大漢和辞典を写し始めた時のように「春歌」上も覚えきらないうちに挫折した。どうも私には、ドン・キホーテ的なところがある。

その後、同じ山形県出身でも、斎藤茂吉は「万葉集」を重んじ、丸谷才一は「新古今」を重んじているのを面白く見ている。それはともかく、それからは百人一首と名のついた本を買い続けているので、尾崎雅嘉《おざきまさよし》から、吉井勇や北原白秋や吉原幸子のものにいたるまでいろいろ集まった。

ついでながら、『愛国百人一首』はすべての版を持っているのではないかと思う。数年前には自分で百人一首を選び、それに従った日本史の本まで書いた（『日本史百人一首』育鵬社、二〇〇八年、二七七ページ）。

例の百人一首のかるた会の以後、いろいろな歌集をパラパラとみるようになって、上にあげた朝顔の和歌にも出会うようになった。好きな花についての情緒の深い歌に出会うと、なぜかいまも胸がときめく。

わが知の宝庫

ドイツの恩師から遺言により贈られた一枚板のデスク

THE TIMES ATLAS OF THE WORLD
Gutenberg Bible
THE LINDISFARNE GOSPELS
THE RIME OF THE ANCIENT MARINER
LEXICON HEPTAGLOTTON
CASTELLO
VOL. I.
LEXICON HEPTAGLOTTON
CASTELLO
VOL. II.

19世紀ドイツの英語学、英文学の論文はほぼ網羅されている

静寂の中、読書灯一つで書物との対話に時間を忘れる

一階部分は可動式の二重の書棚（左、上）
地下から一階にかけては吹き抜けの作り
になっている（下）

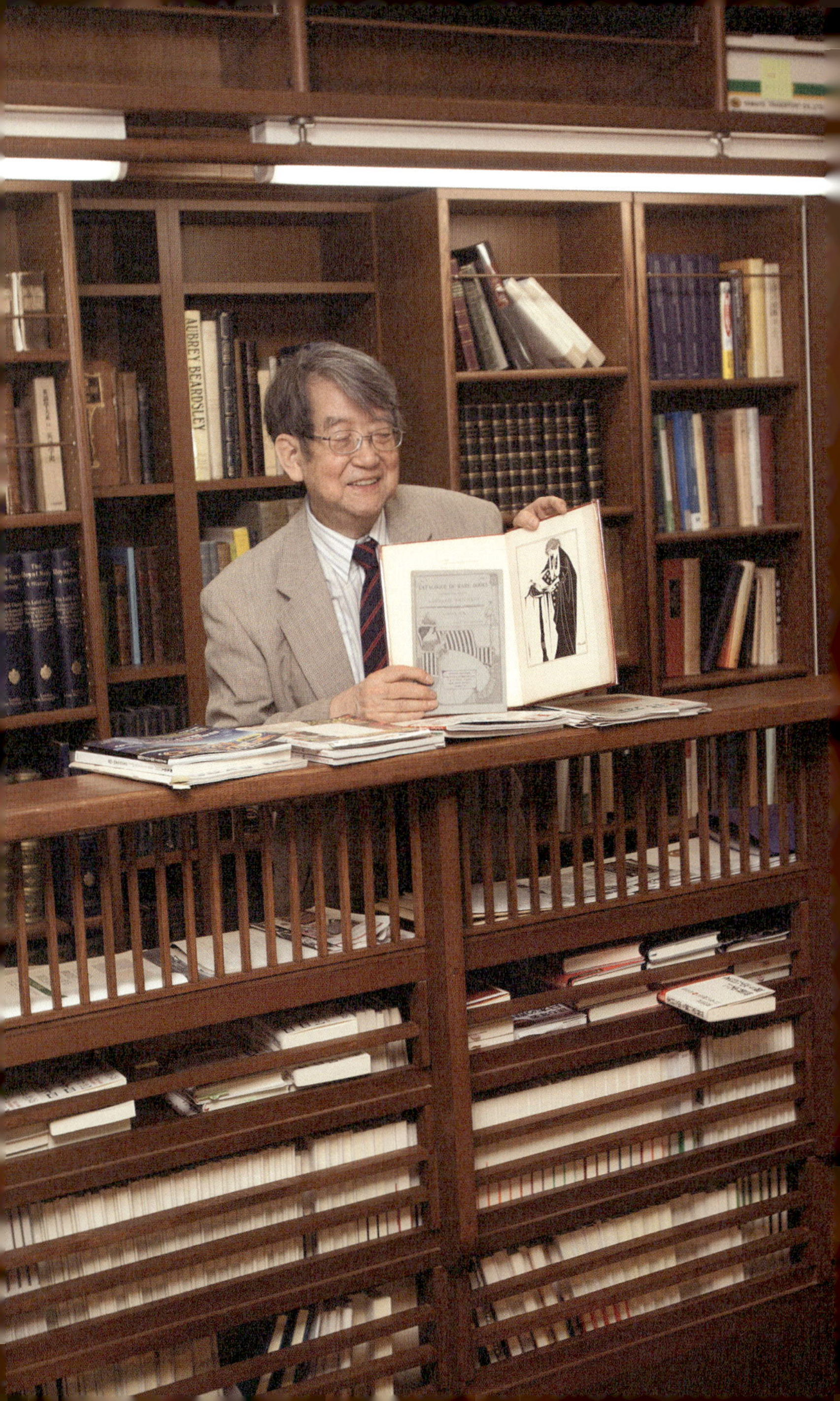
AUBREY BEARDSLEY

電動式書棚は歴代天皇の名で分類。奥は主に和書、資料の蔵書スペース

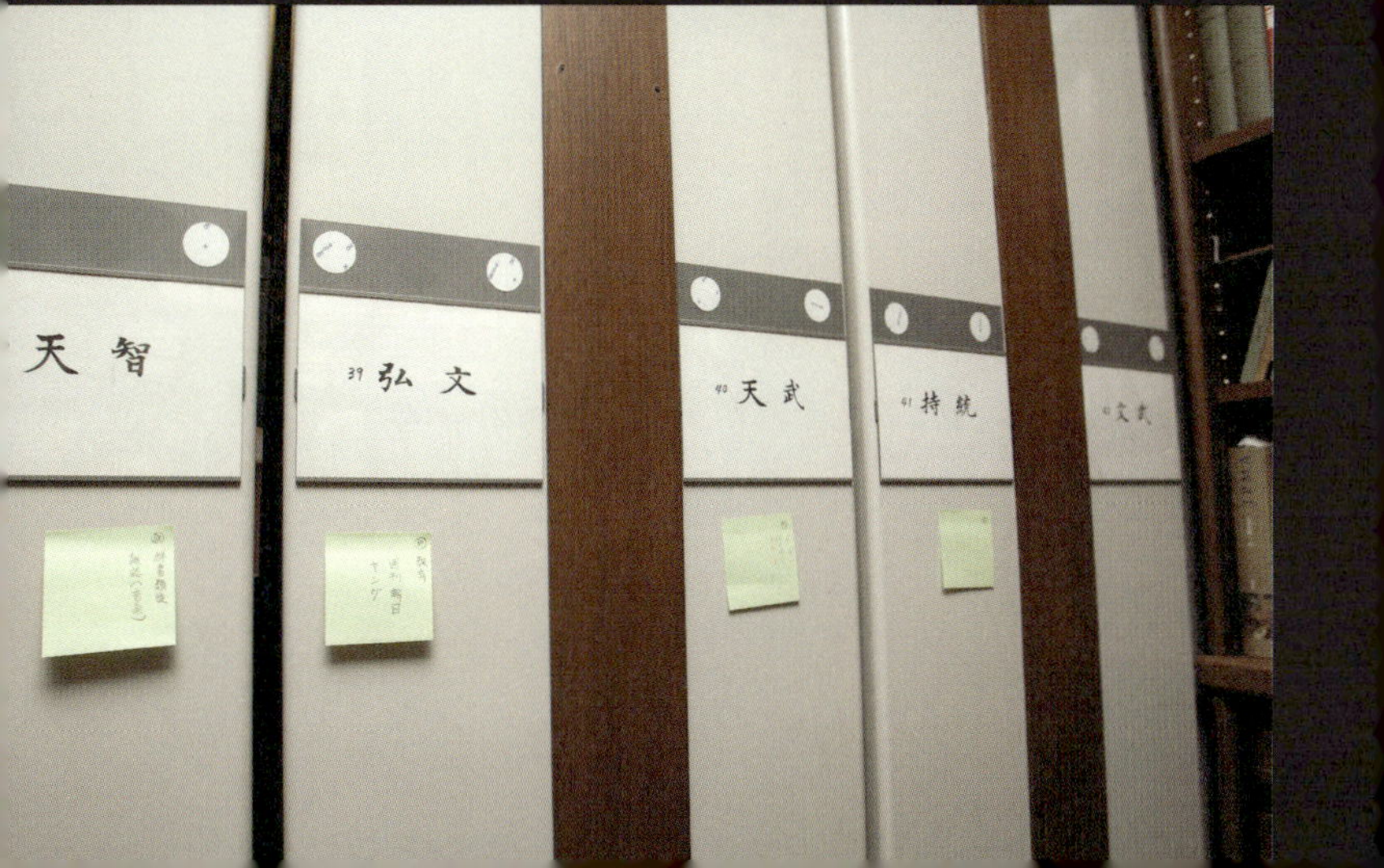

原稿の執筆やチェックを行う作業机。上部には自著の棚が

新和英大辞典
新英和大辞典

貴重な和書や書を置く一角(上)　自宅中央部に流れる滝の前で座禅を組む(下)

Origin of
Shoichi Watanabe

第四章
上智大学時代

1949年(昭和24年)

一、人生を導いた三つの幸運

「偶然や幸運は、しばしばその人の技能や先見性と同様に、いろいろな人々の運命を決める重要な要素となる」

これは、ハイエク教授が昭和十九（一九四四）年に出した世紀の名著『隷従への道』のなかにある言葉である。もちろん、ハイエク先生はこれを個人の修養とか内省の問題としていっているのではない。ハイエク先生は「運」というものは本来、盲目的なものであり、正義の神が与えてくれるものだと考えていたという。

それは、この世の中の地位や貧富によって人を差別せず、容赦なく不確実にやってくるものである（王様が不治の病気になったり、富豪の乗っている旅客機が墜ちたり）。そういう不確実性を許容することが自由主義社会の基礎であり、それを徹底的に排除しようとすれば、結果とし

ヨゼフ・ロゲンドルフ　『キリスト教と近代文化』

てはその社会は共産主義になるという主張であった。

私がハイエク先生御夫妻の通訳をやったのは、大学に勤め始めた頃の一九六〇年代であり、その著書を読み始めたのもその頃である。

大学進学の幸運

しかし、ハイエク説に触れる前から、私は社会主義・共産主義とは肌が合わないと感じていた。それは私の幼年・少年期の教養が講談社の出版物であったこともあるが、もう一つの理由として、「自分は幸運な人間である」と実感することが何度かあったので、「運」を肯定する気持ちがあり、無意識的に自由主義社会を好ましいと思うようになっていたのではないかと思う。

「世おのづから数《すう》［運］といふもの有りや。有りといへば有るが如く、無しと為せば無きにも似たり」

と、幸田露伴はその著『運命』の冒頭で述べ、また、運がいいとか悪いとかぐだぐだ言うのは庸劣凡下《ようれつぼんげ》の徒であり、大丈夫《だいじょうふ》は運命を造るべきで運命を言うべきではないと、『努力論』の最初の章で述べている。

考えてみれば、人間は誰でも何億ともいう父親の精子の競争での唯一の勝者の結果なのだから、自分の運についてぐだぐだ言うことはないのである。

しかし、私はあえて自分の運の話を考えないで自分の人生を振り返ることができないのである。最初に「自分は運がいい」と思ったのは、旧制中学に入れたことである。小学校では特にできる子供だと思っていなかったので、入学できたのは運のせいだと思った。しかし、中学には私の小学校からは男子生徒の約一割ぐらい入っているわけだから、特別な幸運というほどのものではないかもしれない。しかし大学、しかも上智大学に入ったのは、一般的確率を超えた幸運であったと言わざるを得ない。

「あぶらや」というのが私の家の店の屋号であるが、ごくごく小さい田舎町の小間物や化粧品の店であった。母が自分の工夫でつくった婦人用の鬢《びん》付《つ》け油が、付近の農村や漁村の間で一定の販路を持っていたので、店がそんなふうに呼ばれていたのである。

母が中心で父は遊軍《ゆうぐん》みたいなものだった。農家の長男で家を継がなかった父は経済観念に乏しく、高等遊民的気質の人であったのに対し、母は「おしん」など問題にならぬほどの不幸な境遇から、勤勉・正直・工夫などで店を持つに至った人で、サミュエル・スマイルズの『自助論』に入れてもおかしくない人だった。

そして敗戦から二年ぐらい経った時、偶然の機会で父は定職に就いた。つまり、生まれて初めて五十歳を超えてから、父は人並みの給料をもらう身分になったのだった。これまで私が挙げた本の多くが昭和二十三年出版というのは、そのためである。父は、息子の本代を惜しむという気はさらさらない人だった。そして次の年の昭和二十四年になった時、私は思いもかけず、大学受験できることになったのだ。

父は若い頃から東京あたりの名所や寺社を廻る「講《こう》」に参加していたため、戦前の東京については〝暗《くら》からず〟というところがあった。それで受験する私と一緒に、戦後の東京見物に出かけることになった。戦前よく父が利用していた鶴屋という旅館は、上野駅の近くにあった。戦後は浅草に移転していたのだが、うまく連絡がつき、そこに泊まることになった。

私としては小学校に入る直前に東京見物したことがあるだけだから、十数年ぶりである。東京は焼け跡ばかりだと思っていたら、父の知っていた旅館は新築されており、ぴかぴかの感じだった。玄関に出迎えてくれた女将《おかみ》さんも、私の眼にはまだまだ若く見える中年の美人だった。

ところが宿泊して分かったことは、元来、鶴屋は東北からの〝お上りさん〟の旅館だったのに、その頃はいわゆる〝逆《さか》さくらげ〟的な連れ込み宿になっていたのだ。屋根に〝逆さくらげ（♨マーク）〟こそついていなかったが、夜になると、酔っぱらった男女がやって来て嬌声《きようせい》を挙げるのがよく聞こえた。

受験向きの宿では全くなく、父も息子の手前、工合悪そうであったが、他にあてもないので何日間かそこに泊まり、入試を受け、合格発表を見、父が上智大学に一年分の授業料を払ってから家に戻った。

四月に私だけ上京して、上智大学文学部英文科生になった。――そして七月に夏休みで帰省してみると、父は職を失っていた。

二%の確率

つまり、父はその八十四年の生涯のなかで、まともな給料を受け取った期間は約二年半くらいだ。それは全く偶然であり、天か神様が私を大学に入れるために、父に短期間の定職を与えてくれたとしか思えないのである。いまになって考えても、どうしてもそう思わざるを得ないのだ。

父の奇跡的就職がなかったら、私があの年に東京に出ることは絶対にありえなかったことはたしかである。私より裕福な家の同級生でも、その頃に大学進学した者は少ない。いま、私の母校の新制高校第一回卒業生名簿を見ると、卒業人員は百十八名、進学した者五十九名。進学者の率が約半分と高いのは、すでに前年に中学五年で卒業し、就職したものが多かったからである。東京に出たのは二十九名である。旧制中学に入った時は百五十人いたのであるから、東京に出たのは五分の一である。

小学校では約一割が中学に進学したが、そのうちの五分の一しか東京の大学には出なかった。すると、小学校から考えると、約五十人に一人が東京に進学したことになる。

約二パーセントの確率だ。

もっとも、私の入った小学校は旧藩校で、知的階級や裕福な家の者が多かったから、普通の小学校卒業生に比べると確率はうんと高くなっている。いずれにせよ、私には奇跡のごとき幸運だった。

「上智大学だけは伸びる」

もうひとつの幸運がこれに重なっていた。というのは、選んだ大学が上智大学だったということである。それは私にとって、昭和二十四年の受験でなければ起こらなかったことだからである。

当時の上智大学は、いわゆる受験対象の学校ではなかった。それどころか、その名前を知っていた者も昭和二十三年のクラスにはいなかったのではないか。いたとしても、せいぜい一人か二人だったと思われる。

ところが、私が高校三年の時の級主任は粕谷という化学の先生であった。この方は旅順工大の出身とかで、敗戦後に引き揚げてきてから、当時の鶴岡市の熊田市長の娘さんと結婚しているとの噂だった。旅順から来られたせいか、他の先生と違ってどこかハイカラな感じがあった。灰色がかかった革靴を履いた先生を粕谷先生の他に見た覚えがない。この粕谷先生が進学担当ということになった。

なにしろ、当時は東京の大学の戦後の状況がまるでわからないので、粕谷先生は東京出張を命じられ、東京の大学を廻って調べられた。当時は大学の数は大したことはなく、いずれも都の中心部にあり、しかも女子大学は対象にならないのでほとんど全部の大学を廻られたと聞いている。そして、鶴岡に帰ってこられると受験予定者を集めて話されたが、その話に推薦すべき大学として出てきたのは上智大学一校だけだったのである。

「いろいろの大学を廻ったが、どこの大学も卑《いや》しい（どういう地位の人にお会いになったのか不明）。ただ一つ、上智大学だけは卑しくなかった。あの大学は伸びる」

受験希望者の誰も知らないような大学の名を挙げ、それだけ褒めるということは通常ありえない話である。しかし、実際にあったのだ。粕谷先生は旅順育ちだから、日本の受験界のことなどあまりご存知なかったかもしれない。また、引揚者として大帝国の崩壊を体験されていたので、既成の観念にとらわれることなく、自分の体験したことを率直に生徒に伝えたのであろう。

それで、私の学級からは上智大学を受験する者が五名出た。私はその大学の名前だけは知っていた唯一人だった。というのは、戦前の『キング』でホフマンというドイツ人が日本に大学を建てるためにやってきたという写真入りの紹介記事を読んだことがあったからである。

ホフマンは、救世軍中将の山室軍平などと同じく珍しい人物だから、たまたま名前が記憶に残っていただけにすぎない。他の四人には初耳の大学名だったのだ。

昭和二十四年に限って、上智大学の入試の競争率はかなり高かった。われわれ鶴岡から五人受験して二人合格した。私はその一人だった。なぜこの年に上智大学の競争率が高かったかと言えば、この年だけに限って、学制切り替えのために官立大学の入試が六月になったからである。三月にどこかの私立に滑り止めに入ろうというものが多かったのである。

三つの偶然が重なった

そして、六月になって官立大学の入試が行われると、私と一緒に上智に入学した石畑宏は一橋大学を受験し、合格してそっちへ移った。私の本来の志望校は、最も尊敬する恩師・佐藤順太先生の母校であるとともに、私淑することを始めた福原麟太郎先生の教えておられる東京高師・東京文理科大学（のちの東京教育大学→筑波大学）であった。それで受験し直そうという気は起こったが、四月、五月と体験した上智大学の教育がすっかり気に入っていたことと、一年分の授業料をすでに納めてしまったということもあって、受験しないでそのまま上智に残ってしまった。

授業料といえば、官立大学は当時は私立の十分の一くらいであり、父はまだ在職していて経済に余裕があった時だから、私が再受験したいと言えば止めなかったと思う。父の世代は、官立学校のほうがずっと格が高かったのだから。

つまり、私が上智大学に入り、その後、数十年間もそこでお世話になることになったのには、三つの偶然が絶対に必要だったのである。

第一には父の奇跡的就職。

第二に、粕谷先生の上智大学礼賛。

第三に、昭和二十四年の学制改革。

この改革がなければ、官立の受験時期が私学とあまり変わらず、私は本来の志望校を受験して、上智大学は受験しないでしまったはずだ。

平成二十七（二〇一五）年で八十五歳になる私は、何度考えてみても、昭和二十四年の三つの偶然は確率を超えていると思わざるを得ない。しかし、この「偶然」は私の「幸運」であった。そのせいか、いまでも「運」を考慮に入れない人生観は軽薄、あるいは机上の空論としか思えない。

もちろん、上智入学とともに私の頭には本物の啓蒙が行われ、読む本の質も変わってしまったのである。

「まことに正しく、〝暗黒時代《ザ・ダーク・エイジズ》〟と呼ばれるこの時代において、司祭職者《クラージイ》は最高権力者であった」


1949年5月……東京、大阪、名古屋の証券取引所が取引再開

と、明治初年頃に日本でもよく読まれたH・T・バックルの『英国文明史』の第一巻に書いてある。厳密な歴史家が暗黒時代というのは、西ローマ帝国が滅んだ頃とそれから百年くらいのことを指すらしいが、『ヨーロッパ文藝史序論』の著者ヘンリー・ハラムによれば、十一世紀頃までが暗黒時代とされるし、多くの人はダンテが出る頃までを暗黒時代とみている。

しかし、さらに多くの人々の常識では、中世全部、つまり西ローマ帝国滅亡から宗教改革までを暗黒時代ということになっている。日本では明治開国の頃、西洋文明が主としてプロテスタント国——イギリス、アメリカ、プロシア（ドイツ）、オランダ——から移入されたため、西洋史に対する認識もプロテスタント史観であった。「中世」はとりもなおさず「暗黒時代」とされ、中世のキリスト教は暗い「旧教」で、プロテスタントは明るい「新教」であった。帝国大学（東大）が史学のお雇い教師として招いた歴史学者ルードウィヒ・リースは、ベルリン大学のランケの弟子であった。ベルリンはプロシアの首府で、プロシアの国教はプロテスタントである。その影響も強く、日本の戦前の教育界では「中世は暗黒時代」というふうに教えることになっていたらしい。

私が鶴岡の中・高で習った西洋史でも、そういうことになっていた。たとえば、皇帝ハインリッヒはカノッサ城に滞在していた教皇の赦《ゆる》しを乞うため、三日間、城門の前に立っていなければならなかった。

しかし、そのハインリッヒがその後、再びドイツで勢力を回復してイタリアに遠征し、教皇を追い出した――という、いわゆる「カノッサの屈辱」の話がある。

教皇がローマに逃げ出し、亡命先で亡くなったという段になると、歴史の大森先生は「ざまーみろ」と言われたのである。我々生徒たちも、やはり逃げ出して死んだローマ教皇に対してそんな気持ちになっていたのだ。

中世は暗黒、その暗黒時代のシンボルがローマ法王（その頃は教皇という言い方は知られていなかった）と頭に刻み込んでいたのだろう。

大学で受けたカルチャー・ショック

ところが、私が入学した上智大学は〝旧教〟の学校であり、しかも、そのなかでも最も策謀的な団体とされるイエズス会の創立したものなのである。入学してからそんなことに気がつくのも浅はかな話なのだが、粕谷先生の推薦を単細胞的に信じて、特に調べもせずに「キリスト教の大学だ」というぐらいの認識しかなかったのである。

キリスト教の学校なら、佐々木邦《ささきくに》の『凡人伝』を愛読して以来、なんとなく親近感があったのだ。しかし上智大学は旧教の、しかもヤソ会が建てた大学だったのである。

「しまった」という気が一時はした。しかし、それがまったく取り払われるのに大した時間はかからなかった。その第一は、ヨゼフ・ロゲンドルフ先生の「宗教学」であった。子供の頃から神棚や仏壇は毎日拝んだが、知の対象として宗教を考えたことなどなかった。

また、鶴岡では外人に接したことはほとんどない。それが上智では外人の教授で、科目は宗教学だ。途轍《とてつ》もないカルチャー・ショックである。それは、幕末・維新の頃の青年の体験と同質のものだったと思われる。

ロゲンドルフ先生は当時、マスコミでも知られた人であった。終戦直後に弘文堂から「アテネ文庫」という手帳ぐらいの大きさで五十ページぐらいの叢書《そうしょ》が出されていたが、この文庫のためにロゲンドルフ先生は『キリスト教と近代文化』（昭和二十三年、六十二ページ）と『カトリシズム』（昭和二十四年、五十八ページ）を出しておられた。

教室に入ると教授は外人、テーマは宗教学で、それまでの自分の体験に全くなかったことを私は体験することになったわけである。先生の学問は博かった。

ドイツで生まれ育ち、オランダやパリで勉強されたうえにロンドン大学のマスターであり、戦前の旧制高校でも教えておられて、日本語は流暢《りゅうちょう》であった。そして、この先生の授業の二、三回目の頃に、あっと驚くことを知ったのである。

それはこういうことだった。ギリシア・ローマの古代文明は輝かしかったが、それは地中海周辺にすぎず、大学もなかった。ボロニア、パリ、プラハ、オックスフォード、ケンブリッジ、ミュンヘンなどに大学ができたのは中世においてである、ということだった。

暗黒時代だと思い込まされていた中世こそは、その期間にヨーロッパの伝統ある大学のすべてが作られ、大学町ができた時代だったのだ。中世には本物の文明があった。宗教から目覚めることをカントは「啓蒙」と言ったが、私は宗教学によって啓蒙されたのだからおかしい。

政治観の基本となった教え

ロゲンドルフ先生は、アテネ文庫の自著を学生みんなに下さった(私の持っているものにはすべて先生の署名がある)。そして、当時のヨーロッパに本当の危機が迫っていることを説かれた。ソ連が東ヨーロッパを抑え込んで、いわゆる「鉄のカーテン」を下した頃である。

先生は神父なので、当時は輸入の難しかった洋書も入手できた。そしてオーウェル(Orwell)の『動物農場《アニマル・ファーム》』などの話を紹介してくださった。

先生はナチスのあと、ヨーロッパは再び全体主義《トータリタリアニズム》の脅威に晒《さら》されているのだ、と憂いを込めて話された。先生のおかげで私はこの時、「全体主義」という概念を正確に教えられたと思う。

つまり、ヒトラーは右の、スターリンは左の全体主義で、二人は敵対していたように見えるが本質は同じであることが分かった。つまり、全体主義とは個人の自由意志や信仰を無視して、暴力的に平等と称するものを押し付ける暴力的無神論である、と。

この時からもう五十二、三年経つ。しかし、この時に与えられた「全体主義」の理解は、私の社会観・政治観の基本となっていまに至っている。だから六〇年代、七〇年代の大学紛争もよく理解できた。代々木の民青と他の左翼団体の闘争は、つまりは全体主義者同士の喧嘩で、スターリンとヒトラーの闘争の縮小版だとみなすことができた。そういえば、彼らはお互いに相手を「ファシスト！」と罵りあっていたのを思い出す。

ロゲンドルフ先生がその後、「アテネ新書」からも本を出されたことがあったが、その後は著書は残されなかった。大学の雑誌『ソフィア』編集長、大学院主事、比較文学講義などが活躍の中心となり、その関係の論文や引退後の対談集があるだけである。

しかし私にとっては、あの小さな「アテネ文庫」の二冊と先生の講義が、いまも私の考えを鼓舞《こぶ》し続けている。

二、先輩・デカルト

「デカルトが入学する二年前に開校されたラ・フレンシェ校は、国王アンリ四世の旧宮殿を校舎としており、イエズス会の賛助によって創設されたカトリックの学校のなかでも、最も格式高いものとして当初から意図されたものであった」

このような記事に、デカルトの伝記のなかで出会ってもどうということはない。たいていは読んでも忘れるような些事《さじ》である。しかし昭和二十四年、十九歳の私にとっては人生観にもかかわってくるような発見であった。

デカルト『方法叙説』落合太郎訳、創元社

入学してみるまでは考えてもみなかったことであるが、上智大学には名のある先輩がいなかった。鶴岡の中学の先輩には、前に述べたことのある伊藤吉之助も阿部次郎もいたし、私が入学した頃には東大には相良守峯《さがらもりお》（ドイツ文学）、守次《もりじ》（心理学）という兄弟の教授がいらっしゃったし、戦後にはかえって有名になった感のある石原莞爾《いしはらかんじ》や大川《おおかわ》周明《しゅうめい》などがいた。

ところが、当時の上智の卒業生には私の知っているような学者や有名人はいなかった。のちに日本アメリカ文学会会長をなさるようになった刈田元司《かりたもとし》先生や、大修館のドイツ語辞典の編集代表にもなられた戸川敬一先生も、当時はまだ日本の学界では若造世代の年輩で、世に聞こえるような著作は出しておられなかった。

当時の学生たちは、岩波書店や中央公論社や文藝春秋の——英語なら研究社の——本や雑誌に名前の出る先生が偉いと思い、そういう先生たちを出している大学、そういう先生が教えている大学が良い大学だろうということになっていたのである。

上智大学にはそのどちらもなかった。考えてみれば当然である。すべて入学後に知ったことであるが、上智大学は四百年前に日本に布教にやってきたフランシスコ・ザビエルの遺志によって創立されたというのである。

が、ザビエルは当時の日本人の知的水準や知的好奇心の高さに感服し、日本は他の東洋の地域の布教のやり方では駄目で、まず学問的に尊敬されるような大学を建てる必要がある、とローマ教皇庁に手紙を出していたのだということだった。

しかしその後、キリシタン迫害が続いたため、そのフランシスコ・ザビエルの遺志が実現したのは、第一次山本内閣の奥田義人《おくだよしと》が文部大臣であった頃の大正二（一九一三）

年に、専門学校令によるドイツ文学科と商科、哲学科を持つ上智大学ができた時だというのである。まさに、ザビエル没後三百六十一年目であった。

大学はできても規模は私塾並みである。それにキリシタン・バテレンの学校ということで、よっぽど変わった家庭からでなければ学生が来るわけはない。なにしろ、世は立身出世の謳歌時代だったのである。

それに十年経って校舎など建ち揃うか揃わないうちに、関東大震災で全滅し、ようやく再建した昭和七年には、靖國神社への参拝拒否を行った信者の学生がマスコミでも大問題になった。「そんな国賊のいる学校に息子をやってはおけぬ」ということで、親の意向で退学を余儀なくされる学生もあり、大学は消えそうにすらなった……というような歴史の大学であるから、われわれ田舎出の学生の知っている名前の卒業生はまだ世に出ていなかったのである。

世界の学問に繋がる

私が入学した戦後ですら、英文科の学生も四年生は二人、三年生は一人であった。学制改革のため官立大学入試が六月にずれた年、つまり私が入った年こそ、英文科一年生は八十人もいたが（予科から編入した人が多い）、それもその年が終わる頃には半分以下の三十数名になった。

このような大学に入った新入生の気持ちは、既成の有名大学に入った人には絶対にわからないであろう。国文学の佐藤幹二教授は、「ともかく景気の悪い学校ですワ」と言っておられた。世は大量進学の波が起こり始めていたのに、私の入った上智大学は学生も気勢が上がらず、外から非常勤で来られる先生のなかには、「軽蔑観を持っているな」と感じられる人もいた。

これは私にとっては英語の表現でいえば、〝a blessing in disguise〟（不幸に見えて実はありがたいもの）だったことがあとで分かった。

一つは、京都大学に行った佐藤信雄――私に岩切晴二の『代数学』をすすめてくれた男――との文通である。彼は京都でオッペンハイマーの論文の誤りか誤植を見つけたとかで、その評判は私の耳にも入っていた。孤独感を持っていた私は、彼と手紙のやり取りをしていたが、そのうち哲学について議論を交わすことになった。

その頃は何となく旧制高校の「哲学好み」もどこかに残っていたのである。議論の内容はどうせ幼稚なものであったに違いないが、手紙が残っていないのでわからない。

こうした書簡のやり取りの間に、デカルトが出てきたのである。そしてたまたま彼の略歴に、イエズス会の学校の卒業生であると書いてあるので、私の目の前が明るくなった気がしたのであった。

「私の上智大学の先輩には名の知られた学者はいないが、デカルトは同じイエズス会の学校の卒業生なのだから、彼も先輩卒業生と考えうるのではないか」と閃《ひらめ》いたのである。

いまから考えると、ばかばかしいこじつけである。しかし、先輩のない学校に入ってしまったという寂しさやら不安があったその頃の私には、少なからざる慰めとなる考え方であった。そして、自分の大学は世界の学問に繋がっていると思えるようになった。

ひどいこじつけではあるが、私の専門は英語を中心として西欧文明を学ぶことであったから、そういうこじつけは長い間、私にとっては慰めと励ましになった。その気持ちは、ドイツやイギリスの大学に留学している時も続いていた。

たとえばドイツに留学していた時、聖ペトロ・カニジウスと関係のある小さなイエズス会の修道院に招かれたことがあった。カニジウスは近代では珍しい「教会博士」に宣せられるほどの学問のあるイエズス会士で、彼の出現によって、ドイツ語圏のプロテスタントの拡大は止まり、彼一人に対抗するために無数のプロテスタント神学校ができたが及ばなかったといわれる。

そのカニジウスが身に着けていたという衣服を、ドイツの田舎の小さなイエズス会修道会で見せてもらった時、私は上智大学の修道院の延長を五感で感じとることができた。聖カニジウスはケルン、ウィーン、ミュンヘン、ヴルツブルグなどの大学で教え、自分もカレッジを作っている。

それがヨーロッパにあっても、当時の上智大学の教育と同じ基盤のものであることが、私が留学中に少しも寂しく感じなかった理由の一つでもあったと思う。それはイギリスに行っても同じく経験したことだった。

そんなあとのことは別にして、大学新入生の私がデカルトに親近感、あるいは先輩感を持ってその著作を読んだことは、私の人生には少なからざる影響を及ぼしてきていると思う。

幸いにその頃、創元社が「哲学叢書《そうしょ》」を出していた。茶色の表紙で紙質の粗末な終戦直後の出版物であるが、名前だけ知っていても手に取ることのできなかった大哲学者の著作の翻訳が容易に手に入ることはありがたかった。

鶴岡の本屋にはこういう本は当時回ってこなかったのであるが、さすがに東京の神田では何でも手に入ったのである。

まず精読したのは『方法叙説』（落合太郎訳、昭和二十二年、百八十七ページ）であるが、のちに『精神指導の規則』（野田又夫訳、昭和二十二年、二百二十七ページ）、『哲学の原理』（佐藤信衛訳、昭和二十二年、三百三十二ページ）なども入手した。

デカルトの哲学について専門的に語る資格は私にはない。しかし、デカルトから受けた刺戟《しげき》と私の理解の程度については、いまも語ることができる。というのは、私の記憶のなかには次のようなデカルトの考え方が残っているからである。

西洋は神を理解してこそ

デカルトと言えば、「cogito ergo sum」（私は考える、だから私がある）という言葉が有名であるが——この言い方は聖アウグスチヌス以来、当時の学者たちには珍しい言い方でなかった——実にデカルトはよく考えた人であった。そして数学の天才でもあった。数学の定理や公理などに関する「判断」は、真理であることを疑えないと確信した。そこまでは誰でも同意できることであるが、デカルトは数学を考えることのできる理性は、肉体と関係がないと結論した。これも少し考えてみれば、普通の人間にも納得できる。

デカルトは当時の解剖学の知識も持っていた。そして高等動物の個体は、人間の個体のすべての諸器官を持っていることを知っていた。では、数学を考えるような理性の器官はどこにあるのか。デカルトは考えた挙げ句、こういう主旨の結論に達したのである。「神は「他の動物にはない」理性的精神を創造し、特別の仕方で人間の肉体に結び付けたと仮定できる」

では、どうして理性と肉体は結び付くのか。デカルトは、それは脳のなかにある唯一の非対称的な小体である松果腺《しょうかせん》（pineal gland）が、その「精神の座」と仮定したのであった。これについてはいろいろな異論があるわけだが、ここから進めたデカルトの思考が凄い。肉体とは別の理性を創造した神は、この宇宙も創造した。同じ神が創造したものならば、宇宙には人間の理性で、つまり数理的に解明できる法則があるに違いない。この確信はヨーロッパで確実に根を下ろしていった。

われわれの知っている分かりやすい例では、ニュートンである。デカルトの約半世紀後に生まれたニュートンは、われわれも中学・高等学校で習う物理学が示すように、宇宙に働く法則を数式で示したのである。それはアインシュタインの数式まで連綿《れんめん》として連なり、今日に至っている。

「西欧精神とは何か」とよく問われるが、その一つの根がデカルトであるといってよいのではないか。白人が産業革命を起こし、機械文明を起こし、それによってイスラム、インド、シナ、インカなどなどの古代文明圏を征服し、有色人種を支配したことは誰しもが知っている。インドやシナにも数学があった。日本にもあった。しかし、それは自然科学にも近代的工学にも結び付かなかった。それは自然のなかの現象を数式化することにうまく結びつかなかったためであろう。

西欧でそれが結びついたのは、デカルトが数学的理性を神の創造と結びつけることから始まったのではないか。つまり、デカルトの神――彼の場合はカトリック教会の神――を理解しなければ、西洋のことは本当にわかることはできないのではないか……。

落合太郎訳の『方法叙説』を読み終わったのは、昭和二十四年十月十四日金曜日と巻末に書いてある。大学一年生の時だ。

そこには、「上智大学学生寮第四寮内の自室で絶えずドアの開閉に注意を散らしつつ」とも書き加えてある。学生寮は米軍払い下げのカマボコ兵舎で、部屋の仕切りには障子もふすまもなく、カーテンだけだった。私の部屋は寮の入り口のそばだったので、寮生が出入りするたびにドアの開閉する音がし、そのたびにカーテンが動いて落ち着けなかったことを覚えている。

イエズス会学校の先輩として、デカルトに勝手に親近感を持つようになったのだが、その著作を読んでカトリックの神——それはプロテスタントでも同じであろうが——を本気で勉強する気になった。この頃から私は、粕谷先生の非常識な進学指導のおかげで上智大学に入ったことを自分の幸運と実感するようになったと思う。

十年ほど前に、国際愛書家協会（Association Internationale de Bibliophilie）の大会が日本で開催された時、明星大学の蔵書も見せていただいた。そこには、デカルトの『方法序説』（*Discours de la Méthode*）の初版（一六三七年）があった。

しかも、それは彼の手沢本《しゅたくぼん》であった。デカルト自身による書き込みがあるのだ。その後の版にはこの書き込みが加わったり、それによって消去された部分もあるという。まさにフランスの国宝物ではないか。この大会にはフランスからの愛書家が何人も加わっていたが、東京近郊の山のなかにデカルトの初版手沢本があるのを見て、みんな驚いていた。私の推量を加えた観察では、少し口惜しそうであった。

私は故児玉先生の蒐書《しゅうしょ》努力に改めて敬意を表した（ちなみに、同学図書館のシェイクスピアの初版等の蒐集は世界第二の規模とされている）。このデカルト本がオークションか古書カタログに出た時に私がそれを知っていたら、「女房を質においても」手に入れようとしたと思う。

母国語で書くということ

自分が物を書くようになってからの話であるが、気が付いてみると、半分潜在意識的にデカルトの影響を受けていたのではないかと思う。それは母国語で書くということである。

デカルトは他の論文はたいていラテン語で書いているのに、『方法叙説』はフランス語で書いた。そのためもあってか、当時も哲学書の分野ではダントツのベストセラーであったという。フランス語で書いてあるため、フランスの学校でもフランス語の古典として重視されていると聞く。ラテン語で書いたものは、当時の諸国の学者に読ませるためには必要でもあり、また当時の学者間では通常のことであった。

デカルトは『方法叙説』を自叙伝風に作り上げ、謙遜に、万人と同じ立場にある人間の考えを述べるという形で、それこそ庶民の誰にでもわかるように虚飾のない母国語で残した。彼がラテン語でこの本を残したら、後世のフランス人はいまのように広く読んでくれなかったに違いない。

ドイツの例では、カントは『純粋理性批判』をはじめ、われわれに知られているような本はすべてドイツ語で書いた。彼がラテン語で書いたのは、大学で資格を得るための論文（Habilitationsschrift）三本くらいではあるまいか。

カントの哲学は偉大でも難解ということになっているが、常にドイツ人に読まれてきたことは、母国語で書かれていることがその人気（？）に関係あるであろう。

それに、カントにはドイツ語で書いた通俗に近い論文もずいぶんある。フリードリッヒ大王が、彼の将校たちにカントの講義に出席するように命じたのも、カントの本はドイツ語で読めることを考えたということもあるのではないか。もちろん、カントの道徳哲学、とくに「義務」に関する見解は大王の気に入ったに違いないと思われるのだが。

イギリスではベーコンが重要である。和辻哲郎が『日本の臣道・アメリカの国民性』（筑摩書房・昭和十九年・八十六ページ）のなかで見事に指摘しているように、それはアメリカ精神の中心をなす哲学であった。私も佐藤順太先生によって、その『エッセイズ』の一つを教室で教えていただいたこともあり、懐かしい感じのする大哲学者である。

しかし、彼が英語で書いたものは『エッセイズ』と『学問の進歩』ぐらいであり、彼の著作のうちこれぐらいしか英文学史の対象になっていない。

デカルトと並んで近世哲学の超重大な哲学的著作は、ほとんどすべてラテン語で書いてある。『学問の進歩』もラテン語で書いたほうのものはずっと量も多く、内容も充実しているのだ。

言語文化に資する書物

日本で考えても、北畠《きたばたけ》親房《ちかふさ》や新井《あらい》白石《はくせき》や本居宣長《もとおりのりなが》が日本語で書いてくれたことに感謝せざるを得ない。荻生《おぎゅう》徂徠《そらい》や伊《い》藤仁斎《とうじんさい》などが和文の著作を残してくれたら、江戸の国文学はどんなに豊かになったことであろうか。佐藤《さとう》一斎《いっさい》の『言志四録《げんししろく》』はいまもかなり人気があって読まれているが、和文で書いてくれたら『徒然草《つれづれぐさ》』のように中学、高校で読まれる江戸時代のエッセイになったと思われる。

こんなことがいつの間にか私の考え方を変えた。私の処女作は三百ページばかりのドイツ語で書いた学位論文である。ドイツに留学する前にドイツ語作文などやったことはなかったが、指導教授のシュナイダー先生には、「空前の速さ」で書き上げたといわれた。

英語で書くことは、高校三年の時に笹原儀三郎先生（京大英文卒・旧第二高等学校教授・新制高校校長）にコツを教えていただいたので、ドイツ語で書くよりは遙かに楽だ。

卒業論文も修士論文も英語だったし、その間の無数のレポートや試験答案も、外国人の先生のものはすべて英語で書いた（当時の上智の先生は外国人の先生が多かった）。したがって、私が海外で読まれることに重点を置くならば、英語で書くのが一番よいわけである。事実、マクミラン社からも一冊出しているし、アメリカの大学で教えた時の小論文などは英語である。

しかし、デカルトやベーコンのような偉大な哲学者でも、同時代の他国の学者を意識してラテン語で書いたものはいまではあまり読まれないし、自分の国ののちの世代からも無視されがちである。あんな偉い人たちの著作でも、母国語でないものは重んじられない。その国の言語文化としては教えにくいのだ。

こんなことを考えて、またそれを口実にして、私は外国語で論文や本を書くことを次第にやめた。若い頃に外国語で書いたのは、専門学科を大学で教える資格のあることを内外に示すための必要条件だったからである――と悟ってみると、何といっても日本語で書くほうがずっとずっと楽だ。

と言って外国の知人に出す手紙のためにたまに使うだけになってみると、ドイツ語や英語で物を書く能力や気力も、私のなかで退化し続けているようである。かくして私は、デカルトとは全く違った動機で母国語しか使わなくなってしまった此の頃である。

「真理は真理として転がっているものではない。ある判断がその判断の対象と一致した時に、その判断を〝真〟というのである。ミュンヘンの塔の高さが九十九メートルという判断は、もしその塔の高さが九十九メートルであるならばその判断は〝真〟である。
しかし数学における虚数は現実には存在しないから、この場合判断と現実のものとの一致はあり得ない。また天馬とか極楽も現実に存在せず、現実のものとの一致は考えられない。このように現実に存在しない観念的対象まで含めて判断の本質を究明することが、知識学《エピステモロジー》（認識論）である」

厳密な〝学問〟の風景

フランツ・ボッシュ先生の「哲学」の授業を受けるまで、私は何となく「真理はどっかに転がっている」もののように感じていた。ボッシュ先生は、哲学の授業の第一時間目に「真理は関係概念であり、判断に〝真〟か〝偽〟があるだけだ」ということをわれわれに徹底的に〝認識〟させてくださった。

そして、参考書として挙げられたのはただ一点、エーリッヒ・ベッヘル著・豊川昇訳の『哲学入門（上）——認識論』（創元社・昭和二十三年・四＋一＋五＋二百二十九＋六ページ）であった。デカルトの『方法叙説』と同じ哲学叢書の一冊で、茶色の表紙で紙質の悪い本である。

ボッシュ先生の哲学の授業は、普通の大学の授業に慣れた人には想像もつかない厳しいものだった。授業に〝厳しい〟という形容詞がつくのはおかしいようであるが、それは文字どおり厳しかったのである。たとえば、「真理とは〝判断の対象〟と〝判断〟が一致した時の関係概念」である、ということをいろいろの例を挙げて示される。それから学生を指名し、質問に答えさせるのである。

たとえば、「真理はその辺に転がっているものかね」と訊かれる。学生は「いいえ、転がっているものではありません」と答える。するとすぐに、「では真理とはどういう時に言えるのかね」と畳み込むように質問が続く。A学生が返答に窮すると、すぐB学生を指名して立たせて答えさせる。Bがだめなら C学生と次々に立たせていって、完全な答えができる学生に至るまで質問が続く。そして何人かが満足に答えることができない場合は、もう一度、同じ講義を繰り返されて、再び同じ質問を学生たちに当て、立って答えさせるのである。

こんな徹底的なことは、小学校かどっかの塾でならやれるかもしれないが、大学で、しかも哲学の授業でやられるとは思わなかった。私のいたクラスが年末までに半分以下になったのも、官立大学入試が六月にあってそれに合格した者が転校したというほかに、こういう〝厳しい〟授業に反感を持ったり、嫌いだった者もかなりいたと思う。

ボッシュ先生にしてみれば、当時の日本の哲学青年たちに対して気に食わないということがあったようだった。「哲学、哲学と言いながら、基本となる概念の定義もできない」という主旨のことをおっしゃったことがあった。たしかに学問としての西洋哲学は、人生論としての哲学みたいなものとは確然と異なるものであり、厳密な〝学問〟なのである。

先生の取り上げられた「認識論」は、それこそ哲学のなかの哲学、俗に純粋哲学ともいわれるものなのであるから、使われる術語についての概念の把握がいい加減では、地ならししない土地に建築しようというようなものであることは、先生の質問攻めで締め上げられているわれわれ学生にもわかった。

イエズス会の伝統的哲学授業

――認識論の基礎的な〝訓練〟にほとんど一学期近く費やされたあとで、ボッシュ先生の独特な哲学史の授業になった。それは普通の哲学史ではなく、プラトンなどのギリシャ哲学から始まって、近代に至るまで主なる哲学者が「真理をどう扱ったか」、つまり「判断の真」をどう考えたかということの解明であった。プラトンとアリストテレスの認識論上の違いはどこにあるか。この二人の比較にはずいぶん時間をかけて講義され、かつ学生たちを質問で締め上げてくれたので、われわれもよくわかった気になった。

これは何十年もあとになって気づいたことだが、こういうように哲学史を一つの視点から見るということは、カントが『純粋理性批判』の締めくくりの部分でやっていることだったのである。カントはそこで「プラトンを精神論者の最たるもの、アリストテレスを経験論の頭目《とうもく》」と見做《みな》しているが、その違いをボッシュ先生はわれわれにもその意味がよくわかる形で教えてくださっていたのである。

そしてカントの目的としていたことは、デカルトの言う真理とニュートンの自然科学の真理をともに説明しうる理論を作ることなのだ、ということも納得させていただいた。デカルトについては、私は自分で少しは勉強していたが、カントは読んでいなかった。読まないうちに、カントの目指したものを認識論的に教えていただいたことはありがたかった。いまから振り返ってみると、ボッシュ先生の哲学の授業の目的は、認識論的には、批判的実在論のみが実際の生活とも矛盾しない唯一のものである、ということをわれわれにわからせることだったと思われる。

それはネオ・トミズムといわれる認識論で、聖トマス・アクイナス以来、カトリック教会の哲学上の大黒柱のような哲学と矛盾しないものであることもあとでわかった。

すると、ボッシュ先生のあれほどの迫力と自信のある哲学の授業は、イエズス会の伝統的なものだったのではないか。燎原《りょうげん》の火のように広がり続けるプロテスタントの勢力をぴたりと抑え込んでしまったのが、イエズス会の学校であった。

そのため、最初は「ただ信仰のみによりて」(sola fide)といって反教養的だったドイツのルター派も、ルターの後継者のメランヒトンになると、イエズス会に負けないようにと学校づくりを始めることになったくらいである。そのイエズス会の伝統的哲学授業を、俗人で幼稚なわれわれが受けたとすれば、それは大変な恩恵というべきものであったといえよう。

ともかく、西洋の哲学者についての研究をカトリック教会ほど長くやり続けているところはなく、イエズス会はそのなかでも傑出した学問修道会である。無数の学者が沈思と祈りのなかからまとめあげた認識論は、それに対する批判はいくらあったとしても、最も強靱な理論に違いない。そう思って、私は今日に至るも認識論は批判的実在論に止《とど》めを刺すという意見だ。

ボッシュ先生がくれた哲学への自信

ところで、ボッシュ先生が哲学(認識論)の教科書に指定された『哲学入門』の著者、エーリッヒ・ベッヘルはどんな人だったのだろうか。

訳者の豊川昇の立派な解説と著者紹介がついているが、ちょっと補っておきたい点もある。それは、彼がボン大学で学んだのは主として数学と自然科学であったことである。

教授資格論文（Habilitationsschrift）は、『厳密なる自然科学の哲学的前提』であった。彼の生家はカトリック的な雰囲気の学問の家であり、弟妹七人、それぞれ解剖学者、生物学者、動物学者、医学者として世に知られた人であるという。彼自身も終生、自然科学への目配りを怠らず、その基礎の上に形而上学《けいじじょうがく》を建てようとしたのであった。

これはボッシュ先生の講義によれば、まさにカントがデカルトの数学とニュートンの物理学の両方に適用できる哲学を求めたのと同じ志であったといえよう。理論的に可能なもの（たとえば数学）と経験的に与えられるもの（たとえば自然科学の対象）との関連を、ベッヘルは自分の研究目標にしていたといえる。

彼は、私がのちに留学することになるミュンスター大学の教授（彼はのちにミュンヘン大学に移る）でもあり、私が生まれる前の年に僅か四十七歳で亡くなった天才的な人であった。

その哲学は日本の西洋哲学界で主流を占めていた観念論の系統とは異なり、アリストテレス→トマス・アクイナスの哲学の流れをさらに発展させる人物として嘱望《しょくぼう》されていたという。この方面の哲学の文献がほとんどなかった昭和九年に、ベッヘルを発見して日本に紹介した豊川昇の慧眼《けいがん》に改めて敬意を表したい。

ボッシュ先生は彼の翻訳が正確であることを褒めておられた。ボッシュ先生は日本語がよくできる方であったので、当時の日本のドイツの哲学書の翻訳はたいてい駄目だといっておられたのである。

ベッヘルの『哲学入門』の上巻『認識論』は、ボッシュ先生の講義のおかげで理解できたように思えて嬉しかったが、下巻の「形而上学」（創元社、昭和二十三年、四＋二〇四＋五ページ）は講義を受ける機会がなかった。

それで自分一人で大学四年生の頃に読み出したのだが、卒業論文などで忙しくて読み終えることができず、大学院に入ってから読み上げた。

この本は少なくとも三回読了したことが巻末の書き込みで分かるが、その三回目は私が大学で教え始めてから数年経った昭和三十九（一九六四）年である。その書き込みの末尾に、「ボッシュ師よ、吾が感謝を受け入れ給え」とある。

大学一年の哲学の授業をそれから十六、七年も経ってからも感謝しているのは感謝のし過ぎのようであるが、それにはもう一つの理由がある。

それは、ボッシュ先生の哲学の試験で私が百点を取ったことである。「こんな学生はそれまでいなかった」とボッシュ先生は方々で吹聴《ふいちょう》されたので、私は狭い範囲ではちょっと有名になったが、それにもまして強烈に嬉しかったのは「百点を取った」ことだった。

哲学の試験に百点というのはおかしな話だが、当時の上智大学は百点制だった。そして百点などありえないような科目で百点を取ることは、相良守峯先生（ドイツ文学・東大名誉教授、文化勲章受章、鶴岡市名誉市民第一号）のような方にとっても小さいことではなかったのだ。

旧制第四高等学校時代に国語で百点取ったことを、六十年も経ってからも追憶されているほど、それは相良先生にとって強烈に嬉しいものだったのである。

「……あるとき国語で百点という珍しい点を取ったことがある。八波則吉という先生が『大鏡《おおかがみ》』の購読をした時の試験に、応用問題として古歌を一、二首添えられたが、私は習ったばかりのドイツ文法を応用して解釈したら、百点という当時高校以上ではめったに付けてもらえない満点を与えられたのであった……授業料の要らない特待生にもなれた」（相良守峯『茫々わが歳月』郁文堂、一九七八年、五百五十三ページの二十ページ目に）

大いなる称賛

ボッシュ先生から与えられた百点は、青年時代の私に哲学に対する自信のようなものと、哲学への親近感を与えてくれたのである。今日に至るまで、哲学の本を読むのは私の楽しみだ。

それに哲学に対して「それはわかるもの」という先入観を与えられたので、偉い哲学者にも親しみを感ずることはあっても、怖れとか拒否感はなくなった。

のちに私がドイツで学位論文を書いたとき、テーマは「中世のラテン語文法書が近世初頭の英文法書に与えた影響」というものであったが、その時、中世の『思弁文法《グラマチカ・スペクラティバ》』の著者とされていたスコトゥス（Duns Scotus）に関するハイデガーの教授資格論文や、グラープマンの中世言語論理学史などに言及したり引用したことは、ドイツの大学の哲学部（文学部）の教授たちに好印象を与えたようだった。

本来、英文科の論文にハイデガーの教授資格論文などが出てくることは、想定されないことだからである（学位論文の口述試験には他学科の教授も参加する）。特にハイデガーのこの論文などは、日本のハイデガー専門の学者の書いたもののなかでも言及されているのをいままで見たことがない。おそらくそんなこともあって、私の学位には「magna cum laude」（大なる賞賛を持って）という美称がついている。

これも遡《さかのぼ》ればボッシュ先生のおかげで、いま改めて先生の霊に感謝を捧げたい。

三、圧倒的な知の世界

「心は気を率《ひき》ゐ、気は血を率ゐ、血は身を率ゐるものである」

これは幸田露伴が『努力論』のなかで力説しているところである。これは私が大学一年の時からずっと卒業まで知らずに実践していたことであり、還暦の頃からは意識的に努めようとしてきたことである。それで私は、露伴の『努力論』をいまでも恩書の一つとして感謝している。

萩原朔太郎『郷愁の詩人　與謝蕪村』

では、ここで露伴は何を言おうとしているのか。彼は例として健脚法による足の鍛錬について述べている。まず「心」が自分の脚を強くしたいと思う。すると脚に「気」が入る。一歩一歩に気が入るのである。そうして気を入れて歩くと、そこに「血」がゆく。それを続けていると、血は「身」をつまり筋肉を作ってくれる。それで常人の脚とは懸隔《けんかく》した力のある脚力を持つに至るというのだ。

最近、テレビでロンドン・オリンピックに出場する競歩の女子選手の練習ぶりを見た。そして露伴の言葉を思い出したのであった。まことに競歩で勝とうと「心」が決めれば、「気」が脚に向き「血」がゆく。そして普通の女性とは、また男性とも隔絶して発達した「身」、つまり「筋肉」がつくであろうということも目で見ることができた。

前に触れたように、大学一年生の夏休みで帰省したら、父はクビになっていた。授業料は一年分納めてあるが、来年の分の見通しは全く立たない。「目の前が真闇《まつくら》になる」という比喩《ひゆ》は比喩ではなかった。佐藤順太先生のおかげで、私は知の世界の扉《とびら》を開けていただいた感じであったが、上智大学は正に圧倒的な知の世界がそこにあるという感じだった。そこから退去してしまうことは絶対に嫌《いや》だった。どう考えてみても、可能な道は一つだけしか見えなかった。

それは特待生になり、翌年の授業料を免除してもらうことである。その確実な道は、その学科(私の場合は英文科)で首席になることである。時には一学科から特待生が二人ぐらい出ることはあるが、それは当てにならない。一番であれば大丈夫である。それで私は「絶対に一番にならなければならない」という決死の覚悟で、郷里で過ごした夏休みから東京に戻った。

一番になるためには「点取り虫」にならなければならない。そんなことは小・中・高のどこでもやったことのない体験である。その時に「嫌だな」と思ったのは、必ず一番になるとすれば、同級生の成績が気になるだろうということだった。他人の成績が気になるということは、いかにも卑小《ひしょう》で恥ずかしいことに思われたのである。そうしないで必ず一番になる道はないか、と考えた時、「すべての教科で百点を取ることだけを目的にすればよいのではないか」というアイデアが浮かんだ。そして、それを断乎《だんこ》実行しようと決心した。

理想に燃えた充実の授業

それで先ず、すべての授業では最前列で教授のすぐ前の席を取る。他の学生の存在を気にしないで講義に集中するためである（これは高校の時に順太先生の英語の時間だけにやったことだった）。そして、その日の講義は寮に帰ったら何よりも早く丁寧に読み返し、わからないところがないかをチェックし、もしあったら次の時間か、あるいは教授控え室に行って質問する。私はこれを卒業するまで厳格に自分に課した。

入学した時は新制大学に切り替えの年で、文部省の指示も理想主義的なところがあった。つまり、教養課程である。文科の学生でも、数学、物理学、生物学、化学などの自然科学の課目も必修単位だったのである。他の大学はかなり弾力的にやっていたことはあとで知ったが、上智大学では生真面目《きまじめ》にそれを文科の学生に強制したのである。

担当の教授方は、新しい大学改革初年の理想もあってか、実に充実した講義をなさった。佐藤教授の「数学」は面白いとは思えなかったが、ワイアシュトラウスの数の切断についての定理の証明だけは面白かったことを覚えている。

簡単に言えば、2という数字の切り口は1の究極に向いているのか、3への始まりのほうに向いているのか、という話だった。証明のプロセスは忘れたが、のちにその比喩で自分の理解を助けたことがあった。

たとえば、幸田露伴と夏目漱石は同じ年に同じ東京に生まれて育ったが、漱石の作品は後世も大いに人気があるのに露伴はあまり読まれない。両者とも偉大な作家であるのにどうしたことか、と考えた時、露伴文学の切り口は江戸時代に向いており、漱石文学の切り口はその後の日本に向いているとか。また西洋では、プラトン哲学の切り口は古代(インドも含めて)に向いているが、アリストテレス哲学の切り口は中世ヨーロッパに向いているとかである。

しかし、数学が嫌いだから文科に来た人たちは、大学で数学を必修にされてはたまらないという空気だった。そのなかで、私は先生の教壇のすぐ下で熱心に聴講し、あとで疑問を訊《たず》ね続けた。試験はあってなきようなものと記憶しているが、私がとびぬけた最高点であったことには間違いない。ついでの話になるが、のちに留学したミュンスターには、ワイアシュトラウス通りがあった。彼はここの大学で教授だった。

五十年後の邂逅

「化学」の柴田教授は広島文理大学から来られた方で、当時は極めて珍しい、つまり極めて高価な電子顕微鏡を上智大学に設備された。これを購入してくれることが、上智に移籍する条件とされていたのだという噂もあった。

この先生は文科の学生に分子式などを覚えさせることは無駄だと達観されて、現代において重要な科学の概念、特にエントロピーを実に実に丁寧に繰り返し説いて下さった。この熱力学の概念はたしかにその後、まことに有意義なものであることがわかって感謝している。

「生物学」の野澤教授はバリバリの若手で、生物学の歴史、特に遺伝とか進化に関する考え方の歴史を教えて下さったが、実に明晰であった。この先生の講義のノートを検討していたら、細かいことだが数式のプラス・マイナス記号だったか、分子と分母の違いだったかに気がついて訂正していただいたことがあった。

こんなことで私の顔を覚えておられたらしく、何年かのちに中央線のホームで先生のほうから、「やあ渡部君」と話しかけられたので驚いたことがあった。「君のことはよく覚えているよ」と言われて、その後、先生の家によばれてコーヒーをごちそうになったことがあった。

それから五十年以上経った二〇一二年五月二十七日に、「かつしかシンフォニーヒルズ・モーツアルトホール」で行われた松元宏康指揮のシューベルトだけの音楽会に出かけたら、音楽評論家の浅岡弘和氏が寄ってこられて、小冊子を渡して「このなかに野澤先生のことやあなたの名前も出ています」と言って下さったのである。

その小冊子を見ると、野澤先生はいまはクリストファー・N・野澤という名前でSPレコードの世界的な蒐集《しゅうしゅう》・収蔵家として、レコード評論で活躍しておられる姿が写真入りで紹介されていた。そして、野澤先生は文科の学生として生物学説史を聴講した一学生の私のことをまだ記憶しておられたことを知って驚いた。ちょうどこの原稿で野澤先生に触れるつもりであったので、その偶然にも驚いた。

福島原発問題に関連して、放射能はどんな微量でも有害で、その有害度は総量に比例するといういわゆるマラー仮説が問題になった。マラーはDNAの知られていない昭和二年頃にショウジョウバエを対象に実験したので、それはいまでは通用しないという説が有力である。しかし、マラー仮説を取り上げた学者のなかで、それが進化論の論争に関して出てきたことに触れた人は、私の見た限りではいない。

私は月刊『WiLL』(二〇一二年四月号)で「原発興国論」を述べた時に、マラーの実験と進化論論争に一寸言及した。これは六十三年前に、野澤先生の生物学史で覚えた知識であったのである。

先生には近くお目にかかって、改めて学恩に感謝したいと思っていた（二〇一三年八月、永眠）。ダーウィンやウォレスに興味を持ち続け、その分野の稀覯《きこう》文献など集めるようになったのも、野沢先生に負うところが多いのだから。

「気の充実」の賜物

「物理学」の山室先生は、ケンブリッジで研究なさった方であった。そして、文化系の学生のために近代の物理学史を講じられたのである。光が粒子か波動かとか。また、アインシュタインのかの有名な数式に至る道筋も何時間もかけて解説して下さった。霜山教授の「経験心理学」は心理学史であったが、フロイトには触れられなかったことを「変だな」と思った記憶がある。

このような自然科学を英文科の必修にするという学校の方針はおかしいとも言えるが、私は来年も大学に残れるようにと、つまり絶対に特待生になるためにと、すべて百点をとる決心で勉強した。文字どおり、必死の覚悟であった。

そして、全学科を百点かそれに準ずるものにした。動機は授業料を節約するという金銭的なものであったが、私は高校までの生活では経験したことのない真剣さで自然科学の授業にも没頭した。おかげで、授業料をその後は払うことなく卒業させていただいたが、それとは全く別の恩恵を受けた。

それは専門課程ではないにせよ、大学教養レベルの自然科学の諸科目の試験を受け、正確に理解しているという保証を得たため、その後の人生においても、自然科学関係の話題にも興味を持ち続けることができた。

いな、それよりも重要なことは、露伴の「心は気を、気は血を、血は身を率いる」ということを実感したことである。露伴は清《しん》の大儒《たいじゅ》であった閻百詩《えんひゃくし》の話を引用している。百詩は幼児の頃は愚鈍、多病、しかも吃《ども》りであった。しかし、学問に向かう心はすこぶる強く、精苦して書を読み、寒夜も凝然《ぎょうぜん》として沈思し、意味の通じないところと向き合っていた。するとある夜、忽然《こつぜん》として心が俄《にわか》に開けたという。これは心が気を、気が血を率いて、ついに頭脳が透明敏慧《とうめいびんけい》になった例として露伴があげているが、重要なのは、気が行き、血が行くと身（器官や筋肉や脳味噌）が発達するということである。

私は閻百詩の如く、突如「頴悟異常《えいごいじょう》」になったというわけではないが、数年間「点取り虫」、正確に言えば「百点取り虫」になるべく精魂傾けた結果、いろんな学科がよく解るようになったことはたしかである。教養課程の諸科目をそうして学んだおかげで、興味を持つ範囲がうんと広くなった。

私は英語学を専攻した者で、その専門はいたって狭く、そこに安住すればそれで人生の静謐《せいひつ》は得られたと思うが、諸学に対する興味は齢《よわい》とともに広がってきた感じである。上智大学に入っている間に、高徳碩学《こうとくせきがく》な恩師たちの感化を受けて、宗教的にもCatholic《カトリック》（大文字）になったが、学問諸分野への興味もcatholic《キャソリック》（小文字＝普遍的な）になった。母校から受けた恩恵はあらゆる面でまことに広大なものであったと、つくづく感謝の念が深まるこの頃である。

肌毛が立つ感動

「芭蕉が〝奥の細道〟への旅に出かけたのは西行《さいぎょう》の五百年忌に、その跡を追うためであった。芭蕉が日光で詠《よ》んだ、

あらたふと　青葉若葉の　日の光

という句は東照宮に参詣《さんけい》して徳川家康の徳をたたえたものではありません。日光は元来は二荒と書き、〝ふたら〟と読んだのです。〝ふたら〟は、〝補陀落《ほだらく》〟でそれはPotalakaがもとで、これは観世音菩薩のお住まいになるところです。ですから芭蕉は日光でのこの句では観音様の慈光をたたえたものです。そういうふうにして芭蕉は西行の歌のあるところをたどって奥泉に行き、出羽三山に行き、象潟《きさかた》にゆき、敦賀半島の先端の種《いろ》（色）の浜まで廻ったのです……」

目から鱗《うろこ》が落ちるという比喩《ひゆ》は、バイブル以来の陳腐なものになっているが、竹下数馬先生からこんな話を聞いた時は本当にそんな気持ちがしたのであった。

私は出羽三山の近くで育ったので、この山々と芭蕉の句の関係については小学生の時からよく聞かされていたし、小学校の修学旅行は羽黒山であり、そこで詠まれた芭蕉の俳句のお話もそこで聞いた。

高校では国語の教科書のほかに、『奥の細道』を通読する授業もあった。そして芭蕉の日光での句も東照宮に祀《まつ》られている東照《とうしょう》権現《ごんげん》、つまり家康をたたえる句だと教えられていたのである。

ところが、『奥の細道』は芭蕉が西行の五百年忌の年に、命がけで西行の跡を尋ねる旅の記録だったと聞かされて、私が子供の頃から何となく抱いていた芭蕉のイメージも、また『奥の細道』の見方もすっかり変わってしまった。こんなことは人生で何度もあるものではない。竹下先生は本物の学者であられた。

竹下先生の授業を受けたのは、大学一年生の後期からであった。その講義で蕪村《ぶそん》の話をされた時、「蕪村を最もよく理解した人は萩原朔太郎《はぎわらさくたろう》でしょう」と言われて、朔太郎の『郷愁の詩人 與謝《よさ》蕪村』をすすめられ、かつ内容を紹介された。私は大日本雄弁会講談社文化で育ち、〝高級〟な文学については甚《はなは》だ遅進児《ちしんじ》であったので、初めて聞く蕪村の話と朔太郎の高級文学的な話には、肌毛が立つような感激を覚えたのである。

早速神田に行って、朔太郎の全集のバラ本を買い集めた。これは戦時中（昭和十八年

＝一九四三年）に、室生犀星《むろうさいせい》が編者代表で小学館から出されたものである。戦時中のこととて紙質はよくないが、大型な本にゆったりと組んだ紙面は読み易く、恩地孝四郎《おんちこうしろう》の装幀も実に品がよく、高雅な感じがした。

身震いする体験

竹下先生は、蕪村の「春風馬堤曲《しゅんぷうばていきょく》」を教室で朗読された。――竹下先生は舌の長いような話し方をなさったものであるが、私はその朗読を聞いて、文字どおり身ぶるいがした。江戸時代にこのような近代的な感覚の、かつ感動的な詩があったとは。また「晋我追悼曲《しんがついとうきょく》」を先生が朗読された時は、それにもまして感動した。

竹下先生は蕪村に対して私の目を開かせて下さったと同時に、萩原朔太郎への理解の道を開いて下さったのである。竹下先生は朔太郎の『戀愛名歌集』にも言及なさった。私はこの本を神田で見付けて、その春休みに印《しるし》をつけながら全部読んだ。

そんなことで、あとになってから朔太郎の初版本をも持ちたいと思って入手した。『郷愁の詩人　與謝蕪村』（第一書房・昭和十一年・百六十四pp.）とか『戀愛名歌集』（第一書房・昭和六年・三百四十三pp.）などである。特に後者は鳥の子紙刷の特製三百部のうちで、萩原葉子さん旧蔵のものである。

また、一九六〇年代にアメリカに客員教授で出かけた時、サンフランシスコの古本屋で朔太郎の『絶望の逃走』（第一書房・昭和十年・二百八十五PP.）を見つけた。朔太郎の署名入り初版である。この本を持って戦前の日本からアメリカに渡った人は「絶望の逃走」をしたのだろうかなどと、空想したものである。

ただならぬ資質

この竹下先生は蕪村についての講義のあと、「蕪村と比べると、やはり芭蕉が深いでしょうね」と言われた。これが後々まで心に残っていたが、のちに先生は『「死と再生」の文学』（読売新聞社・一九七九年・二百二十八pp.）で、画期的な芭蕉論を公刊されたわけである。芭蕉死後三百年記念行事が山形県で行われた時、この本が山形県の関係者の必読本となった。

これは松田義幸氏（当時、筑波大学教授・現尚美学園大学長・理事長）に私が竹下先生のこの本を紹介したところ、「これこそ奥の細道の真相だ」としてそのように計らってくれたのである。ちなみに、松田氏は私の近所で育ち、ともに出羽三山を眺めながら少年時代を過ごしたのである。晩年、竹下先生の「奥の細道」に関する本の出版（クレスト社版やPHP社版）に多少役立つことができたのは、私にとってまことに幸せなことであった。

竹下先生が上智大学に出講されていた時は、東大国文科助手の身分であったように記憶している。いつか谷沢永一氏に竹下先生のことを話したら、こんなことを教えてくれた。

「何でも大変優秀な人だったそうだが、戦時中に国学的な研究をしていたので、戦後の風潮では東大に残されなかったらしい」

そう言えば、私も竹下先生の戦中の本を二点持っている。一つは『平田篤胤《ひらたあつたね》の古典精神』（文松堂・昭和十八年初版・十九年一月再版・二百四十八pp.）であり、もう一冊は『渡邊重石丸《わたなべいかりまろ》翁　固本策解題《こほんさく》』（鮎書房・昭和十九年九月・二百三pp.）である。この頃、竹下先生は筧研究室に勤務して研究されていた。この二冊の著書は、戦後の東大に残るのにふさわしくない理由にされたらしい。

しかしそのおかげで、私は高級な文学に、また芭蕉や蕪村に引きつけられるようになった。その学恩はまことに有り難く忘れ難い。

もし旧制中学や高校三年頃に竹下先生の授業があったとしたら、私は国文科を志したのではないかとも思う。

ちなみに、竹下先生は超一流の鍼灸《しんきゅう》の技術をお持ちであり、また「奥の細道」も全部歩かれたと聞いている。まことにただならぬ資質の方であられた。

四、貧書生の日常

「生活の新しい様式が民族の将来に如何なる影響を与えるかを最後に考えねばならない。祖先の生活習慣にもたらされた近代工業文明の影響に対する女性の反応は極めてすみやかであり、決定的であった。直ちに出生率が下がったのである。

女性の妊娠を厭《いと》う傾向は人類の歴史において新しいものではない。それは過去の歴史文明の中でも、ある時期にすでにみられる。それは古典的傾向である。われわれはそれが何を意味するかを知っている……」

こんな授業をいまの大学でやったら、差別とか何とか言われて、教授は吊るし上げを食うかもしれない。しかし、上智大学の昭和二十五（一九五〇）年の「特殊倫理学――肉体の倫理」の講義では、望月光先生がこのようなことの書いてある本――アレキシス・カレル『人間――この未知なるもの』（櫻澤如一訳、無双原理講究所、昭和十三年、四百十三pp.）を唯一の参考書として指定されたのである。

そして学期末の最後の授業では、「この本だけ熟読すれば、私の講義のノートなどは読まなくてもよい」とまで断言されたのである。

早速、神田に出かけてこの本の第三版（昭和十六年）を買ってきて読んだ。その巻末に読後感が長々と書いてあるが、その書き出しには「一読巻《かん》を措《お》く能《あた》はざるを覚ゆ。但し、訳者の序文は極めて不愉快である……」とある。

そして、ただちに神田でその英語版の原著（*Man, The Unknown*, New York; Halycon House,1938 59, xv+346pp.）を見つけて、春休みに帰省した両親の家で通読し、「これで俺の人生観は極った」という感じがした。そして、いまもそう思っている。

冒頭に引用した近代文明と女性の妊娠忌避の傾向については、その時は単なる歴史的な話として読んだ。ローマ帝国の末期や近代フランスの例などを思い浮かべるだけであった。

当時はなにしろ、終戦後の食糧危機が去らないのに、戦場から復員してきた兵士たちの家族からは子供が続々と生まれていた。この人口爆発を怖れた某大新聞（記憶によれば毎日新聞）の社説は、「一人の新生児の誕生は一人の食を奪うことになる」というような主旨を述べ、産児制限の必要性、緊急性を世論に訴えていたくらいである。

アレキシス・カレル『日記』

あれから六十年以上、経つ。その間に日本における産児制限は見事に成功し、曽野綾子さんによれば一億人ぐらいの胎児が堕胎《だたい》手術で下水に流されているという。カレルはこの現象を自発的断種、自発的不妊（voluntary sterility）と呼んでいる。

いまの日本の最大の危機は、人口の減少である。少子化などという緩やかな減少でなく、ゼロ孫化というガタ減りに向かっているのだ（まだ統計には表れていないが、間もなく顕現する）。

カレルのこの本は英語では一九三五（昭和十）年に出たが、私が学生の頃に買ったのはハルシオン社版（一九三八年）であり、出版三年を経ずして五十九版となっている。

「人間の存在」を語る

その翌年の一九三九（昭和十四）年の英語版には新しい長い序文がついていて、そこには出版して四年後のカレルの感想が書いてある。

「本書は古くなるにつれてますます時宜《タイムリー》なものになるという逆説的運命《パラドクシカル・デステニー》を示しつつある……」

という、物を書く人間なら誰でも理想とすることが、すでに実現しつつあることを公然と述べている。彼の言うことは多くの人の耳に残ったであろう（彼は読者としては主としてフランス人とアメリカ人を考えていたようであり、現状観察の資料としてもフランスとアメリカのものが断然、多いようだ)。

彼は、当時のフランス人やアメリカ人に苦い薬を与えるような書き方をしている。しかし、彼は言う。

「自然は決して許すことはない。重力の知識なくして家を建てることはできない」

望月先生はカトリックの神父である。だから、日本が人口過剰の時も「女が子供を産みたがらなくなる日本」を予見されていたのかもしれない。先生の学歴は存じ上げないが、広く海外先進国で勉強されてきた方だという噂があった。

カレルは言う。「科学は人間の外の世界についての研究は長足な進歩をしたが、人間のことについてはほとんど未知のままである」と。

ノーベル生理学医学賞(一九一二年)の受賞者であるカレルが、医学の発達について知らないわけがない。しかし、それはバラバラの知識になっていて、人間全体を理解する方向に進んできたわけではないという。東洋の比喩《ひゆ》を使って言うならば、「群盲象《ぐんもうぞう》を撫《な》でる」ようなものだということであろう。

象の牙だけ撫でた盲人と、象の足だけ撫でた盲人では、象というものに対する認識が全く異なるであろう。しかし、「自分は撫でたのだ」という確信を持って自分の象の印象を述べるであろう。

カレルはこれまでの医学の成果を踏まえて、象のスケッチ画を示そうとしたものだといえる。こういう本こそ、まさに私が求めていたものであった。特に外科技術でノーベル賞を与えられた人が、人体解剖の範囲を超える人間の存在、たとえば「祈り」の意味などを実証的な言葉で語っているのに驚いた。

現代はパスカルを忘れた

カレルは若い頃に、「ルルドの泉」に行く巡礼団に医師として加わった。そして、自分の目の前でチアノーゼを示している重症の粟粒結核《ぞくりゅうけっかく》患者が泉の水に触れると、見ている間に治っていく光景を見た。その強烈な印象を彼は終生、忘れなかった。

そして、「人間は解剖学的な対象になるのみの存在ではなく、それを超えるものがあるのではないか」、という人間観を探求し続けたのである。この本は全世界で何千万部も売れたらしい。カトリック神父で読まなかった人はあまりいないであろう。望月先生もその一人だった。

カレルは近代文明という甚《はなは》だ快適な環境に身を任せていると、人間は退歩することを明確に示してくれた。しかも、直ちに私も実践できるヒントを与えてくれる話に満ちていた。

たとえば、適応能力は生存のための最も重要な能力であるが、使わないと劣化する。

それで、私はいまでも冷房の利いた部屋で仕事をしたあとは外に出て、ぐっしょり汗をかくぐらい歩くことにしているし、冬の暖かい部屋で過ごした日の夜は、寒い風に向かって小一時間歩くとかを心がけている。ストレスは病人には有害だが、健康な人間の能力を高めてくれるとか。医学者は病人を研究して人間観を作る傾向があるが（たとえばフロイト）、健康な人間は別であるとか。

この本は広い人生観、世界観を示してくれるとともに、間接的には毎日の生活の仕方を考えさせてくれるヒントに満ちていた。

カレルは私の座右の書となった。その後、ドイツに留学したら、ドイツの書店にも並んでいた。『人間――この未知なるもの』もペーパーバックで出ていた（Der Mensch;*Das Unbekannte Wesen*, Müinchen:Paul List, 1955.254pp.）。また、彼の日記のドイツ語訳も出ていた（*Tagebuch eines Lebens*, Müinchen:Paul List,1957.168pp.）。

この本は、ミュンスターで親しくしていた家のヨハネス・トラッペ君からもらった。彼は化学の学生であり、敬虔《けいけん》なカトリックでカレルを尊敬していたので、私と話がよく合った。この「日記」はカレルの主著の背景となる考え方や読書体験を示して、実に面白く、かつ為になった。

また、スイスからはカレルのノートなどを編纂《へんさん》したハードカバーの本も出ていた

(*Betrachtungen zur Lebensführung*, Zürich;Rascher,1954. 292pp.)。この本については、前述のヨハネス君と話し合ったことが巻末に記してある。私はこの時、ひどい風邪をひいて学《コレ》寮《ーク》の部屋に一人いるのは不適切ということで、静養のため、トラッペ家に十日くらい引き取られていたのである。

トラッペ家は旧城壁跡を大木の並木の散歩道にしたところに面していて、実にいいところだった。この本はのちに、『人生の考察』として三笠書房から私の訳本を出してもらった。カレルは「現代はパスカルを忘れてデカルトに従った」という主旨の主張をしているが、これこそ、現代的問題ではないだろうか。

大学の教師になると、学生によく読書についての相談を受けた。その時、必ず奨《すす》めた一冊がカレルの『人間――この未知なるもの』であった。ところがそのうち、「その本は手に入りません」と言われるようになった。そんな時に三笠書房の押鐘氏や前原氏と話した時に、「カレルの本が手に入りませんが、新版を出す気はありませんか」と尋ねた。

押鐘氏はすぐに賛成してくれてフランスの版権所有者を探したが、どうしても見つからないというのである。たしか、フランス大使館にも協力を頼んだと思う。天下の名著の版権者が見つからないというのは不思議な話だったが、押鐘氏は「見つかった時はその時で対応することにして、とにかく出しましょう」ということになった。そして、私が訳者ということになった。
愛国者であるカレルは、ドイツに敗れたフランス民族の強化を手伝うために、ヴィシー政権に協力した。そのため、戦後は国賊扱いされたので版権者が分からないのだとあとで聞いた。

本多勝一の「卑怯」

三笠版『人間――この未知なるもの』が出てしばらくすると、意外なことが分かった。前訳者の櫻澤氏の系統の人たちの間で、櫻澤氏訳のカレルの『人間』が細々と出ていたらしい。普通の出版社ではないので書店に並ぶこともなく、したがって、私の学生たちがカレルの『人間』を奨められても書店で買うわけにいかなかったのである。

ところが、三笠版『人間』が出ると、細々と櫻澤版を出し続けていた人が猛然と怒り出した。それなりの収益源を失うことになったからであろう。しかし、その人たちも版権を持っているわけではなかった。その中心人物だったらしい人が、「三笠版には誤訳がある」と自分たちの出版物で批判した（私は知らなかった）。

ところが、その出版物を入手した『朝日新聞』の本多勝一《ほんだかついち》氏がそれを引用し、私の誤訳なるものを取り上げて私を批判し、「こんな人間に英語を習っている学生が可哀そうだ」という趣旨の長文の批判を出した。私にも送られてきた。

本多氏はそれ以前から、いわゆる「百人斬り競争問題」やら「南京大虐殺問題」で私に含むところがあったようだ。彼の批判は私の本職にかかわることなので放っておけない。幸いに、大学の同僚には日本語のよくできるアメリカ人の教授が何人もいる。私は、原文とそれに対する拙訳を見せて、誤訳か否か確認した。

もちろん誤訳ではなく、誤訳と批判した櫻澤系の人のほうが間違っていたのであり、その誤訳指摘なるものに無批判に乗って私に罵詈《ば り》雑言《ぞうごん》を浴びせた本多氏の英語力も怪しいものであることが、はしなくも証明された。

問題は英語教師としてのメンツにかかわることなので、三笠版を買ってくれた人たちのためにも、広いところで経緯を開陳《かいちん》したいと思った。幸いその頃、『週刊文春』に見開き二ページの連載をやらせてもらっていたので、そこで一部始終を述べ、これを本多勝一氏に対する公開質問状とし、私の訳が本当に誤訳なら正しいと思う訳を出してくれと言い、出してくれたらそれは責任を持って次の私の連載記事のところに出すと約束した。本多氏からはウンともスンともなかった。

それから数年後、本多氏から配達証明の葉書が大学の研究室宛てに来た。私が書いたことについて何か文句をつけ、「答えろ」という主旨のものだった。それは答える必要もないことだったが、私は次のような趣旨の返事を出した。

「貴君は何年か前に私の職業の能力を疑うような記事を書いた。私はそれに対して数十万部の出版部数を持つ週刊誌に、二ページの公開質問状として反論し、返事を求めた。貴君はまだそれに答えていない。今回の貴君の質問に答えるのは易しいが、まず『週刊文春』に出した私の公開質問に答えてくれ。それが順序というものだろう」

あれから何年経つだろう。本多氏からは、それから何とも言ってこない。

朝日新聞との事件

――カレル関係では、もう一つ事件があった。これも『朝日新聞』関係である。その頃、『週刊新潮』が四ページにわたる特集記事で、大西巨人《おおにしきよじん》氏の家の医療費問題を取り上げていた。それは私の年収を遥かに上回る巨額のものだった。私はこの問題をカレルの、つまりカトリックの立場から論じてみたいと思った。

それは自由意思による避妊と堕胎の問題である。重篤《じゅうとく》な遺伝性の病気が子供に出る可能性が高い時に自由意思で妊娠を避けることは、カレルの考えでは美徳なのである。その美徳を大西家にも望みたい、という趣旨のものであった。

ところが『朝日新聞』社会部は、私の『週刊文春』のエッセイを取り上げて、攻撃してきた。私は『週刊新潮』の特集記事からはみ出るようなプライバシーには触れていないし――触れる手段も意思もない――、『朝日新聞』が批判するなら『週刊新潮』に向かうべきだと思うのだが、私に全力投球で攻撃してきた。

社会面のほとんど半面以上を占めるぐらいの記事で、私を「ヒトラーの如し」という見出しを付けた。そして、私は大西氏と対論していることになっている。私は大西氏と会ったこともないし、作品を読んだこともなかったのに、である。

当然、大騒ぎになった。人権派の学生たちが教室や研究室に押し掛けてきた。また過激な身障者団体は、口もきけない身障者たちを車椅子に乗せて教室に入ってくるということもやった。この団体は私の吊るし上げのため、文藝春秋社で会見を申し込み、私はこれに応じた。二時間近く糾弾されたが、私は少しも間違ったことを言っていないと確信していたため、一言も詫《あやま》らなかったし、一言の取り消しもしなかった。

私は妊娠以前の行為における自由意思の道徳的価値――望月先生直伝だ――を述べたのであり、すでに妊娠している胎児や、身障者に生まれた人を対象にしたものではなかったからである。幸いに、当時の月刊『文藝春秋』の編集長であった安藤満氏が、私の言い分を十分述べた論文を載せてくれたので、『朝日新聞』自体の攻撃は収束した。安藤さんは私の恩人だ。また、問題のエッセイ欄の担当者だった明野潔氏も、少しも動揺を見せなかったことに感謝している。

それでも、学校への押し掛け騒動は終わらなかった。そのうち私に分かったことは、車椅子の身障者たちは私の書いたものなど読んでいないのである。車椅子を押している人たちが、身障者を用いた人権問題糾弾団体なのである。それは当時の厚生省を震え上がらせた団体だったそうだ。

火炙りも辞さぬ信念

私は車椅子の団体が来るとすぐに教壇から下り、その身障者の手を撫でながら、「あなたの車を押している人は悪い人ですよ」と言うことにした。手を撫でられている身障者自身は、いかにも嬉しそうにニコニコするのである。何も分からないほど重篤な患者たちなのだ。

「悪い人です」と私に言われた人たちは、「身障者が渡部に抗議している」という立場だから、身障者自身が私に手をさすられて喜んでいるので文句は言えなかったのだろう。私がこの「手さすり」をやり始めると、車椅子が教室に押し掛けることはなくなった。

しかし、糾弾団体はしつこかった。毎朝、配達証明の手紙を送りつけてくるのだ。そのたびに、私は手紙を取りに出なければならない。そんなことがしばらく続いてから、彼らの要求を容れて、あるマンションの集会所を借りて徹底討論することになった。例によって、私は一言も詫らないし、一行も取り消さない。

そんな押し問答みたいなものが三時間くらい続いたあと、リーダー格だった逞《たくま》しい男が、「お前はそれでもキリスト教徒か」と言ったのである。私は「キリスト教徒は信念を守るためには火炙《ひあぶ》りにもなったのだ」と言い返した。するとそのリーダーは、「こいつは駄目だ」と言い捨てて、みんなを連れて引き上げた。これが、私の糾弾からの卒業式になったのである。

しかし、左翼の評論家たちは『朝日新聞』を読んでも月刊『文藝春秋』は読まないらしく、私を身障者に同情のないヒトラーのような人間として批判し続けた。佐高信氏もその一人である。そのせいもあってか、NHKから何人か大学の研究室に見えられて、「身障者関係の団体からの圧力があるので、今後の登場はお願いできなくなった」という主旨の説明をしてくれた。それまで私はNHKから声がかかっていたのである。

「あなたを『朝日新聞』は徹底的に攻撃するつもりらしいから、用心なさるとよいですよ」と言ってくださったのは、橋口倫介《はしぐちともすけ》先生（その後、上智の学長になられた）であった。先生の知人の朝日の記者によると、壁に紙が貼ってあり、そこには「この線（大西事件）で渡部を叩く」とあったそうで、そのことを橋口先生は私にわざわざ伝えてくださったのである。

しかし、それから十年以上も経ってから、『朝日新聞』から社員のために講演をするように頼まれ、本社に出かけることになった。その時、私を紹介してくれたN氏は手短かに大西事件があったことに触れ、「あの時の記事（大西氏と私の対論）は虚構であった」

と言ってくださったのである。

社内では、私の『文藝春秋』の記事で、記事自体が虚構であり、大西氏が私を「ヒトラーのようだ」と言ったのも嘘だったことを知っていたのである。しかし、あの社会面の大半を占めた大記事が虚構だったと社外には言ってくれていない。『朝日新聞』社員のなかには、虚構でもカンに触る渡部を葬りたいという左翼もいるとともに、N氏のように「あれは虚構だった」と言って本社で講演をするように企画してくれる記者もいるのである。

この騒動の頃に『週刊朝日』を大週刊誌にした扇谷正造《おうぎやしょうぞう》氏が、いろいろ個人的な好意を示してくださったことも忘れ難い。『朝日新聞』社会部の後輩たちのやり口に義憤を感じられたもののようであった。

かくしてカレルは私の愛読書たるに留まらず、私の人生の一部となった感じがする。カレルは遺伝の重要性を指摘していたが、これが身障者に関係するイデオローグの激しく攻撃するところであったそうだ。私はそれと知らなかった。

「遺伝はタブー語です」と、あとで忠告してくれる人もいた。いまはDNAが常識となったからタブーと言ってもしようがないと思われるが、息子たちは遺伝に関係する発言はしないように、と私に忠告してくれている。

「私は、夏休みに帰っている時、高師から除名の通知に接した……さすがの私も悲観した……私は、青年客気《かくき》に駆られて……安全な学校を出されたことを可なり後悔した……幸い私の伯母（といっても血のつゞかない伯母だが）がその時結婚した老人がいた……この老人が、私がその老人の養子になればそれ丈の学資を出さうと云ひ出したのである。私は、高師を除名された前科があるに拘はらず、私が中学時代の秀才といふ信用は、私の親類縁者仲間では絶大なものであつたと見える」（菊池寛「半自叙伝」『菊池寛全集　第十二巻』平凡社、昭和五年、七百五十四〜七百五十五ページ）

菊池寛のこの文を読んだのはずっとあとのことであるが、「なるほど」と思い当たることがあり、「そういうことだったのか」と、大学二年になった頃の状況が十年以上もあとになって理解できた気がした。

郷里の育英会へ

大学一年の時の「百点取り虫」の修行のおかげで特待生となって授業料の心配はなくなったが、生活費の問題があった。現代のように、ファミレスやコンビニなど、学生に簡単にできるアルバイトがあるわけではないし、当時の上智大学は東大や文理科大学（教育大学）のような先輩のコネのある学校ではなかったから、家庭教師の職を見つけられる可能性もなかった。

そこで、日本育英会に申請することを思いついた。ここが私のとろいところで、高校の時に申請しておけば大学を容易に継続できたはずなのである。それから、郷里に育英会のある話をどこかで聞いて――誰からはっきり教えられたのではなかったので、その情報源のもととなった恩人が誰だったか覚えていない――申請してみることにした。

非常に限られた小人数の枠しかないということだったが、荘内育英会（旧藩主・酒井家と酒田の富豪の本間家が戦前に創設）のほうも、克念社育英会（鶴岡の風間家が戦後に創設）のほうもすぐに採用してくださった。荘内育英会の真島先生からも、克念社の大野先生からも、「どうして今頃、申請したのだ」とむしろ訝《いぶか》しげに訊かれたのである。

私はその存在をそれまで知らなかっただけだったのだが、両先生のご質問には私の成績のことがあったのである。

旧制中学卒業の時、私は数人の優等生の一人であったが、「へえー」という感じだった。その理由がよくわかっていたからである。というのは、かつての優秀な同級生の多くは、海兵とか陸軍士官学校の予科とか軍の経理学校などなど、軍関係の志願者であった。その人たちの多くは敗戦とともに目標を失い、かつてのように猛勉強しなくなった。そして、野球などのスポーツや演劇クラブとかに熱心になった者もいた。

それに、私にとっては苦手の教練とか、修練とか、書道とか、音楽とか、図画とかがみんななくなったので、比較的得意の学科の点数がモノを言ったのであることは明らかだったので、上位三パーセントぐらいの優等生になっても特に感激したわけでもなく、卒業式に招待された私の親も出席するほどのことはないと考えて欠席していた。

翌年、同じ中学校が新制高校に変わり、私はその第一回卒業生であったが、その時は何と優等生総代であった。これも理由は明らかで、受験勉強をやっていた者は去年のうちに旧制高校に入学していたし、新制高校に残って大学受験を志す者は、学校の授業科目の試験よりも受験参考書を勉強していたのである。

私は大学に進学できる可能性が見えなかったので、学校で教えられる教科を普通にやっており、学校の試験での成績は私のほうが相対的に良いことになってしまったらしい。それに、高校になったら学科が英・数・国・漢といった戦前のコアの学科中心だったので、私の不得意なものがなくなっていたこともある。

私はこういう内情が分かっていたが、世間ではそう見ていなかったのである。

さすがに名門、荘内中学以来の学校の優等生総代ということになると、大変な秀才だと思ってくれたらしい。身近なところでは、姉たちが母を促して「大変名誉なことだから」と言って、卒業式への招待を受けさせた。郷里の育英会の老先生たちには、私がかつての偉大な卒業生である石原莞爾《いしはらかんじ》や大川周明《おおかわしゅうめい》のような秀才のように思えたらしいのである。

しかし、こういう先輩は本物の秀才、否、天才だったが、私は終戦のゴタゴタと学制改革のゴタゴタのため、フリークで浮き上がったにすぎないことを自覚していた。ところが、菊池寛の『半自叙伝』で地元の学校で秀才と思われることの意味が分かった。それが一族や地元の人たちの誤解であったとしても。

最近になっても、致知出版の藤尾社長から、この誤解が鶴岡出身者の間には残っていることを知らされた。藤尾社長の知人の出版社の社長だった人は、鶴岡の高校の私の後輩だが、その人は「石原莞爾と大川周明と渡部昇一は鶴岡の三秀才だ」と言っていたというのである。これは全くの誤解で、私の場合はあくまでも偶然の組み合わせであったことの内情を明らかにしておく義務が私にはある。

庄内とドイツの関係

ところで、卒業生総代の記念品として母校から戴いたのは、相良《さがら》守峯《もりお》編の『独和辞典』（研究社、一九四七年、iii+904;15pp.）である。研究社と言えば英語関係の出版社だし、英文科に進もうとしているのにドイツ語の辞典というのもちょっと違和感があった。

その時は知らなかったが、相良博士は荘内中学（のちの鶴岡中学）の卒業生であり、のちには文化勲章を授与されたドイツ文学の大学者であり、鶴岡市名誉市民第一号にも推挙された方であったから、その先生のドイツ語の辞典は記念品として与えるのにふさわしいと思われたのであろう。

旧庄内藩の偉い人たちの間には、ドイツを尊敬する風潮があったらしい。旧藩主の御兄弟も長くドイツに留学されていて、忠篤《ただずみ》伯はプロイセン陸軍中尉になられた。藩内の家からは高山樗牛《たかやまちょぎゅう》、伊藤吉之助、宮本和吉《みやもとわきち》、阿部次郎、石原莞爾（彼はフリードリッヒ大王の研究家）、相良守峯などなど、ドイツやドイツ語に関係した人たちが多いので、「中学（新制高校）で英語を習ったあとはドイツ語」と自然に考えられたのであろう。

ちなみに、相良家は庄内藩（藤沢周平の海坂《うなさか》藩）の高級士族で、一族に家老職の人もいた。敗戦後、不在地主として取り上げられるまで一町七反余の田地があり、戦時中、疎開してきたご家族はそこから上がる小作米で生活されたという。

セネカも感嘆する詩

地元の育英会に採用していただいてよかったことは、それまで個人的に知り合う可能性の全くなかった地元の偉い人たちにしばしばお会いする機会ができたことである。荘内育英会の真島先生は古風な君子そのものであり、私に尊敬心を起こさせてくださった。

また、戦後の本間家の困難期にその大黒柱のようになって支えた本間祐介様は、心も体も大きい、文字どおりの大人《たいじん》であった。このような方と差し向かいで食事をする機会があったのは、貧乏のおかげで奨学生にしていただいたからである。

また、夏休みに帰省すると、旧藩主邸で奨学生たちがビールとだだ茶豆をふんだんに振る舞われて歓談する機会があった。

ここの奨学金は隔月に一千五百円であり、それを駒込にある荘内館に行って監督の佐《さ》藤正能《とうまさよし》先生（横浜国立大学ドイツ語教授）から直接いただくことになっていた。

私はこの一千五百円はすべて本代にすることにしたので、生活は極貧でも、本だけは教授方もなかなか買えないものを買うことができた。そのなかには、市河三喜《いちかわさんき》先生のかの『英語学辞典』（研究社）もあるし、『羅和事典』（研究社）もあった。特に『英語学辞典』は、戦後は特別の貴重本で値段も高かった。普通なら学生が買える本ではなかった。

また、佐藤正能先生に二月に一度お会いしてお話しすることは楽しくもあり、甚だ有益であった。この方も本物の君子であった。和歌を趣味とされ、歌集も四冊ほどある。いずれも平明で先生のお人柄を示すもので、私はいまも時に開いて読んでいる。

たとえば次の一首などは、孔子でもセネカでも同意、あるいは感嘆したのではあるまいかと思う（『林間寸草』私家版、昭和五十五年、199pp.より）。

死は生の　終わりにあれば
よき生を

送る以外に　よき死はあらじ

そして、佐藤先生はまことに「よき生を送」られた方であった。その「よき生」の一端を示す歌を二、三、示したい。

たのしみは　八階図書部で
本を買ひ
九階食堂で　鰻食ふとき

たのしみは　読み返しても
満点の
答案を遂に　見いでたる時

たのしみは　よき本を得て
読み耽《ふけ》り
零時になるも　気づかざる時

いまから考えても最も有り難かったのは、奨学金を受けることになったので、本を買える以上に、そうでなければお会いすることのない方の謦咳《けいがい》にしばしば接し得る機会を与えられたことである。佐藤先生のあとでは、同じくドイツ文学者の白旗信先生（ドイツ文学者、都立大学名誉教授）の御自宅にお伺いするようになった。白旗先生ご夫妻も、私のような貧窮学生を遇すること、賓客《ひんきゃく》の如くであった。感謝に堪《た》えない。

克念社育英会を創設した風間家は、鶴岡一の富豪であった。小学校の通学途中にある門札に「電話三番」とあった（一番は旧藩主邸、二番は旧藩主御令弟宅）。敗戦後は田地は取り上げられたが山持ちであったので、若主人が木材業をやり、その利益金のなかから奨学金を出されたのである。庄内地方の名門の家は、酒田の本間家も鶴岡の風間家も、大財産を国に奪われたあとも、地元の青年の育英の志を維持されたのである。

私が「金持ち」の悪口を言わないのは、こうした若い頃の体験からでもある。風間家の御主人の奥様は、私も習った笹原校長の御令嬢で、才色兼備の誉のあった方である。昨年も御主人の御霊前にお参りした時にお目にかかる機会があったが、往年の容色に衰えはなく、高雅な品を備えられていた。

また、克念社の大野先生は、貧乏奨学生の訪問を受けても、わざわざ玉露《ぎょくろ》に菓子を添えて出され、まことに丁重な応対をしてくださるので恐縮したものである。

奨学金は本のため

重ねて言うが、"a blessing in disguise"（不幸に見えたものが本当は天恵である）という英語の表現は本当だ。父が失業したために地元の育英会との関係ができたおかげで、そういうことがなかったら絶対にお目にかかれなかったはずの郷里の優れた方に接する機会に恵まれたのである。

若い学生にはなんと有り難いことだったろう。こうした御厚志や御恩に私なりに報いるため、私は四年間の在学中、東京では一度も映画館や喫茶店などに入って奨学金を使ったことがない。すべて本代か寮費だけに使った。そのために時間に恵まれ、読書のための余裕ができた。アルバイトはしなかった。ただ、夏休みなどに家に帰った時は映画も見たが、これは奨学金でなく親の金だった。休暇中の仕事は、家計を助けるためだった。東京での生活は超のつく極貧生活だったが、それは気にならなかった。

一つには旧式のバンカラをよしとする考え方があったこと、また東京自体が焼跡だらけで戦災孤児が問題であるような時代だった。私としては、こんな戦後の日本で贅沢《ぜいたく》できるのは闇などの不正行為をしている人たちだろうと思うことにしていた。

「邦《くに》ニ道無クシテ富ミ且ツ貴キハ恥ナリ」と、中学二年の時に習った『論語』の言葉もよく頭に浮かんだ。占領下の日本は、いまから考えても「道ナキ」時代というべきだったかもしれない。

五、「たまげた」神父の一撃

「この歴史的人物マリアは……キリストの救いを信ずる世界において漸次《ぜんじ》人々の崇拝の対象となり、ついにはキリスト者の『大いなる主神マリア』となった。……この慈愛深き女神の信ぜられる民間信仰においては、父なる神もまたイエス・キリストも全然うしろに退いている。

　キリストとは聖母がその腕に抱いている彼女の子供である……ここではもはやキリストが信仰の中心ではなく、キリストをもその付属物とするところの聖母マリアが信仰の中心なのである……カトリックの教会では父なる神への祈りよりも聖母マリアへの祈りの方がはるかに優勢である。

　のみならず聖母の神的誕生が数少ないカトリック教会の信条の内にさえ教え込まれている」（和辻哲郎『原始キリスト教の文化史的意義』岩波書店、大正十五年、全集版第七巻、昭和三十七年、百三十三―百三十四ページ。傍点渡部）

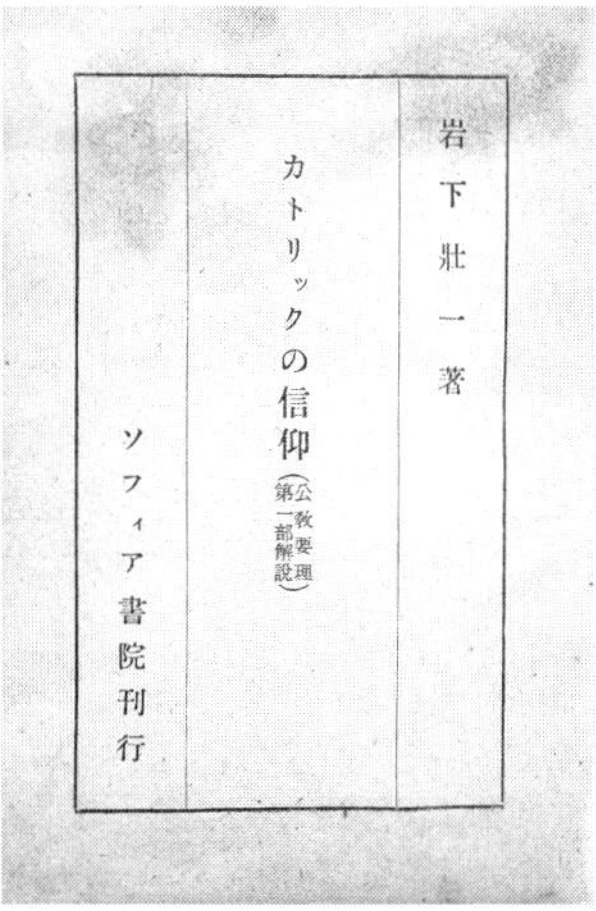

岩下壮一『カトリックの信仰―公教要理第一部解説』（ソフィア書院）

この本を私が上智大学に入学しないで読んだとしたら、そのまま信じていたであろう。和辻哲郎の知的権威は、戦前から一世を風靡《ふうび》する観があったと思われるからである。

かつて藤岡蔵六が東北帝大に任命された時、彼の訳書に対する和辻の批判一つで、藤岡はそのポストを失ったと言われていた。また、和辻は元来が西洋哲学が専門であったが、仏教の研究をも進めて『原始仏教の実践哲学』を刊行し、これが学位論文になったという。

そのプロセスにおいて、のちの東大の印度哲学の教授となった木村泰賢《きむらたいけん》博士とも論争し、その勝負は和辻にあったとされていた。印度哲学で文化勲章を授けられた中村元《なかむらはじめ》博士をして「偉大なる思想家・学者」と呼ばしめたほど、和辻は東西の学問の碩学《せきがく》だった。

全書版で戦前に出た『人間の学としての倫理学』も名著として有名であったし、私が大学二年生の時に筑摩書房から出版された『鎖国』は大変な評判で洛陽《らくよう》の紙価《しか》を高めるが如きものがあり、読売新聞社から文学研究賞（傍点渡部）を与えられた。

これは内容のみならず、叙述が文学になっているという特別な称賛であった。たしかに和辻の叙述は明快であり、かつ名文である。

大学者にして名文家——このような和辻に対して、一零細私学の貧乏学生が抱く気持ちは、ただただ尊敬、自分の及びもつかぬものに似た崇敬の念であった。事実、和辻の本はその頃は読みもしないで仰ぎ見ていたのである。

——その偉い偉い和辻が、カトリックについては子供でも間違わない間違いをやりながら高論をものしていることを、岩下《いわした》壮一《そういち》の『カトリックの信仰——公教要理第一部解説』（ソフィア書院、昭和二十四年、九百八十六pp.）で知ったのである。

和辻の致命的な間違い

『公教要理』とは、小学生にでも大人にでもカトリックの教義の要点を教える小冊子で、全世界で共通である。英語ではpenny《ペニー》 catechism《カテキズム》という。私も上智に入って二年目には『公教要理』という小冊子を読み、それについての岩下神父の解説も読んだ。そして驚いた。そこでは、あの和辻哲郎が無学者扱いされているのである。
「京都帝国大学助教授和辻哲郎君は、小学程度の公教要理の初年級の試験にも及第《きゆうだい》がむつかしい事だけはたしかである。学者は謙遜で真面目でありたいものである」（『同書』三百七十一ページ）
岩下という宗教家が和辻という世俗の学者に勝手なことを言っているのではない。当時の私も知っているくらいの「事実」をも、和辻は知らないことを指摘しているのだ。その反論を拾ってみよう（『同書』三百六十八―三百七十二ページ）。
和辻が間違ったのは、神（キリスト）に対する祈りの言葉と、マリアに対する祈りの言葉の区別を知らなかったことである。これは、どの国のカトリックの子供でも間違えない。神様（キリスト）に向かっては「われらを憐れみ給え」（miserere nobis）のように直接、祈る。しかし、マリアに向かっては常に「ora pro nobis」、つまり「我らのために祈り給え」、つまり代禱《だいとう》なのである。マリアがカトリックの主神であるわけはない。岩下は言う。

「和辻君は通俗宗教について言っているので、カトリックの神学について言ったのではないと弁明されるかもしれないから、カトリック教会の最も通俗な典拠である公教要理と祈禱文と、すべての信者に共通な礼拝について説明しておこう。

……公教要理という小冊子は……本文が余り通俗的なので、生意気な青年なぞはつまらないと言う……大学の教授なぞも、カトリックの信仰について何か書こうというような場合は、まずこの小冊子を読むのが一番早道である。和辻君にもこの用意があったら、前掲の様な勝手な断定はされなかったであろう」

そして、カトリックの宗教的行事で一番の中心はミサ聖祭であるが、あの大部なミサル（聖祭用祈禱書）にある無数の集禱文中、直接に聖母に対するものはまだ一つも見つけていない、と岩下は断言する。岩下は神父に似ずに辛辣《しんらつ》な批判を続ける。

「……カトリック教国へ旅行する日本の観光客なぞが、夜はおそくまで遊び暮らして朝寝坊をした上で、太陽が子午線《しごせん》に近づく頃のこのこ見物に出掛け、絵画や建築を見に教会へ入る……早朝行われるミサ聖祭はとっくにすんでいる。

彼等の眼につくのは、聖母や聖人の聖画や、聖像の前に祈るお婆さんや、そこにあげられたお灯明《とうみょう》である。……そこで何をしているのだか彼等には分らない。

そこでカトリックはマリア中心だなぞと、自分の無知には気付かずに、独断できめて得意になっている。況《いわん》や、「聖母の神的誕生」などという語は……恐らく筆者自身も何の事か分らずに書いたのだろうから、追及するだけ野暮である……」(『同書』三百七十一ページ)

あの輝ける和辻哲郎をこれほど遠慮なくひき下した人がいただろうか。和辻は、木村泰賢博士に対しては徹底的に論争をやったのに対し、岩下に反論したということは寡聞《かぶん》にして聞いたことがない。

そして、当時の私の頭でも――知識は乏しかったけれども――岩下の主張は完全に正しいと思われたのである。英語でiconoclasm《アイコノクラズム》(偶像破壊)という言葉があるが、無類の碩学《せきがく》、東大教授・和辻哲郎博士に対する私の偶像崇拝的気持ちはこの時、消えた。

「たまげた」という私の郷里の方言がある。これは「魂消《たまき》える」が訛《なま》ったものであろうが、私は岩下の『公教要理』のこの解説書を読んだ時は、本当に「たまげた」のである。

『公教要理』は元来、幼児の時に洗礼を受けた子供が、小学生頃に自分が何を信じているかを神父に尋ねられる形式の問答書である。これが「堅振《けんしん》」を受けるための口頭試験みたいなもので、これが済むと、カトリックの国では子供の七五三の時の祝いのように祝うのであるから、元来は簡単なものである。

この簡単な問答書の第一部について、岩下は一千ページ近い本を書いているのだが、その解説に示された宏大な学識に私はただただ「たまげた」のである。

『公教要理』は簡単なものとはいえ、二千年間にわたってカトリック教会の公会議が教義《ドグマ》としてきたものである。しかし、どの教義に対しても、この二千年間、無数の異端、異説があり、多くのプロテスタント教会はそれにプロテスト（抗議）して誕生したのである。

ロゲンドルフ先生から習った宗教学によれば、「カトリックの教義というのは、変な異見が出た時に〝そうではないよ〟と言ってできたもので、異端が出るたびに明らかに反対宣言したものの全体なのです」ということであった。

つまり、『公教要理』という元来は子供向けの問答書の「答」に当たる部分については、その一つひとつに古代から二千年間、無数の反論——カトリックから言えば異端説——がある。岩下はその積み重なるものの一つひとつについて、反駁《はんばく》しているのである。

私はこれこそ、西洋哲学史そのものではないかと思った。通常は哲学史を読んで哲学の知識を得るのであるが、その一つひとつの思想にコミットすることはない。しかし、岩下は神父として一つひとつの立場にコミットしている。グノーシス派もアリウス派も知識として知るのでなく、徹底的に反駁し、論破すべきものなのであろう。哲学史とはまるで解り方が違う。

しかも、岩下は同時代のプロテスタント系の神学者や哲学者たちの意見をも見事に——と私には思えた——論破してゆく。和辻哲郎などが鎧袖一触《がいしゅういっしょく》だったのは、その小さい一例に過ぎない。

ただただ、その博学の鋭利な筆法にたまげていた私が特に驚いたのは、マコーレーからの引用であった。徳富蘇峰の世代ならともかく、マコーレーはもう日本で読まれるということはなくなっていたと思われる世代だからである。

二千年続いたカトリックと皇室

私は英文科だったから、歴史家マコーレーの名前くらいは知っていたが、岩下の引用は忘れがたい印象を私に残した。

もちろん、マコーレーはカトリック教徒ではない。

「人間の政治的知能が作り上げたものの中で、ローマ・カトリック教会ほど吾人の研究に値するものは、過去においても現在においてもあり得ない。……パンテオンから犠牲の煙が立ち昇り、ヴェスパシアヌス帝の建てた円形劇場で虎や豹が跳躍していたあの時代を回顧せしむるような制度は、この教会を措《お》いてはまたとないのである。法王の教統に比べると、最も誇りある王統も昨日から始まったようなものだ。

この教統は連綿として、十九世紀にナポレオンの戴冠式を行った法王から、八世紀においてペピン王に注油した法王に至るまでつづいている……

今日といえどもカトリック教会は、その昔アウグスチヌスと共にケントに上陸したあの宣教師等に優るとも劣らぬ熱心な伝道者を地の極まで送り出し、現代の法王等は、敵対する君主等に対して、レオ一世がアチルラに対せると同様に、勇敢に対抗している……

カトリック教会は現存する凡《すべ》ての教派の誕生を見た。それら凡ての終焉《しゅうえん》も見届けぬとは保証の限りではない……

将来、ニュージーランドからの旅人が、はかりしれぬ荒廃の裡《うち》に、ロンドン橋の断礎の上に座をしめて、セント・ポール大寺院の廃墟をスケッチするであろうその時にも、依然として力衰えずして存続するかもしれぬ」（『同書』、八百六十五―七ページ）

これは、レオポルド・フォン・ランケ（ベルリン大学教授）の『ローマ法王史』に対するマコーレーの書評の一部である。これは何とも凄い話であった。その後、私はマコーレー式に言うと、二千年間も続いている政治体制は、カトリック教会の他には日本の皇室、左翼用語を使えば天皇制だけであると考えてもよいという結論を持つようになった。

マコーレー流に言えば、「北京が砂の下になり、その上を歩く駱駝《らくだ》を写生する蒙古人がいる時、伊勢の式年遷宮《しきねんせんぐう》が行われ続け……」というふうになると考えたのであった。

マコーレーを音読

岩下のこのマコーレーの引用を読んでから五十八年後の二〇〇九年八月七日に、私はこのマコーレーの書評を英語で音読し終えた。これは、マコーレーの妹のレディ・トレヴェリアン編集の『マコーレー全集』第六巻（四百四十四―四百八十九ページ）に収められている、三十五ページにも及ぶ論文とも言うべき長い書評である（ちなみに、この全集版は当時の英語の本には珍しく誤植が多い）。

当時（一八四〇年、天保《てんぽう》十一年）、ランケの『十六・十七世紀におけるローマ法王たちの教会史及び政治史』がセーラ・オースティン夫人によって英訳されたので、その書評の名の下にマコーレー自身の史論まで述べたものである。

私は還暦を過ぎた頃から、ボケ予防に毎朝英語を音読することにしていたのであるが、ついにマコーレー全集の音読に取り掛かるに至ったのである。英語で読んだ時も、大学二年から三年になる春休みに、東北の田舎で岩下の本を読んだ時に劣らない感銘があった。

ところで、こんな超人的とも思える博学を示し、和辻をも、内村鑑三、塚本虎二《つかもととらじ》、黒崎幸吉等のような偉い神学者たちの意見をも、子供の手をねじるように論殺する岩下壮一とはどういう人か、という疑問が当然、生じた。しかし、手に入る伝記はなく、噂だけであった。

それが出版されたのは、私が大学の教師になってからだった。小林珍雄《こばやしよしお》『岩下神父の生涯』（中央出版社、昭和三十六年、四百六pp.）である。その後は、小坂井澄《こさかいすみ》『人間の分際――神父・岩下壮一』（聖母の騎士社、平成八年、五百八十七pp.）がある。

それで知った岩下の生涯自体が、私には大きな驚きであった。

岩下の成育環境

岩下の父は、当時の財界の大立物《おおだてもの》であった岩下清周《いわしたきよちか》であり、母は大審院検事長から元老院議官、次いで勅選《ちよくせん》の貴族院議員であった渡辺驥《わたなべすすむ》の養女である。父は伊藤博文、山縣有朋《やまがたありとも》、桂太郎、寺内正毅《てらうちまさたけ》、斎藤実《さいとうまこと》、曾禰荒助《そねあらすけ》など、首相級の人々と親交があった。その一人息子の岩下壮一は、高輪南町の豪邸に育つ。

父の清周は、若い頃にアメリカ監督教会の洗礼を受けた人物であり、三井物産時代、アメリカに三年勤務し、のちにパリで約五年間、支店長であった。母は跡見花蹊《あとみかけい》の学校に入り、のちの閑院宮《かんいんのみや》妃と同じ頃に教育を受けた。花蹊は赤坂御所の女官たちに出張教授するなど、宮中との関係も深かった女性であった。

岩下は単なる大金持ちの坊っちゃんではなかった。父は国際的な教養を身につけており、母は伝統的婦道の教育のある家庭だったのである。その長男の壮一は子供の時の関節の病気のため、右足が不自由であった。清周がその息子をフランスのカトリック修道会経営の暁星小学校に入れたのも、岩下家にはキリスト教に対する偏見がなく、父がフランスとの関係が濃い人だったからであろう。岩下の妹も、のちにカトリックの修道院に入り、聖心女学院のマザーとなっている。

暁星という学校に入ったのが岩下の運命的な出発点である。ここにはエミール・エック神父がいた。この人は東京帝国大学のフランス文学科開設の功労者で、そこでフランス語、フランス文学、のちにはラテン語を教えた学者でもあった。この人は、岩下少年をプチ・ソイチ（壮一坊や）といって可愛がったという。

岩下は暁星の寄宿生であったため、授業時間の他にも、フランス人やアメリカ人の先生たちと休み時間にも散歩の時も、親しくお喋りすることができたのである。元来、頭の良かった岩下は、子供の時から英語もフランス語も喋れるし、書けるようになった。

岩下の伝記を読んでこのことを知った時――私は三十二、三歳だったと思う――やや誇張すれば、天を仰いで嘆息したものである。自分がその年頃に何をしていたかを考えると、その差の大きさはどうしようもないものだと、いまさらながら痛感させられたのであった。

私は標準語を片言もしゃべらぬ祖母を話し相手にし、外に出ては泥鰌《どじょう》すくいをやり、少年講談を読んではチャンバラごっこに夢中だったのである。それが、敗戦後に佐藤順太先生に出会ってから英語を志し、その後、ずっと外国語で苦労してきている。それに比べると、岩下は私が少年講談を読み始めた頃には英語もフランス語も自由に話し、かつ書けたのだ。何という教養の格差！

その岩下は一九〇二年、十五歳の時にエック神父から洗礼を受ける。彼は、例の『公教要理』をエック神父からフランス語で講義を受けていた。そして、父の望む実業界に進むことを望まない岩下に、エック神父は第一高等学校を受験するようにすすめたのである。

その入学試験の数日後に、エック神父に当時の一高の校長の新渡戸稲造《にとべいなぞう》（これはエック神父の記憶違いで、狩野亨吉《かのうこうきち》）より電話があった。

「そちらの学校から受験した岩下君は、試験にパスしました。それで入学は許可になるのですが、困ったことに、まだ年が若すぎて所要年齢に達していないので今年、入学させるわけにはいかないのです。一年待ってもらうよりほかございません。来年は無試験で入学を許可します。さようお伝えくださいませんか」

エック神父が岩下を呼んでそう伝えると、岩下は喜んでこう答えたという。

「今年一年待たされても構いません。鎌倉にある父の別荘に行って、体を養いながらうんと本を読みましょう」

こうして岩下は、文科甲類（第一外国語は英語、第二外国語はドイツ語）に入学したが、英語もフランス語も十分に力があったのでドイツ語に力を入れたという。岡崎久彦氏も「大学（一高?）に入っても英語の授業が幼稚なのでクラスに出なかった」という主旨のことを語っておられたが、岡崎氏も才能と育ちの環境によって、語学などわざわざ学校で習うほどのことはなかったのである。

岩下や岡崎氏のような人と同じ学校に入らなかったのは、私にとっては形を変えた幸運だったようにいまは思う。

プチ・ソイチの成長

——一高のドイツ語の先生は、有名な岩元禎《いわもとてい》であった。漱石の『三四郎』に出る「偉大なる暗闇」の広田先生のモデルと言われている。岩元はヒルテイを一時間四ページぐらい読み進み、試験では遠慮なく落第させるのでみんな怖れたという。

岩下は、奇人と言われたこの人を自宅に訪問した。その時、岩元から「大学ではケーベル先生につくこと。ギリシャ、ラテン語を学ぶこと、大学を卒業したら地方の高等学校へ行って黙って十年間、勉強せよ」などの忠告を与えられた。

岩元禎が自宅でこのように親しく学生の岩下に語ったことは、岩下がクラスでも岩元の眼にかなうほどのよい成績をあげていたからであろう。事実、岩下はこの教えをすべて実行した。

大学に進んでから、岩下はケーベルを自宅にも訪ねる。二人の会話はフランス語である。岩下は洋風のエチケットが身についているので、ケーベルも気持ち良く応対する。それは、田舎出の学生たちには真似のできないことであった。

岩下の卒業論文はアウグスチヌスの神国論に関するもので、フランス語で書いた。ケーベル博士も称賛した。この論文は、昭和十年に岩波大思想文庫6に『アウグスチヌス神の国』（昭和十年、百八十五pp.）として入れられ、ケーベル先生に捧げられている。卒業の時、岩下は恩賜《おんし》の銀時計を明治天皇から与えられた優等生であった。

卒業の頃に文学部長の上田《うえだ》萬年《かずとし》博士から、エック神父に対して次のような提案がなされた。

「大学では三、四年したら中世スコラ哲学の講座を設けて、岩下君に依頼したいと思っている。本人が承諾してくれれば、今年すぐにヨーロッパに留学させ、パリとルーヴァンでカトリック哲学を研究させ、帰朝したら中世スコラ哲学の講義をしてもらいたい。当人はカトリック信者とのことだから好都合と思いますが、どうでしょうか」

エック神父は喜んだ。プチ・ソイチが帝大の哲学教授になることは、彼の夢でもあったのである。この上田文学部長の意向を岩下に伝えると、その答えはこうであった。

「私は大学のお金では留学したくありません。帰国後に十年間は大学に縛られます。私は自由のほうがよいのです。ヨーロッパの大学で哲学を深く研究したいとは思いますが、父の金で行くつもりです。帰国後、大学から講義を依頼されるなら、あるいは承知するかもしれませんが」

上田文学部長の話は単に留学させるということではなく、東京帝大の哲学教授にしてやるという保証でもあるのだ。それを「大学に縛られたくない」と断るとは。そういうふうに「縛られたかった」青年は、当時の日本人の青年の間に何万人いたことであろう。

神の「召命」に従う

こう言って岩下は大学院に残り、二年ばかり古典語を中心に勉強を続ける。その後、鹿児島の第七高等学校に英語教師として赴任する。これは岩元禎の忠告どおりである。そこには、同級生だった天野貞祐《あまのていゆう》

（戦後文部大臣）がドイツ語教師としていた。ここに四年ばかりいたあと、岩下は文部省から「哲学研究ノタメ満二カ年英国仏国へ留学」することを命じられた。文部省からは五十円支給されたがこれは名目的なもので、実質は自費留学生であった。

この頃、父の清周は北浜銀行事件で有罪になっていたが、岩下家の財産は豊かであった。岩下は、帰国後に一定期間、帝大で教えなければならないという束縛を嫌い、実質上の私費留学にしたのである。

そしてヨーロッパ各地で哲学研究をしていたが、神父となって帰国した。大学に束縛されることを嫌った理由は、司祭になりたいという希望、宗教的に言えば神の「召命《しょうめい》」をすでに感じていたためかもしれない。田中耕太郎（最高裁判所長官）も若い頃、岩下神父に洗礼を受けた。

帰国後、岩下は著作活動をしたが、のちは癩《らい》病患者の施設で終生、働くことになる。ハンセン氏病はいまでは治る病気になったが、当時までは天刑病《てんけいびょう》として恐れる人が多かった。この病気に苦しむ人の看護には、コンスタンチヌス大帝の母の聖へレナ以来、カトリックの聖者が多く関係している。岩下もその道を進んだのである。

晩年はチェスタトンを愛読されていたそうだ。この点だけが、岩下師と老人になった私の唯一の共通点である。

著述はその傍《かたわ》ら続けたので、岩下は戦前の昭和における知的なリーダーの一人でもあった。東大に講座は持たなかったが、『中世哲学思想史研究』(岩波書店、昭和十七年、四百三十八＋九pp.)はこの方向の画期的、かつ権威的な著書とされているし、神学論では『信仰の遺産』(岩波書店、昭和十六年、四百五十二pp.)に集められている。

この本は私が大学二年生の頃に、鶴岡中学の柔道部で一年先輩であった斎藤伸氏から贈られた。彼はカトリック信者で、カトリック系の女子大で教えることになった人である。彼は最初は銀行に入ったのであるが、その頃の金融業が自分の志にあわないと悟って、給料のうんと安い教職に移ったのであった。

それにしても、昭和十年代における岩波書店の雑誌や単行本を通じての岩下やその仲間の活躍は目覚ましい。敗戦後は、同じ書店を中心した左翼の出版物が旺盛なことと奇妙な対比をなしているように思われる。

六、入信と「奇跡の価値」

英文科に入った私だが、学生時代に最も影響を受けた書物はフランス人の書いた本だから、おかしなものである。なぜ、そんなことになったのだろうかといまになって考えてみると、説明がつくような気がする。それは入信に関係があったからである。

宗教などについては何もろくに考えたこともなく入った上智大学であったが、そこにいる間に宗教とかキリスト教について学んだり考えたりすることが多くなった。そして、それまでの自分がいかに無知であったかも嫌になるほど知らされた。

前にも述べたことだが、たとえば「西洋の中世は暗黒時代」と思っていたところ、今日のヨーロッパの有名な大学はすべて中世に生まれていること、そして逆に「輝かしい古代ギリシャ、ローマ時代」には、いまの大学のもとになったものはひとつもなかったことなどを知ったことはショックであった。

ギリシャ文明でもローマ文明でもエジプト文明でも、それは奴隷制度によって成り立っていたのだが、奴隷が次第に消滅したのは中世であることも驚きであった。魔女狩りも盛んになったのは、宗教改革後のプロテスタントの時代だったということも信じがたいが、本当らしかった。

つまり、私が十九歳になるまで鶴岡で学んだヨーロッパ観とちょうど反対のヨーロッパ観を知ったわけである。あとになって考えてみれば、明治以降の帝国大学はドイツの学問に依拠《いきょ》するところが多く、帝大の歴史の教授はベルリン大学教授ランケの弟子のルードウィッヒ・リースで、彼ものちにベルリン大学の教授になった人物である。

パスカル『パンセ』筆者が学んだもの（左）と初版本（右）

当時のベルリン大学はプロテスタント・プロイセンの首都の大学であり、当然、基本的史観は古代燦燦《さんさん》・中世暗黒であったろう。その影響は、私が学んだ中学・高校にまで及んでいたということになる。

大学の最初の二年は、知的ショックに次ぐ知的ショックだった。幕末の頃に初めて欧米を訪ねた日本人の驚きに通じるものが、その頃の私にあったと思う。そして私は、次第にカトリックに惹《ひ》かれていったのである。宗教的な煩悶《はんもん》がそれほど深刻なものでなかったことは、当時の上智の教授たち――戦前から日本で教えておられた神父たち――が、神道や皇室にまことに好意的であったことと関係があると思う。当時の日本の知識人たちよりは、ずっと右翼的であったと言えるだろう。

日本の神々は日本人の先祖たちであり、その崇敬は何らカトリックと反しないということだった。皇室に対する尊敬の念が強かったのは、当時のローマ教皇ピオ十二世がはっきりした反共主義者であり、東欧ではカトリックの司祭たち――たとえばハンガリーのミンゼンテイ司教――が共産党によって迫害されていたということもあったのであろう。

仏教には教義があり、カトリックとは相容れないものがあったはずだが、宗教学で仏教に触れても特に批判はなかった。シュヴァイツァ教授などは、何とかいう宗派の生命観などを称えておられた。

神も仏も大切に

私は神棚の下に仏壇があり、庭に稲荷神社がある家に育ったが、教義に関係なく拝まされ、習慣になっていただけで、何となく、昔の偉い先祖が神様で、身近な先祖が仏様と思い込んでいた。それが私の幼稚な頭のなかでは、神も仏も同じような先祖崇拝だったらしい。

私の両親や姉たちも同じようなものだったと思う。だから中野好夫氏の両親のように突然、ある日、キリスト教に改宗して、神棚も仏壇も庭先に投げ出して、それに火をつけて焼くというようなことは私の家にも私にもなかった（中野好夫『主人公のいない自伝』筑摩書房、一九八五年、四十二ページ）。

中野家は浄土真宗だったそうだが、私の家は禅宗（曹洞宗）である。カトリックの神父さんでもその頃、座禅に打ち込んでいる人もいた。只管打坐《しかんたざ》という点では、神父さんのほうが道元《どうげん》のやり方に従っているという印象もあった。

こんなわけで、私のカトリックへの改宗は、多くの日本の改宗者の話にあるような日本の宗教との深刻な断絶問題にほとんど悩むことがなかった。

この自分の改宗のことを、その後もいろいろ内省することがあった。大変無礼な喩《たと》えで畏《おそ》れ入るが、あえて言えば聖徳太子の仏教入信と同質な、良くも悪しくも日本的改宗だったのではないかと思う。聖徳太子は仏教の興隆に絶大な貢献をなさった方であるが、神社を蔑《ないがし》ろにしたり軽視したりすることは全くなかったのである。

聖徳太子にとっては、仏教は霊魂についての深奥《しんおう》な学問であったのであろう。そして、それが生み出す文化にも惹かれたのであろう。それは神道や神社との断絶ではなかった。『日本書紀』の用明天皇《ようめい》――聖徳太子の父――の項に「天皇、信仏法、尊神道」とある。これは「天皇《すめらみこと》、仏《ほとけ》の法《みのり》を信《う》けたまひ、神の道を尊びたまふ」と読む。

御子の聖徳太子も「仏の法を信け」られる一方、神の道は尊ばれたのだ。さらに言えば、明治天皇は「西洋の学芸を信けたまひ、神の道を振興された」ということになるであろう。

パスカルとカレル

——聖徳太子に「仏の法」を伝えたのが仏典であったとすれば——畏れ多いアナロジーで恐縮しているのだが——私にその頃、「カトリックの法《のり》」を伝えてくれた本のうち、その後も最もしばしば繰り返して読み、影響を受け、かつ受け続けているのが、二人のフランス人の書いたものなのである。

その一冊はパスカルの『パンセ』、もう一冊はアレキシス・カレルの『人間——この未知なるもの』である。

なぜパスカルであり、カレルというフランス人であって、イギリス人でなかったのか。英文科の学生、つまり男一匹、英語で世に立とうとしていたはずの青年が、なぜフランス人から精神的に最も深い層での影響を受けたのか。

その頃はそんなことをあまり考えなかったが、英文科の教師として飯を食っているうちにだんだんと考えるようになった。パスカルの『パンセ』も一種のエッセイ集であるが、ベーコンのものも『エッセイズ』である。時代的には、パスカルが三歳の時にベーコンが死んでいる。ほぼ同時代人である。

しかし、両者は質が全く違う。質の高さでなく種類が全く違うので、読んだ私に働きかける効果がまるで違っていた。二人の違いの原因には、当時の宗教改革の状況があったのではないかと思う。

宗教改革の波が、イギリスではエリザベス一世の頃に一応収まって、カンタベリ大主教にマシュー・パーカーがなった。つまり、イギリス国教会の成立である。これはよく言えばイギリス人の叡智《えいち》の産物であり、宗教論的に言えば妥協、悪く言えば誤魔化しであった。

簡単に言えば、イギリス国教会は教皇抜きのカトリック教会であり、そのくせプロテスタントと称している教団である。ベーコンはこの体制のなかでのエリート貴族である。彼は演繹法《えんえきほう》の哲学の祖とされるデカルトと並んで、帰納法《きのうほう》の哲学の祖とされる近代哲学の巨人である。ベーコンに見られるのは無類の博学と知恵であって、深刻な魂の問題ではない。その議論は、イギリス上流階級ではもう卒業したような形になっていた。

これに反してパスカルは、まだ宗教改革が収まりきっていないフランスに生きていた。同じカトリックのなかでも、イエズス会とポール・ロワイヤル派は争っていた。フランスにとってもパスカルにとっても、宗教問題は切実なものだったのである。

その切実感が『パンセ』の巧妙な、また時としてユーモラスとも見える叙述からビンビンと伝わってくるのだ。

たとえば、賭けの話である。神がないと信じている人が死んだ時、やはり神がなかったとすればそれだけの話である。しかし、もし神があったら怖ろしいことになるであろう。これに反して、神があると信じて生きてきた人が死んだ時、神がなければそれまでの話であるが、もし神があれば至福ではないか。

パスカルはこれを数学者らしく、確率論を用いて説く。谷沢永一氏とこれについて話し合った時、谷沢さんは「これは世界最大の脅迫ですな」と言った。谷沢さんは、パスカルの賭けの話を「脅し文句」としてしか受け取らなかった。もちろん、キリスト教に惹かれるということも全くなかった。

谷沢さんと私は多くの点で考えが一致したが、いくつかの点では全く反対だった。私には、パスカルの賭けの話はカトリック入信へのスプリング・ボードだったのである。

パスカルの賭けの話は、私にとっては一種の精神的跳躍台のようなものであったが、その他にもパスカルには私の関心を特別に惹くものがあった。それは、パスカル自身の回心が、奇跡を見たことによるものであったからである。

パスカルの姉の娘、つまりパスカルの姪《めい》のマルグリットが涙腺炎を患い、三年半も悪化する一方で、膿《うみ》が目からだけでなく、鼻や口からも出るようになった。パリの最も有能な医者たちも匙《さじ》を投げた。

ところが、彼女がキリストの「荊《いばら》の冠」の遺物と言われていたもの――聖荊《せいけい》――に触れたらすぐに治ってしまったのだ。フランスの有名な医師・外科医たちも証明し、カトリック教会も厳正な判断をしてそれを奇跡と認めた。パスカルは自分の近親のものに奇跡が起こったことで、心魂を奪われるほど感激したのである。

この体験が、パスカルをして世の中の無神論者の主張を一掃するような著作に向かわせることになった。パスカルにとっては、自分の姪の目に起こった奇跡が『パンセ』を書くスプリング・ボードとなったのである。

一六五六年三月二十四日のことだったという。

難攻不落の法城

――ロゲンドルフ先生の『宗教学』の講義を、上智大学入学早々の時に聞いていなかったら、パスカルのこの話に感心することもなかったかもしれない。なにしろ、「奇跡はすべて迷信」ということは、高校での同級生の間では当然のことになっていたからだ。しかし、ロゲンドルフ先生の奇跡についての話は論理的であり、説得力があった。

「天地を創造し、自然界の法則を創った神が、自分の創った法則を時には枉《ま》げることもできないと考えるほうがおかしい」


1950年7月……後楽園球場にナイター設備が完成

なるほど、「そのとおりだな」と思った。そして、その年の夏休みに帰省して佐藤順太先生を訪ねた時にこの話をしたら、順太先生は微笑されながらこうおっしゃった。「昔から宗教というものはいろいろな批判を受けているので、それに対する備えができているものだ。法城《ほうじょう》というのはそういうことだね。カトリックの法城などは難攻不落だろう」と。

この時、私は初めて「法城」という言葉を聞いた。順太先生はパスカルの聖荊の話も、やはり迷信と思われたと感じた。順太先生は武士の伝統で、迷信や妖怪の話などは一切、信じられない方であった。日本の武家では幽霊や妖怪を話題にすることは禁忌《きんき》になっていることを私が知ったのは、のちに岡本綺堂《おかもときどう》の『半七捕物帳』の第一巻で「お文の魂」などを読んでからである。

武士は『論語』を学び、「怪力乱神《かいりょくらんしん》」を口にしてはならぬものだったのだ。妖怪や幽霊などは、町人か女子供の世界に限るとされていたものらしい。私には武家の伝統はなかったから、パスカルと奇跡の話はカトリックの法城を守るための話ではなく、宗教の本質の問題になっていった。

ついでに言っておけば、うんとあとになって順太先生は、「子供には化け物でも何でも怖いものがあることを教えておいたほうがよいかもしれないな。うちの息子は怖いものがあることを知らないが、やはりよくないと思うことがある」とおっしゃったことがあった。

息子さんは東北大学の理学部のご出身だし、お孫さんは東大の理学部の先生だ。武家的啓蒙精神は、理科系の人に連なりやすいのかもしれない。

祈りによって奇跡は起きる

「われわれはデカルトに従い、パスカルを見捨てている」――と、アレキシス・カレルが彼の著作『祈り』のなかに書いたのは、フランスがドイツに降伏した年である。そのカレルの『人間――この未知なるもの』を望月光先生にすすめられて熟読、巻措《かんお》く能《あた》わざるほど感銘した私は、その逆に「デカルトを見捨ててパスカルに従う」ことになった。

カレルの本は隅々まで感銘し感動して読んだのだが、特に考えさせられたのは彼の奇跡に対する考えであった。彼は別の本でこう言っていることを、あとになって読んだ。「人間は物質と同時に精神から成っている。そして精神は、我われの器官の中に棲《す》みつつも時間と空間の四次元の外にはみ出している。我われは宇宙と同時に、触れることのできない、非物質的な見えない環境、われわれの意識に似た性質の環境の中にも棲んでいるのだと信じることが許されるのではないだろうか?」(アレクシー・カレル、中村弓子訳『ルルドへの旅・祈り』、春秋社、一九八三年、百八十一ページ)

だからこそ、「祈り」によって奇跡が起こるのだと、ノーベル生理・医学賞受賞者のカレルは言うのである。カレルはルルドの奇跡の体験者でもあり、終生、奇跡を研究してきた学者だ。その彼がこう言う。

「祈りは時として、いわば爆発的ともいえる効果をもたらす。顔面のエリテマトーデスとか癌とか、腎臓炎とか、潰瘍《かいよう》とか、肺や骨や腹膜の結核などの病人の疾患が、ほとんど瞬時のうちに治ってしまうのである……数秒のうちに、せいぜい数時間のうちに、症状は消え、解剖学的傷害が癒えてしまう。

奇跡は治癒の普通のプロセスの極端な加速によって特徴づけられる。このような加速が、外科医や生理学者の実験の際に認められたことは未だかつてないのである……病人が祈ることは不可欠ではない……誰かが祈っていたのである。

他人のためにする祈りは常に、自分のためにする祈りよりも実りが多いのである」

(『同掲書』百七十六〜七ページ)

これと同主旨のことは『人間——この未知なるもの』でも述べている。私がこうしたカレルの奇跡の記述を読んだ時期と、パスカルの『パンセ』を読んだ時期は重なっていた。そのため、私はパスカルと「聖荊」の関係に強い関心を持ったのだと思う。

こうして、私にとってはカレルが『パンセ』理解の重要な注釈書となり、また逆に

『パンセ』はカレルをより深く理解するための手引書になっている感がある。

パスカルについては専門家の本が多くある。そういう本をいちいち丁寧に読むことはしないで、私はまず、その著者がパスカルと奇跡の問題をどのように扱っているかを見る。多くのパスカル論では、それは無視されるか伝記中の一挿話として触れられるだけで、その深刻な意味について立ち入って論じられていることはまずない。

私にとっては、そういうパスカル論は読むに値しないのだ。奇跡抜きの『パンセ』は、奇跡抜きの『新約聖書』みたいなものに思われる。

大学二年生の時、カトリック入信という精神的に大きな変化があった。しかしその際に、専攻学科の英文科の授業と全く関係なかったことは、英文科で読んだテキストと関係がある。イギリスでも、ピューリタンの人たちの書いた本には深い宗教的なものがあるに違いないと思うのだが、大学ではそんなものは読まない。

大学の英文科は福原麟太郎先生の言われる「叡智《えいち》の文学」を読む場所なのである。それは「大人《おとな》の文学」とも言われるものなのだ。日本人が紀元二千六百年を祝っていた昭和十五（一九四〇）年に、福原先生が出版された本のなかにこういう言葉がある。

「知性の文学などといふことを言ふけれども、それが唯の知性ではなくて、人生の経験を種々通り抜け、人情の世界の機微をもくぐって、本当にこれが世の中の姿、人の運命

1950年8月……自衛隊の前身である警察予備隊が発足

だと悟りを語るやうな人間智世間智に富んだ文学が英国では本当によい文学だと思はれているらしい」（福原麟太郎『叡智の文学』研究社、昭和十五年、三百三十九ページ）

これが福原先生の「大人の文学」、つまり「叡智の文学」の定義である。また、「愉快で有益」つまり教訓と娯楽を兼ねるというのが英文学の伝統的基準であった、とも福原先生は言われている。

ただ、「愉快で有益」と言ってしまうと、まるで『キング』のような文学かと思われる恐れがあるので「叡智の文学」と呼ぶのが適当で、英文学とは叡智、すなわちウィズドムを養うためにイギリス人は本を読み、学校に行くのだとも言っておられる。

授業では東大講義録を

――では、上智の英文科の教室では当時、どんなものを読んでいたのだろうか。一年生の時の講読は刈田元司《かりたもとし》先生だった。

刈田先生はまず、当時『リーダーズ・ダイジェスト』に出て評判だった“Cheaper by the Dozen”（一ダースなら安くなる）をテキストとされた。これは、十二人の子供のいるアメリカの家庭の明るく楽しい話だった。田舎から出てきたばかりの私には、大衆誌とはいえ、アメリカの雑誌を読むことは嬉しかった。

また、復興未だ成らず、食料も緊迫し、上野には戦災浮浪児がいっぱいいた頃の日本では、明るく豊かなアメリカの話は対照的に面白かった。刈田先生は当時は珍しくアメリカの大学の留学生であった方なので、make the bed（朝、ベッドを整える）を「ベッドを作った」と訳す学生に対し、「母親は大工じゃあるまいし」と冗談を言われながら、アメリカ生活の用語を的確に説明してくださった。戦前の英文学・英語学者はたいていイギリス留学だったので、アメリカの大学の話をできる先生は、当時はまだ稀であった。しかし、のちに日本アメリカ文学会の会長にも推された学者である刈田先生は、アメリカの大衆誌を教室で教えるのが嫌になられたらしく、突然、六月の中頃に「テキストを変える」と言われた。授業のはじめには必ず短い書き取りのテストをなさっていたのだが、そういうことも嫌になられたらしかった。「英文科なんだから本格的に英文学をやりたい」という気になられたのではないかと思う。

そして指定されたテキストが、ブランデンの東大連続講義録（*Shakespeare to Hardy ;Short Studies of Characteristic English Authors;* 研究社、昭和二十三年、viii+212pp）だった。

ブランデンは戦前（大正十三年から昭和二年まで）、東大英文科で教えていたイギリスの詩人である。学生の間には非常に人気のある先生だったという。その後、オックスフォードのマートン・カレッジに戻り、戦後は文化使節（liaison mission）として再び日本にやってきた。そして、東大で英文学についての連続講義を行った。それは学生相手でなく、大学の英文科の先生たちや昔の教え子たち——方々の大学の英文科の先生になっている——が主たる聴講者であった。

ブランデンの教え子だった人たちは、古き良き時代——大日本帝国隆盛の時代——に、まだ二十代の終わり頃の気鋭のイギリス詩人がかつて語った言葉を忘れていなかった。こういう言葉が伝えられている。

「英文学に培《つちか》われた人間性を持って他の分野にも進みなさい。ただ中学の英語の教師になるのが能でないのだから」

また、「英語を話すことの上手なものを秀才だとはしなかった」ということも伝えられている。こういう言葉が当時の東大の学生を喜ばせたであろうということは、容易に想像される。私も旧一高教授の酒井善孝先生（この方とは同僚の期間があった）など、ブランデンの弟子と言われる学者を何人か存じ上げているが、その人たちの旧師に対する尊敬心は実に高かった。

テキストが与えた〝プライド〟

——このブランデンが、戦勝国の文化使節として敗戦国の日本にやってきたのだ。しかも、敗戦の翌年という東京の大部分がまだ瓦礫《がれき》の山の頃である。彼の講義は、戦後の日本では特別な憧憬《しょうけい》をもって迎えられたのである。

その連続講義録は昭和二十三年に普通より大型の、当時としては贅沢な感じの本として研究社から出版された。まだ鶴岡の高校三年生だった私もその頃は英語に進もうという気になっていたので、ブランデンのことを雑誌『英語青年』で知り、この本も地元のゑびす屋書店で買っていた。値段は二百三十円である。

同じ頃に同じ書店で買った福原先生の『英文学の思想と技術』が七十円であったのと比べると、三倍以上の値段である。そして私は福原先生の本は精読したが、ブランデンの本は全く読まないまま、郷里に置きっぱなしで上京していた。

このブランデンの本を刈田先生が購読のテキストとして使うと突如、言い出されたのだ。早速、家から送ってもらったが、ちょうどその頃、私は池袋の下宿から上智の学生寮（ボッシュ・タウン）に引っ越したので、送られた本は下宿していた家に着いた。そこの奥さん（大沢さんという鶴岡出身の方）が、大切そうにこの本を抱えてわざわざ寮まで届けてくださった姿がいまでも目に浮かぶ。

刈田先生もブランデンの講義に出ておられたとのことであった。それを英文科一年生のテキストに使おうというのは無茶とも言えよう。刈田先生もお若かったのである。しかし、このテキストは私に大きなプライドを与えてくれた。大学の英文科の先生たちを相手にしてブランデンが語ったことを、大学一年生が読むというのだから。刈田先生に感謝した。

本当は無理な話だったのである。私どもは英文科に入ってまだ一学期にいるのであり、英文学史の知識もなければ、これという英文学書を読んだこともないのだから。ブランデンの講義はもともと日本の英文学の先生を相手にしたものだから、英文学の知識を前提としているのである。

文意を追うので精一杯

当時の私が、いかに精魂込めてこの本を理解しようとしたか、いまそのページを見ると、「よくもここまで」と思うほどぎっしり書き込みしたうえに、自前の欄外註までつけている。そうしなければ、内容についていけなかったのである。しかし、それは苦でなかった。大学一年生で、ブランデン大先生が大学の先生たちに向けた講義録を読んでいるのだという誇りがあったからである。

ところで、そういうふうにして読んだブランデン講義録のなかで何か記憶に残っているかと言えば、何もないのだ。何を読んでいたのかと言えば、正確に、つまり文法的に疑点なく文意を追うことだけに努めたのであり、その「文意」そのものは頭に残っていないのである。つまりは、理解力を超えた本を読んでいたことになるのだろう。つまり、私は遅進児《ちしんじ》だったのだ。

強《し》いて言えば、一カ所だけいまでも覚えていることがある。それは、ベン・ジョンソンがシェイクスピアを評して small Latin and less Greek（ラテン語はほとんど知らず、ギリシャ語はもっと知らない）と言った言葉であるが、面白いので記憶に残ったのであろう。

ブランデンは、のちにはオックスフォードの詩学教授（professor of poetry）にもなった人だ。詩人としての評価も高い。彼の講義がつまらないわけはないからもう一度ゆっくり読み返したいと思っているが、まだ果たさないでいる。その怠惰《たいだ》の弁解にするわけではないが、ブランデンの人間にちょっと気に入らないことがあるからである。

昭和天皇のご成婚のあった大正十三（一九二四）年に二十七歳のブランデンが日本に来た時、彼の妻は同行せず、イギリスに残った。翌大正十四年、彼は軽井沢で林アキという日本人女性と知り合った。彼女は八歳年上の三十六歳の独身の英語教師であった（美人でなかったそうだ）。

彼女はイギリスの文化に憧れていたこともあり、ブランデンに惹かれ、関係ができた。ブランデンは彼女をautumn（秋）と呼んだ。昭和二年、ブランデンが帰国する時、アキさんは秘書としてイギリスに同行した。その後、アキさんは日本に帰ることなく、三十六年間、大英博物館に勤めながらブランデンに尽くした。

ブランデンは結婚をほのめかし、アキさんはそれを信じた。彼女に書いたブランデンの手紙は一千四百通残っているそうだ。そして、アキさんに「自分が二度目の結婚をする時は、おそらくあなたと結婚するよ」とも書いている。

ブランデンは離婚した。しかし、二度目の結婚相手もイギリス人女性だった。彼はもう一度離婚したが、三度目の妻もイギリス人女性だった。アキさんは、ブランデンのこの二度もの結婚をイギリスで働きながら見ているより仕方がなかったのだ。ブランデンはアキさんの生活の面倒を見たというが、彼女もブランデンのために働いたのである。

そして亡くなった時、アキさんは自分の財産をすべてブランデンに与えるという遺言を残していた。ブランデンが昭和四十九（一九七四）年に亡くなった時、彼の財産は三万五千三百八十一ポンドあったそうである。そのうち、どれくらいがアキさんの遺贈であったろうか。

二人の悲劇的ロマンスに私は悲憤を感ずる。ブランデンの不貞に、明らかに人種差別的なものを感ずるからである。さらに言えば、私が日頃は感嘆を惜しまないＤＮＢ（大英人名事典）にも怒りを感ずる。一九八一年版にも、アキさんのことは一行も触れていない。それが六十一巻にまで拡大された最近の版でも一行も出ていない。ブランデンとあきさんの話は単行本でも出ている。ＤＮＢの編集者（オックスフォード大学出版部）は、これを無視したのである。

アーネスト・サトウの場合、ＤＮＢの一九三七年版では日本妻とその家族についてはは一行も書いていないが、最新版ではかなり詳しく記述されている。ブランデンについてもそうあってほしいものである。

それにしても、林アキさんは哀れだ。あの時代に英語教師であったというのは、頭もよく、家柄もよく、高い教育を受けていたに違いない。

「惚れちゃならない他国の人にヨ」と佐渡おけさにもあった。ピンカートン以来、よくある話なのだが、林家の人はどう思っているのだろう。アキさんはイギリスに帰化していたというが。

七、孔子は美食か粗食か

福沢諭吉と並んで、明治の洋学の祖と見なされている中村敬宇《なかむらけいう》――『西国立志編《セルフ・ヘルプ》』の訳者――はこう言っていた。

「現在、西洋の学問で有名な人たちを見ると、全て元来は漢学の基礎があって西洋の学問を活用している人だけである。漢学の基礎のない者は、七、八年、あるいは十年以上もヨーロッパに留学しても、帰ってから断然頭角を現す者はいない」

また敬宇は最初、ロンドンから帰った時、英語の重要性を実感して、子供たちに漢学をやめさせ、もっぱら英学をやらせた。ところが、そういう子供たちは最初のうち英語は進んだけれども、難しいところに行ったら進歩が止まってしまった。それで、私は漢学をやらせなかったことを後悔しているとも告白している。敬宇はさらにこうも言っている。

「子供の時から洋行して、中年になって日本に戻ってきた人を二人ばかり知っている。語学が上手になっただけで、やっぱり難しい高度のところにさしかかって進歩が止まってしまったようだ。こういう人たちと漢学の基礎があって留学した人に比べると、月とすっぽんどころの差でない」（以上の引用文の原文は村山吉廣『漢学者はいかに生きたか』

大修館書店・一九九九年、百十三―百十五ページ参照）

中村敬宇のこうした観察を読んだ時、私はすぐに漱石や鷗外を連想した。この近代日本文学の建設者たちは、英語やドイツ語に卓越した実力を持っていたが、留学する前に、つまり若い頃にすでに漢詩を作るほど漢学をやっていた。そういえば、福沢諭吉の漢学の素養も大したものだったし、敬宇自身は幕府の昌平黌《しょうへいこう》を代表する漢学者であった。

中村敬宇がこのような発言をしていたことを知ったのは古稀《こき》に近い頃であったが、それと通ずるようなことを佐藤順太先生の口から聞き、また先生の書斎で英語の本のみならず漢籍が積んであるのを見たことは、私は自分の幸運の一つに考えるようになっている。

簡野道明『論語集註』

それは英文科に入りながら、国語と漢文の教師免状取得に足りる単位を取得しようと決心し、それを実行したからである。

都合のよいことに、当時の上智大学は教養課程重視主義で、一、二年生には英文科生にも国漢を強制してくれたのである。あとは自発的に、三年生になってからも国漢の授業に出て試験を受ければよいだけの話だった（国漢の教育実習には出なかったので免許はもらわなかったが、必要単位だけは取得した）。

そこで漢文の授業であるが、教授は香浦飯田傳一《いいだでんいち》先生で、テキストは『孟子集註』であった。これは言うまでもなく、朱子が作った版である。これに簡野道明《かんのどうめい》先生がさらに頭註（すべて漢文）をつけた明治書院の戦争直後版（昭和二十二年）で、これ以上、簡素な作りの本はないと思われるものだった。紙も新聞紙のようなものである。

しかし、割註《かっちゅう》本（本文の下に二行に記す註釈のある本）というのが嬉しかった。中学や高校の漢文ではなく漢学だぞ、という感じを与えてくれたからである。

「中国」は「日本」の意

大正六年に、国学者の栄田猛猪《さかえだたけい》は画期的な『大字典』を刊行した（昭和三十八年、講談社が再刊）。

この辞典については、金田一京助博士も「……あらゆる漢字典があるのに、ちょっと漢字を引く用事が起こると、知らず知らず、まず手に取るのがこの〝大字典〟になっているのであった」と言われているような、それまでの漢字辞典にない特色をもったものであった。

この栄田先生を助け、共著者として名を連ねておられるのが飯田先生である。この『大字典』の著者としては三人の文学博士——上田萬年《うえだかずとし》、岡田正之、飯島忠夫——が名を連ねているが、これは著者・栄田の恩師であり、実際の執筆には関係がない。版元が文学博士の肩書きで字典に権威を添えたかったのであろう。

著者名として三人の文学博士と並び、無冠の栄田、飯田の二人が並んでいるのはいま見ても一寸《ちょっと》奇異な感じがするが、多少出版のことを知っている人なら、「無冠の二人が本当の著者なのだよ」ということがすぐ推察しうるであろう。

イエズス会はマテオ・リッチの昔からシナとの関係があり、漢文の古典についての関心が深かったそうである。それで『大字典』の著者であり、東京外国語学校（現東京外大）教授であった栄田先生を予科長として引き抜いたのである。そのおかげで、われわれも飯田先生に漢文を習うという幸運に恵まれたのであった。

飯田先生の学歴は知らない。その風貌《ふうぼう》は、漢文の先生というより漢学者——と言っても私は見たことがないのだが——の感じであった。授業も講義でなく、朱子集註の『孟子』を丁寧に読むことであった。

あとになって考えてみると、これこそ学校がなしうる最も重要な方法なのである。講義形式のようなものなら、卒業してからでも読める。しかし、一字一字丁寧に読むこと、さらにそれについて試験されること。これは学校以外ではなかなかできないことである。それは尊い経験であった。

また、私が生意気にも漢字並べみたいな漢詩様のものをお目にかけると、飯田先生はただちにすらすらと韻《いん》を合わせて詩にしてくださった。「もっとたくさんやっていただいたらよかったなァ」と今頃思っている。

飯田先生のテキストは、二年生の時は『書経』、三年生の時は「日本漢文史」であったが、いずれもテキストはガリ版のものを配ってくださった。四年生の時は『詩経』である。特に記憶に残ったのは、日本の漢文の歴史である。そのおかげで、私は『古事記』の太安萬侶《おおのやすまろ》の序文は、四六駢儷体《しろくべんれいたい》を交えた華麗な漢文であることを知った。

また、『日本書紀』において「中国」とあったら「日本」の意味であることも知った。こんなことは高校までの歴史や国語で教えられたことはなかった。そのもとの漢文に触れたことは、新鮮な感動を与えてくれた。

この漢文の授業にはあとの話がある。いまから三十年ぐらい前になるだろうか——その時の資料はすべて保存してあるが、いまは記憶によって書く——シナを中国と書くことは不適切だと私は思って、そのことを『サンケイ新聞』に書いた。中華民国とか中華人民共和国の略称として中国というのはよいが、清《しん》も元《げん》も漢《かん》も含めた歴史の場合、「中国文学史」とか「中国詩選」というのはおかしいという趣旨であった。

特に、シナにおいて中国と言えば、その対《つい》になる表現は北狄《ほくてき》・南蛮《なんばん》・東夷《とうい》・西戎《せいじゅう》となる。つまり、日本は東夷という見下げられた意味になってしまう。知らない人が中国文学史とか中国文化史と言うのは仕方がないとして、漢学をやった人たちがそれを言うのはけしからん、と私は思ったのである。

学殖は凄いにせよ、荻生《おぎゅう》徂徠《そらい》より伊藤《いとう》仁斎《じんさい》を私が好きなのは、徂徠は自分のことを東夷物徂徠などと言っているからである。

私の文章に著名な中国文学者の加地伸行氏が反論してきて、何度か『サンケイ新聞』で論戦が行われた。加地氏はその時はまだ、日本の漢文はあまり読んでおられなかったようだった。私は『日本書紀』の例を出した。そうしたら、「そんな古代のものは駄目だ」という主旨のことを書かれたのでびっくりした。

それで、山鹿《やまが》素行《そこう》（江戸前期）の『中朝事実』の「中朝」はシナの朝廷ではなく日本の朝廷であること、また、幕末にも会沢《あいざわ》正志斎《せいしさい》などは中国を日本の意味に使っていることを指摘した。

シナ文学の専門家であるから、シナの文献は私の何百倍、何千倍も読んでおられるだろう。だから、「日本の漢文は読んでないので知らなかった」と言えば済む話だった。

しかし、当時はお互い若かったので「何をこの英語屋が」というぐらいの気持ちだったのだろう。ミニ新聞に私の個人攻撃を始めたのだ。「中国」についての議論とは関係なくである。

それ以降、私は加地氏には少なくとも『論語』だけは講釈してもらいたくないと思っていた。

「過チテハ即チ改ムルニ憚《はばか》ルコト勿レ」と、論語には二度も孔子の言葉として出てくるではないか（学而《がくじ》第一及び子罕《しかん》第九）。

ただ最近、加地氏が新聞や雑誌に書かれる意見には、私は全く同感なので敬意を以《もっ》て読んでいる。つまり、いまでは私と同憂の士であり、同志でもあるらしいことに気付いている。つまり、当時の加地氏は「ソノ壮ナルニ及ビテヤ、血気方《まさ》ニ剛ナリ、コレヲ戒ムルハ闘ニアリ」（『論語』季氏第十六）というところであったのであろう。そして私もその頃、そう（壮）だった。

食事には文句を言わない

漢文が専門ではなかったが、シナの古典に深い興味を持っていた人に谷沢永一氏がいた。谷沢さんの専門は国文学、特に明治以降の文献を重んじた評論にあったと理解しているが、それに限らず、関心は広く深かった。フランスのモラリストについても実によく読んでおられた。

しかし、その読み方はフランス語の原典で読まなくても信頼できる翻訳で、その内容を把握すればば「よし」としておられた。漢文の古典では、昔から「書き下し文」で読むのが伝統であり、「それでよし」としてもおかしくない。

私の場合も、漢文は白文でなくとも、返り点・送り仮名のあるもの、あるいは「書き下し文」になっているもので十分であった。たまに引っ掛かるところがあれば、念のため、原文を見るということを方針とした。

なにしろ、シナの古典についてはわが国の伝統は深く厚い。先学が「書き下し」しておいて註をつけておいたので十分であった。

谷沢さんと私は同じ考えであった。それで、シナの古典について話し合って本にしようという企画が生まれた。最初にこの話に載ってくれたのはＰＨＰ出版部で、『論語』を取り上げた。テキストは自分が読みなれたものを使い、特に好きな文句をお互いが二十くらい選び、二人の選択が重なったものについて語り合うことにした。

谷沢さんは宮崎市定《みやざきいちさだ》『論語の新研究』（岩波書店、昭和四十九年、ix+三百八十八pp.）を激賞しておられた。私は学生の頃から親しんだ穂積重遠《ほづみしげとお》『新譯論語』（社会教育協会、昭和二十二年、六百十八pp.）と同じく座右の書で、装丁も崩れた簡野道明『論語解義・増訂版』（明治書院・大正五年初版。昭和十六年四十八版・六百九十四＋四十pp.）であった。

われわれ二人の選んだ文句はだいたい重なった。この時、私は以前に読んで感心した箇所とかなりずれていることに気がつき、「これが古典を読む意味だな」と思ったことを覚えている。

テキストの文句自体についてはだいたい解釈が定まっていて、われわれがあれこれ言う必要のないことだった。ただ一箇所だけ、宮崎市定と簡野道明・穂積重遠と異なるところがあった。それは、「郷黨第十《きようとう》」にある「食ハ精ヲ厭《いと》ハズ、膾《かい》ハ細ヲ厭ハズ」というところであった。宮崎訳では「米《し》についてしらげたほどよく、膾《なます》は細く刻んだほどよい」としてある。吉川幸次郎訳でも同趣旨になっている。

「……めしはせいぜい上等を食べ、どんな上等のこめでもいやがらない。また『膾』……はせいぜい細かく切ってあるのがよいとした」（全集第四巻、筑摩書房、昭和四十八年、三百七ページ）という。宮崎・吉川両先生のその趣意をつまんで英訳すれば、the whiter, the better; the slenderer, the better ということになる。

これと簡野・穂積両先生のものは違う。簡野先生の註では「孔子は平常召し上がる飯は精《しら》げたるを善しとし、精げたるは、如何程精げたりとも厭はるることなし。また膾は……不《いと》レ厭《はず》とは、只これを善しとして厭はれずとの義にて、必ず此の如くせんことを欲すといふにはあらず」とある。

穂積訳では「飯は精白な方がよいとはされるが、ぜひさうなくてはならぬといふのではない。さしみは細切りの方がよいとはされるが、ぜひさうなくてはならぬといふのではない」と明快である。

実は、大学二年生の正月に佐藤順太先生のお宅で私が夕食を御馳走になった時、孔子の食事の話が出た。その時、順太先生は穂積・箭野両先生の本と同じことを言われたことをはっきり覚えている。

順太先生は次のような主旨のことを言われて、それを孔子の偉大さに結び付けられたのが印象深く頭に残っているのだ。

「米も料理も手の込んだものを孔子は喜んだが、孔子の偉いところは、それでなくてはならぬ、と駄々をこねなかったところだ」

この先生の言葉はその後、いまに至るまで、私の食事についての基本方針になっている。私は美食を喜ぶ。美食が贅沢だとか、「エチオピアの子供のことも考えよ」とかいうことは、自分がおいしいものをいただく時は考えないで、ひたすら美食を喜ぶ。しかし、粗食にも文句は言わない。そして、これが孔子の態度だったろうと私は信じている。

まだ越えやらぬ文字の関

――では、宮崎・吉川両先生は、なぜ箭野・穂積両先生と違ってきているのか。それは「不厭《いとわず》」という二語の解釈にかかっているのだ。それは、京都大学の両先生は朱子の解釈を採用していないからである。朱子の『論語集註』の割註には、「不厭」について次のように説明している。

「〝厭《あ》かず〟とは、是を以って〝善《よ》し〟と言うことである。必ずしも是のようにせよと欲することを謂《い》うのではない」

まさに簡野・穂積訳に合致している。簡野先生はあの浩瀚《こうかん》な『字源』を独力で書かれた人である。しかも、東京女子高等師範学校（現お茶の水女子大学）の漢文教授の職を捨てて辞書の仕事にかかられたのであった。というのは、漢学の基礎は何と言っても文字であるということを痛感したからだという。

簡野先生は知命《ちめい》の年になってから、狩谷棭斎《かりやえきさい》の和歌をお父上が子供の時に教えてくれたのを、辞書を作るという形で実行に移すことにされたのであった。その歌とは、

文字の関　まだ越えやらぬ　旅人は
道の奥をば　いかで知るべき（『字源』一ページ）

このように、文字の学に心魂を削った簡野先生の「不厭」の説明は、京都大学の二人の先生の意見よりも妥当ではないかと思う。というのは、順太先生がおっしゃったように「美食を善しとするが、それでなくてはならないということはない」というほうが、孔子の偉いところをよく示していると考えられるからである。The whiter, the better……では、孔子は単なる美味求真家《びみきゅうしんか》、つまりグルメになってしまう。

もっとも京大の先生方は、これは祭祀《さいし》をする場合だとこじつけられるかもしれないが、

『論語』にそう明言してあるわけでない。朱子は少なくとも、孔子の日常の食生活を述べたものだとしているのである。朱子学の抽象的な理論はともかくとして、字義についてはは朱子の註を重んずべきではないかと思う。

ちなみに、小柳司気太《おやなぎしげた》先生は東大講師の頃に書いた註のなかで、この場合の「厭は足なり、極なり」と解して、「夫子《ふうし》の飯に於けるや精白を極めず、膾に於けるや細きを極めず」としている（『新論語』成功雑誌社、明治四十三年、二百九十一ページ）。

この解釈では、孔子は単なる粗食主義者みたいになってしまう。迂解と言うべきである。

ついでに、『論語』を英訳したジェイムズ・レッグの英訳を挙げておけば、"He did not dislike to have his rice finely cleaned nor to have his minced meat cut quite small"としている。"did not dislike"（嫌がらなかった）という英語のニュアンスは、朱子学や簡野先生と同じと言ってよかろう。

レッグはきっと朱子集註版を参考にしたと思われる。彼はスコットランド生まれの組合教会の宣教師としてアヘン戦争の頃にシナに上陸したが、若い頃、ギリシャ・ラテンの古典語にも頭角を現した言語の才能を活かしてシナ語をマスターして、シナ古典を訳し、オックスフォード大学の初代シナ学教授に就任した人である。マックス・ミュラーとともに、比較宗教学の創始者の一人でもある。彼のシナ古典の英訳は明快で、私にも時々役に立つことがあった。イギリス人の英訳が明快なことは、アーサ・ウェイリイの『源氏物語』の英訳について谷崎潤一郎も言っていることだ。

谷沢さんとの『論語』の対談本は好評で、ロングセラーになっている。これに味をしめて、谷沢さんと私の二人が共通に興味を持つシナの古典について対談本を作り続けることになった。『孫子』『孟子』『菜根譚《さいこんたん》』『貞観政要《じようがんせいよう》』『老子』などなどである。

谷沢さんとはPHP研究所の研究会で毎月、お会いする機会があった。その時、たとえば「老子が面白いですね」とどちらかが言い出せば、「やりましょう」ということになるのであった。そして、半年とか十カ月後ぐらいに対談になった。というのは、以前に読んだものを新たに読み直し、いろいろ考える時間が必要だったからである。

谷沢さんはその際に、その古典についての注釈書や版本の歴史まで精力的に調べてくださったので、大いに教えられることが多かったことをいまも感謝している。

そうするうち、漢籍の注釈書では江戸時代のものが秀れていることに谷沢さんは気がつかれた。その果実の一つが、谷沢さんの『日本人の論語――「童子問《どうじもん》」を読む』（上下二巻・PHP新書、二〇〇二年）である。これは伊藤仁斎《いとうじんさい》の学問を知るうえでの名著であると私は考えている。仁斎が『論語』を「最上至極宇宙第一の書」と感嘆した理由を、谷沢さんはわれわれに見事に納得させてくれるのだ。

漢学に自信がついた理由

谷沢さんの江戸時代の学者の註釈尊敬思想の影響を受けて、私も早稲田大学出版部が当時、その命運を賭して出版したと言われる『先哲遺著　漢籍国字解全書』全四十五巻（明治四十二年＝一九〇九年――大正六年＝一九一七年）を入手することになった。もちろん、こんな大叢書《だいそうしょ》を通読する気はさらさらないのであるが、書庫に置けば極めて便利なことがあるのである。

たとえば『孫子』であるが、この叢書の第十巻は荻生徂徠講述のものである。『孫子』のある部分に引っ掛かった時、「徂徠はどう言っていたか」とすぐ参照できるのはありがたい。ちなみに、第十巻の後半は服部南郭《はっとりなんかく》の講述した『唐詩選』の筆記録である。江戸の漢学の水準に開眼《かいげん》させていただいたことはまことにありがたいことで、この点でも谷沢さんに感謝している。

漢学者でもないのに何点ものシナ古典についての対談本を出したことは、それこそ望外の幸せであった。それというのも、大学で飯田香浦先生に『孟子』を「朱子集註」版などで教えていただいたことがある種の自信になったのではないかと思う。

飯田先生の著書には『言志四録《げんししろく》詳解』（東京開成館、昭和十五年、七百六十一＋三十四pp.）がある。谷沢さんと『言志四録』について対談した時、この版を用いた。この本を作る時、飯田先生は佐藤一斎《さとういっさい》の曾孫で当時、大蔵大臣であった河田烈《かわだいさお》の信濃町の私邸を訪ね、河田所蔵の渡辺崋山《わたなべかざん》が描いた一斎の肖像画と、一斎が七十四歳の時に書いた自作の七言絶句《しちごんぜっく》の写真を撮影させてもらい、この本の巻頭に掲げてある。

飯田先生は当時、千葉県にお住まいだったと記憶している。順太先生を訪問したように、御自宅にしばしばお伺いしたいと思ったが、その頃の私はその程度の汽車賃をも惜しまなければならない生活をしていたので、それを果たせなかったことをいまでも残念に思っている。

漢文からの大きな恩恵

漢文から受けた大きな恩恵は、やはり佐藤順太先生と結びついている。英文科でブランデンのテキストを読み、英語はケンブリッジ大学出身のトマス・ライエル先生――ダーウィンに影響を与えた地質学者サー・チャールズ・ライエルの孫――に一週二コマの授業を受けながら、心の奥に不安というか、「楽しまざるところ」があったのである。

つまり、英文学が子供の時に胸を躍らせて読んだ少年講談や少年小説のように面白くもなければ、藤村《とうそん》・白秋《はくしゅう》・西條八十《さいじょうやそ》の詩のように共感するところもなかったからである。つまり、「英文学は自分に分かるのだろうか」という疑問が胸中から離れなかった。

その疑問をある時に、順太先生に打ち明けたのであった。「そもそも外国文学を読んで日本文学で感激するように感激できるのだろうか」という疑念が、自分が英文科に入ったことによって生じたのである。

つまりは幼稚な話で、自分の遅進性《ちしんせい》を示すだけのものであったことはいまならよく分かる。しかし当時は、日本文学の面白さ――これは竹下数馬先生が特に優れておられたからということもあったと思う――を、ブランデンの本やライエル先生の英詩講義からは体験できなかったからである。

佐藤順太先生は耳を傾けて聞いてくださったが、「しかし、こういうのもある」と言って、『史記』の「項羽本紀」――実質的には『十八史略』の巻二「西漢」と同じであるが――から有名なところを引用してくださったのである。

「項王の軍、垓下《がいか》に壁《へき》す。兵少なく食尽く。漢の軍及び諸侯の兵、之を囲むこと幾重。夜、漢の軍の四面にみな楚歌《そか》するを聞き、項王すなわち大いに驚いて曰《いわ》く、『漢、みな既に楚を得たるか。これなんぞ楚人の多きや』と。

項王すなわち夜起《た》ちて帳中に飲す。美人あり。名は虞《ぐ》、常に幸《こう》せられて従う。駿馬《しゅんめ》あり、名は騅《すい》。常に之に騎す。是に於いて項王すなわち悲歌慷慨《ひかこうがい》し、自ら詩を為《つく》りて曰く。

『力ハ山ヲ抜キ気ハ世ヲ蓋《おお》フ。時ニ利アラズ騅逝《ゆ》カズ。騅ノ逝カザル奈何《いか》ニスベキ。虞ヤ虞ヤ若《なん》ジヲ奈何ニセン』と。

歌うこと数闋《すうけつ》。美人之に和す、項王、涙数行下る。左右みな泣き、能く仰ぎ視るもの莫《な》し」

ここで順太先生は、「この文学はよくわかるだろう」と言われた。このあたりは、中学の漢文の塩谷温《しおのやおん》先生の教科書のなかの「四面楚歌」というところで習ったことがあったから、よく分かった。

一生に影響した恩師の言葉

——先生は引用を続けられ、項羽がさらに戦い続けて東に行き、烏江《うこう》を渡ろうとした。そこでは烏江亭の亭長が船の準備をして待っていて言った。

「江東は小なりと雖《いえど》も、地は方千里、衆は数十万あり。また王たるに足る。願わくは大王急に渡れ。今一人臣のみ船あり。漢の軍至るとも、以って渡る無からむと」

すると、項羽は笑ってこう答えたのだ。

「天の我を亡《ほろぼ》すなり。われ何ぞ江を渡ると為《な》さん。且つ籍〔項羽〕は江東の子弟八千人と与《とも》に、江を渡って西せり。今一人の還るもの無し。

縦ひ江東の父兄、憐れんで我を王とすとも、我何の面目か之を見ん。たとひ彼言はずとも、籍、独り心に愧《は》じざらんや……」

「こう言って項羽は自ら首をはねて死んだのだ。これは立派な詩にもなっているではないか。
乃木大将が凱旋の時の詩に、
『王師百萬　強虜《きようりよ》ヲ征ス
野戰攻城　屍山《しかばね》ヲ作《な》ス
愧《は》ズ我何ノ顏《かんばせ》カ　父老ヲ見ン
凱歌今日　幾人カ還ル』
とあるが、項羽の気持ちに通ずるだろう。今度の戦いでは、特攻を命じた司令官が平気で復員しているのだが」
こう言って、順太先生はこの前の戦争に対する感想に移られた。
この晩のことは私の一生に大きな影響があったので、いまでも鮮明に思い出すことができる。私はそれまで、何となく漢文を外国文学と考えていなかったのである。漢文は外国文学なのだ。先生が引用された項羽についての文章は、私にも解りすぎるぐらい解る。そこに「詩がある」こともよく解る。解るどころか、感銘して胸が痛くなるほどだ。
つまり私が外国文学、つまり英文学が解らないと思ったのは、子供の時から親しんでいなかったこと、また中学・高校の漢文に当たる文学的内容のあるものを英文学ではまだ何も読んでいなかったからだということもよく分かった。

つまり外国文学、特に英詩が分かる分からないの前に、何も知っていなかったのだ。これから勉強すればよいのだと決心がついたのである。

余計なことだが、あとになって気付いたことを一つ付け加えておく。中村敬宇《なかむらけいう》の秀れた伝記『中村正直傳』（成功雑誌社、明治四十年、百七十pp.）を書いた石井研堂《いしいけんどう》は、「高祖本紀を精読すれば大文家になれる」という敬宇の言葉を記している（百二ページ）。

しかし、高祖本紀にはかの名文はなく、『十八史略』の高祖の項にある。『史記』の項羽本紀にあるのだが、敬宇か石井の思い違いであろう。

好んで漢籍を学びたり

佐藤順太先生の項羽について引用されたことは、ずっとあとになって、私が比較文学に興味を持つようになってから重要な視点を与えてくれたことに気づいた。戦後の流行に夏目漱石の研究、特に比較文学的研究ということがあった。

その頃、吉田健一氏が漱石の『文学論』の序から次の言葉を引用して、東洋と西洋の文化の違いを指摘され、これは多くの人たちに受け容れられたようだった。

漱石は言う。

「余は少時好んで漢籍を学びたり。これを学ぶこと短きにも関はらず、文学は斯くの如き者なりとの定義を漠然と冥々裏《めいめいり》に左国史漢より得たり。ひそかに思ふに英文学もまた斯《か》くの如きものなるべし。斯くの如きものならば生涯を挙げてこれを学ぶも、あながちに悔ゆることなかるべしと。

……卒業せる余の脳裏には何となく英文学に欺《あざむ》かれたるがごとき不安の念あり。

……翻《ひるがえ》って思ふに余は漢籍においてさほど根底ある学力あるにあらず、しかも余は充分これを味はひ得るものと自信す。余が英語における知識は無論深しと云ふべからざるも、漢籍におけるそれに劣れりとは思はず。

学力は同程度として好悪のかくまでに岐《わ》かるるは両者の性質のそれほどに異なるがためならずんばあらず、換言すれば漢学に所謂《いわゆる》文学と英語に所謂文学とは到底同定義の下に一括し得べからざる異種類のものたらざるべからず」（『文学論』大倉書店、明治四十年、七―九ページ）

小説と歴史書の狭間で

たしかに、漢籍と英文学は違うであろう。しかし、ここで漱石は根本的な過ちを犯しているのだ。漱石も当時、若かったのである（四十歳以前）。漱石は「文学とはこういうものだという概念を何となく左国史漢から得た」と言っているが、問題は「左国史漢」とは何ぞやということなのである。「左」とは、孔子が魯《ろ》の国の記録を筆削《ひっさく》した『春秋』に魯の左丘明《さきゅうめい》がつけた注釈書（異説あり）『春秋左氏伝《しゅんじゅうさしでん》』のことである。

「春秋」の註釈書のなかでは最も文章が優れていると言われ、福沢諭吉も何度か読んだという。つまり、歴史書である。

次に「国」とは左丘明が、「左氏伝」が魯の国のことだけを記しているのに対して、春秋時代（紀元前七七〇年から四〇三年までの約三百六十年）の八国のことを国別に記述しているので『国語』というのである。これも歴史書である。

「史」はもちろん、司馬遷《しばせん》の『史記』のことで、言うまでもなく大歴史書だ。「漢」は後漢《ごかん》の班固《はんこ》の著《あらわ》した『漢書《かんじょ》』のことである。これは、漢の高祖から平帝に至る十二代の歴史書である。それで『前漢書』とも呼ばれている。

つまり、漱石が文学だと思って読んだ漢籍はすべて歴史書なのである。そのなかには、前に引用した項羽に関する『史記』の叙述のように最高級の文学になっている箇所もある。しかし、何と言っても左国史漢は歴史の本なのだ。

そして、漱石が帝大の英文科で読まされ、またイギリスで読んだ文学は純文学系の物、英語で言えば——正しくはフランス語で言えば——belles lettres《ベルレトル》であった。英語に直訳すれば、fine letters《ファインレターズ》である。

シナ大陸で現代の「小説」に当たる『金瓶梅《きんぺいばい》』や『西遊記《さいゆうき》』や『水滸伝《すいこでん》』などが出た

のは、いずれも明《みん》の時代になってからである。明の王朝の始まったのは足利幕府の頃であり、秀吉の軍が朝鮮半島で戦ったのが明の軍勢である。

つまり、シナ大陸ではわりと新しい王朝である。それだけでわれわれは日本の『源氏物語』などの「小説」が、シナの「小説」より数世紀前に出現していることに誇りを持っているわけである。日本の漢学者が明の時代のシナの「小説」を教えたわけはなく、シナの「文学」とはとりもなおさず「歴史の本」だったのだ。

漱石はそこを認識していなかっただけの話である。

その『文学論』に基づいて、東洋と西洋の文化の違いを論ずるのは頓珍漢《とんちんかん》な話なのだ。吉田健一氏の意見やそれに従って漱石と西洋文明を論ずる人たちも、初めから出発点がおかしいのである。おそらく、「左国史漢」の意味を考えなかったのだろう。

文豪・漱石の誤解

したがって、次のような想像もできる。漱石が漢籍の「文学」に相当する「文学」を求めたら、当時のイギリスの歴史書の研究をすればよかったのだ。当時はビクトリア朝で、すぐれた英国史がたくさん書かれた時代である。たとえば、マコーレーを読めば『史記』に通ずる文学をそのなかに発見できたかもしれない。

その他、レッキー、フリーマン、フルード——少し遡《さかのぼ》ればヒューム——などなどあっ

1951年4月……マッカーサー帰国、沿道で20万人が見送り

て、漱石を失望させることもなく、彼のロンドン生活をもっと愉快なものにしてくれたかもしれない。

しかし、漱石は belles lettres を教えるのが自分の義務であると考えたらしい。留学から帰ってから日本の教壇で使った最初の頃のテキストには、たとえば『サイラス・マーナ』がある。この著者ジョージ・エリオットは、本名メアリ・アン・クロスという女性だ。こういう「小説」を読んでいるうちに、「このようなものを大学で一生教えるくらいなら、俺が書いたほうがよい」と思ったのではなかろうか。

つまり、漱石が「文学」の概念を不適切にイギリス文学にあてはめた結果、われわれは東大文学部教授・夏目金之助《なつめきんのすけ》ではなく、文豪・漱石を持つことになったと言えるのではないか。人生にはこんなことがあると思う。

長姉がくれた一冊の書

——今回、思いがけず漢文の話になってしまったが、その起源を言えば、小学五年生の私にどういうつもりか塚本哲三『基本漢文解釈法』（有朋堂、昭和十四年、三百九十三pp.）を贈ってくれた長姉の弟への愛ということになる。私もこの年齢になるとよく昔のこと、特に父母、祖母、伯母《おば》、近所の遊び友達などのことを思い出すことが多いのだが、特にこの長姉のことを思い出すことが多い。父母よりも思い出すことが多いというのはどういうことだろう。

十歳年上のこの姉は、本当に弟の私をかわいがってくれたのである。それでこの頃の私はだいたい毎日、この姉の好きだった歌を歌うことにしている。お経を知っている人ならばお経をあげているところであろうが、私は俗人的に俗な歌を捧げているのである。

そう言えば幸田露伴も、自分の姉について、親についてよりも情のある言及をしていたことを思い出した。昔の家庭では、姉と弟の関係がそういうことが多かったのであろうか。当時の母親は家事が忙しくて、子供の相手をする時間が少なかったのかもしれない。

八、後光射す「インデビ」

「いまの日本の学校で『古事記』を講読できるところはありません。幸いにこの学校（上智大学）には、GHQ（マッカーサーの占領軍総司令部）も口を出さないだろう。だからわれわれは『古事記』を読むことにする」

このような驚くべき宣言が、昭和二十四（一九四九）年の四月、上智大学英文科一年生の必修の国文学の時間の冒頭に、佐藤幹二教授によってなされた。佐藤先生はある神道系の宗派の重要な地位の人であることは、数年後に初めて知った。その時は、東大国文科の出身で北京の大学でも教えたことがあるという噂しか、佐藤先生について知らなかった。

その授業は一時間目で、講義ではなく『古事記』の初めから、その原文の逐語訳《ちくごやく》と解説であった。いまから考えると、それが有り難かったのである。原文を読んで、それが学期末試験の対象になるという容赦ない体験は、学校でしか与えられることのないものだからだ。

佐藤先生の次の年のテキストは『源氏物語』であり、これも講義でなくテキストの逐語訳と語句の説明であった。毎週一コマ、二年かけて『古事記』と『源氏物語』を読まされたことに対して、私はいまも佐藤先生と、そんなカリキュラムを組んでくれた当時の上智大学の方針に感謝している。

昭和二十年代の上智には国際部《インタナショナル・デビジョン》——われわれはインデビと呼んでいた——があった。

筆者が座右に置くヒルティの『幸福論』

その頃に聞いた話によると、アメリカの大学協会みたいなところが、上智大学に在日アメリカ将兵にBAとMAを与えることのできる特別の学部《デビジョン》を作ることを認めたというのである。

もちろん、GHQ（占領軍総司令部）の要請によるものであったろう。それで東京やその周辺に駐屯していたアメリカ人将兵は、インデビと称する上智大学の夜間部に通学できるようになった。

形は上智の夜間部であるが、アメリカの大学であるという建前で、日本人が入る場合の授業料は一コースにつき物凄く高いということであった。休日もアメリカの祝日に合わせていた。

インデビで取得した単位はアメリカのどの大学

でも認定してもらえるということで、アメリカ兵だけでなく、豊かな日本人も交じっていた。その学部長はミラーという長身痩軀《ちょうしんそうく》の神父さんで、その日本人の女性秘書はハイヒールの似合う、眼鏡を掛けた知的な若い美人であった。

この女性はのちに修道女となり、留学して学位を取得し、岡山のノートルダム清心女子大学の学長になり、最近では『置かれた場所で咲きなさい』（幻冬舎）というベストセラーを出しておられる渡辺和子さんである。当時のインデビは、大学内でも戦勝国アメリカの後光が差しているような一角であった。

ともかくそんな理由から、佐藤幹二教授は『古事記』を教室で読んでも進駐軍は口を出さないだろうと判断されたものらしい。なにしろ神宮皇學館《じんぐうこうがくかん》も廃校、國學院大學でも国学的授業は行うことができないとされていた時代であったのだ。

『古事記』と古代ゲルマン人——

この『古事記』の講読は早朝ということもあり、対象が英文科の学生ということもあってか、出席率は甚《はなは》だ悪かった。学生は私一人で、先生と向かい合うこともたびたびあった。先生は一度の休校もなさらず、私も一度の欠席もなく一年を終えた。

それで私はいまでも「昭和二十年代前半に、大学で『古事記』の授業をまともに受けたただ一人の日本人かもしれない」と自慢しているのである。

全く不思議な縁で、この『古事記』の知識がドイツの大学で受けた授業と結びついた。私の指導教授のカール・シュナイダー先生は印欧比較言語学の大学者ヘルマン・ヒルトの最後の弟子で、キリスト教が来る前のゲルマン人の宗教・文化についての講義やゼミを行っておられた。

それは目が覚めるような内容であった。というのは、佐藤先生の『古事記』の話を連想させてくれるところが多かったからである。古代ゲルマン人の文化は木の文化であり、神事にはアイベの木（一位《いちい》の木）や白樺《しらかば》を用いて花は使わず、家屋には千木《ちぎ》があり……などなどである。

また、部族の先祖は神話の神々に連なっているという。シュナイダー先生は日本のことなど何もご存知なかったが、古代ゲルマン人の話は、私の『古事記』の理解度を深めてくれたのであった。

それで帰国後二十年も経ってから、月刊誌『正論』に古事記についての話を連載し、これを『神話からの贈り物』として一冊にまとめて出版してもらうことになった（文藝春秋・昭和五十一〈一九七六〉年、のちに『古事記と日本人』と改題して祥伝社・平成十六年）。

この本は二〇一二年、『古事記』編纂《へんさん》一千三百年を記念して、ワック社から『渡部昇一の古事記』として出していただいている。いまパラパラと眺めていたら、そのなかに井上光貞東大教授や津田左右吉博士を批判しているところがあった。

当時は現役の英文科の教授でそれなりに忙しかったはずの私が、古代日本についての専門の学者を批判するのは烏滸《おこ》がましい話だ。しかし、私の批判の元はこういう大先生たちがテキストを丁寧に読んでいないという指摘によるものであるから、いま読み返しても撤回の必要を認めることができない。

日本史の専門の有名な学者が、まさにそのテキストをまともに読んでいないことがよくあるのである。最近では、小林よしのり氏と私が『WiLL』誌上で論争した時、小林氏が引用した田中卓《たなかたかし》氏（元皇學館《こうがっかん》大學学長）の主張が、ことごとく原典の吟味を怠《おこた》っていることを発見した際にも同じ体験をした。

その点では、戦前の日本の日本史学者は、テキストの読み方が丁寧であったという印象を受けている。すくなくとも、原典に対する尊敬が感じられるのだ。ドイツの文献学で重視する der Blick der Frühe（古代人の眼で古代を見る）に通ずるものがあるように思われる。本居宣長《もとおりのりなが》などの影響だろうか。

致命的なハプニング

大学に入学したばかりの一学期に、英文科の学生としてはかなり致命的なことが私に起こった。それは寮の朝食の時、福神漬を噛んだら前歯が三本折れたのである。

私は歯が悪く、特に前歯は虫歯が酷くて、神経をとって銀をかぶせてあった。当時は金歯と銀歯があったが、私は銀歯であった。いまから見たらグロテスクだと思うが、当時はありふれた治療法だったのである。婦人のなかには、金歯を光らすのを自慢にしているような人たちが田舎にはたくさんいた時代であった。

私の場合は、冠《かぶ》せてある銀のなかがうつろになっていたのだと思う。少しの痛みもなく、三本の前歯がポキリと折れたのだ。

東京の歯医者に行く勇気はなかった。夏休みに郷里に帰るまで、そのままにしていた。それでも生活に不自由は感じなかったが、ライエル先生の授業には困った。

前にちょっと紹介したように、この先生はケンブリッジ大学を出た方で、祖父はダーウィンに決定的な影響を与えた地質学者サー・チャールズ・ライエルである。つまり、ライエル先生はイギリスの学問貴族の家で育ち、英詩と演劇を愛し、「英詩の授業なら誰にも負けない」と言っておられた人である。

そして、授業はご自分が選ばれた英詩を刷った紙を配り、それを暗誦《あんしょう》させるだけというものであった。一週に二回である。月曜日に英詩の刷り物を渡して説明し、朗読して聞かせて学生にも読ませる。金曜日には一人ひとりの学生を立たせてそれを暗誦させる、というのである。

前歯が三本なくては、英詩はまともに朗読したり暗誦したりはできない。私はライエル先生の授業が嫌だった。「英詩の歴史でも教えてくれればよいのに」と思った。元来、私には自分の先生を批判するくせはあまりなかったのだが、ライエル教授は批判したりした。

先生は酒好きで、教室に入った時もアルコールの匂《にお》いをさせていることもよくあった。私はクラスの最前列にいたから時にそれに気づいた。また、学生を立たせて順に暗誦させている間にポケットから小瓶を取り出されて、後ろを向いて一寸《ちよつと》飲まれたのを見たこともある。だから、悪口を言おうと思えば悪口のタネはいくらでもある人だった。

ライエル先生への反感

夏休みの間に歯は治療したが、一学期に感じたライエル先生嫌いという先入的な感情はその後も残った。それが全く消えたどころか、感謝の念と後悔の念に襲われるに至ったのは、一年が終わってからである。

春休みに家に帰って一年を振り返ってみると、英語の授業で一番身についたのはライエル先生の英詩暗誦であることが実によく分かったのである。

休暇で郷里に帰れば、昔の高校の同級生たちに会う。当時はまだ旧制高校時代の名残《なご》りもあってか、みんな哲学論や宗教論をやる。私は自分の受けた哲学や宗教の授業が、旧友たちのそれより格段に高い水準のものという自覚が生じたが、その差は他の者の眼にはそれほどとも思われなかったかもしれない。

しかし、イギリスの名詩を暗誦している旧友などは一人もいなかった。私は自分が好意を持つことなく出席していたにもかかわらず、ライエル先生のおかげで、シェイクスピアのソネット十八番も、マクベスの名台詞《ぜりふ》も、スティーブンソンやチェスタトンの有名な詩もすらすら言えるのである。

この春休みの間に、私は自分が受けた本物の英文学の授業はライエル先生のものだったことを自覚し、その先生の悪口を言ったことをひどく後悔し始めた。新学期に東京に戻ったら、第一にライエル先生のところに行ってこのことを申し上げようと思った。

ところが、二年生の新学期になって上京してみると、ライエル先生は上智をクビになり、早稲田大学に移られたとのことであった。ライエル先生のアルコールは、上智の神父さん方の気に入らなかったということだった。カトリックはアルコールや煙草には文句を言わないが、ライエル先生は教員室でも酒臭かったらしいのだ。

しかし、私はどうしても「先生の授業は最高でしたが、当時はそれが分からなくて反感を持っていたことをひどく後悔しています」と直接、ライエル先生に申し上げたかったのである。

先生の住居は、いまはたしかに覚えていないが、四谷から遠くない中央線の駅の近くだったと思う。それで訪問して、感謝と後悔の言葉を述べた。

先生はそれを聞いて上機嫌で、「自分の授業の価値が分かってくれて嬉しい」と、当時の日本人の学生の口には入るはずのない本場のスコッチを出してくださった。

その時びっくりしたのは、先生の側に仕えているのがM・Hという上智の学生で、昨年は同じ寮にいた男だったことである。彼は小柄で少しどもりだったが、美少年の部類の男であった。ライエル先生は、オックス・ブリッジの大学生にはよくあると言われるあの方向の性癖があったのである。

先生も彼も、私の前で少しも悪びれたところがなかったのを私は奇異に感じたが、そんなものだろうか。その後の先生とM・Hの消息は知らない。

「英詩暗誦」の恩恵

しかし、ライエル先生の学恩は私はその後もずっと感じ続けている。たとえば私の最終講義も、詩の不滅を謳《うた》っているシェイクスピアのソネットの暗誦で締めくくった。それはライエル先生に習ったものだった。

また、国際ビブリオフィル協会でバルセロナのカテドラルを訪ねた時、大聖堂のなかの小聖堂に人が集まって何やら祭儀が行われているのを見た。同行のスペイン人に「あれは何をやっているのですか」と訊くと、「今日はレパントの海戦の記念日です」と言われてびっくりした。それは織田信長が浅井・朝倉と戦っていた一五七一年に、キリスト教連合の艦隊がイスラムの艦隊をレパントで破り、地中海の覇権をキリスト教圏のものにした海戦である。バルセロナでその記念行事があってもおかしくない。

突然、生きている西洋史に触れた気がしたが、その時、思いがけず口から出てきたのは、半世紀以上も前にライエル先生に暗誦することを強制されたチェスタトンのレパントの詩である。

……strong gongs groaning as the guns boom far……そうしたら、すぐそばにいたコリン・フランクリン氏が「その詩は作者は誰だっけ」と聞いたので、「チェスタトンのレパントです」と言ったら、彼が「オブ・コース、オブ・コース」と言った。彼も子供の頃に学校で教えられたものだそうである。

大学の英文学の教師をしていると案外、英文学は読まないものである。これは佐藤順太先生も「大先生といわれる人でもそんなに読んでいるものじゃないよ」と言われたが、私の体験からもそうだと言える。特に、いまの大学の先生は論文を書かなければならない。それには関連した論文を読まなければならない。それに事務的なことも多い。それで英文学自体は大して読んでいない、ということが起こる。

そのことを反省して、私は退職してから毎日のように、夕食後に出かける吉祥寺のボガという喫茶店（いまはフレンチ・レストランになっている）で、英詩集を片っ端から読むことにして何年か続けた。ライエル先生の授業の影響である。

座高くらいの量は読んだと思う。イギリス版の詩集から、明治から現代の岩波文庫版に至るまで、日本人の編集した英米詩集を読んだわけであるが、そのなかでは櫻井鷗村《さくらいおうそん》『英詩評釋』（丁未出版社、大正三年、三百九十四pp.）の註釋が際立ってよかった。

詩は文法的には破格になることが多いが、この人の註はそれを残らず丁寧に説明している。おそらく、自学独習の体験のある人だろうと思っていたが、彼は『肉弾』で有名な櫻井忠温《ただよし》少将の兄だと教えてくれた人があった。女子英学塾（現津田塾大学）の創立者の一人でもあったという。

本当の知日家とは

毎晩のように私が英詩読みをやっていることを知ったドイツの友人が、見開きで英詩を左ページ、そのドイツ語訳詩を右ページにした一冊六百ページくらいの四巻本を贈ってくれた。これを読めばチョーサー以後、アメリカ現代詩での有名なものを英独で読めることになるわけだが、それはまだ果たしていない。

ドイツ語を読むことが少なくなったので、八十八歳の元旦からこれにかかろうかなどと冗談半分に考えているが、それは「神がその寿を許し給わば」という仮定の話になる。

いずれにせよ、英詩にいまなお惹《ひ》かれるのはライエル先生のおかげである。

ライエル先生には、『一英国人の見たる日本及日本人』（野口啓祐訳、創元社、昭和二十五年、三百四十九pp.）がある。この原本はロンドンで、*A Case History of Japan* というタイトルで昭和二十三（一九四八）年に出版された（原本を持っていない）。

ライエル先生は戦前の日本に三十年近く住んだあとに、昭和十六年の大戦勃発とともに一時帰国せざるを得なかった。そして戦後、私が上智に入学した時にふたたびイギリスから日本に来られたのであるから、戦前の日本のことについては私の年代の者たちよりもよくご存知のことが多かったはずである。

ライエル先生は本当の知日家であった。それで戦後の数年間、イギリスで日本人を野蛮人視する反日侮辱的出版物が続々と出た時期に、ライエル先生は敢然として日本に対する公平な本を出されたのであった。

ライエル先生を訪問した時、先生はこの本に触れて「ラフカディオ・ハーンは目が悪かったからよく日本を見ていないんだ」と言われたことがある。いまでも一読の価値のある本だと思うが、イギリスでも日本でもあまり評判にならなかった。

谷沢永一《たにざわえいいち》氏と日本人論の対談をすることになった時、この本を取り上げたいと提案したが、谷沢さんがお持ちでないということでそのままになった。いまから考えても惜しい。谷沢さんのライエルの日本観についての批評はぜひ聞いておきたいことだった。

「まず一カ国語をマスターせよ」

——「日本の学生は一つの外国語もマスターしないのに、いくつもの外国語をやりたがる。まず一カ国語をマスターすべきであるから、第二外国語、第三外国語をやっても、その分だけ第一外国語の単位を減らすことを認めない」

これが当時の上智大学の方針だった。記憶によれば、当時の文部省の規則では、教養課程の外国語の単位は週五コマ、つまり週十時間ぐらいだったと思う。だからその時間数になるように単位を満たすならば、英仏独その他を混ぜて取得できたのである。

しかし、上智では「第一外国語だけですべての外国語のための時間数を満たせ」ということで、第二外国語などのコースは設けるが、単位として認めても、第一外国語の時間数は減らしてはならぬということだった。

英文科では外国人の授業も含めて暗誦や宿題の負担が多く、それだけでアゴが出るほどだった。これは戦前の旧制高校や大学予科を教えた経験のある外国人神父たちが、何カ国語もやりながら初級会話もできないでしまう学生たちばかりだったことをよく知っていて、それは精力の無駄遣いだと思っておられたからであった。

なるほど、岩下壮一のような例外的環境に育った人以外は、優秀なはずの旧制高校生も、たいてい一外国語もマスターしていなかったようだ。だから当時の上智の方針は学生のためでもあり、正しかったと思う。

しかし第二、第三外国語をやりたいという学生はいっぱいいた。旧制高校的教養主義は、私立大学でもまだ生きていた。私もフランス語とドイツ語をとることにした。どっちのクラスも、一学期の初め頃は大教室いっぱいだった。

ところが、第一外国語の重圧が大変で、出席者はどんどん減っていくのだった。私もフランス語を間もなく捨てざるを得なかった。ドイツ語だけは何とか出席し続けたが、その学期末試験を受けるまで残ったのは四、五人だけであった。このドイツ語のクラスに四年間、最後まで残ったのは、英文科のなかで私一人であった。

そのせいもあってか、私の同期生で英語学をやったものは私一人である。ドイツ語なしに英語学、特に史的研究をやるのは不可能と言ってよいからである。

千葉勉先生、この方は文部省留学生として英文学研究のためイギリスに留学し、東大英文学科助教授になった秀才であったが、その授業が前任の夏目漱石に比べられたため、野上弥生子《のがみやえこ》の小説『助教授Bの幸福』で手ひどい揶揄《やゆ》の対象にされ、のちに東京外語に移って実験音声学をなさり、戦後は上智に来られて、われわれの音声学の時間を担当されていた。

品のよい老人でよく脱線して思い出話などをなさっていたが、この先生から聞いた言葉で、その後まで私に恩恵を与えてくださった言葉が二つある。

その一つは、「イギリスの英語学はドイツに比べると五十年は遅れている」というのであり、もう一つは「英語の文章を真似したいならば、ハマトンの『知的生活』がもっとも良いだろう」というのであった。

ハマトンの英語が役に立つのは卒業論文を書く際であったが、「英語学はドイツが断然、進んでいる」という言葉は、私を最後までドイツ語のクラスに残らせてくれた動機になった。いまでも深く感謝している。

さて、その第二外国語の先生であるが、増田和宣《ますだかずのぶ》という戦争中に上智に学ばれた方であった。常に温容《おんよう》そのもので、若い紳士という言葉がこれほど当てはまる人と会ったことがなかった。

著書には『天と地のあわい』（南窓社、一九八〇年、二百六十二pp.）がある。これは先生が還暦の年に膵臓《すいぞう》ガンで亡くなられる二カ月前に出版された。このなかに収められている「岩下壮一小伝」は、岩下の全集の編集にかかわった人の記述で、まことに貴重である。

また戦中の上智大学の学生として、次々に戦場に行く級友と別れて行く情景と、そこに出てくる聖者のような超俗的土橋学長の姿は、独特の戦時文献としていまなお感動を呼び起こす。私の眼に温容な若い紳士に見えた増田先生は、その後の独文科の女子学生の間では「魅力的なロマンス・グレーのおじさま」として憧れの的だったそうである。

増田先生がテキストとして採用されたのは、シュトルムの『インメン湖』などの日本でよく読まれている短篇であったが、特に有り難かったのは二年生の時にヒルティの『幸福論』のうち、「仕事をする技術」をテキストとして採用してくださったことである。

ヒルティはケーベル博士の愛読書であり、そのため東京帝大の哲学科の人たちは、岩《いわ》元禎《もとてい》——漱石の『三四郎』の広田先生のモデルとされ、「偉大なる暗闇」と綽名《あだな》された——の愛読書ともなり、岩下壮一などなど、帝大の俊秀たちの愛読書になり、そのため、日本の高級インテリでヒルティを読まないものは稀と言われていた。

ヒルティの「仕事術」

大学に入った頃、私もヒルティの名は聞いたことがあり、それは必読書であると言われていることは知っていたが、まだ読んだことはなかった。

その原文を増田先生のおかげで読む機会を与えられたのである。もちろん、岩波文庫版も買ってきて、すぐに全部読んだ。教室の講読は逐語訳で文法を辿りながらであるから、進み方はゆっくりしている。それで待ちきれなくて岩波文庫ということになった。
今日に至るまで、学生や編集者に「すすめたい本をあげてくれ」と言われれば、その三、四点のなかに必ずヒルティの『幸福論』をあげることにしている。たとえば、八十四歳になった今日なお、机に向かって原稿用紙の升目を孜々《しし》として埋めるのも、ヒルティのおかげだと思わずにはいられない。「仕事をする技術」の二（一）に、ヒルティはこう言っている。
「……人は誰でも生来懶惰《らんだ》なものである。肉体的に受動的な普通の状態を脱却するためには、常に努力を必要とする」（岩波文庫版）
まさにそのとおりだ。だから私はニュースが終わったら、努力してテレビから離れるのだ。そして、ヒルティのこの論文の終わりのほうにはこう書いてある。
「報酬以外の仕事の報酬は、働く人のみが真に快楽と休養の味ひを知るといふことである。先に働いていない休息は、食欲のない食事と同様に、楽しみのないものである。最も愉快な、最も酬いられるところの多い、而《しか》もその上最も安価な、最上の時間消費法は、常に仕事である」（傍点ヒルティ、訳は岩波文庫版）
これこそ、実践的幸福論の窮極ではないだろうか。この齢になってもヒルティを座右に置いて、時々その教訓を思い出すようにしている次第だ。そして、ヒルティはここに書かれていることを生涯にわたって実践した人で、空論家ではない。

彼は、スイスの大学や政府の要職を高齢になって退いたあとも仕事を辞めなかった。毎日、早朝に起きて読書や著述をし、天気が良ければ娘たちとジュネーブ湖畔を散策してから朝食をとった。

ある朝、散歩から帰ると疲れを感じたので、娘にミルクを温めて持ってくるように頼んでソファに休んだ。しばらくして、娘が温かいミルクを持って来てみると、ヒルティは苦しんだ様子もなく安眠しているように死んでいた。その部屋の机の上には、散歩の前に書きかけていた世界の平和に関する論文が載っていた。

これこそ大往生というものではないだろうか。ヒルティの『幸福論』の原本を欲しいと思った。増田先生使用のテキストはごく一部のもので、而も戦後の粗末な紙に刷ったパンフレットのようなものであった。欲しい本を現在のようにインターネットで探すわけにいかない時代である。

ヒルティの生家を訪ねて

――結局、私が『幸福論』の原本三巻（第四版）を入手したのは、ドイツ留学中にミュンスターの小さい古書店からであった（Hilty, *Glück*. Frauesfeld & Leipzig ,1893.vol.I 294pp.,vol.II 302pp.,vol.III 283pp.）。

この古書店の店主は小柄な白髪の老人で、私が「ヒルティを探している」と言ったら、

「ああ、あのロマンティカーか」と言って、上記の三冊を埃《ほこり》を拭って出してくれたのである。ヒルティがロマンチックな人、あるいはロマン派作家として受け取られていることを私は初めて知った。

ちなみにドイツにいた約三年間、ヒルティの名前をあげたら知っていたのはこの古本屋の老人だけであった。ドイツ語で書いてあってもスイス人なので、いまのドイツ人の全く関心の外にあるらしい。

そのことは、スイスにおいても似たようなものであった。致知出版社の藤尾秀昭君（現同社社長）もヒルティに関心がある青年であったので、同社の援助でヒルティを訪ねる調査旅行に出かけることができたのは、大なる幸運であった。

ヒルティの生家を訪ねると、ガンテバインという老人がいた。この人はヒルティのファンで、ヒルティの生家をそっくり買ってそこに住んでいるのだった。その生家のすぐ近くの丘に大きな城があるが、それをヒルティが買って住んでいたという。

そこを案内してもらうと、窓から絶景を見はるかすことができて、ヒルティの瞑想の質が分かるような気がした。この城はヒルティの子孫が国だか州だかに寄付したので、いまは博物館のようになっている。

ガンテバイン老人は九十歳というのにすこぶる元気で、われわれが息を切らすような城への坂道も平気で登り、また生家に戻るとヒルティの著書のコレクションを指しながら説いて、疲れを知らぬ様子だった。

それで昼になったので、近くのレストランに入ってステーキを注文したら、バカでかいのがきた。藤尾君も、もう一人の若い社員も、案内の若い婦人（スイス人と結婚した日本人女性）も、私も、半分しか食べなかった。しかし、かの老人は全部平らげたのにびっくりした。

この老人は昔のドイツの大学で学んだというので、私がガウデアムスを歌ったら唱和してくれた。歌詞——もちろんラテン語——もこの老人は忘れていなかった。

この老人については、いまでも藤尾君と懐かしんで話題にすることがある。彼との音信は途絶えている。子供もいなさそうだったが、あのヒルティのコレクションはどうなったのだろうか。

「まず第一行を書け」

——ドイツではヒルティを知っている人に会ったことがないと言ったが、スイスでもかの老人以外に知っている人に会わなかった。しかし、それから何年もあとになって、国際ビブリオフィル協会で偶然、ヒルティの親類というスイス人に会った。

日本ではヒルティが有名であること、私の愛読書でもあり、そのため彼の生家や城を訪問したことがあると言ったら、非常に喜んでくれた。その後、スイスでこのビブリオフィル協会の会議があった時、この人に私も家内もディナーに招待された。その家は城ではなかったが、広大なお屋敷であった。

いずれにせよ、私は増田先生のヒルティ講読の授業を受けたおかげで、明治以降の日本の高級知識人たちの愛読書に触れることができ、自分の幸福をヒルティ的なものにするという理想を与えてもらったことになる。しかし、実行できたかといえばできなかったことがあり、そのこと自体が、私の実に有益な教訓になっている体験がある。

ヒルティは「本を書くならまず第一行を書け。準備ばかりしていると、いつになっても出来上がらないぞ」という主旨の忠告をしている。それを増田先生のクラスで私は感銘して読んだつもりだったのに、それから二年後に書くことになった卒業論文は、準備ばかりしているうちに締め切りに間に合わなくなってしまった。

現在の制度なら卒業できなかったはずであるが、幸いに私の頃はまだ暢気《のんき》で、論文提出も大学の事務局ではなく、指導教授に直接出せばよかった。

私の指導教授の刈田先生は提出期限などにうるさいようなタイプではなく、おっとりとした方であったので、半月ほど遅れて持って行った卒業論文を、何の文句も言わずに受け取ってくださったのである。日本の大学がまだ日本の大学らしい、よく言えば鷹揚《おうよう》な、悪く言えばルースな時代であった。

実践的「幸福論」のすすめ

しかし、私は自らに恥じるところがあった。あれだけヒルティに感激しながら、その冒頭の教訓にも従えなかったとは——と考えると、口惜しかったのである。そこで修士論文では、その轍《てつ》を踏むまいと思った。とにかく準備して、半年経ったらまず一行書いてみようということにした。

まことにヒルティの言う如く、一行書いてみれば、次の行を書くためには何を調べる必要があるか、具体的に分かる。そうしているうちに、すでに書いた部分でも不要だったものが分かって削除もできる、ということで、私の修士論文は提出期限の半年前に出来上がってしまった。

それで英語をアメリカ人のスコラスティック（神父になる前のイエズス会の神学生）だが、英会話などを教えていた人たちの一人——ヴェッツさんという人——に頼んで、英語をチェックしてもらった。卒業論文の時は、チェックを外人に頼むどころか、自分でも十分チェックできなかったのである。余裕は質の向上にも繋がったわけである。

これはまたあとになって、意外な効果があった。ドイツに留学して指導教授を訪ね、博士論文のご指導をお願いしたところ、「何か書いたものを見せてくれなければ話に乗れない」と言われたのである。全くもっともな話であった。それで、修士論文を取り寄

1951年9月……黒澤明『羅生門』ベネチア映画祭でグランプリ

せて差し出したのである。

内容は十七世紀前半の英文法書の分析だし、書いてある英文にも問題がない（イエズス会士のアメリカ人の手の入った英語だから当然だ）。それで、シュナイダー教授もハルトマン教授も、博士論文を書く資格ありと認定してくださったのである。

ドイツの大学で言えば、Cand.Phil.の肩書をもらったことになる。

「とにかく始めるべし」というヒルティの教訓に従って、すぐにとりかかった。参考文献はすべて手に入るから、資料探しに時間を取ることもない。というわけで、三百ページの論文が二年もかからずに出来上がってしまった。ドイツの大学の当時の規定では最低四学期の在学、つまり二年の在学が必要なので、口述試験があり、正式に学位をいただいたのは二年過ぎていたが、手直しする余裕があったので、出来は良かった。

ハルトマン教授の指摘された点は膨大と言ってよかったが、それに十分に応えて書き直す時間的余裕もあった。仕事における余裕は質の向上に連なり、その余裕を生む技術はヒルティが古典的ともいえる見事さで説いている。

問題は実行できるかできないかであるが、それは年をとるに連れて難しくなるようだ。しかし、ヒルティの一生を理想とし続けたいものだと思っている。

そして、昨夜は久しぶりで増田先生の本を取り出して読んだ。

九、神田でも見つからなかった本

戦後の新聞のコラムで一世を風靡《ふうび》した感があったのは、高田保《たかたたもつ》が東京日日新聞（毎日新聞の姉妹紙）に連載した「ブラリひょうたん」と、それが中絶した後釜に登場した大宅壮一《おおやそういち》の「蛙のこえ」である。実に軽妙でありながらピリリと諷刺《ふうし》が効いて、毎回、ただただ感服したものである。文学部に入ったら、いつかはこんな文章を書きたいものだと思ったものである。

　こう思ったのは私だけではない。同じ寮にいて、一、二年上級生で新聞科の河尻寛という男もそう考えていた。彼の場合、新聞科にいたのであるから、新聞記者になった時にはそういうコラムを書きたいと具体的に憧憬《しょうけい》の対象にしたとしても不思議ではない。

　たまたまその頃、大宅壮一は上智の新聞科に非常勤で出講していた。大宅の随筆を読んでいた河尻は、自分で

高田保、ブラリズム宣言！

もそれぐらいのものは書けるのではないかと思ったらしい。彼は努力して、「蛙のこえ」風の随筆を書いて大宅先生に見せに行った。そうしたら大宅はこういう主旨の答えをして、彼の作品をその場で返したとのことである。

「随筆というのは文章の上手下手の前に、誰が書いたのかが重要なんだ。それぞれの分野で、しかるべき名のある人が書けば、初めて人が読んでくれるものなんだよ」

そう言われて、河尻は納得して引き退って来たと私に語った。そして、二人とも人生の現実を教えられた気がしたのであった。河尻はその後、ジャーナリズムに行かず、電通に行き、そこからまた別の会社に移ったとのことで、彼はついに随筆を書いていない。

高田保に拍手

当時のわれわれがいかに高田保や大宅壮一の随筆——一篇が本にすると見開き二ページの分量——に感激したか、そうした文章の一例を挙げてみたい。

たとえば、高田に「漱石入党」という一文がある。昭和二十四（一九四九）年三月十日のものである。高田のところに青年がやって来て、「夏目漱石だって今日生きていたら、たしかに共産党に入っていますよ」と言った。その証拠として、その青年は漱石の漢詩を挙げたのである。それは、漱石が『明暗』を執筆中の律詩《りっし》であった。

非耶非佛又非儒
窮巷売文聊自娯
（二行略）
焚書灰裏書知活
無法界中法解蘇
打殺神人亡影処
虚空歴歴現賢愚

この青年の解釈では、一行目はキリスト教（耶蘇《ヤソ》教）にも仏教にも儒教にも漱石は愛《あい》想《そ》を尽かしたことを意味し、「焚書灰裏、書、活を知る」はテーゼに対するアンチ・テーゼである。

「無法界中、法、蘇を解す」の「蘇」はソ連邦のことであることは、次の行に「神人を打ち殺し」とあるので解るではないか、とその青年は主張する。

こうまくし立てられた高田は、ようやくこういう質問をその青年に向かって言えただけだった。

「ところで君は、ソ連邦が正式に成立したのはいつの頃か知ってるかね？」

その青年は「一九二三年です」と答える。これに対して、高田はさらに問う。

「漱石の死んだ大正五年だが、その西暦は何年に当たるか知っているかね？」

その青年は答える。「知りません」と。

これで読者は思わず笑い出すことになる。

もちろん、大正五年は一九一六年で、ソ連誕生（樹立宣言）の七年前だからである。

高田がこの随筆を書いていた年は中華人民共和国が成立した時で、国内では三鷹事件、下山国鉄総裁轢死《れきし》事件、松川事件などがあり、共産党に対する批判的な書物や雑誌記事が稀な頃である。

日本中の物書きたちは、共産革命が起こるのではないかと、びくびくしていたのである（この点については、その頃の物書きの大スターであった清水幾太郎の告白的文章が残されている）。

こんな時に、景気よく議論を吹きかけてくる左翼青年を戯画化してからかっている高田の姿勢に多くの読者は拍手したのだ。高田は左だけでなく、吉田首相にも痛烈な皮肉を浴びせていた。

ブラリズム宣言

このような高田の筆に惚れ込んだ私は、目につけば彼の本を買い込んだ。いまも手元に『ブラリひょうたん』（創元社、昭和二十五年、二百三十九pp.）、『第2ブラリひょうたん』（同社、同年、二百三十七pp.）、『第3ブラリひょうたん』（同社、昭和二十六年、二百三十一pp.）とある。

高田は「ブラリズム」宣言と称し、

「……元来私は右でもなければ左でもない。……ブラリとはつまり宙に浮いていることである。足を地に着けていない。政治家だったら攻撃されるだろうが、ブラリで済ませるところは雑文屋の一徳である。ひょうたんはブラリから来たツケタシ言葉で別に意味はない。実を言うと、私にはひょうたんほどのしめくくりはないのである」

と言ったが、この締めの文句の見事さに私は唸《うな》ったものだった。

実は新聞に「ブラリひょうたん」が連載される前に、『風話』（和敬書店、昭和二十三年、三＋三百十pp.）というのがあった。これも一日一話という形式でどこかに連載されていたものだが、私はそれを知らなかった。本になったのを入手したのは「ブラリひょうたん」の愛読者になってからで、古本屋で見つけたのである。内容は「ブラリひょうたん」より充実した感じがある。

風話は「フウワと読んでもらいたい」と高田は断っている。風の頼りの聞き書きという意味であるが、フワフワと摑まえどころのない話にも通ずるからだという。時系列的にはこの名随筆集がきっかけとなって、「ブラリひょうたん」連載の話が出たのではないだろうか。

何しろ「ブラリひょうたん」の評判が高かったので、高田保の類似の随筆本がその頃、いろいろ出版された。『いろは歌留多』（文藝春秋新社、昭和二十七年、百七十二pp.）などがあるが、少し趣《おもむ》きが違っているのは『我輩も猫である』（要書房、昭和二十七年四月、百九十四pp.）だ。この本は高田が昭和二十七年二月二十日に亡くなっていることから、没後出版である。

宮田重雄が「あとがき」をつけているが、元来は昭和二十一年に『新大阪』に「猫」として連載されたものだという。

「月の出」に胸を打つ

宮田の描いた猫の絵が数点、入っている。表紙もその猫の絵で、巻頭には高田の写真が掲載されている。この写真の裏に、高田の「月の出」と題する詩があって、これが何となく胸を打つ。

草を握れば
匂ひがある
石を擲《な》げれば

響きがある
私が死ねば
月が出よう

そして『ブラリひょうたん日記』（要書房、昭和二十八年、二百三十pp.）が出た。これは、文藝春秋編集長の車谷弘《くるまたにひろし》が、高田の書き残した四冊のノートブックや夫人が高田に黙ってこっそり切り抜き保存したものなどを編集したもので、車谷の「あとがき」が三ページ半ほどついている。このなかには高田の詩や俳句も納めてあって、興味深い。

この本の巻頭には、木の丸火鉢を前にして、高田と夫人と、その間に犬が座っている写真が掲載されている。高田がいかにも老いた病人の顔をしているのに夫人が若々しく、非対称な印象が記憶に残った。この女性は夏堀正元《なつぼりまさもと》『風来の人　小説・高田保』（文藝春秋、昭和五十四年、二百十四pp.）によれば、昭和十一年頃に「カフェー・ライオンの女給をしていた色白で瓜実顔《うりざねがお》の、可愛い明るい雰囲気を持った美人」で、東京・向島生まれの小宅綾子という人だそうである。

高田は大森に家を借りて彼女を住まわせていたのであるが、敗戦から約二週間後の八月三十日に入籍したのだそうである。長い間、同棲し、高田を経済的にも支えてきた年上の女性とは、シナ事変の従軍作家として行った上海から帰った時に、別れ話をつけていた。

「よくぞ日本に生れける！」

――『ブラリひょうたん』系列の高田の本を読み、私は本物の自由人で博識と文才を兼ね備えたエッセイストというイメージを彼に対して持っていた。ところが、それから三十年以上も経ってから、古本で高田の『其日以後』（汎洋社、昭和十八年、三百十五pp.）を手に入れた。そして驚いた。まず書き出しが、

「晴れたぞ、諸君！　空は明るい。

十二月八日の朝は、いつものやうにやって来た。だが十二月八日はいつもと同じではなかったのだ。

………

あゝ、よくぞ日本に生れける！……人を喰ったルーズヴェルトの顔、陰険極まるハルの面、そいつらが眼の前に立ちはだかって、暗くて重たい空だった。それが今朝は一たまりもなく吹飛んで、見給へ、わが太陽は燦然《さんぜん》として輝いてゐる！

………

武士道とは死ぬことと見つけたり、死ぬべき日を待てばこそ、日本人は生きてゐる。私は街頭に立って、日本人の死生観、日本の哲学、その最も具体化《ぐたいか》した形を、この日この時に、この眼でもって観たのであった」

という調子で続くのだ。そして、一年後の昭和十七年十二月八日に作り上げたという「起てり東亜」という五十ページにも及ぶ音楽・合唱付きの叙事詩風の長編のなかには、次のような部分もある。

ああ大御稜威《おほみいつ》あやに畏《かしこ》し
つねに天祐を保有し給ふは
わが萬世一系のすめら大君に在《おは》します
皇祖皇宗のおん徳上にあり給ふて
天孫のわれら邪に屈することなし
卓を叩きてジョンブルが傲語《がうご》せる
牙城シンガポールは早くも蒼白となり
遂にあからさまに
悄然《せうぜん》たる白旗をかかげたり

1951年12月……日本銀行が50円札を発行

盃を挙げてヤンキイが安堵せる
コレヒドール要塞をまた惨として
鞠躬如《きつきゆうじよ》わが軍門に憫《あはれ》みを乞ひたり
すでにしてジャワスマトラに敵影なく
長駆一鞭《ひとむち》すればビルマ全土
燦としてわが日章旗はためきわたる
………
ああアジアは蘇《よみがへ》れり
海も空も陸も
アジアのすべては蘇れり
………

こういう戦時中の高田保の本を見て驚いた。そして、彼に裏切られた思いをしたか、と言えばノーである。私もあの十二月八日には全く彼のように感じ、彼の如く興奮していたからである。

私が小学校五年生から六年生になった頃、私の知っている日本人すべては、と言っても家族、親類、近所の人、学校の先生や同級生などであるが、高田保のような言葉は持たなかったが、彼の如く感じていたと思われるからである。

高田は若い頃には、左翼と仲が良かった時期もあったようだ。しかし、あの十二月八日にこのように興奮できたのは、間違いなく本物の日本人だからである。あの十二月八日の興奮を共有しなかった人は、心根において、あるいは血統において、普通の日本人ではなかったはずだと私は思っている。

高田は本物の日本人

高田は敗戦後はブラリズムに徹した。しかし反日ではなかったし、共産党に胡麻を擂《す》ることもしなかったことは、先に引用した漱石の詩の例でも明らかである。

戦後の漱石研究者の多くは、『三四郎』に出てくる広田先生（「大いなる暗闇」と言われた一高教授の岩元禎《いわもとてい》がモデルと言われる）の言葉――「日本はほろびるね」――がよく引用され、それが漱石の意見であるという風潮になっていた（漱石自身が日本衰亡論者でなかったことは、他の作品や書簡で証明しうる）。

そうした漱石観に連なる漱石入党論者の青年を茶化《ちゃか》して見せたところに、私は高田保の本音を聴く思いがするのである。

ただ、高田保の随筆を読んで気をつけなければならないのは――本当は気をつけないで楽しむだけでもよいのだが――彼は作り話をするのが好きなことである。「漱石入党」に出てくる青年の話も、おそらく作り話であろう。それは若い時から彼がよくやったことだったからである。

たとえば早稲田大学の学生の頃に、文学科長の哲学者・金子馬治《かねこうまじ》の家に押しかけ、一週三十時間の授業時間を十八時間に短縮してもらったりしたが、この時の高田の論拠は、オックスフォード大学は一週八時間、ケンブリッジ大学は十一時間ということであったが、これは口からの出まかせで、でたらめである。

金子はドイツに留学してヴントについた学者であり、イギリスのことは知らないだろうと高田は思ったのだが、それが当たったのである。彼の随筆の面白い話には、こういうことがありうると考えておかなければならない。

〝文学〟を〝文楽〟へ

随筆の他に、高田保には『二つの椅子』と題する対談集（朝日新聞社、昭和二十五年、三百五十八pp.）がある。当時の有名人十八人との対談で、清水崑《しみずこん》の装幀で、挿画が多くあって楽しい本である。なにしろ昭和二十五年頃、『週刊朝日』の誌上で、いろいろな人物が高田を相手に何を語っていたかはいまでも参考になる。

たとえば福田恆存《ふくだつねあり》は、

「ぼくらにしても物理学者と同じように世界的な普遍的な問題を文学という言葉で扱ってるんですよ。しかし物理学者が使うようなその世界だけの高度な言葉を持たされていない。当たり前の低い言葉で高い精神を語らなければならない。

しかもその低い言葉に国境という厄介なものがあって、しかもその国境を超えた問題を捌《さば》かなければならないわけですからね……文学と言うやつの苦しみは宿命的なものですよ」

これに対して、高田は「文学の〝学〟を〝楽〟にすればよいいんだよ」と言いながら、そうすると「文楽」になってしまって浄瑠璃《じょうるり》じゃ世界精神を語るわけにもいかないし、と笑いに持ってゆくといった調子である。

幸田文《こうだあや》とか辰野隆《たつのゆたか》などとの対話は、いま読んでも面白い。たとえば、いまの内閣の名前を訊かれても言えないから、歌舞伎の役者のように何代目を使ったらどうかという提案が出たりする。外務大臣なら何代目小村寿太郎《こむらじゅたろう》とか。文部大臣が二代目森有礼《もりありのり》と言ったら、当時、問題があった国語国字廃止などには名実ともにピッタリするという。

現在でもこれ式に、デフレ脱却を目標にしている安倍内閣の財務大臣の名前が二代目高橋是清《たかはしこれきよ》と言ったら、なるほど面白いだろう。いまの政治家の誰かがこの何代目になるような改名をやったらどうなるだろうか。誰か自分の尊敬する政治家の二代目を襲名する形にするのは不可能だろうか。ナポレオンにも三世くらいあったはずだ。安倍首相は二代目岸信介《きしのぶすけ》とか。

ひょうたんと雨蛙

高田保の『ブラリひょうたん』の後釜に登場した大宅壮一は、新聞連載の第一回の随筆には「雨蛙」というタイトルをつけ、第二回目は「蛙の学校」としている。連載の通しの標題、したがって単行本になった時の本の標題も『蛙のこえ』である。なぜ大宅壮一は雨蛙にこだわったのであろうか。いまの私には分かるような気がする。

大宅がこの連載を引き受けた頃の日本はマッカーサーが解任されて数カ月といった時期で、大規模なストがしばしば起こり、メーデーの騒乱もあった。言論界の主流は、サンフランシスコ講和条約に反対した全面講和論者とその亜流であった。その時、かつては左翼であったがいまはそれから足を洗ったつもりの大宅はどうするか。高田保も左翼から足を洗い、戦後は愛国者たることからも足を洗った自分の立場をブラリズムという名前にして韜晦《とうかい》した。大宅も同じようなことをする必要があったのである。

大宅は「雨蛙」のなかで、日本をエンジンのない大型汽船に喩《たと》えている。この船はアメリカのほうに進んでいると思っている乗客が多いけれどもいやそうではない、日本海からシベリアに向かっているのだ、そのほうが近いし、そうしなければならぬと力んでいる乗客もいる。いやインドのほうがいいという乗客も増えている（この頃、日本・インド平和条約調印）。

乗客がいろいろ騒いでいるが、船にはエンジンがないのだから刻々変わっていく国際情勢という風の方向がその〝日本丸〟を押し流しているのだ――と、当時の日本の情勢分析をしたうえで、こう結論する。

「今の日本では、新聞を読むということは、実は漁師が浜に出て空を見るのと同じである。そこで雨蛙のこえも馬鹿にならぬということになるわけだ」

と言って、次回の随筆は「蛙の学校」と題して次のように結んでいる。

「……蛙の中には雨蛙という愛嬌《あいきょう》ものがいる。私が文章人として果たしてみたいと思うのは、実はこの雨蛙の役目である」

つまり、高田保は自分をブラブラするひょうたんに喩え、大宅壮一は自分を雨蛙に喩えているのだ。いずれも自己を卑下《ひげ》した喩え、つまりは一種の韜晦である。

当時は、左翼的でない文章を新聞に掲載するにはそうまでしなければならなかったのである。河尻寛も私も高田や大宅の文章を愛読したのは、そこに左翼臭がないどころか、それに対する軽いジャブを出しているところがあったからだろうと、いまにして思う。

では、反左翼や非左翼のものはなかったのかと言えば、「なかった」と言ってもよかったであろう。保田與重郎《やすだよじゅうろう》はどこかでミニコミ雑誌を出していたらしいが、われわれがそれを知るはずはなかった。戦前の著述家の多くは、公職追放令で書けなくなっていたのである。

非左翼で突出していたのは月刊『文藝春秋』であった。高田はそこからも本を出したが間もなく死亡し、大宅はその後、『文藝春秋』を舞台に大活躍をしてマスコミの王者の如くであった。私はその後も大宅の文章を『文藝春秋』で愛読したものであったが、彼の単行本として現在も持っているのは、この『蛙のこえ』だけである。

余計なことをつけ加えれば、英語のテキスト出版で成功した出版社が、大宅壮一全集を出したのがつまずきとなって倒産したと聞いている。この社長だった人が、再起を図ってまた英語関係の雑誌を出すというので一昨年、かなり長い原稿を求めてきたので送ったが、結局、そのままになっている。

私の憶測では、左翼ジャーナリズムが強かった頃に、非左翼の『文藝春秋』で太陽のように輝いていた大宅の文章も、全集を出す頃になると非左翼の本も氾濫《はんらん》する時代になったので商業的に成功しなかったのではなかろうか。

それはさておき、大宅も高田も呆れるほど博識である（作り話が混じっている可能性もあるにせよ）。たとえば、乃木《のぎ》大将は自分の率いる第三軍に対しては慰安婦を豊富に供給したので他軍を羨ましがらせた、と大宅は書いている。

学生の時の私はそんな話に大いに興味をそそられたわけだが——戦前に乃木大将についてこの種の話が語られた例はないから新鮮だった——いままでは、大宅の作り話だったのではないかと怪しく思う。

アッという展開のうまさ

また大宅も高田と同じく、二ページという限られた紙面のなかで、アッというような展開、漢詩で言えば起承転結が絶妙である。たとえば、「漢文復活」というのがある。まず少年の頃の食い物の話で始まる。魚と言えば怖ろしく塩辛い塩鮭しか知らないから、年をとってもその味が忘れられず、何かにつけてそれを思い出す人たちがいる、という現象を述べる。私も塩辛い塩鮭の味を懐かしく思っているから同感する。

そこで、大宅は筆を時の文部大臣天野貞祐《あまのていゆう》——京大教授でカント学者だった——の漢文復活論に一転させてこう結ぶのだ。

「しかし私たちの眼から見れば、これまた一種の塩鮭みたようなものである……近ごろの子供たちは、塩鮭などよりはもっとうまくて栄養に富んだものが、いくらでもあることを知っている……」

この展開のうまさに感服し、どうしたらこういう文章を書けるようになれるのかと思ったものである。高田・大宅亡きあと、短い評論の名人は谷沢永一《たにざわえいいち》さんだったと思うが、その谷沢さんが岡崎久彦さんの漢文復活論を批判した。その時、私がふと思ったのは、天野の漢文復活批判が谷沢さんの脳裡《のうり》に、あるいは潜在意識にあったのではないかということだった。

一ページ、あるいは二ページで見事に議論をまとめて見せたのは、戦後では高田と大宅である。私とほぼ同じ年代の谷沢さんが『蛙のこえ』を読んでいないはずはないのだから、それを確かめる機会が永久になくなったことが残念である。

D・カーネギー『人を動かす』

――「(もし私が十五年前にこの本を知っておったならば)という本が、いま私の手許にある。(たぶん、私は朝日〔新聞〕の重役になっていたであろう)、いやいや、重役なんてことはどうでもよい……

いま私は、三回目を読み返している。大事なところ、感動したところに赤線を引いて行ったら、本はたちまち、真っ赤になってしまった……この本は頭で書かれた本ではなくて、身体を張って書かれた本だからだと思う……」

このような書評を、誰が誰の本について書いたか当てることができるだろうか。これは『週刊朝日』の名編集長として週刊誌ジャーナリズムに新境地を開いたという理由で菊池寛賞を与えられた扇谷正造《おうぎやしょうぞう》が、デール・カーネギーの『人を動かす』(大阪創元社、山口博訳）に感激して、何と十ページにも及ぶ感想を書いたものである（扇谷正造監修『一冊の本』ＰＨＰ研究所、昭和五十一年、二百五十六pp.四十九―五十八ページ）。

扇谷氏がカーネギーのこの本を読んだ時期は明らかでないが、早くても昭和四十五年前後ではあるまいか。そうだとするならば、私はその二十年も前にこの本を原書で読んでいる。そういうと、いかにも私の読書歴の自慢になりそうだが、そうではない。昭和二十年代（一九四〇年代末）の上智大学のカリキュラムの特異性を述べたかったのである。英文科の二年生になると、Public Speaking《パブリック スピーキング》というのが必修になった。これは「人の前で話す」という意味から、演説法という意味までである。

担当はヒーリーというアメリカ人の神父さんだったが、この人はアメリカのカトリック系大学の学長をしておられたということだった。

在京アメリカ人兵士のための大学・大学院コースが、上智大学の夜間部（国際部《イン・デビ》）として開講されたので、その教授陣補強のために派遣されたのではなかろうか。人柄で、いつもニコニコして春風駘蕩《しゅんぷうたいとう》という感じの方であった。

この先生は、まず人と話すことの重要性を少し語られると、すぐに「この本が一番よい。これだけ何度も読めばよいのだ」と黒板に著者の名前と本の名前を書かれたのである。それが、デール・カーネギーの『人を動かす』であった。

からなかった。図書館に二冊あることが分かったが、いずれも貸し出し中であった。国際部のアメリカ人兵士が借り出していたのであろう。しかし、ヒーリーさんという優れた先生が、たった一冊だけ参考書として挙げてくれた本のことを私は忘れなかった。

それで私は早速、神田に出かけた。さすがの神田でも見つ

古書店での「めぐり会い」

私がその本を青山の古本屋で見つけ、飛び立つような気持ちで買ったのは二年後である。いまはインターネットやカタログで探すことが多く、古本屋めぐりをして長い間、探している本に「めぐり会った」という体験はなくなったが、この頃の古本屋めぐりは発見の喜びを与えてくれるものであった。

それは、Dale Carnegie, *HOW TO WIN FRIENDS AND INFLUENCE PEOPLE*（New York:Simon and Schuster,1937.viii+340pp.）であった。

カーネギーのこの本の初版は一九三六年の十月に三千部出版され、翌月の十一月に三回刷られ（それぞれ三千二百、四千、五千五百部）、同年十二月の二回目は突如、二万部となり、翌年の一九三七年の四月五日まで各刷二万数千部から三万五千部ぐらい、十二回刷られた。

つまり初版以来、半年足らずの間に十八回刷られ、総計三十五万八千四十七部出てい

る。私の入手したのは、この初版第十八刷である。カーネギーがこのような脅威的売れ行きの本を出したのは、日本で言えば昭和六年の十月十三日、つまり私が満一歳に二日足りない時だった。

戦前の日本で、デール・カーネギーが話題になったことはないと思う。少なくとも日本英文学会ではないはずだし、その頃はアメリカ文学会もまだ日本には存在していなかったと思う。戦前の学会では、こんな〝通俗書〟を口にする人もいなかったし、学者の読む本だと考えた日本人もいなかったはずだ。

日本でハウ・トゥもの（how toもの）などという言葉が出てきたのは、それこそ扇谷さんたちがカーネギーなどの本を持ちあげてからだ。

青山の古本屋で入手した私の本の表紙裏には小さいレッテルが貼ってあり、そこにはChristian Literature Society KYO BUN KWAN Ginza・Tokyo（キリスト教文学協会、教文館、銀座、東京）とある。つまり、戦前のキリスト教信者が教文館から新本で買ったものらしい。

それが青山の古本屋で見つかったということは、青山学院関係の外人牧師か信者が買ったもので、それが古本屋に出たものではあるまいかと私は推察している。

いずれにせよ、カーネギーを入手して赤線引き引き読んだのは、ヒーリー先生が帰国されたあとのことになる。

カーネギーからの手紙

その頃、大学では教員免許を取るために教育学が必修だった。担当の神藤克彦先生は旧来のドイツ的教育学に批判的で、アメリカの実際的な教育法を説いておられた。神藤先生はキャンパス内にお住まいだったので、よくお訪ねする機会があった。それでヒーリー先生のカーネギーの話をしたら、「その本を貸してくれ」と言われた。先生はまだカーネギーのことを知っておられなかったのである。

しばらくしてまたお訪ねしたら、その本を読まれて感激措《お》く能《あた》わずといった御様子で、この本を是非欲しいと言われた。差し上げるわけにもいかないので、「神田で探してみます」とお答えした。それでも神藤先生があまりにもカーネギーのこの本を褒められるので、私はこう提案した。

「それなら先生がこの本をお訳しになったらいかがですか。私がカーネギーに手紙を出しましょう」

すると先生は、この生意気な学生の提案を喜ばれて、

「君、そうしてくれるかね」

ということになった。私はすぐに出版社気付でカーネギーに翻訳許可を求める手紙を

出した。翻訳者になる人は立派な教育学の教授であることも述べた。

するとカーネギーの秘書から、丁寧な返事が来た。その内容は、「本書に興味を持ってくださったことはありがたいが、戦前からカーネギーは日本人のK氏と関係があり、その人に任せてあるので、ご要望には残念ながら応じられない」というものであった。

実はカーネギー側から返事が来ることは期待していなかったので、むしろその敏速丁重な返事に感服したものだった。調べてみるとその頃、カーネギーのこの本は日本でも出ていたが、抄訳《しょうやく》でパンチが効かないものであった。その後は扇谷氏を感銘させる新しい訳本も出たのである。

「妻のnagには参る」

——デール・カーネギーの他の本を読むようになったのは、助手になってオックスフォードにいた頃である。ヒーリー先生が特別お薦めくださった著書ということで、彼に対しては尊敬心と親近感みたいなものを抱いていた。

いまから五十年も前の大学の英文科でhow toものを読むことは普通でなかったし、読んでいたら軽蔑される雰囲気であったと思う。幸いにロンドンではカーネギーの廉価版《れんかばん》がいろいろ出されていたので、それを入手して私は読んだし、裨益《ひえき》されることが多かった。その頃、私はいろいろな意味で難しい実人生を始めていたのであったから。

『心配をやめる法』(*How to Stop Worrying and Start Living*, 1988, Cardinal edition, 1953.xix+340pp.)は、いまでも誰にでも薦めたい本である。『人に話すことで自信を高める法』(*How to Develop Self-Confidence And Influence People by Public Speaking*, Surrey:The World's Work, 1995, Cedar Book版 1957,vii+256pp.)。これらはすべて、私がオックスフォードにいた時に読んだ。これらはすべて、イギリスで出たペーパーバック版である。『人生と仕事を楽しむ法』(*How To Enjoy Your Life And Your Job*, New York:Pocket Books,1970.174pp.)は、ヒルティの「仕事をする技術」と通ずるものがあるが、さらに技術的である。

これは、ヒーリー先生の推薦書と『心配をやめる法』からのサワリを選んだものである。やはり元の二冊をゆっくり読んだほうがよい。というのは、元の本には実例が多いからである。

神藤教授もすっかりカーネギーのファンになっておられて、右の本などの読後感などを話し合ったものであった。そうした折に先生が「"Don't nag, don't nag!"とカーネギーがいうのは本当だね。nagは困るよ」としみじみとした調子で言われたのが耳に残っている。nagは「小言を言う」ということである。

当時、先生は住宅のことで奥様にnagされ続けていたのである。戦後、キャンパスのカマボコ住宅が学生寮と教員家屋として建てられた。教員の方々は次から次へと家を建てて引っ越されたが、神藤教授宅だけが最後まで残っていた。元来が良家のご出身である夫人はそれを恥と考えていたらしく、先生に「何とかしてください」とnagし続けておられたらしいのだ（その後、先生は練馬区に家を建てられた）。

カーネギーには伝記物が何冊かある。いずれも短いものだが、視点がカーネギー独特のものがあって読んでよかったと思うものばかりだ。『知られざるリンカーン』（*Lincoln the Unknown*, Surrey: The World's Work, Cedar Book版,1955.viii+251pp.）もオックスフォードにいる時に読んだ。その本のなかでリンカーン夫人がnagするので、リンカーンが何日も家に帰らなかった話などがある。女房のnagに悩まされるのはわれわれ凡人だけではないのだ。

「面白くてタメになる」本

このほか、カーネギーには有名人の逸話集的な伝記ものがあって、いずれも短く、読めば人生の参考書にもなるし、話の種にもなる本である。『有名人秘話集』（*Little Known Facts About Well Known People*, Cedar Book版,1947.viii+175pp.）、『五分で読める伝記集』（*Five Minute Biographies*, Cedar Book版,1955.viii+171pp.）、『伝記総括集』（*Biographical Roundup*, Cedar Book版,1946.viii+189pp.）の三点は、いずれも有名人についてアッと言わせるような逸話を集めたもので、「面白くてタメになる」本である。また読むのに便利だ。一話五分で読める。

かつての大日本雄弁会講談社は、『キング』の付録として『偉人は斯《か》く教へる』（昭和八年新年号付録、二百十六pp.）とか、『考へよ！　そして偉くなれ』（昭和十四年新年号付録、百五十六pp.）を出しているが、全く同一趣向なのに驚かされる。

ところで、ヒーリー先生はアメリカ文学史の講義を火曜と木曜に行われるはずだった。しかし、先生は、木曜の授業は事務の手違いか何かで先生のスケジュールから落ちていたと見えて、月曜しか出てこられなかった。

われわれ英文科の学生たちは「しめしめ、サボれるぞ」と言って、このことを教務課に言わないことにした。いまの学生と違って、こういうサボることにはすぐ一致団結したのである。そのため、アメリカ文学史はマーク・トゥエインまでしか私の頭に入っていない。そこで講義が終わったからである。

いまにして思えば、現代アメリカ文学までの講義を聴いておけばよかったと思う。優れた先生の通史や概論は、その後の自分の勉強のスプリング・ボードになるからだ。英文学史は一応頭に入っているのに、いまでもアメリカ文学史は頭に入っていない感じなのである。

それでも成績表ではアメリカ文学史は八単位になっていたが、本当は四単位分しか授業はなかったのである。いま考えると惜しくてたまらない。

十、恩師の書斎で見た世界

藤井高尚『伊勢物語新訳』

「版木は刷れば減るものだ。だから初版が尚《とうと》ばれるのさ」

と、ニコニコというよりニヤニヤ笑われながら、佐藤順太先生は私に賀茂真淵《かものまぶち》の『古今和歌集打聴《うちぎき》』の初版を示された。

順太先生のお宅には、鶴岡に帰省している間は毎日のようにお邪魔していたが、その書斎の天井まで届くほど積み上げられた倹飩《けんどん》に入った木版本を見、それについてのお話を聞いているうちに私も木版本が欲しくなったのであった。

たしか大学三年になる前の春休みの前に、信濃町の小さな古本屋の書棚の一番上に、包装紙に包んだままの木版本があった。それが真淵の『打聴』であった。値段はいまでも覚えているが、ちょうど千円だった。私にとっては大金ではあったが、帰省直前のことで家に帰る汽車賃を残しておけばよいだけだったので、思い切って『打聴』二十巻を買ったのである。

和本であるから量はあっても重くはない。それで私は順太先生宅にお伺いした時に、「私も真淵を買いました」と得意顔してこれをお目にかけたのである。そうしたら先生はすっと立ち上がり、倹飩のなかからご自分の『打聴』を出されて、「くらべて御覧」と言われた。

そして較べてみて私は愕然《がくぜん》とした。私の買った『打聴』は木版で、しかも読んだ形跡の全くないまっさらの新本であるが、頭注は墨が拡がっていてちょっと読めない。私は、木版本は新本でもそんなものかと思っていたのである。

ところが、順太先生の寛政九年刊行の初版で見せてもらうと、頭注も実に見事にすっきりとしているのだ。そして先生はニヤニヤしたような嬉しそうな顔をされながら、初版と後刷りの違いやら、版木に使われる木の話などをしてくださったのである。

木版本の初刷りと後刷りの違いなどは、いまなら誰でも知っていることだ。テレビの美術番組やお宝発見の番組があるからである。しかし、終戦からまだ数年しか経っていない頃だ。田舎の平凡な家庭の少年であった私が、浮世絵の版のことも、木版本の版のことも知るはずは全くなかった。生まれて初めてこの時、「本には版の差がある」ということを実物比較して教えてもらったのである。

当時の大学はどうだったか。上智大学の本は焼けなかったから、戦前の洋書ではかなり貴重なものもあったと思うけれども、どんな洋書でも貴重視された焼跡だらけの日本で、洋書の版などは問題にされなかったと思う。

初版が重んじられた西洋

洋書どころか、リーダーズ・ダイジェストやペーパーバックまで大切にされていたのだ。私は大学を出るまで、先生方が本の版というものに触れられた言葉を耳にした記憶がない。この真淵の本のおかげで、私は「版」というものが気になるようになった。

「西洋では初版というものが重んじられると聞いているが、日本の活字本の初版というのは古本屋さんも気にしないようだナ」

と順太先生がおっしゃった。日本で活字本の初版が騒がれるようになったのは、三島由紀夫の頃からだったような気がする。いまでは日本の古本屋さんでも版を大いに問題にするようになっている。何しろ『ビブリア古書堂の事件手帖』がベストセラーになるほど、日本の読者たちは書物通、あるいは書物マニア的になっているのだから。

ところで私はと言えば、順太先生のところで『打聴』の初版を見せられたあとでは、自分の『打聴』を見る気がしなくなってしまった。売る気にもなれず捨てる気にもなれず、いまも私のところに美本のままである。しかし、あの時に受けた初版ショックの結果が私と洋書の間に出てくるのは、それからざっと四十年くらい経ってからである。

順太先生と木版本の話と言えばもう一つ、『伊勢物語』がある。高校の国語の菅原七郎先生――秋艸道人会津八一《しゅうそうどうじんあいづやいち》の謦咳《けいがい》に接したことのあることを誇りにしておられた――が、「伊勢物語こそ本当の教養の書というべきものだ」というようなことを言われたことがあった。

それで私も『伊勢物語』を読んだ。これはその頃、教室の授業と関係なく、自分で読んだ日本の古典文学の唯一の例であったから、それを木版でも読んでみたいと思った。そんな話を順太先生に言ったら「伊勢なら藤井高尚《ふじいたかなお》に限る」と言って、その木版本を示してくださった。もちろん、私は藤井高尚などという名前はその時に初めて聞いた。そして先生から一冊だけお借りして東京に戻り、高尚の現代版とつき合わせながら読んだ。何しろ私には和本リテラシーがなかったから、木版のものは読めなかったのである。

「いとめずらしき説」

――活字化された本と並べながら読んでみて、私は初めて江戸の国学者の註のつけ方に触れて驚嘆した。それまでの私は古文の註は受験参考書程度、英文学の註でも研究者の叢書《そうしょ》しか知らなかったのである。いまでも覚えているのは、高尚の『伊勢物語新釋』(二の巻)にある一首の解釈である。

夜もあけば　きつにはめなん　くたかけの

まだきに鳴きて　せなをやりつる

この歌の意味は、「夜が明けたなら狐に喰わしてしまおうこの庭鳥を。この庭鳥が時ならぬ時に早く鳴いたので、朝だと思って愛人《せな》を帰さしてしまったワ」という女の怨み言の歌である。

これに対する藤井の註の凄さ。

鶏を「くたかけ」と呼ぶ語源の考察から始まって、「きつ」の説明に入る。「吾友平田《ひらた》篤胤《あつたね》が言うには」と言って、出羽の秋田では木で作った大きな箱に水を蓄えるが、その箱を「きつ」と言った。近頃、それが大瓶になったので「きつ」という言葉を知る人も少なくなったが、古い東語《あずまことば》だという説を紹介する。

そしてこの平田説によれば、この歌の意味は次のようになるといって、試訳も与えている。

「鶏が時ならず宵鳴きするのを憎んで、そうさせまいとするには、鶏の腹を水に浸して冷やせばよい。この女は鶏の宵鳴きを憎んで、夜が明けたらこの鶏を〝きつ〟に投げ入れてやろうというのである。鶏を〝くたかけ〟と言っているが、〝くた〟は〝腐《くた》〟ということである。

鶏を深く憎んでののしり、この〝くされ鶏めが〟といった感じを表現したのである。

この歌以外に鶏を〝くたかけ〟と言っている例は見えない。
一首の意味は、〝夜が明けたならば、きつになげいれてやるぞ腐れ鳥め。お前が宵鳴きしたために、暁だと思って夫《せな》を帰してしまったが、口惜しき事、悲しい事、二度と宵鳴きはさせぬぞ〟と言っているのである」

そして、この平田説を「いとめずらしき説にぞありける」と言っている。藤井は社家《しやけ》の出身で、本居宣長《もとおりのりなが》の弟子になった。宣長死後は鈴屋《すずのや》学派の中心的存在だったそうであるが、あの頃の国学者の学風は、同時代のイギリスの学者の古英語詩の注釈より数段上だったようである。

この体験を谷沢永一氏に語ったことがある。そうしたら谷沢さんも眼を輝かせて、「それについては誰々の本が一番よい、と断言してくれたというのが素晴らしい」と言ってくださった。

谷沢永一さんからの贈り物

――藤井高尚という名は『縮約　日本文学大辞典』（新潮社、昭和三十年）にも載っていない（同社の一九九一年版『新潮日本人名辞典』には採録）。

順太先生はどこで藤井高尚の業績を知られたのであろうか。先生は東京高等師範の英文科卒だから、学校で教えられたとは考えにくい。御自分の家にあったのでお読みになったのであろう。

先生は高い和本リテラシーをお持ちであった。いろいろな版の『伊勢物語』にも目を通されることがあって、そのうえで「伊勢は藤井高尚に限る」と躊躇《ちゆうちよ》なく私に断言されたのであろう。「これが一番だ」と参考書を挙げる学者は、国文学界にもあまり見当たらないという谷沢さんのお話だった。

この経験から、私はゼミでも、あるテーマについては「先ずこれを読め、これが第一等だ」と言うように心がけてきたが、それはかなり勉強して自信がないと言えないものである。

たとえば、古英語詩の『ベオウルフ』をやろうという学生には、まずヨハネス・ホープスの『ベオウルフ注解《コメンタール》』を読めとか、英語音韻史ならヴィルヘルム・ホルンの『音と・《ラウト・ウント・》命《レーベン》』を読めとかである。

その後、教職に就いてからのちになって藤井高尚『伊勢物語新釋』の木版本も手に入れたが、活字本が見つからない。和本リテラシーが十分でない私には、どうしてもそれが欲しいのである。

古本のカタログもずいぶん送られてくるが見かけたことがないことを、谷沢さんに語ったことがあったらしい。そうしたら思いがけない時に、谷沢さんが『藤井高尚全集』

第一巻（吉備津神社・昭和二十五年、十三＋一＋五百八十八＋三pp.）を持ってきてくださったのである。

これは藤井の子孫で同じ神社を継いだ人が、戦災にもめげずに、戦後間もない紙不足の頃に出版したものである。紙質は良くないが、少しも傷んでいない。いま、机上でその表紙を開くと、谷沢先生独特の細字で「渡部昇一党学兄　謹呈」と書いてある（合掌）。これはその後、手に入れた美麗極まる『伊勢物語』の奈良絵本にもまして私の宝だ。

「文学についていろいろ議論している本があるが、私によくわかるように言ってくれているのはラフカデオ・ハーン（小泉八雲）だね」

と、佐藤順太先生は言われた。そう言われる先生の背後には、かの第一書房版の『小泉八雲全集』十八巻が書棚に並んでいた。その本を見せてもらった私はびっくりした。そんなに堂々と美しい本を手に取ったことはなかったからである。私の家にあった本は大衆的なものばかりであったのだ。あとから知ったことだが、この第一書房の全集は、日本の出版文化を飾る出来栄えだったものなのである。

大正十五年に第一巻が出、昭和三年に完結した「豫約非賣品」の十七巻（別巻一冊）の全集は、ウィリアム・モリスの主張するように見開き二ページで一単位になるように活字が組まれている。つまり、本を開くと両端のスペースが中央よりもずっと広く、また同じページでは上より下の空白がずっと広い。モリスの言ったことは正しく、こういう本は落ち着いた感じがあり、読み易い。

近頃の英語の本が読みにくく感ずるのは、とにかくページいっぱいに刷ってあるからだと思う。大戦前までのイギリスの本は、小型本でもたいていモリスの方針に従っている。第一書房版の八雲の全集を初めて手にした時、それまで経験したことのなかった豪華感と「読み易いだろうナ」という感じを持ったのは、理由があることだったのである。

こういう本を出版した長谷川巳之吉《はせがわみのきち》という人については知るところがなかったが、数年前に長谷川郁夫『美酒と革嚢《かくのう》――第一書房・長谷川巳之吉』（河出書房新社、二〇〇六年、四百四十一＋xvipp.）が出たので、彼が新潟の漁師の家の出身であることを知った。

日露戦争以後の日本は、こういう青年が志を立てて出版社を興し、いまなお我々に感銘を与える美本を作って成功できるようないい時代だったのである。それが長く続かず、世界大戦になだれ込んでいった国際情勢を改めて残念に思う。

順太先生はハーンの文学論、作品評論を高く評価しておられた。その話をお聞きした時は、何ということなく「そうですか」といった程度で聞いていたのであるが、これはのちになって突出して秀れたものであったことを知った。

というのは、当時のハーンについて書かれたものの多くは、彼の日本観とか、ハーンの作品では『怪談』が英語のテキストになるとかで、高級な文学についてのハーンの評論は目にすることがなかったからである。ハーンの英文学史や文学評論が戦後に注目されるようになったのは、アメリカにおける評価が高くなっているという情報からであるらしい。

身についた教養で語ること

順太先生のハーンの評価は、当時の日本英文学会を超えていたともいえることになる。のちになって、東大の佐伯彰一《さえきしょういち》先生がこう言われたのを聞いたことがある。

「アメリカ人で英文学史を書いた最初の人物はハーンということで、注目されてきていますよ」

ハーンがアメリカ人と言えるかどうかは問題だが、彼が日本に来たのはアメリカの出版社との関係だし、彼の英文の本はアメリカで出版されているのだから、そうだとも言えよう。

八雲全集の〝立派さ〟に圧倒された私に、先生は英文学関係の評論の巻を貸してくださった。それは春休みの時で、トマス・ブラウンなどについて読んだ記憶がある。当時は私の理解の程度が低いので、何となく面白いことが言われているな、というぐらいだった。

そんなこともあって、卒業論文に私がハーンを選んだのは、順太先生が「ハーンの文学の話は解る」と言われたからである。

ハーンのキリスト教嫌い、特にイエズス会嫌いは有名であったから、イエズス会の創立になる上智大学の英文学科の卒業論文としてはあまりふさわしくないものだったと思われる。ロゲンドルフ先生はハーンを全く評価しておられず、日本の珍しいことを種に著作している者としてしか見ておられなかった。

それで指導教授は刈田先生になったのだが、この方はいい意味でリベラルであり、ハーンの未刊のものを出版しておられた西崎一郎先生（お茶の水女子大教授）にも紹介してくださり、西崎先生のお宅にもお邪魔するようになった。

つまり大学四年間、私は二つの大学に通っていたようなものだった。一つは学期中の上智大学であり、もう一つは休暇中の佐藤順太先生のお宅である。そして、卒業論文のテーマは順太先生から得たことになる。

なぜこんなことになったかと言えば、順太先生はすべて身についた教養で語られたからである。大学の授業から受けた恩恵は学問については巨大であったが、何しろ多くの教授からの影響である。順太先生のお宅には四年間、毎年四カ月くらいの休暇中はほぼ日参していたわけであるから、大学にはない趣味の影響まで加わったのであると思う。

木版本の初版や小泉八雲全集の造本などは、自分の手に取ってみなければわからない世界なのだ。その世界が順太先生の書斎にはあった。

順太先生の言葉でいろいろ頭に残っているものがあるが、最近、特に思い当たるのは厨川白村《くりやがわはくそん》のことである。

「外人の先生というものは、われわれの知らないこともよく知っているものだ。しかし、こういうこともあったナ。ある文学上の質問をしたら、その外人教師（名前は忘れた）が〝厨川さんなら知ってるかもしれない〟と言うんだ。厨川さんという人には外人教師も一目置いている感じだったネ」

そう言われても、私は厨川白村のものを読まずに知命《ちめい》の年に至った。そしてこの頃、また読み出して思い当たったことは、順太先生は厨川白村と同じ頃に生きておられたということである。

厨川白村、本名・辰夫。東大英文科では、ハーンの講義を筆記して彼を尊敬した。五高、三高教授を経て、大正四年にアメリカに留学。京都大学教授として、欧米文芸思潮や現代文明に関する批評家として一世を風靡《ふうび》したが、大正十二年の関東大震災の時に湘南の別荘にて死亡した。

私がこの頃、確信するに至ったのは、順太先生は厨川白村の愛読者だったのではないか、ということである。

先生の書斎に白村を見かけたことはなかったが、それは何度も引っ越しされる間に処分されたということもありうる。少なくとも、白村と同じ空気を吸い、同じようなお考えであったと思う。

たとえば、マックス・ノルダウといういまでは——私の学生の頃でも——全く忘れられてしまっている著者がいる。このノルダウという人間が、順太先生に弟子入りする私と私の友人の間では重要な名前になっていた。

というのは順太先生が、十九世紀末の頃の詩などの分かりにくいものは、その作者たちが生理学的に異常があるからだと立証している本として、ノルダウの『*Degeneration*（堕落、退化、変質）』という本を示されたからである。

二割しか読めなかったノルダウ

ノルダウはブダペスト生まれのユダヤ人の医者で、パリで健筆をふるった人物であるが、彼によると十九世紀末頃の文学・芸術のもとには、堕落、退化とヒステリーがある。唯美《ゆいび》主義、神秘主義、美術のリアリズムなどはすべて弱体化している文明が発作的に、また痙攣的《けいれんてき》にもがいている結果だという。

しかも、そういう文学者、芸術家たちの医学的症候群や骨相・人相などを実証的に示しているのだから凄い。高級な文学がもう一つピンとこなかった私や、一緒によく順太先生を訪問していた今野俊夫（福島大学経済学部＝旧福島経専入学）などは、何か偉大な人生の真理を示された気がしてノルダウを口にするようになった。

ノルダウについてはブリタニカ百科事典の第十一版（一九一一年）にも記載があり、その作品リストにだけでも十三行も与えているところを見ると、二十世紀の初頭は世界的に重要な著作者と考えられていたらしい。

この本はぜひ欲しいと思ったら、やはり神田で見つかった。神田は偉大である。この『退化論』のドイツ語の原本は*Entartung*（一八九二年）と題する二巻本であるが、私は持っていない。入手したのはMax Nordau, *Degeneration* (New York & London:Appleton, 1912,xiii+566pp.）と*Paradoxes* (London:Heinemann, 1898, x+343pp.）である。

私はDegenerationを「堕落」と訳すより、ドイツ語に用いられたEntartungの医学的意味である「変性、退化」と訳したほうが良いと思う。というのは、ノルダウによれば、唯美主義的とか神秘主義的とか象徴主義的とか言われる詩人や芸術家は、生理学的に変性、あるいは退化を起こしている人たちだということになるからである。

休みになるとすぐに郷里に帰ることにしていたのだったが、三年生の冬休みの時、東京に数日居残ってノルダウに取り組んだ。空いている教室に行って読むわけだが、暖房が停まっているので寒く、マントを足に巻きつけてノルダウを読んだ。

いま、その本を見ると、四章よりなる第一部「世紀末《ファン・ド・シュクル》」と、第二部「神秘主義」の第一章「神秘主義の心理」と第二章「ラファエル前派」までしか読んでいない。つまり、本全体の二割足らずのところで赤線などが終わっている。

寒さがこたえたということもあったと思うが、何といっても語学力が足らないうえに、内容を理解するだけの知識・教養がなかったのである。散文を文法的に正確に辿るだけの能力はあったのだが、語彙《ごい》が足りないし、文芸思潮とその背景などについて「なるほど」というような理解ができるほど頭が進んでいなかった。

目次を見れば象徴主義、トルストイ主義、ワグナー・カルトなどあるし、第三部は「エゴ・マニア」となっていて、悪魔主義、唯美主義、イブセン主義、ニーチェが扱われ、第五部の「二十世紀」の第一章は「予後《プログノーシス》」で、第二章は「治療法」である。

いずれも医学用語の表題で魅力的であったが、遂に読まないでしまった。それから約百年後、いまの日本ではまたニーチェなどが読まれているが、ノルダウの診断によれば、彼はエゴ・マニアである。どんな診断をしているか読んでみたい気がしているところだ。

ロンブロソの学説は差別？

その後はノルダウに触れる機会はなかったが、彼が『退化論』に三ページもの感謝の言葉をつけて献辞を捧げているカエサル・ロンブロソ（トリノ王立大学医学部教授）については、ちょっとした思い出がある。

ロンブロソはその精神分析学と法医学の対象となった患者のデータから、いろいろな犯罪や病気には骨相や人相などの示す特徴があることを実証して見せた。その業績をノルダウは利用して、当時の詩人や芸術家の人相や気質は、犯罪人や特殊な病人に共通であることを指摘したのであり、順太先生もロンブロソの名を時々口にされていたので、その後、二十年近く経ってからもその名を覚えていた。

六〇年代の終わり頃、フルブライト訪問教授として私がニュージャージーの大学で教えていた時、時間割の偶然で、いつも教員室で金髪碧眼《きんぱつへきがん》の若い美人と一緒だった。その女性の専門は犯罪学だという。それで私は彼女に尋ねた。「ロンブロソは使われていますか」と。すると、彼女はすぐに答えた。

「彼の学説は差別問題になるので一切、用いられません」

なるほど、ロンブロソが罪人に多いとする人相や骨相は黒人に多いのである。ロンブロソは白人を対象にして研究して、平均的白人からずれた人相、骨相の者に犯罪者や異常者が多いとしたのである。もともと、黒人の場合はそれは当てはまらないのだろう。しかし、教室でロンブロソのデータを示せば物凄い反発が起こるに違いない。ちょうどその頃はベトナム戦争の後半に入り、反戦運動と黒人差別反対運動が一緒に盛り上がりかけていた時代であった。たしかに、ロンブロソの説は人種差別や人間差別を作り易い。しかし時々、テレビなどでアメリカの凶悪犯などの映像を見ると、ロンブロソを思い出すことがあることも事実だ。

佐藤順太先生と厨川白村の関係——読者と著者の関係——について推測するようになったのは、初老も過ぎた頃に白村の『近代文学十講』（大日本図書株式会社、明治四十五年初版、大正十二年第六十八版、六百二十三＋十八pp.）を読んだからである。

この本は、「欧米の近代文学を体系的に日本に紹介した最初の著述として記録されるべきものである」と新潮社の『日本文学大辞典』も言及しているような名著である。

しかしこの本を初めて開いた時、全体の構成がノルダウ式になっているのにすぐに気付いた。

その第二講は「近代の生活」であり、その第一章は「世紀末」、第二章は「疲労および神経の病的状態」、第四章は「刺激」と続いてゆくが、いずれもノルダウでお目にかかった題目である。

厨川先生はもちろん、この本のなかでノルダウもロンブロソも紹介されている。ノルダウの著書 degeneration にも「変質」という訳語を与え、通常の「堕落」という訳語にしなかったのも、さすが厨川先生であると思った。

この本の内容には厨川先生の近代文学についての当時無比とも言える知識が織り込まれているが、全体の構成から言えば、ノルダウの枠組と言ってもよいだろう。

ノルダウが取り上げたものをその枠に従って述べているとは言え、ノルダウと厨川先生は結論は反対になっているところが面白い。

ノルダウについて、厨川先生はこう述べている。

「……『変質』といふ一冊は、全巻すべて病理学的の立場から近代文藝を観察し、痛快に之を罵倒し去つたものである。もとより普通の道学者流の空漠たる攻撃論ではなく、一方には科学の確かな論拠により、一方には文藝の作物を精細に調べての論であるから、確かに一顧の価値はある……」(『前掲書』、六十ページ)

ノルダウやロンブロソの業績を認めながら、天性の文学鑑賞力に恵まれていた厨川先生は、そうした「変質」した詩人や芸術家の作品の長所を洞察し、それぞれ評価されている。

ハーンの東大講義録

この厨川先生の態度はどこから出たものであろうか。もちろん生まれつきの才能ということが大きいと思うが、もう一つは青年期に小泉八雲の講義に出席していたということが重要であると考えたい。

小泉八雲については、私は卒業論文を書いたくらいだから、その伝記的な本や思い出のようなものは手の及ぶ限り読んだはずであった。しかし、厨川先生の「小泉先生」（全集第四巻、十一―四十ページ）があることは、その頃は知らず、したがって読んでいなかった。

五十歳近くになって読んで驚いたのである。小泉八雲――厨川先生はヘルンと言っている――について、このような鋭く、しかし温かく、その講義を高く評価した文章は他にないのではないかと思う。厨川先生はこう書く。

「また新しい年を一つ迎へた。もうかれこれ十五六年の昔にもならうか、教室で師なる此天才の唇を洩れる美しい発音の英語に耳を澄ましながら、ノオトの上にペンを走らして、その片言隻句《へんげんせきく》をも逃さじと書き留めたのは。

私にとってはさういふ懐かしい思出の附纏《つきまと》ふ講義が、今海のかなたで上梓《じょうし》せられ新しく舶載《はくさい》せられた……通読し終はって瞑目《めいもく》一番すれば、先師のおもかげは今髣髴《ほうふつ》として眼《まな》底《そこ》にある」（『前掲書』、百二十六ページ）

大正初年に、ハーンの東大講義録が三冊もアメリカで出版されたのである。すなわち、『文学の解釈』（*Interpretations of Literature*）、『詩の鑑賞』（*Appreciations of Poetry*）、『人生と文学』（*Life and Literature*）である。

これらは戦後、日本でも出されているが、私が卒業論文を書く時はまだ手に入らなかった。戦後の日本人は、ハーンのアメリカでの評価の高いことを、前に述べたように佐伯先生などを通じて知らされたのである。

大正七年に厨川先生がこのように書いていたことを、日本の英文学者は忘れていたか、知らなかった。私は『英語青年』を高校の時から毎月買っていたが、厨川先生の名前が出ていた記事は記憶にない。

関東大震災以前の近代西洋文学紹介者の業績は、大戦後の日本英文学界には残っていなかったと思われる。厨川先生のご子息の厨川文夫先生（慶大教授）は古英語や中英語の権威として大変有名であり、英文科の人間でその名前を知らぬ人はなかったのであるが。

ヘルンの講義の価値

ところで、厨川白村先生はヘルン（先生の言い方に従う）の講義の価値をどう見ておられたか。

「……十六世紀頃以後の所謂《いわゆる》近世英文学の全般にわたって、先生のやうに博洽《はつこう》の識と鋭敏なる理解とを有《も》ってゐる人は、英米第一流の大学に於いてすら余り多くは無いと思ふ。……沙翁《シエイクスピア》以後幾百幾十の作家と作品に就いて毫《ごう》も受売でない自己の鑑賞《アプリシエイシヨン》を語り得る者が、多士済々《たしせいせい》たる英米の学界に於てすら果して何十人あるだらうか……

また英文学以外に於いては、さすがに〔ヘルンは〕仏蘭西《フランス》で教育を受けた人だけに、近世仏蘭西文学にも十分に精通して居られた。

かのゴオティエの短編集や、アナトオル・フランスの『シルヹストル・ボナアルの罪』の英訳本は、先生の筆に成れる巧妙なる翻訳が今日既に標準訳となってゐるのを見ても、仏文学に於けるその素養の程を窺《うかが》ふに足るではないか」(『前掲書』二十三—二十四ページ)

ヘルンの講義録をニューヨークの書店から校訂出版したコロンビア大学の英文学教授ジョン・アースキンも、ヘルンについてこう言っているというのだ。

「英文の文藝批評としてはコオルリッヂ以後の第一人。否な寧《むし》ろコオルリッヂと雖《いえど》も或点に於いて及び易からざるものあり」(『前掲書』十四—十五ページ)

このようなヘルンの文学批評・文学鑑賞についての高い評価は、厨川先生の他には大正の初め頃にはなかったのではないか。それで私の推測は、順太先生は厨川先生の愛読者であり、その影響もあってかの豪華な第一書房版の『小泉八雲全集』を予約購入されたのではないか、ということである。

当時、順太先生は若い英語教師であり、実家は微禄《びろく》した武家であり(先生は旧制中学にも進まれずに検定で東京高師に進学)、そう豊かだったはずはない。あの豪華な全集を買われた動機は厨川白村を愛読したためだとすると、すべて説明がつくのだ。ノルダウにしてもロンブロソにしても。

ヘルンはまさに「変質者」

厨川先生は、ヘルンがいかにも風采《ふうさい》があがらず、病身矮軀《わいく》、――実に白人には珍しいほど小柄な人であり、いつも前屈みに背を丸くしてひょこひょこ歩いているのを見ていた。両眼ほとんど視力なく、左は盲目、右は眼球が大きく飛び出して、それがまた近眼であることも知っていた。

そしてヘルンの趣味には偏したところがあり、リットンの怪談などは最も愛読し、妖異なデカダンスの趣味にも深い同情を持ち、ポーを愛し、ボオドレエルを好まれたことも、厨川先生はよく知っていた。そのヘルンの癖があまり出た講義は有り難くなかったとも言っている。

その厨川先生がノルダウの『変質』を読んだ時、まるでヘルンのことを書いてあると思われたはずである。神秘主義、怪談好き、唯美的嗜好に加えて、その特異な人相、骨相。すべて当て嵌《はま》るのである。

厨川先生は師のヘルンがノルダウやロンブロソの言う変質者であると知ったが、彼が学生の時に受けたヘルンの珠玉《しゆぎよく》の如き講義を忘れなかった。これが厨川先生の『近代文学十講』が、ノルダウの枠組みでノルダウ的に論ずるところがあっても、変質者の作品に秀れた性質のあることを常に認めていることの説明になるのではないだろうか。

順太先生のお宅に私が日参した理由の一つは、私が順太先生の知識やご意見に、関東大震災以前の日本の読書界、つまりは厨川白村が代表的知識人だった頃の良き時代の日本を感じていたからではないだろうか。

敗戦後の日本の英文学界から、また大学の英文科から消えてしまっている何かが、順太先生とその書斎にはあったのである。

厨川白村と言えばつい数日前、その『現代抒情詩選《じよじようし》』(アルス・大正十三年、百八十九+三pp.)を驚嘆の念をもって読み終わったところである。

買ったのは何十年か前だと思うが、読んでいなかったのである。現代の、と言っても大正十二年前までの抒情詩についての注釈と鑑賞である。当時の『英語青年』に連載されたものを、白村の死後に矢野峰人《やのほうじん》がまとめて出版したものである。

開巻するやまず驚いたのは、最初の詩がメイスフィールド(John Masefield)のSea-Fever(海洋熱慕)であり、続いてCargoes(船荷)である。これは両方ともライエル先生に暗記させられたものである。懐かしいので少し繰り返したら、暗記し直すことができた。

たまたま長男夫婦と食事する機会があったので「船荷」の三連を暗誦《あんしよう》して見せて、まだボケてないことを示すことができた――と思ったら、「軍人勅諭　みんな言えてもボケている」という川柳もありますよ、と言われてしまった。

それにしても、白村のこの本に採られた詩は素晴らしい。チェスタトンの「レパント」もライエル先生に習った。ベロックの名詩「南の田舎」をあげて、これはイギリスの湘南地方のことだといい、自分も日本の湘南が好きだと言っているのが痛ましい。というのは、前に触れたように、彼は関東大震災の時に湘南の別荘で津波に襲われて亡くなっているからだ。

白村の撰詩、解説、鑑賞にはただただ敬意を表すだけであるが、驚くべきことは文法家の如く英文法を厳密に説明し、指摘が修辞の技法にまで及んでいるのである。

そういう連載が続いていたら『英語青年』も休刊にならなかったかもしれないのに、と思ったりもした。

十一、与える先生、怒る先生

佐藤順太先生のラフカディオ・ハーンの文学論に対する高い評価や、マックス・ノルダウの見解への共鳴などを考えると、順太先生は厨川白村《くりやがわはくそん》の愛読者、しかも心酔者であったのではないかと考えるようになった。

「真の戦闘者」徳富蘇峰の『読書九十年』

そうでなければ、第一書房版の『小泉八雲全集』やノルダウの著作を、田舎の一英語教師であった順太先生が購入されるわけはない——と私は考えるようになった。そして、私があのように順太先生の学識に惹《ひ》かれたのは、厨川白村の時代の香りを、先生のお話と書斎のなかに感じたからではなかったかと思うのである。

そこで改めて、厨川白村のことを考えてしまった。私は英文科の学徒として、また教師として六十五年ぐらい生きてきた。戦前から日本の英語英文学の世界に独占的な、また学会誌的には権威をもっていた『英語青年』（研究社）は、高校生の時から継続して数年前に休刊になるまで購読していた。

また、若い時から学会理事になっていたことから、各大学の偉い先生方のお話を伺う機会も多かった。それでも厨川白村が話題になったことは全く記憶にない。厨川白村に対する日本の英文学界の完全とも言える忘却は、何を意味するのであろうか。

厨川の略歴は次のとおりである。本名・辰夫、明治十三（一八八〇）年に京都に生まれ、京都府立第一中学から第三高等学校に進み、東京帝大の英文科に入学、小泉八雲、夏目漱石、上田敏《うえだびん》について英文学を専攻した。

連年特待生であり、恩賜《おんし》の銀時計を与えられて、卒業後、第五高等学校（熊本）を経て母校の第三高等学校教授になったが、京都帝大の教授になっていた旧師の上田敏に招かれて、同大講師、教授となった。その四年後の大正十二（一九二三）年には関東大震災の津波にさらわれ翌日、死亡した。享年四十三であった。

この略歴を見て私には二つの問題が生じる。一つはハーン、漱石、敏たちが去ったあとの東京帝国大学の英文科はどうなったのかということであり、第二は白村が活躍したのはたった十一年間であるが、これが如何なる時代であり、なぜその約十年間、日本の読書界を風靡《ふうび》した白村が死とともに忘却の淵に沈んでしまうことになったのか、ということである。

まず、その後の東京帝大の英文科である。漱石たちのあとに迎えられたのは、ロレンス（John Lawrence, 一八五〇―一九一六）というイギリス人である。彼はロンドン大学でB.A.を取り、「頭韻詩《とういんし》の研究」でロンドン大学より文学博士（D.Lit.）を授けられ、のちにオックスフォード大学に入ってM.A.を取り、ロンドン大学のベッドファド・カレッジ（Bedford College）の語学講師となって、明治三十九（一九〇六）年に東京帝大の英語学・英文学の教師として招かれたのであった。

ハーン、漱石、敏らのあとにロレンスが来たことこそ、学問の世界が――英語・英文学の世界までが――ドイツ風になったことを示す見易き象徴であった。ロレンスの学位論文 *Chapters on Alliterative Verse*（London, Henry Frowde: 1893, vi+113pp.）はまさに当時のドイツの論文の形式に拠《よ》ったものであり、それこそがイギリスにそれまでなかった種類のD.Lit.（文学博士）なのである。

ロレンスの堅固な学問

されればこそロレンスは、博士号取得後にオックスフォード大学に入学したのである。オックスフォードに入ったのは、イギリス人として社会的ステイタスのためということもあったのではないか。彼は初め、父とともに小学校教育に従事していたのであり、当時のオックスフォードに学ぶ〝身分〟ではなかったのではないかとも考えられる。

ロレンスの学問は堅固なものであった。東京帝大における授業は勤勉、懇切を極め、人間としては「篤志《とくし》にして努力うむことなき語学者は、敬虔《けいけん》・正直・至誠などの美徳をもってイギリス紳士の模範を示した」と、その教え子であり東大の英文学教授になった斎藤勇《さいとうたけし》は『研究社　英米文学辞典』のなかで述べている。戦前、六つの帝国大学のうち五人の英文科教授がロレンスの弟子であったという。

このロレンスの講義が必ずしも学生の歓迎するところでなかったことを、野上弥生子《のがみやえこ》が「助教授Bの幸福」（『小説六つ』改造社、大正十一年に所収、一〇一―一六〇ページ）という小説のなかで描いている。

「……人のよい老人が現れて、英国の古代文学と沙翁研究と言語学とを講じ始めた……講義はすべてがただ考証であり、引用であり、注解であった……古代英語に於ける或る代名詞の使用法の研究に数時間を費やすやうな講義を聞く位なら、寧《むし》ろ純粋な言語学科に転ずべきであるとさへ彼等〔学生たち〕は思った」（『上掲書』、一一五ページ）

これは、ロレンスの古英語の講義の話である。では、シェイクスピアのような近世の英文学についてはどうであったか。

「……マクベスを講じてゐたが、サア・シドニイ・リイとコレリッヂの引用を主とした、馬鹿々々しく長い序論が第一に学生を驚かした……お爺さんがおもしろいことを云ひ始めたと思って熱心に耳傾けてみると、それはProf. Bakerからの引用であった。
それからその教授のマクベスに応用された盲目的運命が説かれてゐるかと思ふと、今度はProf. Bradleyの説を引いて、マクベスには少しも盲目的運命は見出されない、といふ駁論《ばくろん》を持ち出す。斯《こ》うして二つの反対意見を並べて置いたまま彼のマクベス講義は終りを告げる」(『上掲書』一一六―七ページ)

こういうロレンスの講義に対して、漱石のような講義を期待して東大英文科に入ってきた学生や聴講生たちは失望し、反撥するというのが野上の小説の背景をなしている。別の言葉で言えば、その講義には〝文学〟がなくて〝文献学〟、ドイツ語で言うフィロロギーがあるだけだったということになる。

ハーンや漱石に師事した厨川白村は京都大学にいて、ロレンスの講義の噂を聞いたらしい。名前は挙げていないが、自分が去ったあとの東大英文科の学風を、自分が聴講したハーンの講義と比較してこう言っている。

「理知を以つて解すべからざる詩を情緒に訴へて解せしめんと心掛けられたところに、先生〔ハーン〕の講義の大なる特色があった。
かの徒《いたず》らに西人の筆に成れる註疏《ちゅうそ》の書を辿《たど》って、一語源の説明に二時間三時間を棒に振り、遂には藝術の真意にだも触れ得ざる学究先生の為すところとは真に雲壌《うんじょう》の差であ

った」（厨川『全集』第四巻、二〇ページ）

つまり、ロレンスのいる東大英文科と、上田敏と厨川白村のいる京大英文科は異質のものとなってしまったのである。京大は昔風に英文学を文学として教え、東大ではドイツ風の学問として教えることになってしまったのであった。

そして、ロレンスの弟子からは英語学者の市河三喜、英文学者の斎藤勇などという偉大な「学者」たちが出た。特に、市河三喜とその後継者の中島文雄にはドイツ的学風が強く出て、中島の出世作とも言うべき『意味論』（研究社、昭和十四年、〔三十二〕＋二百七十八pp.）には、参考文献としてドイツ語の本だけ挙げて、英語の本は一点もない。

英語学・言語学はドイツが先進国であったにせよ、ちょっと極端であろう（戦後の著書ではそんなことはなくなっている）。

洛陽の紙価を高騰せしめる

私が入学した頃の戦後の英文学界は、市河・斎藤の両大先生の下にあり、それに福原麟太郎が加わっている感じであった。ハーンも上田敏も厨川も、学者としては扱われなくなっていた。漱石は偉大な文学者ではあったが、学者としてよりは、学者の研究対象として重んじられていた。

東大ではロレンスがドイツ的学風の学者を育てていた頃、京都の三高教授であった厨川は『近代文学十講』（大日本図書株式会社、明治四十五年＝一九一二年三月）を出し、文字どおり、洛陽《らくよう》の紙価《しか》を高騰せしめた。

私の持っているのは大正十二（一九二三）年一月の、つまり初版が出てから十一年後のものであるが、六十八版である。叙述が明快で読みやすいにせよ、学術的な本がこのように売れるということは珍しいであろう。

このあとで、日本の出版界には『○○十講』とか『○○十二講』という本が続出したし、装幀までそっくり真似たものも出たという。

これは十九世紀末（Fin de Siècle）を中心とし、二十世紀初頭に至るヨーロッパの文芸思潮を凝視したものである。前号で触れたように、全体の構想はノルダウの『変質』（Degeneration）と大体、重なっている。もちろん、他の論者の見解も容れているが、ノルダウ的というところが俗人にも高踏《こうとう》な文学を分かった気にさせるのである。

順太先生は当時の若い向学心の旺盛な青年のように、これを熟読されたに違いない。そして、ノルダウの原書（英訳本）まで購入されたのだ。そこまで厨川に打ち込んだ人は少ないのではないか。しかし、日本の当時の読者にもノルダウまで遡《さかのぼ》って関心を持つ人がいたことは、私がノルダウの本を二点も神田で見つけたことによっても分かる。

この本の出版の翌年、厨川は上田敏に京都帝大に招かれるが、その後も講義のほか、読者向けの執筆を続ける。そのすべてが凄いベストセラーである。毎日刷ったものもある。しかし、厨川の執筆活動期間は長くなかった。処女作とも言うべき『近代文学十講』を出したのが三十二歳の時で、亡くなった時は四十三歳。このわずか十一年の間に、日本の読者のみならず、当時、清国《しん》から留学していた青年たちにも甚大な影響を与えたのである。魯迅も厨川の熱心な読者であり、その翻訳者でもあった。

魯迅も愛読した白村

北京魯迅博物館の所有している厨川の著作とその版数を、参考のため挙げてみよう（工藤貴正『中国語圏における厨川白村現象』思文閣出版・平成二十二年、iv＋三百六十七＋xipp. 二五一―二七ページ）。

『近代文学十講』一九二四年の第八十二版と第八十三版／『文藝思潮論』一九二四年の第十九版／『印象記』一九二四年の第十九版／『象牙の塔を出て』一九二四年の第七十二版／『近代の恋愛観』一九二五年の第百二十一版／『十字街頭を往く』一九二四年の第九十版／『苦悶の象徴』一九二四年の第五十版／『最近英詩概論』一九二六年の再版。

魯迅の所有していたのは、三冊ほどを除けば、厨川の単行本のすべてである。いずれも関東大震災のあとの版であるのは、その前の版を失ったのであろう。また、大正九（一九二〇）年に田漢《でんかん》と鄭伯奇《ていはくき》は心から尊敬してやまない厨川を自宅に訪問し、直接に会って話し合っている。

その様子を田漢は自伝に残しており、それを読めば当時の清国の知識人が抱いていた厨川への敬慕の念も伝わるし、なぜ厨川がその当時も、また現在も中国知識人に重んじられているか分かる（工藤『前掲書』一五―一二〇ページ）。

『苦悶の象徴』は、本としては厨川の死後出版のものであるが、それは一部がすでに雑誌『改造』に発表されていたので、田漢、郭沫若《かくまつじやく》、郁達夫《いくたつぷ》たちが東京で創造社を結成する際にも共感的影響があったとされている。

ちなみに、『苦悶の象徴』は厨川の別邸の廃墟中からブラウン・ペーパーに包まれて発見されたものである。これは厨川の構想していた大著の未定稿の一部であった（『改造』に出されたのはその前半）。

それを山本修二が責任者となって出版したものである（改造社・大正十三年、二百八pp.）。この本の売れ行きは物凄く、二月四日に発行されたが、翌三月二十四日まで何と五十版を重ねている。二カ月あまりの毎日、重版していたことになる。魯迅はこれを『苦悶的象徴』として翻訳し、「厨川は文藝に対する独創的な見地と深い理解にあふれている」と讃え、厨川には「天馬空《てんばくう》かける精神がある」としている（工藤『前掲書』二九三ページ）。

このように、厨川は大正期から今日に至るまで、毛沢東支配の時期を除けば、中国大陸および台湾の知識人の間で最も系統的に訳され、もっとも広く読まれ、もっとも尊敬されている日本人の文学者であるという。

北京大学の李強は、「中国では厨川白村がニーチェ、ベルグソン、クローチェやフロイトとも肩を並べているほどの世界級の学者と称されているのに、日本ではほとんど忘れ去られた学術的な存在であり幽霊である」ということを、問題意識として持っているという（工藤『上掲書』、三六二ページ）。

そして、これはいまの私の問題意識にもなっている。そこに佐藤順太先生とその書斎の意味があるらしいからである。

山本夏彦は、東京に江戸の面影がなくなったのは関東大震災のためであると言っていた。それ以前の東京は小さく、渋谷あたりの川が「春の小川は　さらさら流る」と唱歌になるようなものであったという。

変わったのは東京ばかりではない。日本全体が根底から変わろうとした時点だったのだ。大震災以前の日本は、日露戦争に勝ち、日英同盟は揺るぎもせず、世界大戦でも勝ち組について繁栄し、大正デモクラシーと言われた時代であった。

日本にも市民階級というものが成立しつつあった。佐々木邦《ささきくに》の市民小説や、いまなお愛唱されている童謡や唱歌の多くはこの頃に生じたものである。日本人の意識のなかに、「日本は一等国になった」という自覚が生じてきていた。一等国、つまり欧米並みの国になったという自信である。

司馬遼太郎の『坂の上の雲』を読むと、その後の日本は軍国主義の暗い時代に逆落《さかおと》しのように向かっているような印象を受けなくもないが、実際は陽光燦々《ようこうさんさん》たる高原に出たようなものであった。

日本人としての誇りとともに、ヨーロッパ先進国と、精神文明史的にも物質文明史的にも同じ局面に入っているという感じが国民の間に、特に知識層に出てきていたのだ。そこに出たのが、厨川の『近代文学十講』(明治四十五年)だったのである。

その後の厨川の筆に成るベストセラー群は『文藝思潮論』(大正三年)、『象牙の塔を出て』(大正九年)、『近代の恋愛観』(大正十一年)、『十字街頭を往く』(大正十二年)、『苦悶の象徴』(大正十三年)と、すべて大正と重なる。そして、関東大震災とともに終わるのである。

「忘却の淵」の理由

――厨川の活躍した十一年間は、まさに大正デモクラシーの時代だけであった。そして、大正デモクラシーは象徴的に関東大震災を境に変わり始め、震災は厨川の肉体をも滅した。

さらに目を国際的に向ければ、大震災の二年前に日英同盟は廃棄され、日本は外交的に孤立化の方向に進む。さらに大震災の前年にはソ連が成立し、その影響は日本にも及び始めた。それまでは人道的な要素の強かった社会主義は、牙を持ったものに変わるのである。

そして牙を持ったものにとっては、欧州大戦のおかげで、大正時代に大きく成長した日本の資本主義・自由主義社会こそ、嚙みつくべき相手だったのである。

大震災の頃を境として一変した感じのある日本――ひいては世界――のなかで、大正デモクラシー的著作の権化《ごんげ》とも言うべき厨川に対する批判も、文学的、書評的批判というより、もっと深刻で、厨川のような知識人の存在が消えることを望むような人生観・社会観を持つ批判が出てくるのである。

たとえば、厨川の『象牙の塔を出て』を批判した山川菊栄《やまかわきくえ》――幸徳秋水《こうとくしゅうすい》や大杉栄《おおすぎさかえ》らから社会主義を学んだ津田塾出の婦人運動家――はこう書いている。

「要するに著者は『ちょっと象牙の塔から首だけ出して』世間を罵倒して居るお殿様である。汗まみれになって路傍《ろぼう》や工場で働いて居る労働者とは、身分も違へば人生観も違ふだけに、その社会観は、労働者側から見れば殿様芸の大甘物で……」（工藤『上掲書』四八ページ）

そして、日本の読書階級は山川のような考え方へと押し流されてゆく。厨川は、プチブル思潮を説いてベストセラーを書いた閑人《かんじん》というイメージになってしまう。これが、厨川が忘却の淵に沈んだ原因の一つであろう。

もう一つの原因は、帝国大学の英文科が、文学でなく文献学、ドイツ的フィロロギーに変わっていったことである。東京帝大ではすでに始まっていたのであるが、京都帝大でも厨川の死後に英文科の助教授・教授となったのは石田憲次である。石田は東大の市河や斎藤と同じく、立派な学問的業績を挙げた学者であるが、ハーンや上田や厨川のような文学の系統にはなかった。むしろ、英文学のモラリストの系譜やキリスト教の信仰の問題に関心があった。それどころか、彼がまだ同志社大学教授の頃に、厨川の『近代の恋愛観』を「享楽的な分子」が強いと言って、新聞紙上で批判している人なのである。

厨川が大震災の犠牲者にならなかったら、彼が京都帝大の教授になることはなかったであろう。その代わりに、おそらく矢野峰人《やのほうじん》（本名・禾積《かづみ》）が厨川のあとを継いだであろう。矢野は詩人であり、京都帝大では上田敏や厨川の愛弟子だった。

これでなぜ私が大学に入った頃、厨川が社会的にも英文学界でも忘れられてしまっていたかが分かった。戦後の日本の社会の風潮は何といっても社会主義的、時に共産主義的で、大正デモクラシーの「殿様評論家」など問題になるはずはなかった。

そして英文学界でも、帝国大学の教授はロレンス直系か、そうでなくてもドイツ的フイロロギーの学者であった（のちにアメリカの大学的学風が強くなる）。私が佐藤順太先生の書斎で感じたのは、その時はその正体が分からなかったのであるが、大正デモクラシーだったのだ。つまり、厨川的だったのである。

そして、留学生の田漢らが京都の岡崎公園近くの厨川の書斎で終生変わらない深い影響を受けたのと相似的な形で、私は藤沢周平の小説の五間川《ごけんがわ》の近くの順太先生の書斎で、終生変わらない影響を受けたのである、といまではよくわかる。

不愉快そうだった辻先生

「君の学校にはいま東大の辻善之助さんが来ているそうだが、今度学校に戻ったら辻さんに聞いてもらいたいことがあるんだが」

と佐藤順太先生が私に言われたのは、大学一年を終えて春休みに帰省した時のことだったと記憶している。

「徳富蘇峰《とくとみそほう》はいまは戦犯みたいに見られているが、『近世日本国民史』は立派なものだと思う。特に幕末の奥州のことなどについては、あれ以上のものはないように思えるのだが」

そう言われても、私は蘇峰のものは読んだこともなかったし、『近世日本国民史』の存在することすら知らなかった。ただ、辻先生とは学校の廊下などでお目にかかることはあった。いつでもズックの鞄を肩から掛けて冴えない老人という印象だった。学生寮にいる史学科の学生によると、大変偉い先生ということだったが、英文科の私には関係のないことだった。

新学期が始まると私は早速、講師室に行って、辻先生に質問することにした。大学の本館二階に講師室があって、非常勤の先生方が休んだり、お茶を飲むところになっていた。

私が順太先生に言われたとおりの質問をすると、辻先生は露骨に嫌な顔をなされた。そして吐き出すように、「資料はよいが、蘇峰の言っていることはダメだから、信憑性《しんぴょうせい》五〇パーセントというところだな」と答えられて、ぷいと顔をそむけられた。

辻先生がなぜあんなに不愉快そうだったかを、あとになって考えてみた。辻先生は重厚緻密な実証的歴史家で、左翼とは関係がない。その頃の東大では左翼の学生たちが、戦前派の歴史学者や経済学者を攻撃していたのではあるまいか。それで私の質問は、何か揚げ足取りを企んでいる左翼学生の行為と思われたのではなかったか。

ずっとあとになって、私が徳富蘇峰に興味を持って調べていたら、『近世日本国民史』十冊目が出た大正十二(一九二三)年には帝国学士院から恩賜賞を与えられており、その祝賀会で辻先生は祝辞を述べておられたのだ。ひょっとしたらそんなことを辻先生は

1952年7月……ヘルシンキ五輪、日本は16年ぶり夏季五輪参加

心配されて、私の質問を受けたあと、警戒的な態度を示されたのだろうと憶測する。

ああいう時代だったから仕方がないものの、学士院恩賜賞に輝く歴史書の著者を、東大の日本史の教授だった人が「全くダメだ」というのもおかしなものである。使った資料はよいと言ったのが、辻先生のせめてもの良心だったのかもしれない。

こんなことで、私は初めて蘇峰の存在を意識するようになった。

あまりに明快な蘇峰の論

大学三年の時、刈田先生がゼミでミルトンの『失楽園』を読むことにされた。もちろん、限られた時間で全部読むわけにいかないので、最初のほうだけの薄いテキストで読み、二学期からはミルトンに関するさまざまな学者の意見を学生が読んできて紹介するということになった。

夏休みに鶴岡に帰った時、そこの阿部久という古書店で、私は蘇峰の『杜甫《とほ》と彌耳《ミル》敦《トン》』（民友社、大正六年、六十＋七百八十＋三十四pp.）を見つけて二百円で買った。彌耳敦をミルトンと読めたことが買う動機だった。

二学期には、ミルトンについて何か発表しなければならないということがあったのである。この本は民友社創立三十年記念の特製本で、箱入り天金《てんきん》の堂々たる革装幀のものである。しかも、表紙を開くと「此書特製限三百部第壹壹壹號」と赤字で印刷してあり、その下に「蘇峰學人」という縦横四センチ四角の印が押してある。

限定三百部のうち百十一番を手にすることができた人が鶴岡市に戦前、住んでいたとは思えない。旧蔵者は誰だったのであろう。ひょっとしたら戦時中、疎開で来た人が持ってきたのだろうか、などと考えているが思い当たる人はまだいない。

それはともかく、読み始めて驚いた。明快なのである。詩人ミルトンの宗教はなんであったか。彼はピューリタンであった。ピューリタンとは何ぞや。新約聖書よりも旧約聖書を重んじる傾向があるキリスト教の一派だ。神の愛よりも神の怒りに重点を置く。そのピューリタニズムはいかにして生じたか。その歴史的、政治的背景を説く蘇峰の筆は流るるが如くであり、説得力がある。

考えてみれば、蘇峰は青年の頃からヴィクトリア朝の大歴史家マコーレーを読み、日本のマコーレーたらんとした人である。マコーレーはピューリタンについては専門だ。しかも、マコーレーの叙述も流るるが如くで明快だ。

私がマコーレーの『英国史』全巻を朗読し終えたのは古稀《こき》の頃であるから、「蘇峰は本当にマコーレーを自分の血肉にしていたのだな」と実感したのは、蘇峰の『彌耳敦』を読んでから四十年以上も経ってからであるが、大学三年の夏休みに蘇峰から得た知識は貴重だった。

考えてみれば、『失楽園』は旧約聖書の話である。ピューリタンのことが解らなくて解るはずがないのだ。二学期に私に割り当てられたのは、ケンブリッジ大学の初代英文学教授クイラ・クーチ（Sir Arthur T. Quiller-Couch）の「ミルトン論」という論文であったが、それはミルトンがこのテーマを選ぶに至った辺りをくどくど述べたりして専門家向きのものであり、ピューリタンの話などは説明に出てこない。

ケンブリッジの大学者にとってはそんなことは分かり切ったことであって、わざわざ説明しないのであろう。それは日本料理の説明に、「お箸は二本とも右手に持つ」とわざわざ断らないのと同じだ。

ミルトン論を読んで私は蘇峰の英語力に感心したのであったが、本当に感心というより感服したのは、彼が九十歳の時に出版した『読書九十年』（大日本雄弁会講談社、昭和二十七年、十＋二百八十九pp.）を読んだ時であった（私の所蔵本は特製で蘇峰の自筆がある）。

その頃の蘇峰は戦犯容疑者として巣鴨に収容されることになったが、老齢かつ病身のため、アメリカ軍の医師の判断で自宅幽蟄《ゆうちつ》となり、二年後に証拠不十分ということで釈放された。しかし、サンフランシスコ平和条約によって日本が独立回復した年の翌年、つまり昭和二十七年四月の末に、ようやく最後の公職追放解除者の一人として自由の身になったのである。

周囲を見渡してみれば、信頼すべき親友のほとんどが亡くなっていた。また六十年間、苦楽をともにしてきた夫人も亡くなっていた。子供たちも男は皆、死んでいた。彼は一面は病人であり、一面は失業者であり、天地の間に一人茫然として存在する状態であったのである。

その蘇峰が終戦直後からは自分の「生命の泉として走り求めた」のは、ミルトンの最後の作である『サムソン・アゴニステス』（闘士サムソン）であったという。これは旧約聖書の士師記《ししき》にあるサムソンの晩年の出来事を素材にして、ギリシャ悲劇の形式を採った作品である。

話はよく知られるように、愛人デリラに裏切られてペリシテ人に囚《とら》われたサムソンは、盲目にされてしまった。しかし、サムソンは最後に大演技館の大柱を怪力を振り絞って倒し、崩れる屋根の下に敵地の人間たちとともに一命を終わったという（『サムソンとデリラ』という映画もあった）。

これはミルトンが自分の身の上と重ねて感情移入したと思われる。

ミルトンは、ピューリタンの政権を作って国王チャールズ一世の首を斬らせたクロンウェルのラテン語書記であった。しかし、その政権は長く続かず、ミルトンも王政回復後は、命だけは助けられたが、財産を没収され、身体は盲目と痛風に苦しめられた。
その不幸のどん底にあって口述した最後の作品が、この『サムソン・アゴニステス』である。蘇峰は「これを読んで再び甦《よみがえ》った心地がした」（『上掲書』七〇ページ）というのである。蘇峰は若い時からミルトンを愛読してかなり暗記もしていたというが、人生の暗黒期に『サムソン・アゴニステス』から再起する勇気を得たというのは凡人でない。

甦った蘇峰の魂

英文学の知識がこれほど身についた日本人の英文学者は稀であろう。そして、新島襄《にいじまじょう》を通じての影響と思われるが、蘇峰はピューリタン的な人だったようである。

サムソンから再生の元気をもらったという蘇峰の言葉は嘘でなかった。『読書九十年』を出版したその年に、彼は何と『勝利者の悲哀』（大日本雄弁会講談社・昭和二十七年・百四十八pp.）を出版している。

そこには、アメリカの誤れる東洋政策が日本を戦争に突入するのをやむなくしたと指摘し——マッカーサーがアメリカ上院の軍事・外交合同委員会で証言したのと同じだ——そのために米国はソ連と対立して苦労していると指摘した。

これは朝鮮戦争の現実を言ったものだし、その後のベトナム戦争の予言ともとれる。そして、アメリカに反省を求め、かつての日米には友好精神があったのだから、そこに立ち帰るのが日米両国の生きる道であることを、アメリカの識者に訴えているのだ。

昭和二十年代後半に、このような正論を出版した言論人が他にいたであろうか。その頃の日本では、敗戦利得者たちが書いた歴史の本ばかりが正義顔してわが世の春を謳歌《おうか》していたのである。

また、一般書としても『源頼朝』上中下三巻を大日本雄弁会講談社から出している。上巻は昭和二十八年（三百三十一pp.）、中巻は翌年（三百四十四pp.）、下巻は同年（三百五十七pp.）、合計すれば一千ページを超える。

大体は『吾妻鏡《あづまかがみ》』からの引用の多い本で、『近世日本国民史』の記述を鎌倉時代に伸ばした感じである。曹操の言葉に「烈士暮年、壮心已《や》まず」というのがあったと思うが、蘇峰の壮心はサムソンでたしかに甦ったのである。

さらに驚くべきことは、『近世日本国民史』百巻を遂に完成したことである。そもそも、蘇峰が明治の聖代《みよ》に生きたことに感激して、明治史を書く決心をしたのは明治天皇崩御《ほうぎょ》の年であった。しかし明治の前の時代、さらにその前の時代と遡っているうちに、信長のあたりからでないと明治の日本はわからないと判断して、そこから始めたのである。

イギリスの近世史の開幕がヘンリィ八世の修道院解体に象徴されるとすれば、日本の近世史の開幕は信長の比叡山焼打ちに象徴されよう。時代的にも大体、同じ頃である。

そして、書き続けているうちに蘇峰が病気になったり、大戦が起こったりして思うように進まず、第九十七巻（十二＋四百七十七＋二十二pp.）を口述したのは、敗戦の年の昭和二十年六月五日から同年九月十三日までである。蘇峰の日本史への献身も、大正デモクラシー時代に始められたのであった。

第九十八巻（六＋四百六十四＋二十二pp.）は昭和二十年九月十三日に起稿したが、敗戦のごたごたと強烈な三叉神経痛《さんさしんけいつう》のため中絶。

約五年半ののち、昭和二十六年二月十一日（紀元節＝建国記念日）に再び続行を開始し、同年五月二十七日までの口述文である。

第九十九巻（十＋六百七十五＋二十pp.）は昭和二十六年五月二十八日から同年十一月十日までの口述分である。第百巻（七＋六百十一＋二十pp.）は昭和二十六年十一月十日から始めて翌二十七年四月二十日に脱稿した。明治の最後の年に始めて実に四十年、百巻数万ページの日本の近世史が一人の著者によって書き上げられたのだ。

残念ながら、第百巻は西郷隆盛の死で終わっている。その後の日清・日露の両戦役をも含む、完全に明治の終わりまで書いてもらいたかったが、それは望蜀《ぼうしょく》に属するであろう。

注目すべきことは、こうした戦後版に対しては平泉澄《ひらいずみきよし》博士が校訂の労を執っておられることである。戦犯容疑者、文化勲章返還者という蘇峰の日本史の本に手を貸したという平泉先生の行為に感銘する。同じ東京帝国大学の日本史の教授であった辻善之助先生から受けた印象を思い合わせてしまうからである。辻先生の専門は日本仏教史であり、平泉先生は神道だ。その差であろうか。

省かれてしまった秀吉の朝鮮役

大学院生の時に、私は六本木の古本屋で『近世日本国民史』の戦前版（明治書院）五十冊を三千円で買ったが、寮の部屋は六畳に二人で置き場所がなく、実家に送らざるをえなかった。それを読めるようになったのは、自分の書斎を持てるようになった三十歳過ぎであった。戦前版には大型の版もあることを、あとになって谷沢永一氏の書斎で見て羨ましいと思ったことがある。

戦後の出版は本の性質上、難しかったと思うが、時事通信社の長谷川才次という気骨のある人物のおかげで、五十一巻から百巻まで出たのである。特に五八七ページもの総索引を作ってくれたことには、近世日本の歴史に関心のある者すべてが長谷川氏に深い感謝の念を捧げるべきであると思う。

いまから四十年ほど前になるが、月刊誌『正論』が昭和の言論人を特集するので、誰かについて書いてくれないかという話があった。その時、私はすぐに「蘇峰はどうですか」と言ったら、編集長の藤沢哲也さんが非常に喜ばれた。蘇峰が大言論人であったこ

1952年8月……西独が国際通貨基金（IMF）と世界銀行に加盟

とは知っていても、「いま、蘇峰について書いてくれる人はありません」というようなことを言われた。

これはのちに拙著『腐敗の時代』（文藝春秋・昭和五十年）に「真の戦闘者・徳富蘇峰」（『同書』二〇一―二三八ページ）として収めてある。戦後に蘇峰を高く評価した最初の論文の一つ――ひょっとしたら当時唯一の論文――であろう。

これを読んで、蘇峰の長男の長男であられる敬太郎氏が面会を求められ、新宿プラッツァ・ホテルでお会いしたことがある。山本夏彦さんもこの拙論を評価して下さって、「徳川時代について物を書く人は、みんな蘇峰を使いながらその出典を明らかにしない」と言われた。のちに谷沢さんも同じようなことを言われた。

そのうち蘇峰の『近世日本国民史』への評価も高まり、講談社も学術文庫に入れ出した。しかし蘇峰以外、誰も書けないし、書く人も今後出ると思われない秀吉の朝鮮役の三巻は省かれてしまった。

明韓《みんかん》の連合水軍は、停戦して日本に引き揚げる途中の島津の船団を襲ったものの、その勢いでコリア人すべてが偶像的な英雄として仰ぎ見ている李舜臣《りしゅんしん》が島津軍の鉄砲で撃ち殺されたなどという実話は、いまから少し前までの日本には出版してはいけないというような「空気」があったのだろうか。

十二、古代神話が生きる国

細江逸記『英文法汎論』とシュナイダー『ルーン文字詩』

「……日本ほど微に入り細に入って［文法を］説明した本、しかも多種多様の本が出ている国は類《たぐい》まれであろう。之等の文法——英文法、独文法、仏文法を頼りに明治以来日本人は中学校から大学に至るまで日夜外国語を解剖して今日に至った。誠に壮観という外ない。

そのお蔭で今度は西洋の文物を精確に理解し吸収して日本を一流国家に築き上げた……日本をして今日あらしめたのは口で喋る外国語の能力というより文法のメスで解剖する能力ではなかったろうか……」（金聲翰《キムソンハン》「日本人の解剖癖」『コリアナ』一九八九年春季号・巻頭言）

近頃では悪名高い日本の学校の文法教育を、韓国の作家がこのように評価していたということは面白い。「隣の家の芝生は青く見える」ということもあるかもしれないが、金氏は日本の漢学についても、日本人のヘキ（癖）について鋭いことを言っているのだ。日本人の漢文の読み方や返り点や送り仮名を用いているのを知って、こうも言っているのである。

「大体語順の違う外国語［漢文］を切り刻み自分たちの語順に合わせて上に飛び上がったり下に飛び降りたりして自己流に読む民がこの世に又とあろうか……」（『上掲書』）

このようなやり方で、日本人は漢文を母国語に変化させてしまったというのである。これは私の実感に合う。漢文の書き下し文は明らかに日本語である。語彙《ごい》に漢語が豊富なだけである。ヨーロッパでもギリシャ・ラテンの古典語からの翻訳はいっぱいあるが、漢文の書き下し文のようにはならない。つまり、日本の伝統的漢文教育とは、世界に類のないやり方である。

そして金氏が指摘するように、「この解剖癖のお蔭で日本は中国の文物を精確に理解し吸収して自国の文化を豊かなものにした」のである。李朝は儒教国家で漢文の勉強は大いにやったが、それは李朝時代のコリア語の文学の豊饒化《ほうじようか》に全く繫がらなかったという痛恨の念を金氏は抱いていたのではないだろうか。

重症の文法病

金氏がこのように評価してくれた「日本人の解剖癖」は、私も強かった。それで大学院の一年目が終わるまでは、それに苦しんだのだった。私はそれを「文法病」と言っていた。読む英文のすべてを学校文法的にきちんと説明できないと気が休まらないのである。つまり、本がすらすら読めない。読書時間は長いが、読書量はうんと少ないのだ。英語を読むのは好きだが、同時に苦痛なのである。われながら重症の文法病だという自覚があった。

その重病が突如、治癒した感じがしたのは大学院一年が終わったあとの春休みの頃だった。それは細江逸記《ほそえいつき》博士の『英文法汎論』（泰文堂・大正六年初版・昭和二十二年改正第十版・15+386+30pp.）を読了した時であった。巻末の書き込みによると、昭和二十八年四月二十六日読了になっている。

細江先生は三重県津市のお生まれで、東京外語を卒業された。そして『オックスフォード英語辞典』（O.E.D.）が備わっているという理由で、石川県の中学に赴任したという逸話が残っている。当時、O.E.D. がある学校などは滅多になかったからである。細江先生の書いたものから私が推測するに、細江先生も元来は重篤《じゅうとく》な文法病患者であられたと思う。そして、その文法病からは史的、比較的（historical and comparative）という方法で抜け出されたのだと断言したい。そのためにはO.E.D. が必要だったと思われる。

細江先生が立ち入って説明しておられるところは、私が文法病患者として苦しんだところとそっくり重なるのである。私を苦しませた病原菌みたいなものは、すべて歴史的、比較的文法学によって綺麗に消散したのだ。細江先生の本は、恩人ならぬ私の恩書である。

いま、久しぶりで取り出して奥付を見たら、著作者・細江逸記、発行者・篠崎政吉、印刷者は大日本印刷の小坂孟となっている。この印刷者・小坂孟は、この本に救われてから十五年後に私が結婚した女、つまりいまの妻の伯父である。そんなことにいま気がついたが、この小坂氏は明るくユーモアがある人で、一緒にいるとこちらも愉快になる人であった。

日本の英文科の学生で優秀な人、つまりテキストを精確に読む気のある学生には軽症・重症の差はあれ、文法病患者が少なくないと思う。それで私が大学で英文法を担当するようになってからは、教科書としてはこの細江先生の『英文法汎論』を採用した。

その後、細江先生の未完の大文法書『精説英文法汎論』（第一巻・泰文堂・昭和十七年初版・二十二年五版、ix+431+84pp.）を使いたいと思ったが、私が教壇に立った頃は絶版であり、教科書にするわけにいかない。これは細江先生が大戦勃発の年まで、国内の反英語教育方針が進められる雰囲気のなかで書き進められたものである。

最終ページには「昭和十六年［一九四一年］四月二十三日　亡き母の日稿了」と書いてあり、それが泰文堂の篠崎政吉氏によって印刷（印刷者は小坂孟）に付されたのは、一年二カ月後の昭和十七年六月五日である。まさに、あのミッドウェイの海戦で日本の優勢が崩れ出した日であった。

原稿ができてから出版まで一年以上かかったのは、当時の紙不足や敵国の言葉の本を出すための手続きなどの難しさがあったのかもしれない。篠崎氏や小坂氏に聞きたいところであるが、それはいまでは叶わないことだ。

世界最高の英文法概論

敵性語の研究者になってしまって、還暦も近くなった時の――細江先生の心境は複雑であったことであろう。――他の多くの英語関係者たちのように、多少センチメンタルになっていたのではないかと思うのは、原稿の末尾で亡き母上のことに触れておられるからである。

また、この本の巻頭には「最も親愛なる父に、最も深き感謝を以って追憶しつつ本書を捧ぐ――著者」とラテン語の謝辞があるが、これは大正時代に出た『汎論』にもある。しかし、『精説』には新しく追悼の七言絶句《しちごんぜっく》がつけられているのだ。

在喪五十有一年
望雲黙黙遵遺憲
誰知今日孤老涙
感戴高恩溢雙瞼

1952年10月……英国が米ソに続く第三の核保有国に

（喪ニアルコト五十一年　雲ヲ望ミ黙々トシテ遺サレシ憲ニ遵《したが》フ　誰カ知ル今日孤老ノ涙　高恩ニ感戴《かんたい》シテ両眼ニ［涙が］溢ル）

半世紀前に亡くなられたお父さんを偲《しの》んで涙するというのだから、かなりセンチになっているのではないか。一生を懸けて勉強してきた英語が敵国語になってしまい、いまは母上も亡くなり、自分は一人ぼっちの老人となってしまった。自分の英語の勉強を励ましてくれた御両親のこと、その恩を偲べば涙が出てくる、という心境である。僅《わず》か数年後に日本が敗北し、国を挙げて英語を学ぶことになるとは想像もつかなかったろう。

しかし、細江先生は昭和二十二年三月に亡くなられた。『精説英文法汎論』は第一巻で終わってしまったのである。

日本の学界における細江先生に対する評価は特別に高かった。市河三喜博士の『英語学——研究と文献』（三省堂、昭和十一年、xii+215+32pp.）は当時、類書のないもので、その六ページにわたる目次に出てくる著者と著書が英語学の各分野における基本的、また特別重要なものということになっていた。

そこに出てくる日本人の学者や著者の名前は、細江先生とその著書二点だけである。日本の英語界の帝王と仰がれていた市河博士が本当に敬意を払った日本人の英語学者は、細江先生だけと言ってよいであろう。

戦後も英語をやっている人々のなかには、細江先生の『精説』が第一巻で終わっていることを惜しむ人が多かった。幸いに、細江先生は前記の二書に繋《つな》がる資料を集めておられた。

それで篠崎政吉氏の志を継がれた篠崎政義氏が、細江先生の「遺愛のかたがた」の協力を得て、細江先生が意図したと思われる体裁で昭和三十一年に「改訂版」を出し、さらにA5判にして『新版英文法汎論』（篠崎書林、昭和四十六年、xxi+526pp.）が出された。これを私は上智大学の英文科の必修の英文法のテキストにした。

これは私の知る限り、世界最高の英文法概論である。最高と言うと語弊があるが、分析のヘキ（癖）のある日本人の文法患者にとっては最高のものであると断言してもよいであろう。

文法病の素質とは

これを私が英文科のテキストで使うと、少数ではあるが、対照的とも言える二種類の学生が現れるということに気が付いた。一つは帰国子女の一部である。相当の競争率の入試を通過しているわけだから、英語は一応できる。特に英会話は日本で習う必要のないほどできる。しかし文法の基礎が全くできていないので、品詞とか文型の概念がわからない。

こういう学生は、文法のよくできる大学院生に個人的指導を受けるように忠告した。

つまり、「家庭教師につけ」ということである。アメリカの高等学校を出て日本の大学の英文科に入学したのに、英語の家庭教師が必要とはいささか面妖《めんよう》な話であるが、そうしなければ必修の単位が取れないのだからやむをえない。もちろん目的が目的だから、家庭教師といっても二、三カ月で不要になる。

もう一つは文法好き、つまり文法病の素質があったり、すでに発病している少数の学生である。彼らはめざましく英語の理解力を深め、自信もつき、他人に対する説明も的確になった。

ある者は大学院の時に、某女子校の英語の非常勤講師となり、三年生を担当して英文法を的確に教えたところ、そのクラスから一流といわれる大学の入試に合格したので伝説的教師になった。彼は翌年には留学していたが、帰国するとその学校からすぐに専任として迎えたいという話があったという。

彼は、いまは都内の大学の英文科の准教授だ。これに似た話は、細江先生の英文法を学んだ者からよく聞くのである。

なかでも、重篤な文法病患者のFという男がいた。彼は細江文法の授業中にも私に質問ばかりして、誇張でなく、授業時間の半分以上は彼の質問に答えているほどだった（他の学生はむしろ喜んでいたらしい。進度が遅くなれば期末の試験範囲が狭くなる）。

彼はのちにアメリカに留学した。そして、ペーパーを出したら彼のものだけは文法的に完璧だったので、彼の英文が他のアメリカ人の学生たち（他の国からの留学生のみでなく）の英文の手本にされたのである。

耳は寛容、目は厳格

彼はその後、教えるクラスを持たされたり、最後にはアメリカ人の学生たちのペーパーの文章を訂正してやる仕事を与えられることになった。彼は帰国して都内の大学の専任になったが、彼はこういう体験を個人的にも語り、学界でも発表している。その主旨は次のようなものだ。

「アメリカの大学にはいろいろの国からの留学生が来ているので、発音はさまざまです。発音についてはみんな極度に寛容です。

しかし大学でペーパーを書く時、教授たちは文法については極度に厳格です。日本で英文法をしっかりやっておくと、ネイティブのアメリカ人学生（留学生でないアメリカ人学生）に対しても優越感をもつことができます。耳では寛容だが目では厳格なのが、アメリカの大学です」

この話を聞いて、私は思わず微笑することを禁じえなかった。これは私も欧米で何度も体験したことであり、教室でも言ったはずである。そしてそのもとは、学生時代に古本で読んだＢ・Ｈ・チェンバレン著、吉阪俊蔵訳の岩波新書の戦前の赤版『鼠はまだ生きている』（昭和十四年、153pp.）の十四ページにある言葉で、教室でも紹介したと思う。

「耳はつき合ひ易い寛容な器官であって、非常に顕著な発音のなまりを聞いても驚かない。眼は、これに反して文学［文字の誤訳であろう］に於けるすべての新奇さに対して敏感である。綴字法《オルトグラフ》の改良の困難さは此処に横たはって居る。

蓋《けだ》し読み書きを知る人々――即ち今日ではすべての人々――は伝統的な綴字法で考へるからである。例へば私はoiseau《ワゾ》［鳥］といふ単語からo,i,s,e,a,uという六字の集合を受取り、これを用ひて書く習慣になってゐる。決して耳に聞こえるoi《ワ》及びzo《ゾ》といふ二つの音ではない」

チェンバレンはここで綴字《つづりじ》のことを言っているが、文章になると、文法規則に関して大学の先生たちの「目」はさらに敏感になり、不寛容になるのである。将来、外国の大学で学びたいと思っている学生たちに、しっかりした文法を授けない教育機関は犯罪的と言ってもよいと思う。

もちろん、外国で買い物したり、日常の便宜《べんぎ》になる英語の必要しか感じない人たちとは、教室も先生も別でなければならないであろう。ちなみに、チェンバレンは明治初年に日本に来て、東京帝国大学で博言学（言語学）や和文学（国語学）を教え、アイヌ語と琉球語と日本語の関係を解明した東洋言語比較言語学の創立者であり、またラフカデイオ・ハーンの文才を発見して東大に招く努力をしたと言われている。

晩年はスイスのジュネーブに隠棲《いんせい》していたが、『鼠はまだ生きている』はイギリスの新聞が「故チェンバレン」と書いたのを見て、抗議の意味を含めてこういう題の随想録を出したのであった。ちなみに、チェンバレンの伝記には楠家重敏《くすやしげとし》著『ネズミはまだ生きている——チェンバレンの伝記』（雄松堂、一九八六年、2+741+15pp.）がある。

古代と現代を繋ぐもの

「春日《かすが》神社って何が祀《まつ》られているんでしょうかね」

——と、私は何気なく疑問を口にした。夏休みで帰省し、佐藤順太先生の散歩のお伴をしていた時だった。大学三年生頃だったろうか。鶴岡の春日神社は市内では一番大きいほうの神社で、その縁日には子供の頃の懐《なつか》しい憶い出がある。われわれは春日神社のことを「カスガハン」と呼んでいた。ハンはサンのことで、「春日さん」と親しんでいたのである。

その祭神については子供たちも知らず、親たちも無関心であった。つまり、〝春日ハン〟という愛称で済んでいたのである。

「そりゃ、あのアメノコヤネノミコトだよ」と順太先生はすぐに答えられた。私はこの時の先生の知識に感動するとともに、これを機縁に日本の神社の祭神に私の関心が向けられ、のちになって思いがけず日本史の本を書くことになったのだから、先生のひとことが弟子の一生に関係してくる一例でもある。

しかし、元来が旧制中学の英語の教師だった順太先生がこのような知識、しかも即座に口から出てくる知識をどうして持っておられたのか、いまでも不思議である。御在世ならお聞きしたいところだ。

大学一年の国文学の授業は前に述べたように、佐藤幹二先生（順太先生とは全く関係のない方）に『古事記』を講読していただいた。テキストは真福寺本《しんぷくじぼん》の写真印行版《いんこうばん》であったが、終戦間もない頃の本の常として、紙がひどく粗末だった記憶がある。

講義のなかで、天兒屋命《アメノコヤネノミコト》が太祝詞《ふとのりと》を唱えて、岩戸のなかにお隠れになった天照大御神《あまてらすおおみかみ》に、そこから出てくださるようお願いしたこと、またニニギノミコトが日本に「天孫降臨《てんそんこうりん》」された際にお伴して降臨し、中臣連《なかとみのむらじ》の先祖になったことは習ったはずなのに、そのアメノコヤネノミコトが藤原氏の先祖であり、春日ハンの御神体であることには全く気付かないでいたのである。

これを教えられて、太古の神話が私の幼少年時に遊んだ神社と結びついていること。また、近衛首相などとも結びついていることを実感したのである。その時から『古事記』は私にとって過去を語っているだけの本ではなくなった。宣長《のりなが》の『古事記伝』を読むわけにはいかなかったので、座右に置く『古事記』は植松安《うえまつやすし》『古事記全釈』（不朽社書店、昭和九年、十二＋六百四十一pp.）になった。

この著者がどのような学者であるかも知らないし、この本が学界でどう評価されているか知らない。私は鶴岡の阿部久という古書店でたまたま見付けて買ったものである。

この本は四段組になっており、上段は注、二段目は漢字の原文、三段目はその書き下し文、四段目が現代語訳である。つまり、すこぶる便利な本なので手離せない。戦前にこうした大部な本を出す人は好学で実力のある人であるのが常であるから、宣長その他の説も十分参照したうえでの注であり、読み下しであり、現代語訳であると信じている。

ちなみに、この本は出版後、一年半で七刷りになっている。当時としては硬い本のベストセラーであったのではないだろうか。当時のことを知っている方にお聞きしてみたいところである。私の本は表紙も全部とれてボロボロになっているが、神様の系図などの表が折り込んであるのも有り難く、いまも座右から離せない。

ゲルマン人の神話

ヨーロッパの歴史は中学でも高校でも少しは学んだし、上智大学では長寿吉《ちようひさよし》教授の西洋史が必修だった。この方は九州帝大時代、「剃刀寿吉《かみそり》」と言われた鋭い学者だったそうであるが、上智に来られた頃は相当高齢だったせいか、いささかの鋭鋒《えいほう》も示されず、「この大学での講義はやりにくい」と授業中に時々つぶやかれた。

カトリック教会の悪口を西洋史の講義に入れないようにするのは難しい、という意味のようだった。というようなのが、私が日本の学校で学んだ西洋史のすべてであった。「ゲルマン民族の大移動」ということは中学でも高校でも大学でも必ず西洋史の授業には出てきたが、そのゲルマン人がキリスト教徒になってローマ帝国解体のあとのヨーロッパ諸国のもとになっていることは知ったが、キリスト教改宗以前のゲルマン人の文化や宗教については教えられたことがなかった。

幸いにもドイツでの私の指導教授は、キリスト教改宗以前のゲルマン人の言語、文化、宗教についての世界的権威カール・シュナイダー教授であった。その授業に出ているうちに、私は『古事記』や、順太先生のアメノコヤネノミコトの意味がよくわかったような気になったし、キリスト教改宗以前のゲルマン人の宗教もよくわかった気になった。

ゲルマン人の古代に関する知識は、ギリシャやローマの文献を通じて拾うより仕方がない。特に、ローマ帝国にはゲルマン人との接触が重大なことであったからいろいろな記述があるが、どれが正しいかは判断が難しい。記述の性質が『魏志倭人伝《ぎしわじんでん》』みたいなものだからである。

そのなかではタキトウスの『ゲルマニア』が突出して秀れており、叙述に信憑性《しんぴょうせい》が高いというのがシュナイダー教授の鉄案《てつあん》であった。

先生の説では、ゲルマン人の一番もとの神は男女の差がない（『古事記』的に考えれば「独り神」）。それが男女神に分かれる（天と地に分かれる）。この男女神から三人の男神が生ずる。三人の神々の子孫は次のとおりである。

「……大洋〔北海〕に最も近いのがインガエウオネース〔族〕、中間のものがヘルミノーネス〔族〕、他はイスタエウォネース〔族〕と呼ばれるのであるといふ」（田中秀央《たなかひでなか》・泉井久之助《いずいひさのすけ》訳・タキトゥス『ゲルマーニア』岩波文庫・昭和二十八年・一九―二〇ページ）

日欧の氏神様たち

問題はこれからである。タキトゥスは、これらの種族が祭神として祀った神の名をあげていない（知らなかったのだろう）。シュナイダー教授によれば、インガエウオネース族の氏神はイングウアツであり、「地」を支配する神である。

彼らは「北海ゲルマン人」とも呼ばれ、北欧神話ではトールであり、後世に曜日の名にあてられた時は木曜日（Thursday）――トールの日――になっている。彼らはデンマーク半島のアングル族や、北ドイツのサクソン族などになった。彼らがイギリスに渡って国を作ったので、われわれはイギリス人をアングロ・サクソンと呼んだりしている。

ヘルミノーネス族の氏神は「天」を支配する神のエルミナツ、あるいはヘルミナツであり、「エルベ河ゲルマン人」とも呼ばれている。彼らはドイツ中央部に広がり、テューリンゲン地方とスエーベン地方に住んだ。ローマ帝国と接触することが多かったと思われる。この神はTiwと呼ばれてもいたので、後世に曜日の名としては火曜日（Tuesday）――テューの日――が当てられている。

イスタエウォネース族の氏神はウォーデンで、「大気」を支配する神である。「ライン・ヴェーゼル河ゲルマン人」とも呼ばれる。のちのフランク族もその一つで、彼らはローマ帝国のゴール地方に入って国を作った。フランスをフランクライヒとドイツ語で呼ぶのは、「フランク人の国」という意味である。曜日には水曜日（Wednesday）――ウォーデンの日――が当てられている。フランク族はのちに母国語を捨てた。

こういうように、キリスト教以前のゲルマン諸族にはそれぞれ氏神があったということが、私には実に新鮮な知識であった。日本でもアメノコヤネノミコトを氏神にしていたのは中臣《なかとみ》氏、つまり藤原氏である。物部《もののべ》氏の氏神はニギハヤヒノミコトで、大伴《おおとも》氏の氏神はアメノオシヒノミコトである。

日本は島国でどんどん広がるわけにはいかないが、ユーラシア大陸なら、各部族はそれぞれの氏神を祀りながらどんどん広がることができる。

たとえば、神武《じんむ》天皇が大和《やまと》に出たら、ニギハヤヒノミコトに出会ったと『古事記』に書いてある。藤原氏の先祖はニニギノミコトのお伴として日本に降臨したことになっており、また物部氏の先祖もその時、一緒に降臨したことになっている。
しかし神武御東征《ごとうせい》の頃になると、その二氏族は別の地方を支配していたことになる。日本は狭い島なので大和朝廷でまた再び一緒になったが、無限に広がる大陸であったら別々の国を造ったであろうと想像できよう。

多神教の類似性

こんなことを考えさせてくれた本は、シュナイダー先生の『ルーン文字詩』(*Die germanischen Runennamen*, Maisenheim am Glan:Anton Hain, 1956, xii+635pp.+6tables) である。そしてゲルマン人のキリスト教改宗の実態を言語の面から解明した本は、ケラーマンの『アングロサクソン語詩の神名の研究』(G.Kellerman, *Studien zu den Gottesbezeichnungen der Angelsächsischen Dichtung*, 1954, xv+411pp.) であった。ケラーマンはシュナイダー教授の弟子で、アメリカのカンザス大学の教授になった。

これらの書物から私が学んだことは――著者たちは全く想像もしなかったことであろうが――日本の神社参拝と古代ゲルマン人の宗教様式の根源的類似性であった。まず祖神があり、その子神たちがいろいろの部族の氏神となる。木造の神殿の屋根には千木《ちぎ》がある。御神体は偶像を祀らず、棒のような木(神籬《ひもろぎ》)である。祭式には花を用いず、常緑樹を用いる。神事にはイチイの木が用いられる(日本でも神官の笏《しゃく》に用いる)などなど、あげていけばキリがないくらいだ。

それにこの世は「中つ国」であり、天の国と地の国がある。もちろん、ゲルマン民族と大和民族が人種的に同系統ということではなく、一神教に改宗するまでは、温帯地方で森林や海があるところでは、似たような型の宗教があるということであろう。

ちなみに、シュナイダー先生の教授資格論文《ハビリタチオンスシュリフト》は多くの学科に関係するため――英文科・独文科・ラテン語科・北欧語科・ギリシャ語科・比較言語科などなど――九つぐらいの学科の教授が審査に当たったという。そのうち一人の教授は、審査を辞退した。その理由が話題になっていた。

「この論文を書いた若者はヤーコプ・グリムのような仕事をしたことになる。そんな天才がいるとは信じられない。しかし、その論拠を崩すこともできない。だから審査を辞退する」

という主旨のことだったという。

「こりゃア天才だ!」

――私はこの画期的論文が出版された時、先生の下で勉強していたので一冊いただいた。その時はまだ理解力が足りずに読めなかった。いま、裏表紙に書いてあるメモによると、一九六五年の八月の午后に読了したことになっているから、先生から本をいただいてから九年も経っている。そして圧倒された。「これは天才でなければ書けない本だ」という迫力である。

先生は印欧比較言語学の泰斗《たいと》、ヘルマン・ヒルトの最後の弟子であり、師であるヒルトの家に住み込んでいた人である。戦争中はドイツ政府の暗号解読班に所属せしめられたというだけあって、先生の語源解釈の鋭さはただの鋭さではなかった。私はいろいろな言語学者、特に英語学者の本や論文とつき合ってきた。嘆賞すべき重厚な著作にも、すばらしい論文にも接してきた。しかし、「こりゃア天才だ、わしゃかなわんワ」としばしば呻《うめ》き声をあげたのは、シュナイダー先生のこの論文だけである。

私はたまたまその天才の書物を読む幸運に恵まれたが、この幸運を私の弟子たちにも分かち与えたいと思って、月一回のこの本の輪読会《りんどくかい》をやっている。毎回二、三ページで、あとは食事と雑談だ。いまはその半分ぐらいのところだ。毎月三ページずつ進めば、読み終わるまでまだざっと十年かかることになる。

この本のテーマを研究対象にする研究者がいるわけではないが、天才の作品に毎月少しでも触れることに意味があると思っているのである。若い学者たち——講師、准教授、なりたての教授が毎月よく集まってくれるのは、本物の天才の論文に触れる楽しみと、それから生ずる雑談を交わすことが愉快だからであろう。

順太先生の春日神社についての一言のおかげで、私は歴史についての一種の開眼《かいげん》をしたことになったような気がする。たとえば日本史について、なぜ藤原氏があれほど強大でありながら自らが天皇になる気を起こさなかったのか、について私は説得力ある説明を読んだことがなかった。

しかし藤原氏の氏神が春日神社であり、その御神体がアメノコヤネノミコトであればよくわかる。藤原氏の先祖は高天原《たかまがはら》において、すでに皇室の家来だったのである。皇孫ニニギノミコトのお伴として日本に降りてきたことになっている。

当時の人の考えで、神代に定まった地位をこの世で変えること、特に主人に代わって自分が主人になるという発想はなかったのであろう。

古代の貴族としての誇りも、宮廷における地位も、貴族同士の関係も、高天原の神話と関係があったのである。だから藤原道長が三代の天皇の外祖父となっても、自分が天皇になれるとは全く思っていなかったのである。

この世をば　わが世とぞ思ふ　望月の　欠けたることも　なしと思へば

と歌った人の欠けたることのない幸せとは、自分の娘を天皇にさしあげ、その孫を見ることだったのである。その伝統は昭和天皇まで続いた。光明皇后以来、昭和天皇まで、すべての皇后は藤原氏である。

藤原氏の最高の望みは皇后を出すことである。男は関白太政大臣《かんぱくだじょうだいじん》以上になることは決して望まない。皇后の御名《みな》が「子」で終わるのが特色であった。明治までは、将軍の妻でも「おごう」などといって子はつかないのである。天皇家に嫁入りした娘は、「和子」などとなった。

それが明治以後は、庶民も女の子には「子」をつけることが一般になった。私の父は「それはおかしい」と言って自分の娘たち、つまり私の姉たちには「子」をつけず、悦と郁にした。この頃は逆に、女の子に「子」とつけないことが一般になってきた。何だか戦後のバーの女性の名前や、昔の源氏名《げんじな》に似たような名前をよく目にして、いささか今昔の感に堪《た》えない。

日本史のなかで皇位を狙ったといわれる蘇我氏の先祖は武内宿禰《たけのうちのすくね》であり、その先祖を辿れば第八代・孝元《こうげん》天皇である。先祖の起源が高天原にない。もう一人の道鏡《どうきょう》は弓削《ゆげ》氏であり、弓を作る職務の家系で、物部氏からみても末家筋であって、高天原に貴族の地位を持っていない。導入間もない頃の仏教の毒に侵されていたともいえよう。

日本文明の唯一性

日本文明についていろいろ言われているが、その特色は、——神話が皇室とともにいまも生きていることであろう。ギリシャの神殿が廃墟であるのとは違うし、何度も支配王朝の民族が変わったシナ大陸の文明とも全く違うのである。

英文学をやれば、ジョン・キーツの「ギリシャの古甕の賦」（Ode on a Grecian Urn）という絶唱を教えられる。これは僅《わず》か二十六歳で血を吐いて死んだ天才詩人が、ギリシャの古い甕《かめ》にある模様を見て、感興のあまり、古代ギリシャのお祭りなどを空想して作ったイギリス・ロマンティシズム時代の代表的作品といわれるものである。

大理石の甕の一つの面には、春のお祭りの朝、野辺に設けられた祭壇に犠牲の子牛を捧げにゆく司祭と、そこに詣でる大勢の男女がどこか近くの町から出てくるという様子が彫られている。それを見ながら、キーツはこの詩の第四連に次のように叙述している（訳文は厨川白村《くりやがわはくそん》『英詩選釈』第一巻・アルス・大正十一年・七〇―七一ページ）。

犠牲《いけにえ》の場に赴《おもむ》く人々は誰ぞ
光沢《つや》けき身を花環をもて飾られたる
牝の小牛、空を仰ぎて鳴き行くを
不思議なる司祭よ、あはれ緑なすいづれの祭壇へと伴《つ》れゆくや
この聖《きよ》き朝、ここに集へる人ゆゑに
人影なくなりしは、いづくの町ぞや
川辺の町か、浜辺の町か、さてはまた、山上に砦《とりで》めぐらす平和の町か
町よ、かくて爾《なんじ》の衢《ちまた》はとこしへに静かならむ

また、かくも寂《さび》れたる故由《ゆえよし》を、語らんとて帰り来ん人もあらじな
お祭りだ。みんなが町から出てくる。どこの町だろう。しかし、この甕に彫られた人々は祭りから帰ることは永遠にないのだ。その町は永遠に静かなのだ。このギリシャのお祭りに参加した人も、町も村も何もなくなってしまい、いまは無言の古い甕に彫られているだけなのである。

ギリシャの神話も祝祭も、人も、町もすべては遠い昔に消え、残るは大英博物館にある古い甕の一面の絵のみ。

この詩を英文学史で習った時、私は順太先生に春日神社の御神体がアメノコヤネノミコトで、それが藤原氏——近衛首相——の先祖であることを教えていただいたあとだったので、胸を衝《つ》かれる思いがしたことを記憶している。

古代ギリシャ文明は死んでいる。廃墟と古い甕だ。〝春日ハン〟では毎年、賑やかなお祭りがあり、パコロ（獅子舞の獅子をわれわれは子供の時、そう呼んでいた）も出てくる。大勢の人が集まるが、みんな帰る家もあるし、帰ればお祭りの御馳走をみんな賑やかに食べる。日本は神話の時代が日常でも生きているのだ。

いま考えてみると、日本文明とは「古代神話が最近代的社会で生きている文明」と特徴づけることができるのではないか。日本でも過疎で住む村人がなくなり、祭りの絶え

たところは、ギリシャの古い甕の彫刻を思わせる沈黙と静寂のなかにあるのかもしれないが。

十二、明治は漱石と哲学死を生んだ

「愛読書はなんですか」

と、入試の口頭試問でよく質問したものである。かなり多くの受験者は、夏目漱石の名前をあげたものだった。筆記試験を通った者たちに対する面接試験だから形式的、つまりおざなりであった。特別奇妙な反応を示す受験生を除くだけの手段であった（学校は精神の不安定な若者が入学することを恐れていたのであるが、最近、そういう二次試験をやっているかは知らない）。漱石などと答える受験生は無難であるとされていた。

しかし、私の内心ではちょっと複雑な気持ちだった。というのは、高校の頃のみならず、大学三年生ぐらいになるまで漱石を読まなかったからである。

旧制中学一年生の時の国語教科書は『岩波　国

夏目漱石『こころ』

語』で、そのなかに「峠の茶屋」というのがあって、それはたしか『草枕』の一部だった。つまり、私にとっては漱石は教科書になるような作家であったから、自分で読む本は吉川英治の『三国志』とか、捕物帖などであった。

大学に入ってからは、さすがに少し「高級」な日本の文学も読まずばなるまいと思って読もうとした芥川龍之介のものは面白いが、趣味に——神経に——合わずダメ。漱石の『道草』も夏休みに読み出したが、途中で投了。その代わりに読み出したら体が震えるほど面白かったのが、石坂洋次郎の『青い山脈』だった。

およそ当時の大学の文学部の学生にしては恥ずかしいほど幼稚、あるいは通俗的なレベルであった。大学生になってからすぐに愛読できるようになった大作家は、しいて言えば谷崎潤一郎であり、彼の『金と銀』を読んで「これはプラトン哲学を小説にしたようなものだな」などと感銘したりしたぐらいである。

ところが大学四年生になってみると、漱石が無暗《むやみ》に面白くなり出した。その理由をとからいろいろ考えてみると、第一には私の知識が、『吾輩ハ猫デアル』のなかで交わされる会話についていけるぐらいになったということであろう。

学殖の出る会話が面白いことは、中学の頃から佐々木邦《ささきくに》の『珍太郎日記』で知っていた。佐々木邦もその頃、一流の英文学者であり、小説に出てくる話は彼の博学を示すものであったが、中学生でも楽しめたのである。考えてみると、その程度から言えば漱石の『猫』の会話よりうんと低いことはないであろう。

おそらく漱石は仲間に見せるつもりのものを書き、佐々木邦は広い読者を念頭に置いて書いたのである。漱石はむしろ意識して衒学《げんがく》を表に出し、佐々木邦は誰にも面白く理解できるようにサービスする工夫があったのではないだろうか。

漱石『こころ』が訴えるもの

もう一つの漱石理解のための契機は教育実習だったと思う。

──英語の中学一級・高校二級の免状を取るためには、半月ほど実習に行かなければならなかった。私に割り当てられた学校は、昔の牛込第一女子商業学校であった。

当時は共学になっていたが、神楽坂《かぐらざか》の近くにあった。毎朝、四谷から歩いて通う。それまでその辺を歩いたことはなかったのである。大学入学四年にして、私は初めて漱石などが住んだことのある「山の手」の住宅地を歩くという経験をしたのであった。

神田にはよく歩いて行ったが、それは中央線の向こう側の「下町《したまち》」なのだ。急に私は、東京の知識階級の住むところを歩いた感じがしたのである。戦災後であっても、それまで私が知らなかった東京の雰囲気がそこにあった。大学四年生の夏休み前の半月で、漱石が解るような気になったことはたしかである。

そして、初めて東京に対してそれまでにない一種の親しみとか、懐かしさに似たものを感じたのである。その年の夏休みから私は漱石の愛読者になり、いまでは初版もたいてい——時には二部も——揃えて、その装幀まで楽しむところまで入れ込むに至っている。

装幀と言えば、戦前の本は何と贅沢《ぜいたく》に作られたのかと感心することが多い。つい数日前も、綱島栄一郎（梁川《りようせん》）の『古今漢文評繹』（杉本梁江堂、明治四十三年、二百五十pp.）を入手したが、これはいわゆる袖珍本《しゆうちんぼん》、つまりポケットブックで、現代の文庫版とほぼ同じサイズである。

しかも布表紙で、天金《てんきん》で、表紙には大きな梟《ふくろう》が木にとまっている絵が刻印してある。明治四十三年の六十五銭がどのくらいの値段に感じられたかは知らないが、文庫版にすぎないのだ。梁川だってこれを主著と考えたわけはなく、小遣い稼ぎの仕事だったと思われるのに、装幀は拝みたくなるくらいだ。

そうしたなかにあって、漱石の本の装幀は群を抜いている。橋口五葉《はしぐちごよう》をよく使った。漱石が留学した頃はビアズレーの余波もあって、イギリスでも面白い装幀の本が栄えていた時代であるから、その影響が漱石の本には感じられる。

漱石を熱心に読み始めた頃に、私には装幀への趣味は発生していなかった。『こころ』

は岩波文庫で読んだと思う。何だかわからないが、人生の深いところが描かれているように感じた。私が読んだあと、村役場に勤めているすぐ上の姉が読んで「面白い」と言って感に堪《た》えぬような感心の仕方をした。

この姉も〝高級〟な文学には縁がなく、私と同じくもっぱら講談社文化のみで育っていた。雑誌は『少女倶楽部』――近所でこの雑誌を定期購読していた家はなかったので、それは彼女の誇りであった――であり、吉屋信子のファンであった。

そんな〝通俗的〟な姉が、たまたま手にした『こころ』を読んで心を打たれたのだから、漱石の『こころ』には文学に特に親しんだことのない読者にも訴えるものがあるらしい。

漱石の「初版」コレクターに

私が漱石を口にするようになった頃の夏休みの終わり、再び東京へ戻る前の晩にお訪ねした時、順太先生は『三四郎』の袖珍版（春陽堂、大正四年、四百六十八pp.、大正六年四版）を下さった。

裏表紙に「九月六日夜［上京の前夜］佐藤順太先生より贈らる」と書いてある。これは天金こそしてないが品のよい布表紙で、巻頭には水彩画の花と、漱石の筆跡で「三四郎」と印刷してある。

これが、この種の本が自分の所有になった初めてのことだった。翌日の汽車で――当時は急行で約十三時間――この『三四郎』の袖珍本を愛撫しつつ読んだ。『三四郎』も汽車のなかで上京する話から始まっている。もちろん、私には車中で記憶に残るような事件は起こらなかった。しかし、先生から頂いた『三四郎』で装幀に関心が起こったことはたしかである。

それで東京に戻ると、漱石の袖珍本を探し始めた。『こころ』の袖珍本（岩波書店、大正六年、三＋四百三十八pp.）の箱入りの美本も見つけた。これは本物の初版本と同じ装幀である。初版本は天金でないのに、この袖珍本には天金がしてあるのはどういうわけであろうか。

こんなわけで、私のところには漱石の袖珍版がかなり溜まっている。それも装幀が魅力的だというわけで、いつの間にか私は漱石の初版本のコレクターになってしまった。しかし初めのうちは多少汚れたりしてもかまわず、初版であれば刷のほうはかまわなかった。そのうち、初版の初刷で美本でなければならなくなるのだから、一種の病気に違いない。

しかし、漱石の本を頂点とするあの時代の本の装幀の趣味は現代の日本からは消えてしまっている（ごく特殊なサークルのものは別として）。書物の形而下的《けいじかてき》文化は、明々白々に退化・衰退していると言ってよいであろう。

それはヨーロッパでも同じことのようだ。ビアズレーの『アーサー王の死』四巻（一八九三）のような美本文化は、ヴィクトリア朝やそれに次ぐエドワード七世朝以後、本の装幀文化は下り一方のようだ。何年か前、国際ビブリオフィル協会の大会がパリで開かれた時、本の装幀だけの展覧会があったが、さすがグロリエ・ド・セルヴィエールの国だと思って感心したが、いまのフランスはどうなっているのだろうか。

音読は精神が深まる

学生寮にも、文化的なことをやろうというサークルが二つ三つ生まれた。私は、土曜の夜に自分の愛読書を音読する会を作った。会場は、修道院についているクルトゥール・ハイムという明治調の洋館である。

この建物の二階は小礼拝堂で一階に二、三、部屋がある。いまではセレブの結婚式をやるところになっているという噂である。当時の大学当局はまことに寛容で、すぐに部屋を無料で貸してくれた。集ったのは四人ぐらいだったと思う。そして音読してみると、漱石が音読に一番適しているということで意見が一致した。考えてみると漱石の最初の頃の作品は、仲間に読んで聞かせていたくらいであるから、その後も音読に合ったような文体になっていたのではないか。

二回目の集まりには私のほか、一人しかいなかった。そして三回目以降はこのサークルは消えてしまった。当時の上智大学の寮（ボッシュ・タウンと呼んでいた）は、週日の夜間外出は原則禁止で、土曜と日曜だけが門限が十一時で外出できた。だから週末はみんなマチに出かけたいのである。土曜に会合を持とうということが、そもそも現実的でなかったのだ。

ただ、私はたいてい寮に一人で残っていた。マチに出て遊ぶお金がなかったからである。私は四年間の大学生活中、東京で映画を見たことは一度もなく、喫茶店に入ったことは先輩におごられた一度だけであった。まだテレビはなく、ラジオも持っていなかった。

いまから考えても時間だけが豊富にあり、その時間は本を読んで過ごすより仕方がなかった。というわけで、週末の夜になると、たった一人で寮に残っていることがよくあったのである。

音読サークルはたちまち消えたが、私には音読の楽しみが残った。誰もいない寮で一人で『こころ』などを音読していると、自分の精神が深まるような気がしなくもなかったのである。

霊の奥所を衝く作品

そんな時に、近藤いね子が英訳した『こころ』が手に入った。戦前の昭和十六年に初版が出て、これは昭和二十三年に再版されたのである（KOKORO、研究社、ii+288pp.）。

近藤いね子という人は、私の学生の頃は津田塾大学の教授であったと思う。戦前の帝国大学は女性を学生として採らなかったが、東北帝大は例外で、そこの聴講生になった人だという噂であった。この人の英訳の『こころ』を読んで、私はすっかりのめり込んだ。英語がいいのである。声を出して読んでいると、『こころ』の主人公の心が自分に沁《し》みこんでくるような気がしたのであった。

裏表紙の見返しに、英語で読後の感想文が記してあるが、そこには「別の言葉で（英語で）読んで漱石の偉さがより明らかにわかった。この翻訳はその明晰さ簡明さにおいて驚嘆すべきであり……」などとある。

近藤さんは旧姓・佐藤、東北大学で土居光知《どいこうち》や小宮豊隆に学んだあと、ケンブリッジに留学、そして『こころ』の翻訳はケンブリッジ在学中に行ったのである。英語にはブラッドブルクやホジソンの手も加わっている。

そして大戦勃発の三カ月前に北星堂から出版されたが、戦時中に再版されるわけもなく、また北星堂の戦災の打撃が大きく、戦後もすぐに再版されなかった。幸いに紙型が無事だったので、研究社が買い取って再版したのであった。

装幀は昭和二十三年の本にしては珍しく、典雅な感じのするものであった。薄い青地に白い繊維を散らした平安時代の和歌用の紙を連想させた。そして青地の腰巻きには、次のような惹句《じゃっく》が刷ってある。

「……次第に人間心理の世界にさぐり入った漱石の筆は〝心〟に至って知識人の霊の奥所を衝《つ》いて深刻を極め、しかも〝先生〟とよばれる主人公に傍観者の一青年を配するのみの単純な構成の中に稀有の名作を完成した。

訳文は流麗、原作の趣を伝えて遺憾がない」

私はこの出版者の宣伝文句——誰が書いたか知らないが——に全く同感した。

文法的にこだわる必要のない美しい英文を音読することは、自分が英文科の学生であるということもあってまことにこころよかったのである。しかも、日本語の原文で読んだ時よりもさらに深く解ったと感じたこともこころよかった。それは十一月の週末のある夜であった。

歌心をも刺激

寮のなかには誰一人おらず、深閑《しんかん》としている。珍しく窓に霧が寄ってきていてガラスを湿らせていた。ふと歌心が出て、二首ばかりを裏表紙の見返しに書きつけた。あとで読み返した時にあまり下手なので、鉛筆で書き直しているところがあるが、もとの下手なままのものを恥を忍んで出してみよう。

近藤さんの英語で『こころ』を秋の夜に一人で音読していたら、自然に出てきたものである。

装幀の　おもろしき書など　ひらきみむ
ひえびえとした　秋の夜長は
ふと高く　隣の部屋に　セコンドの
刻《きざみ》など聞く　夜の静けさ

和歌や俳句は小学校の時は幼稚なものを随分作って、溜まると父に墨書《ぼくしょ》してもらい――父は筆自慢だった――母に糸で綴じてもらって小冊子にしていたのであるが、中学に入ってからはそういうこともなく、大学で何年か過ごしてから突如、漱石と近藤いね子の英語が一緒になって、孤独で音読していた私の歌心を刺激したのであった。奇妙な体験であった。

『こころ』はなぜ別格なのか

ところで、『こころ』はなぜあの頃の私に深い感銘を与えたのか、といまから考えてみると、つまり八十歳をとっくに超えた老人として考えると不思議である。

『こころ』を書いた時の漱石は四十八歳であった。いまの私よりも三十五歳も若い。明治の頃の人の老成、あるいは成熟がいくら早いとしても、私の歳から見れば若い。漱石が並の人だったら「物書きの若僧」と言ってもよいだろう。

そこで考えられるのは小説と年齢、あるいは人生経験との関係である。福原麟太郎先生は、「シェイクスピアの解釈のための一番よい注釈は、くぐった門松の数だ」という趣旨のことを書かれたことがあった。私もくぐった門松の数の力を借りてみると、漱石の小説にも単なる「若さからくる人生体験の不足」として片づけられそうなものもある。たとえば、漱石の弟子の森田草平が『道草』を漱石先生の最もすぐれた作品であると称えている文章を読んだことがある。しかし、あの作品は主人公の妻の父が借金しなければならなくなったから、それの保証人になってくれないか、と頼まれたので主人公が悩む話である。

官職にある人の給料は、借金の保証としては最も歓迎された時代の話である。そんな借金の保証人となったため、一生苦しめられた帝国大学の先生の話も時々あった頃である。

三宅雪嶺《みやけせつれい》が一生給料のつくポストから逃げていたのも、兄の借金の保証人になったためであったと私は記憶している。だからいくら妻の父からの頼みでも、借金の保証人になることは断るべきである。それを断れないでグズグズ悩む主人公の物語など、世間を知っている人から見ればバカバカしいだけである。

そんな話を小説にしている漱石も若いし（四十九歳）、草平はもっと若い。この小説のなかには「魂」に触れた悩みではない、いわば下世話な問題だから、漱石も自分の文学の本質でない「道草」のような作品として書いたのかもしれない。

しかし、『こころ』は違うと思う。研究社の英訳『こころ』の腰巻の惹句にあるように、「知識人の霊の奥所を衝いて」いる感じがした。しかし、それにいまの私は共感できない。六十年前の私は魂が震えるような思いがしたのに。

「明治天皇崩御」の衝撃

――そこでいろいろ反省してみると、現代の日本人に『こころ』の先生のような人がいるだろうかという疑問が生ずる。いないだろうと思う。いるとすれば、重症の患者ということになるのではないか。

しかし、「先生」は明らかに立派な健常者として描かれている。その疑問が解けたような気がしたのは、『こころ』の終わりのほうにある「先生」の手紙の一節を読み返した時だった。有名なところで、『こころ』を論ずる人なら必ず引用するところでもある。

「すると夏の暑い盛りに明治天皇が崩御《ほうぎよ》になりました。……最も強く明治の影響を受けた私どもが、その後に生き残っているのは必竟（畢竟）時勢遅れだという感じが烈《はげ》しく私の胸を打ちました……」

そして乃木大将の殉死《じゅんし》を知り、その遺書によって次のことも知った。西南戦争の時に乃木連隊の連隊旗手が軍旗を背中に負ったまま敵に切り込んで戦死したため、軍旗が敵の手に奪われた。その責任をとって連隊長の乃木は自決しようとしたが、部下に諫《いさ》められて思い留まった。

それから三十五年間、乃木は恥を忍んで奉公したが、明治天皇の崩御を待って殉死したのであった。それを知り、「先生」も長い間、友人を裏切って死なせたという罪悪感に決着を着けるため、自殺することにしたというのである。

明治天皇の崩御が明治の人に与えた衝撃はいまからではまったくわからないものになっているが、森鷗外も『中央公論』から乃木夫妻の殉死についてのアンケートを求められた時、それに答える代わりに「興津弥五右衛門《おきつやごえもん》の遺書」という短編小説を急いで書き上げて送った。ここでは興津が同僚を殺害してから切腹、殉死までの期間を三十五年間としてある。

乃木大将の殉死は「そうだったのか」という気になる。興津も武士だった。漱石や鷗外が心を動かされたのもよくわかる。しかし、「先生」のような泰平《たいへい》の逸民《いつみん》と言ってもよい人物が、長い間の罪悪感を天皇への殉死のような形で決着をつけた例があったろうか。徳川時代にはなかったと思うし、大正以後もなかったと思う。

「わけのわからぬ自殺」の出現

しかし時代を明治に置くと、漱石が「先生」のような人物を設定し、それが説得力ある作品になったのもわかるような気がする。つまり、『こころ』を説明するキーワードは「明治」なのであると、私はあとになってから何度も何度も考えた挙げ句、思い至った。

明治のインテリには、それまでの日本人の知らなかった新型の神経衰弱が発生していたのだと思う。維新の元勲《げんくん》の世代の神経は強靱であったが、文明開化になってから教育を受け始めた人たちは、初めて近代の西洋の文物を、特に哲学や文学を学校で教えられたのである。語学の勉強から始まって、勉強は凄まじかった。

西洋の哲学の本などは、石造りの図書館とか、空間的余裕のある洋間で読めば神経にこたえることが少ないが、狭い和室のランプの下で、不完全な辞書を頼りに毎日長時間取り組めば、神経が少しおかしくなる人が出ても不思議でないのだ。西洋哲学や文学自体にも、神経のおかしい天才が書いたものが少なくないのだから。

漱石が『こころ』を書く約十年前、第一高等学校での彼の教え子の藤村操《ふじむらみさお》が日光・華厳《けごん》の滝で投身自殺をした。その遺書は日本人の精神史上、空前の種類のものと言ってよい。

「悠々たる哉天壌《てんじょう》、遼々たる哉古今、五尺の小軀《しょうく》を以て此大をはからむとす。ホレーショの哲學竟《つい》に何等のオーソリチィーを價《あたい》するものぞ。萬有の眞相は唯だ一言にして悉《しつ》す、曰く〝不可解〟。我この恨を懷いて煩悶《はんもん》、終に死を決するに至る。既に巖頭に立つに及んで、胸中何等の不安あるなし。始めて知る、大なる悲観は大なる樂観に一致するを」
それまでも日本に自殺はあった。たいていは武士の切腹か、町人の心中、借金に困っての首吊りなどであった。藤村の死は西洋哲学による死、西洋思想による死である。漱石が教壇に立って英語を教え始めて一カ月ぐらいの時である。漱石も衝撃を受ける。その後、十数名の学生が華厳の滝で自殺する。哲学死、思想死という新現象が起きたのである。

のちに漱石のところに出入りするようになった安倍能成《あべよししげ》は、この藤村の妹と結婚している。漱石の頭のなかで「わけのわからぬ自殺」という問題が、常にぶすぶすと醱酵状態となっていたと思う。それは明治独特の現象であり、漱石の心のなかにもそれに共鳴するものがあったと考えてよい。

しかし、知的、内省的時代は明治と運命をともにした。明治末期になると、すでに白樺派などが出てくる。志賀直哉は乃木殉死の話を聞いた時、「馬鹿な奴だ」という気がしたと書いている。漱石や「先生」や鷗外とは違った感性を持った日本人が出てきていた。

「白樺」派の同人であった有島武郎《ありしまたけお》は、『婦人公論』の記者で人妻である波多野秋子と軽井沢で縊死《いし》心中した。これは江戸時代でもあった自殺タイプだ。有島は、父は薩摩、母は南部の武家の出身であるが、漱石や鷗外とは感受性で断絶しているところがある。大正デモクラシーは、明治の自殺を解らないものにしてしまったのだ。

読書は進歩したか

――では、なぜ私が『こころ』に感動したのか。長いこと考えた結果、次のとおりである。私が物心のついた頃は、日本は戦争に入っていた。大正デモクラシーは学校からは完全に消えていた。

そして敗戦後、いきなりアメリカ文明の世になった。それは旧幕時代の教育を受けた日本人が、明治の文明開化で西洋思想に触れたのと状況の性質が似ていたのではないか。だから、「先生」の考え方に不思議なものを感じたのではないか。

戦後、私は七十年以上も生き、戦後デモクラシーにどっぷり浸かっていた。そのせいか白樺派の感じ方のほうが、明治人の感じ方よりも自分にわかるような気がする。そう思っていま『こころ』を読むと、「先生」の自殺に共感できなくなって、むしろ不自然に思う。その一方で、昔よりも強く同情されてならないのは「先生」の奥さんに対してである。

「……妻の知らない間に、こっそりこの世から居なくなるようにします……私は妻には何も知らせたくないのです……私が死んだ後でも妻が生きている以上は、あなた限りに打ち明けられた私の秘密として、凡《すべ》てを腹の中にしまっておいて下さい」

こういう遺書を「先生」は「私」に残したところで、『こころ』は終わっている。自分の夫の「こころ」に全く触れることなく生活してきて、突如、理由もわからずに自殺されてしまった「妻」の気持ちはどうしてくれるんだろう――というのが、『こころ』に対して私がいま、もっとも強く感じるところである。

半世紀以上も前の若い時の感動と比べると、自分の読書は進歩しているのか退歩してきているのかと考えざるをえないが、それに対してはこう自己弁解することにしている。「漱石の小説で感心しなくなったものもあるが、彼の俳句や漢詩に対する尊敬・感銘は変わらない。つまり散文の文学には人生体験による判断が加わってゆくが、詩はそれと全く関係がないらしい。石川啄木の散文を冷笑しても、その詩はいまも共鳴して朗唱などしているのと同じ話だ」と。

絵巻の如く歴史を描く

声に出して読むこと、独りで朗読することの楽しみを知ったのは漱石の作品、特に『こころ』のおかげであった。その朗読習慣の途中で出会った幸運は原勝郎《はらかつろう》先生の著作を知ったことである。

裏表紙に書き込んであるメモによると昭和五十一年の八月、つまり夏休みの帰省中に鶴岡市の古本屋の阿部久書店、にて四十円で買った本が、原先生の『日本中世史』（創元社・昭和十六年、二＋二＋三＋二百十六pp.）である。これは創元社の「日本文化名著選」

の一冊であり、初版は明治三十九年に冨山房から出版されたものである（初版は未見）。

まず書き出しから、漢文の読み下し文の好きな私は惹《ひ》き込まれた。

「新都の経営既に成りて、朱門《しゆもん》は八荒《はつこう》に輝き、畫棟は空に聳《そび》え、典章爰《ここ》に具《そな》はりて、百官有司《ゆうし》各其職を分かち、春秋の朝儀夏冬の節會《せちえ》には、縉紳《しんしん》の衣冠粲《かんさん》としてそれ輝けり……」

と京の都を描きながら、その実体はどうであったか。痛烈極まる叙述が続く。

「……最《もつとも》繁華なるべき朱雀大路《すざくおおじ》すらも、左右垣を帯び人居相隔《へだ》たり……夜は盗賊の淵府《えんふ》となれり……白晝横行の徒亦《また》少しとせず。九重雲深き辺すらも、其禍に罹かること亦稀ならざりき」

さらに庶民の生活、地方の状況などの叙述を読んでゆけば、平安朝文化を尊んでいたのは何だったろうという気になった。『方丈記』の記事を、災害の時ばかりでない年にも延長したようなものである。

それと比べると、中世を創った武士の生活はどうであったか。一ページ毎に開眼《かいげん》経験をする記述が続くのである。たとえば「乳母」といった細かい点についても、王朝貴族では文字・音楽の伝習で足れりとしていた。

しかし武将の家では、乳母は一時期に雇われる人ではなく、代々その家臣だった家の女性が乳母になるので、心からその預かった子を愛し、尊敬し、日夜をわかたずに奉仕し、心からその成長を願うのであったと指摘し、その乳母に夫がある時は、その夫をも乳母と称して、夫妻ともに主人の家の子供の養育、奉仕に当たったたという。いわゆる「譜代《ふだい》」はこうして形成されたという。

このように平安王朝と東国の武家の対比から始まって、実朝《さねとも》で鎌倉の源氏の将軍が絶えるまでの変化を、僅《わず》か百五十五ページのなかに絵巻の如く展開しながら描き切っている。そして承久《じょうきゅう》の乱の必然性を指摘して筆を擱《お》いたのだ。流れるが如き文語文である。日本の歴史を名文で書くことが『平家物語』に始まったとすれば、その伝統は原勝郎の『日本中世史』で終わったと言ってよいであろう。「史」は「詩」の性質を持ちうるものでもありえたのである。

光る筆先が描く歴史

――原勝郎という学者は、不思議な経歴の人であるとは当時から印象づけられた。東大の史学を出て一高教授になり、文学博士になった論文は日本中世史に関するものであったが、実物は関東大震災の時に焼けて残っていないそうである。私が感激して読んだのは、その学位論文に手を入れて出したものらしい。

日本史学者としての功績として原が称えられているのは、ヨーロッパ風の古代・中世・

近代という三つの時代区分を日本史に初めて適用してみせ、それまで暗黒時代視されていた平安朝以後の「中世」を自ら書いたことである。

それで彼を日本史学者と思いがちなのであるが、明治三十九年（一九〇六）に近世史研究のため、文部省から満二年間のイギリス、フランス、アメリカでの在外研究を命ぜられて明治四十二年（一九〇九）に帰国すると、京都帝国大学文科大学教授に任ぜられ、史学地理学第一講座を担当し、ヨーロッパの近現代史を教えられることになったのである。

その成果としては、『西洋中世史概説・宗教改革史』（同文館、昭和六年、四＋四百三十八pp.）や『世界大戦史』（大正十四年、四＋二＋三＋九百三pp.）などの大著がある。西洋史の本が文語文で書いてあるので、私には違和感があった。しかし、さすがに原先生の筆先は光っており、いまも記憶に残っている箇所がある。

たとえば、イギリスの宗教改革でヘンリー八世は教会の「元主」（supreme head）と言っていたのに、娘のエリザベスは教会の「指揮者」（governor of church）という名で満足したということは、私は原先生の本で知った（エリザベスは女性なので、文法的にはgovernessになると思うのだが）。

また、『欧米最近世史十講』（弘道館、大正四年、三＋十一＋三百九pp.）を読んで、なぜセルビアの一青年がオーストリア皇太子を暗殺するほど憎んだのかを初めて教えられた。オーストリアなどの力でアルバニアが独立させられたため、セルビアが海に出ることができなくなったその恨みだというのである。

これが引き金になって世界大戦になった。私が『ドイツ参謀本部』を書いた頃はこの本を読んでおらず、流布《るふ》している説そのままに、第一次世界大戦の勃発理由はよくわからず、フランスやドイツの動員令騒ぎから起こったように思っていた。この本の内容はうんとわかり易く書いてくれると、日本の読書界に裨益《ひえき》するところがあるのではないだろうか。

得体の知れない強国・日本

古希《こき》を過ぎてからめぐり会った原先生の本で大きな恩恵を受けたのは、『日本史入門』である。これは英語で書かれ、外国で出版になったものである（*An Introduction to the History of Japan*, New York & London, G. P. Putnams' Sons, 1920, xviii+411pp.）。これは、原博士が京大の同僚の羽田亨教授へ贈呈した本で署名入りである。

さらにこの本には、羽田先生があとで挿《はさ》んだと思われる折込み封筒があった。その表には「昭和四年二月九日肖像掲揚式記念　故文学博士原勝郎君肖像並ニ筆蹟」と刷ってあり、なかに太田善二郎画伯揮毫《きごう》の原先生の肖像画二点と、『世界大戦史』の原稿の一部が複製されている。これで原先生はあの大著を毛筆で書かれたことがわかる。

この本がどうして作られたかは極めて面白いし、日本人にとって重要だと思われる。というのは、第一次世界大戦後に日本は国際連盟の副議長国であり、文字どおり世界の五大強国の一つとなった。

敗戦したドイツとオーストリア、革命を起こされたロシアは列強（Powers）から消え、イギリス、アメリカ、フランス、イタリア、日本が列強になったのである。

日本は日露戦争に勝ったけれども、ヨーロッパの国々にとってはそれは極東の話だった。しかしいまや有色人種国が列強、しかも三大海軍国として世界の舞台に登場したのだ。いまとは違って人種差別が甚《はなは》だしいどころか、差別が正義みたいな時代だったのに。白人国家にとっては、得体の知れない強国が突如、世界の舞台の真ん中に出てきた感じで、それまでのラフカディオ・ハーンのお伽《とぎ》の国のイメージが、凶々《まがまが》しいものに変わったのである。

それを肌で感じた日本の政界・財界・学界の偉い人たちが、「日本もヨーロッパの如く、古代・中世・近代と歩んできた国で、ヨーロッパの国々と異質でないことを証明することが必要だ」と考え出した。そういう日本通史を書ける人は、原勝郎以外にいるわけがないことは明らかであった。

それで団琢磨《だんたくま》、井上準之助、岩崎久弥、岩崎小弥太、牧野伸顕《まきののぶあき》、上田萬年《うえだかずとし》、坪内逍遙《つぼうちしょうよう》、山川健次郎などなどが発起人となり、お金を集め、原勝郎に英文日本史の執筆を頼んだのである。

英語は京大のクラークさんが見てくれて、英米の名のある出版社から出版された。私は「これこそ日本通史だ」と感嘆した。西洋人にもわかるように書いてある。

たとえば、皇室を中心とする日本人は南方系である。理由は、先ず家屋が夏の通風換気を主として寒さには向かない、第二に南方産の米に対する異常な執着、第三に神事などに禊《みそぎ》、つまり水をかぶる、第四に勾玉《まがたま》は百済《くだら》・日本・南方にしかまだ発見されていない等々である。

この調子で書かれた日本史は、外国人にも無理なくわかる。この翻訳がないのが残念だと言ったら、最近、訳者も出版社も見つかった。騎馬民族説より半世紀も前に出た本である。史料研究は入念緻密になっていると思うが、日本人の「通史」を書くということになると進歩の概念は通用しなくなる。考えてみると原勝郎の出発点は、明治の帝国大学の史学者たちの考証中心の史学への批判であった。

十四、チェスタトンとの事件的出会い

大学三年の時の英文学史の一環として、ロゲンドルフ先生はチェスタトンの『文学におけるヴィクトリア朝』（*The Victorian Age in Literature*, London:Home University Library, 1913. vi+256pp.）を講読のテキストとして採用された。

チェスタトン『文学におけるヴィクトリア朝』

このことは、私にとっては事件ともいえる結果になった。というのは、この講読を兼ねた講義によって私はチェスタトンの文章に初めて触れたのであるが、チェスタトンこそはその後の私の考え方に対してもっとも重要な影響を与えてくれ、かつ与えつつある著者の一人だからである。

チェスタトンはシュナイダー先生とは異種の天才であり、彼の本のどの一ページを読んでも目を開かされる気のする言葉に出会うのだ。

彼との活字の上の出会いはいまから六十二年前のことになるが、今朝も彼の書した聖トマスの伝記を読み返したところである。そして、ロゲンドルフ先生の学恩に改めて感謝しているところである。

授業のテキストは本がないので、ロゲンドルフ先生の秘書の方がタイプして複写したものが配布された。開講の初めに、先生はこの本に対する出版社の言い訳を紹介された。「本書はヴィクトリア朝文学史の権威ある本として出版されたものでないことを、本書の編者たちは弁明したいと思う。本書は編者たちの特別のお願いで、チェスタトン氏がヴィクトリア朝文学の意義についての見解や印象を、自由に、かつ個人的立場から述べられたものである」

出版社が自社の出版物の巻頭に「本書は権威ある文学史（an authoritative history of……）ではありません」と断ることがあろうか。「現代知識の家庭大学文庫」（Home University Library of Modern Knowledge）というシリーズは、G・マレー、H・フィッシャー、A・トムソン、W・ブルスターを編集者とし、現代の学芸、学術の権威を網羅して数百点の本を含んでいる。かつての岩波全書を読み易くしたような形の叢書《そうしょ》である。最盛期の大英帝国が、世界中の権威者に書いてもらったという観がある。

そこで当時、人気の高かったチェスタトンに依頼したところ、まったく〝権威的〟な書き方でないので、編者たちも出版社も困ったのであろう。しかし内容は面白いので出すことにはしたが、そのためには冒頭に異例の「言い訳」をつける必要があると感じたのであった。

ロゲンドルフ先生は、この異例な出版社の言い訳を指摘され、チェスタトンの発言が時代の標準的見解を超えていたことを示すものとされた。先生のご意見は洵《まこと》に正しかったと思う。

高らかな勝者の声

第一次世界大戦の前に書かれたヴィクトリア朝文学史で、――現在に至るまで愛読され、版を重ねているものはチェスタトンのもの以外にはないであろう。家庭大学文庫版のたった二百五十ページばかりの文学史は、その巻頭から巻末に至るまで、光を失っていない。

試みに、第一章の要点を摘《つま》んでみよう。

「イギリスの歴史に一番重要なことは、起こらなかった事件である。つまりフランス革命のようなものがなかったことだ。イギリス貴族は金持ちと手を結び、金持ちを貴族にしてしまったので、金持ちが貧乏人を支配するという体制、つまり貴族階級による革命が成功したのだ。フランスでは叛乱者は武器を手に取ったが、イギリスでは叛乱者は芸術を手に取ったのだ……」

この調子で進むと、イギリスのシェリーなどの詩人やラファエル前派の絵画のことがよくわかる。カーライルの『フランス革命史』は、言葉のうえではフランス革命よりも革命的であるが、ルソーの革命的思想はヴィクトリア朝ではロマンティックな自由主義の文学になってしまったこともよくわかる。

チェスタトンの『文学におけるヴィクトリア朝』は、当時のイギリスやアメリカで大人気であった。もちろん、そのことを当時の日本の英文学界が知らなかったはずがない。しかし、当時の日本の英文学者たちにはどうもよく理解されなかったらしい。斎藤勇先生の『研究社　英米文学辞典』にも『イギリス文学史』にも、チェスタトンのこの本は名前も挙げられていない。

出版当時の書評としては、平田《ひらた》禿木《とくぼく》の六ページを超えるものが注目される（『英文学印象記』アルス、大正十三年、四＋三百二十八＋六pp.のうち、八十六—九十二ページ）。平田禿木、本名・喜一——『講談社　日本人名大辞典』に喜一郎とあるのは誤り——は、日露戦争前年にオックスフォード大学に留学した日本英文学界の先達《せんだつ》であった。この人が次のように書いているのだ。

「今となっては最《も》う去年の夏頃、皆んなが盛んに買って、非常に面白い本だと云ふ、面白いが未だよく読みません、と、申合わせたやうに云ふのが G. K. Chesterton 氏のこの前々王朝〔ヴィクトリア朝〕の英文学評論である。
何だか行きつけない料理屋へ行って、ちょっと〝えたい〟の知れないものを出され、如何にもおいしさうだったが何《ど》う箸をつけてよいか分らないから、折づめにして持って帰って来て大事に蔵《しま》っておくといふ気味だ。
この前に渡って来たケネディ某の近代英文学史といふやつは、大分歯当たりもよく方々様のお役に立ったが、今度のは料理方が料理方だけに、ちょいとは突っついてみたが、何《ど》う本当に攻め入っていゝか大いに面喰ったという体《てい》で、世間様が皆手を退いて仕舞って被在《まかりあ》るところを、何も己れ一人その食ひ分けが出来たといふ風に大威張りで吹聴《ふいちょう》も嗚呼《おこ》がましいが、さういふ事は毎度もう此席〔『英語青年』という雑誌〕で自分のやりつけてゐることですから、大したお咎《とが》めもあるまいと、先づ此辺の空談義で初刷御祝儀のお茶を濁さして頂くことに致します」（『上掲書』八十六—八十七ページ）
日本中の英文学者が読み解けなかった本を俺には読み解けたぞ、という高らかな勝者の声である。禿木はその時四十一歳、まことに意気軒昂《いきけんこう》たるものが感じられる。

「狐につままれたような……」

ところが、禿木にもよく解らなかったのだ。こんな言葉が続く。
「チェスタトン先生、その木の木目のやうに此方の小枝へとはひ上がり、彼方の下枝へと駆け下って、最《も》う縦横無尽に馳せめぐるので、眼まぐるしくて到底長くは見てゐられず、結局狐につままれたやうな気になって、放り出してしまふのが此一冊である」

つまり、禿木にもよくわからなかったのだ。そのくせにこんな言葉が続く。

「斯《こ》うなるとVictorian Ageはちょっと面白い本だ。よく子供の喧嘩に、悔しきゃ拳固で来いてなことを云ふが、悔しきゃチェスタトンで来いとでも云ひたくなるやうな、ちょっと素人衆には歯がたゝない代物だから面白い」

つまり、まともな書評になっていない。禿木一人で偉がっている感じである。こんなわけであるから、日本の英文学者でもチェスタトンの『文学におけるヴィクトリア朝』を戦前にまともに読んだ人は一人もいなかった、と言ってよいのではないか。

そんな難物を、ロゲンドルフ先生は上智大学の英文科の三年生と四年生の合同のクラスで講読のテキストとされたのである。当時の上智大学の学生が秀才の集まりということは絶対にありえなかった。むしろ有名大学の入試の敗残兵が多かったと思う。

そんな学生たちを相手に、日本のプロの英文学者たちも理解できなかった難物をテキストに取り上げられたロゲンドルフ先生の「気が知れない」というのが普通の見方であろう。

しかし、いまの私にはロゲンドルフ先生の気持ちがよく解る気がする。先生には、チェスタトンは少しも難しくなかったのだ。彼の『文学におけるヴィクトリア朝』についても、難解という認識が先生には全くなかったのである。日本人の学生にも解る本だと思い込んでおられたのである。

そして、ロゲンドルフ先生のこのクラスに出た学生の大部分はチェスタトンが解り、そのうちの何人かは——私もその一人だが——チェスタトンを終生の愛読書とするようになったのである。先生によく解っていることは、生徒にも解るのである。

この講読によって、私は心の底からチェスタトン・ファンになった。そしてこれに関連して、私が「英語を読める」という自信を初めて持つ機会が生じた。

この本のウォルター・ペーターに関する記述のところで、どうしても腑に落ちない叙述に出会ったのだ。何度読み返しても、それまでの話と繋がらない。いな、話がひっくり返ってしまう。文法的にはおかしなところはない。悩んだ挙げ句、私はロゲンドルフ先生に長い文書を提出した。その大要はいまでもはっきり覚えている。

「このテキストでは、ペーターの芸術至上主義についてチェスタトンのそれまでの叙述は反対になってしまう。原本のテキストを見せていただけないでしょうか」

先生の部屋に呼ばれて、学生に配布されているテキストを原文と比較することを許された（先生も学生と同じテキストを教室で使っておられたのである）。そしたらちょうど一行、まるまる抜けていたのである。

文法的には差し支えの出ない一行だった。先生はその次のクラスでこの一行を挿入することを指示し、「このクラスには本当の学者が一人いるよ」と言われた。この褒め言葉を私は死ぬまで忘れないであろう。

この講読については、さらに三十年ぐらい経ってからの憶い出がある。また自慢話になるが、許していただくことにする。この『文学におけるヴィクトリア朝』の第一章にも最終章にも、the Victorian Compromise（ヴィクトリア朝の妥協）という言葉が出てくる。ところが、「何と何が妥協したのか」は明示されていない。「結局、チェスタトンの言うヴィクトリア朝の妥協とはなんだろう」という疑問が残った。

それでその質問を先生にしたら、ロゲンドルフ先生は「宗教と科学が妥協したのです」というお返事だった。しかし、何か納得できないものが頭の隅に残ったままだった。そんなことは書いていなかったからである。

「妥協」の誤解

ロゲンドルフ先生のチェスタトン講読が終わってから二十七年後に、この本が安西徹雄氏の訳で出版された（『ヴィクトリア朝の英文学』、春秋社、昭和五十四年、二百五十六pp.）。ここには、ミルワード先生の解説が付けられている。そこにはロゲンドルフ先生とほぼ同じ意味で、ヴィクトリア朝の「妥協《コンプロマイズ》」が説明されていた。

「チェスタトンの見るところ、ヴィクトリア時代は二つの強力な力、相対立する力の妥協の上に成り立っていた。……この二つの力とは宗教と合理主義――より厳密に言えばキリスト教と、フランス革命に到ってクライマックスに達したところの、かの十八世紀の合理思想の二つである」(『上掲書』、二百五十ページ、傍点・渡部)

ロゲンドルフ先生もミルワード先生も、イエズス会の学者である。私の尊敬するこの二人の先生が、「ヴィクトリア朝の妥協」という点に関しては同じ誤解をしておられるのではないかとはっきり気づいたのは、その後、ベルリン大学教授のディベリウス(Otto F. Dibelius)の大著 *England* (Berlin, 1923)の英語版を読んだ時である。

ディベリウスは元来は英文学者で、イギリスのロマン派芸術やディケンズに関する著書もあったが、第一次世界大戦中はドイツ政府の戦時新聞局に勤めてイギリスに関する情報蒐集《しゅうしゅう》をやっていた。そして戦後には、その資料を用いて「イギリスとは如何なる国であるか」というテーマで大著を出したのである。

その序文には、次のような主旨のことが書かれている。

「われわれはイギリスを敵として戦ったが、それが如何なる国で、如何なる民族であるかを知らなかったのではないか」

第一次世界大戦の頃、イギリスの国王ジョージ五世とドイツ皇帝ヴィルヘルム二世は従兄弟《いとこ》同士であった。そもそも現在のイギリス王朝は、十八世紀の初めの頃にドイツから招かれたジョージ一世に始まるのだ。誰でもドイツ人にはイギリスのことが分かっていると思うし、ドイツ人も分かっていると思い込んでいたに違いない。

経済資本との「妥協」

しかし、ディベリウスは「そうでなかった」というのである。この本のなかで私が一番びっくりしたのは、イギリスの法制が基本的にはゲルマン法なので、ゲルマン人の戦士の精神が残っているという指摘である。

ゲルマン人の戦士は、敵であっても自分に匹敵するものと見做《みな》したら自分の仲間に受け容れた。その精神があったので、産業革命のあとに成功した企業家、つまり大金持ちをイギリスの貴族たちは自分の仲間として貴族にしたというのである。

たとえば、

「イギリスの十九世紀が開かれたのは、ホランド・ハウスの制服を着た召使いが、ドアを開いて〝マコーレー様の御到着〟と言った時の頃である」

とチェスタトンは書いた。ここだけ読んだのでは何のことか分からない。しかし、ホランド・ハウスがイギリスのホイッグ党の本部みたいなところであり、ホイッグ党は富裕貴族の党で、政策的には進歩的。マコーレーの家は西インドの砂糖農場で、黒人奴隷を使って大金持ちになり、彼はその初代の男爵としてホイッグ大貴族の仲間に受け容れられた、という背景を説明されれば、チェスタトンの「ヴィクトリア朝の妥協」の意味が浮き上がってくる。

イギリスの貴族たちは、大金持ちや大企業家を貴族にしていったのだ。その「妥協」によってイギリスは革命が起こらなくなってしまい、革命の精神は文筆のなかだけとなったというのが、チェスタトンの意味だったのである。

ディベリウスの本を読んで、初めて「妥協」でチェスタトンの意味したことが分かった気になった。そしてもう一度初めから『文学におけるヴィクトリア朝』を丁寧に読み返して、それは確信になった。それでミルワード先生にこのことを申し上げたら、先生は「それに違いないでしょう」とあっさり承認されたのである。やはり、「妥協」が「宗教と科学」とか、「宗教と合理主義」というのでは、どこかしっくりしないと感じておられたからではないだろうか。

残念ながらロゲンドルフ先生はすでに亡くなっておられて、このことを申し上げることはできなかった。考えてみると、この本を講読してくださったときのロゲンドルフ先生の年齢は、私がディベリウスを読んだ時の年齢よりもずっとお若かったことに気がついた。

余談になるが、イギリス人のこの性質は注目すべきものだと改めて思う。ディズレリィというユダヤ人を保守党の党首・首相にしたのも十九世紀の、つまりヴィクトリア朝のイギリスだった。そして、スエズ運河もそのコネでイギリスが手に入れ、ロスチャイルドも貴族になった。

第一次世界大戦で、一骨董屋出身のユダヤ人の男がシェル石油会社を作って戦争に役立つと彼を男爵にし、さらに子爵にした。こんなわけで、いつの間にかイギリスは世界のユダヤ人の支持を受ける立場になったと言えるのではないか。この種の「妥協」はイギリスからアメリカでも行われ、われわれが今日見る如く、世界経済はアングロ・サクソンの天下であり、その言葉――英語――は国際共通語になりつつある。

知的生活の土台

ロゲンドルフ先生のおかげでチェスタトンを読むことを覚えたことは、何度も繰り返すことになるが、私の知的生活の土台となった。その恩恵をいくつかあげてみると、まずチェスタトンの『正統論』(*Orthodoxy*, London, 1909, 297pp.)である。

自分が教員になってから、これを私は講読のテキストに使った。元来はキリスト教の正統を論じたものであるが、私には日本の正統を論ずる時にもそっくり当てはまる叙述があるように思われた。たとえば「正統」を振り返ってみると、馬の名人が複雑な地形を疾走するようなもので、落馬しかかったり、落馬したように見えながらも、無事で走り続けているのに似ているというのである。

何度も危機に見舞われなかったような「正統」はあったろうか。カトリック教会の場合も、古代から無数の異端と対決したり、政治的迫害を受けたり、ひどく堕落したり、「宗教改革」があったり、自然科学の理性と実証万能主義に直面したり、馬乗りならば落馬したような場合も、振り返れば見事に駆け抜けてきているというのである。

日本の正統である皇室にもそれは当てはまると私は思う。他の国ならば王朝断絶になるような危機を、皇室は何度も乗り越えてきていることになる。日本の歴史を振り返れば、それはチェスタトンの言う如く、危ない場所を落馬もせずに見事に駆け抜ける名騎士の姿ではないか。

縦と横の民主主義

――また「伝統」についても、チェスタトンは「縦の民主主義」と「横の民主主義」という卓抜な言い方を用いて説明している。われわれが日常に用いる民主主義という言葉は、チェスタトンでは「横の民主主義」ということになる。「横の民主主義」は、現在を生きている者たちの「独裁」になるという。すべての伝統を否定する共産革命などは生きている者たち――しかも比較的少数の者——の独裁になるという。解り易い例である。

これに対して、「縦の民主主義」は先祖たちの意向にも配慮し、子孫の立場も考えるということで、「生きている者たちの独裁」ではなく、いまは亡き者たち、また、まだ生まれ出でざる者たちにも配慮する民主主義である。これは伝統尊重とか保守的と言われる考え方に通ずる。

チェスタトンは、この縦と横の二つの民主主義が均衡することが重要だという。頑固一徹の保守主義でも、改革だけの進歩主義でもいけないという、まことにイギリス人的な主張である。伝統尊重、国体尊重という言葉を「縦の民主主義」と言ったのは新鮮であり、また、事の本質を衝いていると思う。

かの七〇年安保騒動の頃、私はこの「縦の民主主義」という考えを振り回した議論をいろいろなところで述べた記憶がある。この言い方は、最近では若い政治学者も使い出しているようで嬉しい。

保守主義というのは縦の民主主義を忘れない横の民主主義にほかならぬことだから、保守反動と簡単に言えないことが分かる必要がある。靖國神社問題は、「縦の民主主義」の典型的な例であろう。

チェスタトンから受けたもう一つの恩恵は、「歴史」というものについての考え方である。彼はデイリー・ニューズ紙（*The Daily News*, December 17, 1902）に、「偏頗《へんぱ》な歴史家擁護論」（A Plea for Partial Historians）という小論を書いている。私がこれを読んだのは、彼の秘書だった女性が戦後に出した彼の著作集『狂気と書簡集』（*Lunacy and Letters*, ed. Dorothy Collins, London:Sheed & Ward,1959, pp.45-9）のなかで見つけたからであったが、歴史というものに開眼させられた気がしたものである。

チェスタトンによれば、有能な人は二度褒められるという。最初に褒められるのは間違った理由で、それから悪口される時期があって、二度目は本当の理由で褒められる。その例として、バイロンは第一回目は当時の若い者によって、その若さと倦怠感のために賛仰《さんぎょう》された。そしていまは（二度目は）、ロマンティックな若者のタイプとして老人たちに讃えられている。

そのように、マコーレーはかつては賛仰された歴史家であったが、現在のような資料中心の史学の時代には、史家として忘れられてしまう。しかし、チェスタトンはマコーレーの復活する日のあることを予言している。それはなぜか。

当時、公平な歴史家として尊敬されていたのはハラム（Henry Hallam）である。彼は第一資料に基づいて英国史を書いた最初の一人である。その『ヘンリィ七世戴冠よりジョージ二世の薨去《こうきょ》に至る英国憲政史』（*The Constitutional History of England*……2vols, 1827）

という英国史は、公平ということで尊敬されていた（私もこれを持っているが、チェスタトンを読んだため、まだ読んでいない）。

ハラムについてチェスタトンは言う。「ハラムはチャールズ一世とともに、あるいは彼に反対するピューリタンとともに叫んだことがあるか」と問うのだ。マコーレーを読めば、彼が当時のピューリタンと一緒になり、チャールズ一世の首を斬るように叫んだ者になり切っていることが分かる。十七世紀の、つまり二百年前の王様の首を斬った者たちの気持ちを、マコーレーはわれわれに分からせてくれているのだ。

もちろん、これは一方に偏した不公平な歴史であり、王党派の人からは反撥を受けるであろう。では、公平に書いたら歴史は解るか。それは幻の如き王に、幻の如き群衆が出て、幻の如き圧政に、幻の如き叛乱が起こる話にすぎなくなり、なぜあんな歴史になったのか実感として分からなくなる。しかし不公平でもマコーレーを読めばそれが解る、二百年前のことも実感できるというのである。

プロに黙殺された英国通史

チェスタトンは歴史家ではないが、『英国小史』（*A Short History of England*, London: Chatto and Windus, 1917.In the Phoenix Library 1929.x+237pp.）というイギリスの通史がある。「西暦の年代を一度も使わずに書いた英国史」と言われているが、私は八七八年、一三九九年、一七五〇年というあまり重要でない年号を三度、出していることを発見した。この小著をプロの歴史家は無視するであろうし、また無視している。しかし出版以来、何度も版を重ね、第二次世界大戦後も版を重ね続けている。なぜか。

イギリスの歴史学界には元来、二派あった。簡単に言えば英国史の始まりを、タキトゥスの『ゲルマニア』から始めるか、シーザーの『ベロ・ガリコ』(ガリア戦記)から始めるかである。ヴィクトリア朝の頃は圧倒的に『ゲルマニア』派だったのである。

一つはイギリス王朝がドイツのハノーヴァから来たジョージ一世に始まるということもあったし、イギリスはフランスと対立する長い間、プロシア(ドイツ)を同盟国にしていた。

大ピットはフリードリッヒ大王を助けてフランスを抑え、ナポレオン戦争でもワーテルローでイギリスのウエリントンが勝ったのは、ブリュッヘルのプロシア軍と協同したからである。「イギリス議会制度はゲルマンの森のなかで始まった」というのが通説のようになっていた。

チェスタトンが『英国小史』を書いた数年前も、ロイド=ジョージ内閣の「国民保険法」がドイツの制度を手本にして作られたばかりだったし、オックスフォードでもヘーゲルの哲学が講ぜられ、神学にもドイツの高等批評派の神学が浸透し、チェスタトンの言葉によれば「ドイツ史がイギリス史を併合し、愛国的イギリス人は誰でも自分がドイツ人であることを誇りに思うことが、ほとんど義務のように思わなければならない」ような時代だったのである。

チェスタトンはここで、断乎《だんこ》としてベロ・ガリコ派（ガリア戦記派）の立場を示す。イギリスにはローマ帝国の遺跡が残っているのみならず、四世紀にわたってイギリスはローマ帝国の一部であった。つまり、「イギリスにローマの遺跡があるのではなく、イギリス自体がローマの遺物なのである」と言うに至った。

チェスタトンはこの本を書くにあたって、それは「図々しく厚かましいこと」（impudence）と自認しているが、自分は英国史の「無視されている側」（neglected side）と学者たちが無視してきたことを取り上げるのだが、それは大した学識の要らないことなのだと言う。

不思議な縁の連鎖

このチェスタトンの『英国小史』を読んでいなかったら、いまから四十年前に、私は『日本史から見た日本人』（産業能率短大出版部、一九七三年、二百七十一pp.）を書くことは、つまり日本史を書こうという図々しさ（impudence）を持つことは決してなかったであろう。

これを書く数年前に、私はフルブライト・ヘイズ法の招待教授として、アメリカの四つの州の六つの大学で教える機会を与えられた。どこでも日本人の若い留学生、若い講師に会った。

彼らは私より数年か十年くらい若いだけなのに、日本の歴史には完全に無知だった。日米開戦が石油問題が直接原因であることも知らなかった。私は終戦の時に中学三年生だったので、日本の歴史は「国史」として小学校から習っており、天皇のお名前も最初の二十代ぐらいまではいまでも言える。しかし、戦後に小学校に入ったぐらいの年齢の日本人は、日本の歴史を全く知らないことを発見したのである。

そんな体験を帰国後に篠田雄次郎氏に話したら、彼は産業能率短大の出版部長・金森昭治氏に話してくれて、四週間ばかりでこの本を書きあげたのであった。普通の出版社が、無名の英語教師の日本古代史の出版を引き受けることはあり得ない。それで畑違いのところから出版されたのである。

しかし出版してみると、無数の版を重ねて今日に至っている。谷沢永一氏が激賞してくれて、それが二人の関係の始まりになった。それから私と日本史が結び付き、日本通史七巻にまで連なるのだから、不思議な縁の連鎖である。

考えてみると、戦後の国史学界は左翼全盛で、それは亀井勝一郎が的確に批判した岩波新書の『昭和史』（昭和三十年、遠山茂樹、今井清一、藤原彰共著）に見られるように、こうした「歴史には人間がゐないといふことである」ということが一般であった。

日本の古代史には、『古事記』や『日本書紀』の記述の代わりに考古学ばかりが目につくようになった感じであった。「昭和史」は人間不在だと亀井は指摘したが、古代史になると神々も皇室も消えたり、影が薄くなってしまった。

そんな時の私の impudence が書かせた『日本史から見た日本人』は、正統的・アカデミックな歴史家によって戦後「無視されている側」（neglected side）を書いたことになったのだと思う。ある神職の方が、私にこう言ってくれたことがあった。

「戦後の神職にあった者すべてにとって、あなたのあの本は最も勇気を与えてくれるものでした」と。

そのせいか、神社関係の講演もかなりあった。特にこの前の前の式年遷宮《しきねんせんぐう》の時には、伊勢神宮で日本中の神職の方々の大きな集まりで講演する機会を与えられた。それは大いなる名誉であった。

あの本を出した頃に比べると、いまの日本の出版界は大きく変わってきていると思う。神社関係の本や雑誌の記事が実に多くなっているのだ。戦前の日本でも、こんなに神社についての関心や知識の普及はなかった。もっとも、パワー・スポットという言葉もなかったと思うが。

チェスタトンはマコーレーの復活を期待すると言っている。

――それは例の「ヴィクトリア朝の妥協」とは全く違う非妥協が

グローバルと対極の平泉史観

マコーレーの書いた十七世紀、十八世紀の記述にはあったからだと思う。そこでの連想だが、日本でも平泉澄《ひらいずみきよし》先生の国史が讃えられる時が来るのではないかという気がしないでもない。

というのは、彼の史観はグローバル時代の対極にあるものだからである。最近、彼が戦後に行った講演の文章を読んだが、それは「人間不在の歴史」の反対であり、しかも資料などについてもプロ中のプロであることを示すものであったからである。

二〇一三年、聖トマス・アクィナスの『神学大全』の全四十五巻（創文社）が出版された。この大事業の完成を記念して、シンポジウムも雄松堂で行われた。この行事に、訳者の稲垣良典《いながきりようすけ》氏（九大名誉教授）と並んで私も出席し、スピーチをしたり質疑に答えたりした。

何という「図々しさ」（impudence）と言われても仕方がないところだが、主催者の松田義幸氏（尚美学園大学長・理事長）も私もそう思わなかった。というのは、私はチェスタトンの『聖トマス・アクィナス伝』（*St. Thomas Aquinas*, London: Hodder and Stoughton, 1933.xii+237pp.）を三十年ぐらい前に精読したうえに、この本の初版本をそれ以上、傷めないようにとペーパーバック版（Doubleday Image Book, 1960.198pp.）をボロボロになるほど読み返しているからである。

「チェスタトンの書いた伝記を読んだぐらいで、聖トマスや『神学大全』を人前で語る資格があるのか」

という疑問を出す人がいても不思議はない。しかし、チェスタトンの伝記だけで、聖トマスについても『神学大全』についても人前で語るくらいの資格を持てるのである。というのは、聖トマスの研究の第一人者であるのみならず、中世研究の中心にいて二十世紀のトマス哲学（トミズム）復興のパイオニアであるジルソン（Étienne Gilson）が、チェスタトンの『聖トマス伝』について次のように言っているからである。

「チェスタトンは人を絶望させる。わたくしは自分の一生をかけて聖トマスを研究してきているが、あのような本を書くことは絶対できないであろう。あれは聖トマスについて比類なく最善の本である。天才でなければあのような仕事はできない。彼の機智(wit)は学者たちを恥じ入らせる。学者たちが証明しようとし、学問的形式ではあまりよく述べられなかったことを、チェスタトンはすべて正しく当てた（guessed）のだ。

彼はかつて存在した最も深奥《しんおう》な思想家の一人である。彼が聖トマスについてもその学説についても常に正しい結論を下していることに私は驚嘆するのだ。私は六十年間聖トマスを読み、かつ教えてきたが、その私よりもチェスタトンの方が聖トマス本人に近かったように感ずるのだ」(Ian Ker, *G.K. Chesterton*, Oxford University Press, 2011 pp.681-2)

何という称賛の言葉であろうか。これほど見事に、チェスタトンの天才の本質を示した言葉はない。チェスタトンは若い頃に『神学大全』を読んだことがあったと女性秘書は言っているが、ざっと覗いたぐらいなのではないか。『聖トマス伝』は、チェスタトンの最晩年の本だ。しかも、女性秘書に短い日数で口述したものである。本物の天才以外、誰がこんなことをなしうるであろうか。

本質を摑む深い洞察力

チェスタトンの天才――それは本質を摑む異常な洞察力というものである。彼がまだ駆け出しの頃、マクミラン社は「英国文人叢書」を出した時に、難物中の難物である詩人ブラウニングを彼に割り当てたのである。大家のなかに一人混じり込んだ若造に見えた彼の『ブラウニング伝』のみが、かの叢書のなかで今日も読み続けられている唯一の本である。ブラウニングの本質を突いているからである。

チェスタトンの天才的洞察の本を読み込んでいたおかげで、『神学大全』刊行記念シンポジウムで私は聖トマスを専攻している東大の若手の先生の質問にも、ボロを出さずに済んだ。

この天才の本はみな短い。しかし、洞察はまことに深いのである。去年には、チェスタトンが新聞に書いた記事の全部が各巻約五百ページの本八巻に収録されて出版されている（*G.K.Chesterton at the Daily News etc,1901-1913*, London: Pickering & Chatto 2012, 8vols）。彼の新聞記事も古びていないことを英語圏では再認識していると思ってよいのではなかろうか。

古書の悦楽

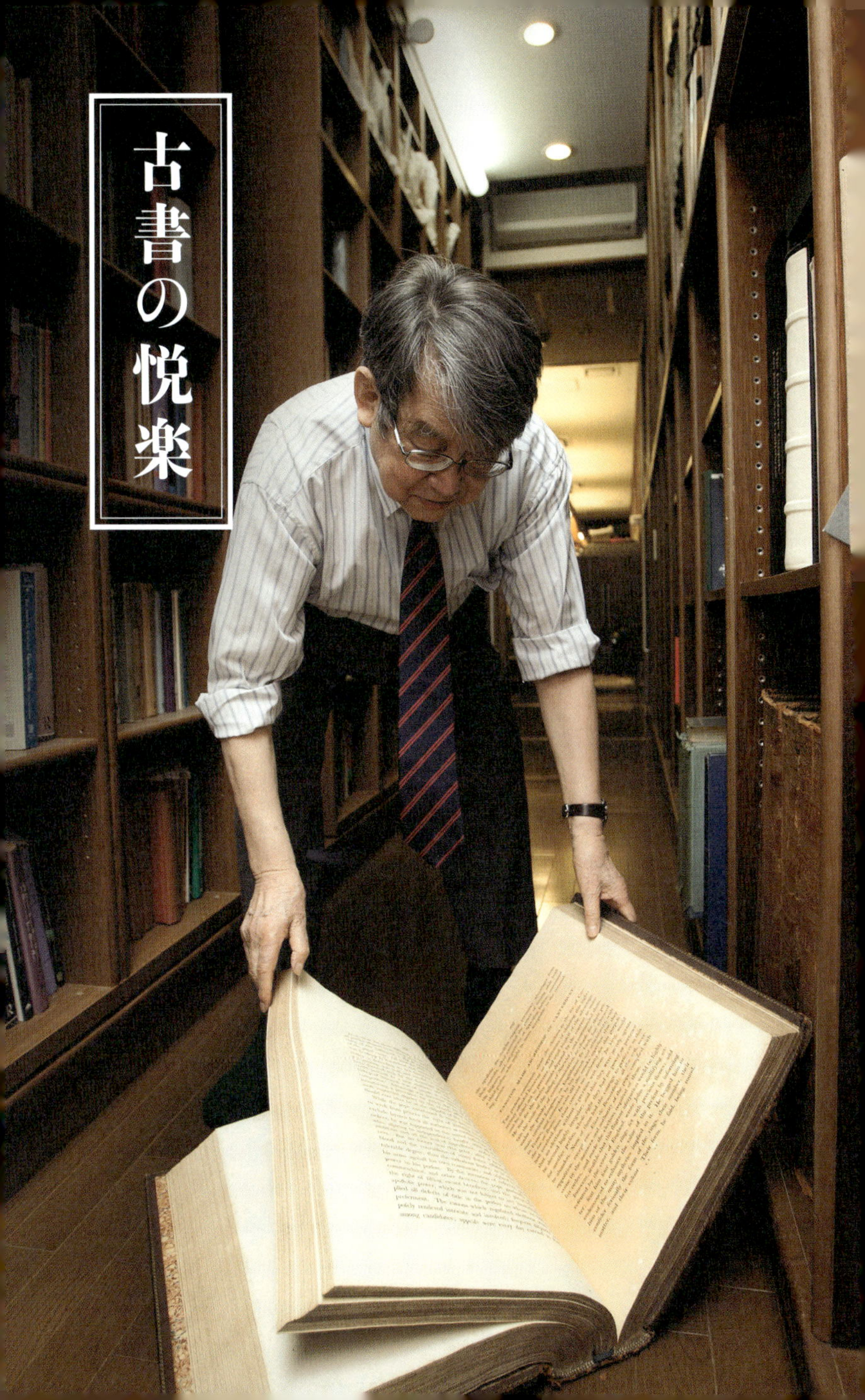

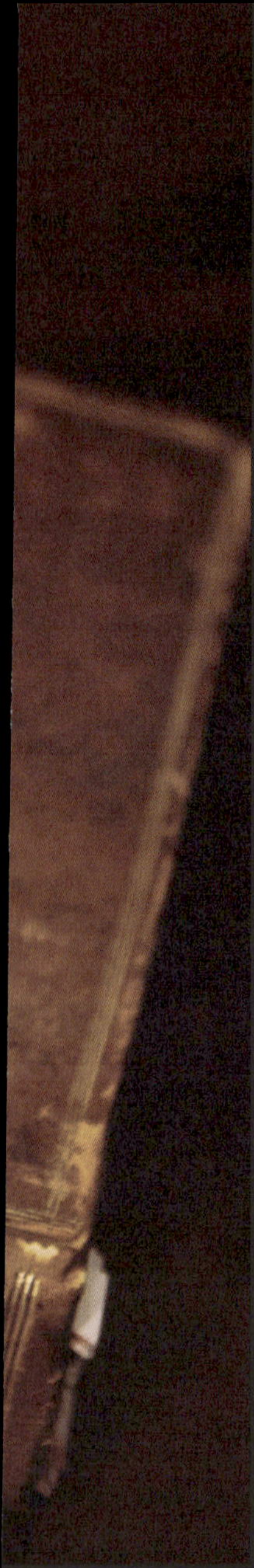

英文の蔵書目録は六百ページを超える（左） Sir Walter Scottの蔵書目録（右）

退職金をつぎ込んだ、チョーサー『カンタベリー物語』の1483年絵入り初版本（下）

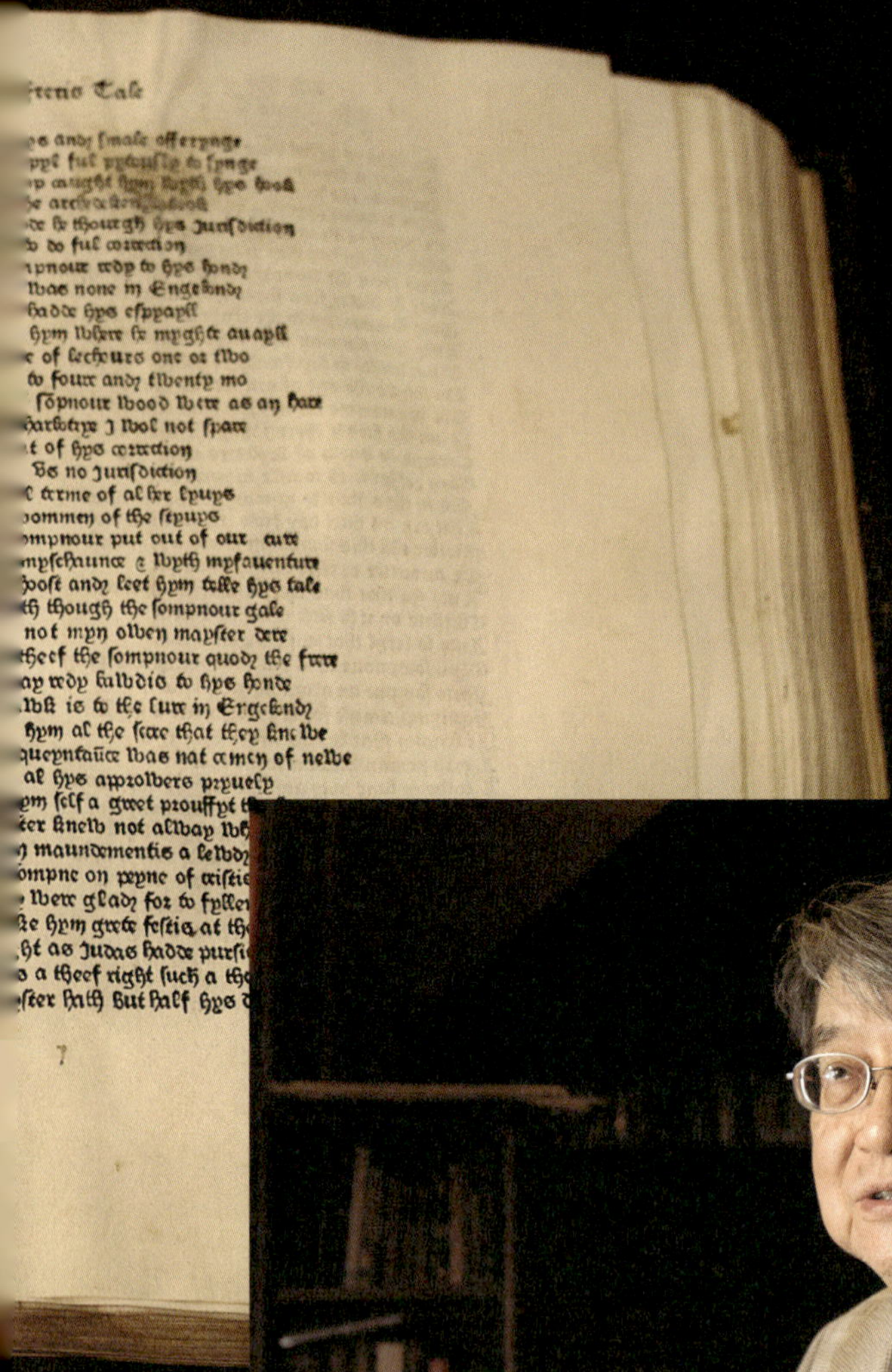

Here begynneth the freris Tale

Whylom ther was dwellynge in my contre
An archedekyn a man of hygh degre
That boldly dyd wel execucion

12 lines mg.

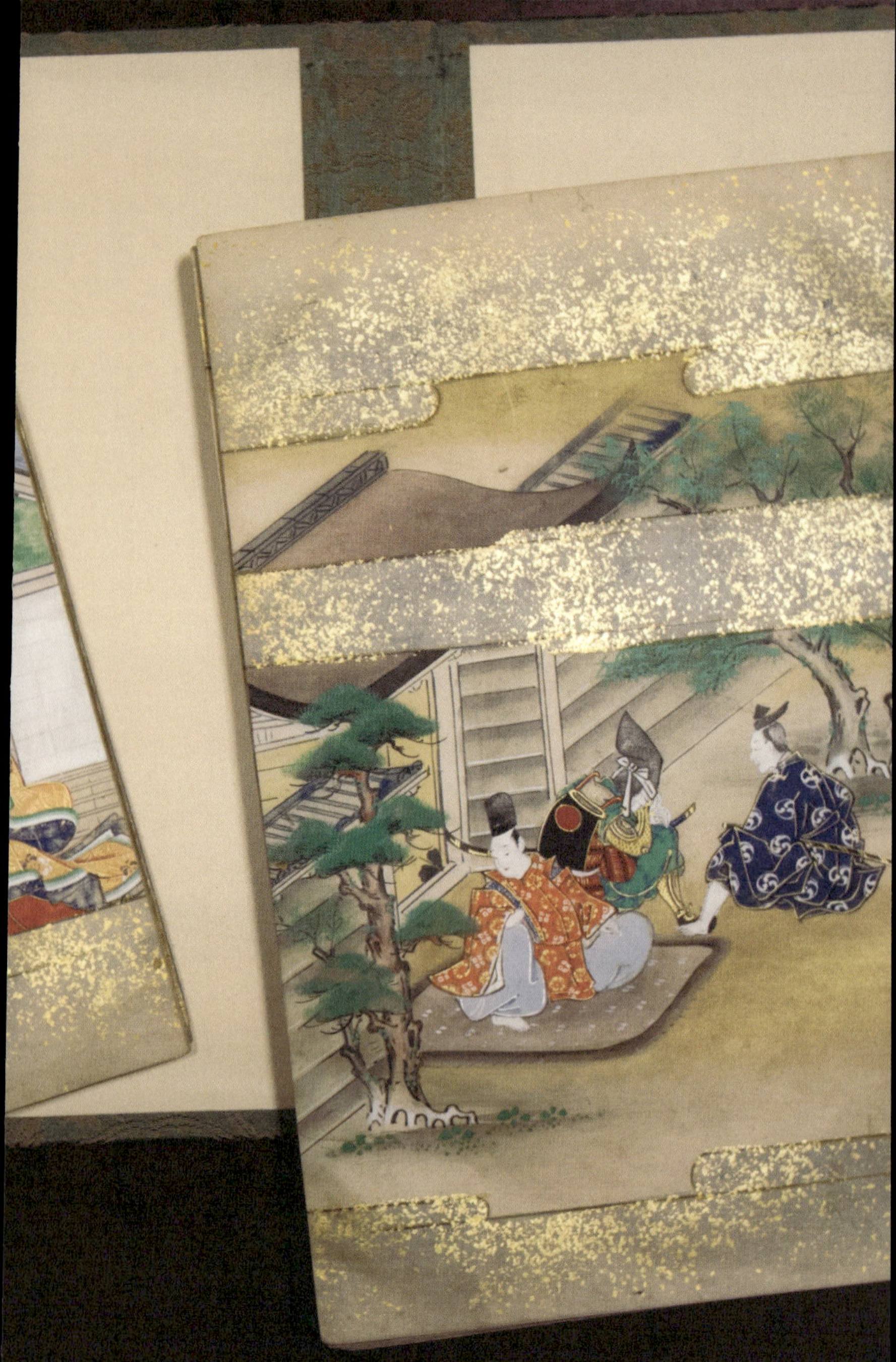

高貴な身分の方が
嫁入り道具にしていた手描きの『伊勢物語』

古き良き昭和の時代が
偲ばれる通俗本や資料

Origin of
Shoichi Watanabe

第五章
上智大学大学院
～ドイツ留学時代

1953年（昭和28年）

一、脱線話の恩恵

「授業では何を教えられたか覚えていないが、先生が脱線して話されたことはよく記憶に残るものだ」

ということは多くの人が体験し、そう語るところである。私もその先生の講義からは何も学ばなかったと思うが、私の人生にとっては極めて重要な話――講義を離れての話――をしてくださった先生がおられる。それは千葉勉先生である。

千葉先生は小泉八雲、夏目漱石、上田敏《うえだびん》らが活躍したあとに、東大英文科に迎えられたロレンス(John Lawrence) 時代の秀才として有名な方であったらしい。

その頃、地方の中学の英語教師をしておられた佐藤順太先生も、そういう有名な秀才として千葉勉の名を記憶しておられた。当時の日本で英語に

チェスタフィールド
『書翰集』

関係ある教職の人たちの間では、文部省派遣留学生としてイギリス留学を命じられた東京帝大の大学院特選給費学生で講師になったような人はとびっきりの秀才、のちに日本の英語・英文学界を担う人として記憶される有名人であったのである。

夏目漱石はそういう資格でイギリス留学を命じられた第一回目の人であり、千葉先生はその三回目くらいの人であった。

この人が東大の英文科でどのように不人気であったかは、野上弥生子《のがみやえこ》の小説「助教授Bの幸福」に意地悪く戯画的に描かれている。

彼女が千葉先生の講義に出たわけではないから、夫の豊一郎やその友人などから聞いた話を種にしたものであろう。彼女の夫の野上豊一郎は一高在学中から漱石を尊敬し、東大の英文科に入った。ところが、そこで教壇に現れた若い千葉講師は漱石とはまるで違ったタイプの人であった。

しかも自らを漱石と比較し、「漱石は小説を講じたが、私は詩を講ずる」と言い、「詩は小説よりも高級だ」と公言したという。漱石ファンの多い東大英文科では学生の反感が強く、千葉講師は東京外語の教授になった。そこで、千葉先生はもっぱら実験音声学に精力を注がれた。

その果実は、『実験音聲学上より見たるアクセントの研究』(冨山房、昭和十年、三十百九pp.）である。その四年前の昭和六年には、日本語の五母音と英語の基本母音の比較の論文を持って、第二回国際言語学大会（ジュネーブ）にも日本代表で出席しておられる。英詩や英文学に関する千葉先生の単行本には、まだ私は出会ったことがない。

私が上智大学に入学したと同じ頃に上智大学に教授として来られたのであったが、授業科目も英文学関係でなく、音声学であった。そしてテキストは『基礎英語発音法』（開隆堂、昭和二十四年、vi+百十八pp.）という小著を使われたのであるが、実験音声学を実験することなく、その結果を先生が読みあげるというもので、授業としては私が上智大学で習ったうちで最もつまらないものであった。

ところが、この最もつまらない授業の途中で、先生が脱線して話されたことから、私は人生の大きな恩恵を受けたのであった。人生はおかしなものである。

先生は東大を去ることになったことを残念に思われていたと見えて、市河三喜教授や斎藤勇教授について批判的なこと、つまり悪口に近いことをしばしば話された。

しかしその他にも、東大での恩師ロレンス博士や、ロンドンで学んだケア教授の話などは他では聞けない話なので面白かった。

英独の学問の差

それから千葉先生が折に触れて、「イギリスの英語学はドイツの英語学より五十年遅れている」と言われたことは耳に残った。同じ主旨になるようなことは市河先生や中島文雄先生の書いたものから察することができたかもしれないが、千葉先生が教室で何度か口にされたイギリスとドイツの学問の差が五十年という話は、怖ろしいものとして印象づけられた。

何しろ英語を読むだけでふうふう言っているうえに、ドイツ語まで読まねば一人前の英語研究者になれぬとは――と考えると溜め息が出た。

しかし、この千葉先生の恐怖の言葉があったために、私はドイツ語の授業を取り続けられたのである。第二外国語としてのドイツ語のクラスは毎年数人であり、英文学の学生は私以外には一人もいたことがなかった。そのおかげで増田和宣先生に四年間、教えていただくことになり、その間にヒルティの『幸福論』やシュトルムの小説などを知ったのである。

学校の教師はその授業の本体でなく、脱線的な瑣談《さだん》から学生の人生にかかわるヒントを与えることがあるのだ。

大学院に入ったら、もうドイツ語の授業はない。だが、「イギリスの英語学はドイツより五十年遅れている」という千葉先生の言葉は頭を離れなかった。と言っても、ドイツの英語学の論文を読むわけにいかない。

というのは、当時の上智の英文科には英語学の専任の先生がまだおられず、ドイツの英語学雑誌や論文を読むのを指導してくれる人がいなかったからである。東大で「英語学ではドイツの学術雑誌が最も重要である」ことを教えたのはイギリス人の学者ロレンス博士だった、と市河先生も書いておられる。

私が学生の頃にドイツの英語学の論文を読んでいる日本人の学者は、ロレンス＝市河系統の東大の卒業生の学者が主で、例外的に細江逸記《ほそえいつき》先生などがおられるといった状況であった。

指導する先生がいないわけなので、私の大学院におけるドイツ語の勉強は幼稚なものであった。まず、ドイツ語の力そのものを少し向上させるために、関口存男《せきぐちつぎお》の文法書などをポツポツ読み続けた。授業は英文学ばかりで、そのレポートなどで忙しかったのである。関口存男は当時、ドイツ語の天才という評判の人であったし、また上智の卒業生ということもあって親近感があった。

そのうち、ドイツ語の辞書をあまり引かずに済むことを考えついた。それはたまたま神田の古書店で、サミュエル・スマイルズの『自助論（Self-Help）』の独訳本を見つけたからである。スマイルズは十九世紀後半から二十世紀にかけて、イギリスだけでなく全欧でよく読まれてドイツ語訳も出ており、その日本版も出ていたのである。

すなわち、タイトルは『*Selbst ist der Mann*……von Samuel Smiles（Tokio:Z.P. Maruya &co.

1855.iv+474）であり、奥付には明治十八年八月十九日出版御届・同九年九月出版・丸善商社・東京日本橋区通三丁目十四番地としてある。これは、スマイルズの Hilf dir selbst（＝Self-Help）の第三版からのドイツ語訳だと断ってある。

この本と英語の原本を並べながら読めば、ドイツ語の単語を辞書で引かなくて済むと考えたわけである。英語の原書は、学部の学生の頃に精読していた。そして並べながら読んでいると、ずいぶんと合わないところがある。英語の原書にはある文章が独訳本には欠けていたり、その反対だったりするのである。

その理由は、私の用いた英語の原書は『Self-Help』の初版をそのまま使った Ward Lock &co.の版（おそらく海賊版で出版年なし）だったので、三版とずれがあったと思われる。

いずれにせよ、『自助論』を英語版とドイツ語版を並べて読むということが、私の人生に転機をもたらしたのである。

そもそも、昭和二十年代の英文科の大学生がスマイルズを原書で読むということが、時代錯誤的行為であったのだ。世はマルクスであり、エンゲルスであり、カミュであり、サルトルであり……といった雰囲気であった。そんな時に、明治開国期の修養の本の原書を古本屋で見つけて精読する学生は、ずれていると言ってよいだろう。

しかり、私は本当にずれていたのだ。そのために、大学二年生の時のアメリカ留学生の選考に漏れたのであった。

貧乏は学問の条件

――その頃の上智大学では時々、アメリカの姉妹校（イエズス会経営の大学がたくさんある）から奨学金が出て留学する機会があった。昭和二十五年には三つの留学の話があったのである。英文科の特待生であった私が選ばれるだろう、と私も同級生たちも、また日本人の教授たちも思っていた。ところが私は外された。

これはちょっとした話題、あるいは問題になった。学生寮のなかでも、「成績が留学の資格にならないというのはおかしいではないか」という話が盛り上がった。そして、副舎監《ふくしやかん》であったニッカーソンという若いアメリカ人の先生に抗議する学生もいた。そうしたら、ニッカーソン先生はこう答えたというのである。

「勉強よりもAmerican way of life（アメリカ流の生き方）のほうが大切なのだ。渡部は社交性（sociability）に欠けるから、アメリカの留学には適当でない」

たしかにそのとおりだった。大学一年に入学すると間もなく父が失業し、私は日本育英会の奨学金だけで生活しようと決心し――寮費と奨学金がほぼ同額だった――極貧生活をしていたのである。映画だろうがなんだろうが、私は友達と一緒にすることはなかった。近くの喫茶店にも行かない。弊衣破靴《へいいはか》である。

生家に頼めばそれくらいは整えてくれたと思うが、老いた両親のことを思えば一文も支出してもらいたくなかった。悲壮感があったかと言えば、それはなかった。子供の頃から新井白石《あらいはくせき》や荻生徂徠《おぎゅうそらい》や勝海舟《かつかいしゅう》の若い頃の話を読んで育ったうえに、大学一年生の時の漢文の「孟子」でも「天ノ将《マサ》ニ大任ヲコノ人ニ降《クダ》サントスルヤ、必ズ先ズソノ心志ヲ苦シメ……ソノ体膚《タイフ》ヲ餓《ウ》ヤシ、ソノ身ヲ空乏《クウボウ》ニシ、行《オコナイ》ソノ為ス所ニ払乱《フツラン》ス……」と習い、それを口ずさんでいたので、貧乏は学問するための必須条件として受け取っていたからである。

アメリカ人の教授たちに「社交性がない」ということで留学を拒否され、一応はがっかりしたが、そうも言っておれなかった。三年生になるためにはどうしてもまた特待生にならなければならないから、授業を受ける全科目の百点満点を取ることを目的にしなければならない。がっくりしている余裕はなかった。

偶然が呼んだドイツ留学

また、「社交性」を高めるために衣服をちゃんとすることも、友人と付き合いをよくするために一緒に出かけることも経済的に不可能だった。孟子の「行、ソノ為ス所ニ払乱ス」は私の唱える呪文になった。

たしかに、その時の留学に選ばれた者は服装がきっちりし、人付き合いのよい者たちだった。その時に留学生に選ばれた呉服屋の息子だという学生は留学後に上智の教授になったし、中学の校長の息子は若くしてアメリカの有名会社の日本支社長になった。選考したアメリカ人教授たちの目はたしかであったと言えよう。

「社交性」を発揮することのできない私は、やはり意識でもずれており、スマイルズを読んだりしていたし、ドイツ語も続けていた。そして、大学院ではスマイルズの独語版まで精読すると言った工合だった。

そして、大学院を修了して英文科の助手になったばかりの頃に、何か事務的な用事で大学院主事のロゲンドルフ先生のところに出かけた。その用事はすぐ終わったのだが、先生はふと思いつかれたように「君はドイツ語をやっていたね」と言われた。「はい、ぼちぼちやってます」と答えるとドイツ語の雑誌を取り出されて、「このあたりを訳してみなさい」と言われた。

それは特に難しい文章ではなかったが、そのなかに indem という訳しにくい接続詞があった。偶然、全く偶然、その前の晩に読んだスマイルズの独訳にその単語があった。それを英語に置き換えることに工夫していた。それで私は、先生の示されたドイツ語の文章を英訳することができた。

この時――私の主観だが――先生の目がキラリと光った感じがした。「君、ドイツ語よくできるね。ドイツに留学する気はあるかね」と言われたのである。私は反射的に、「はい、あります」と答えた。それで私のドイツ留学が決まったのだった。

あとで知ったところによると、その頃のドイツのミュンスター大学の学長が上智を訪れて、「何か援助することはないか」と当時の大泉孝学長に言われたとのことだった。当時の西ドイツは復興目覚ましく、経済的にも余裕があったのでそう申し出られたのである。

大泉学長は「特に御援助はいらないが、留学生を受け入れていただきたい」と答えられたので、二人のドイツ留学生が決まったという。一人は独文科の助手で問題なかったが、もう一人の経済学部の助手はドイツ語を全くやっていないのでどうしようか、ということだったらしい。そんな時に、いまのようなことで私が留学することになったとのことである。

ロゲンドルフ先生は戦前の日本の旧制高校でドイツ語を教えておられたので、indemをちゃんと英訳できるという意味がよく分かっておられたのだと思う。

千葉先生のお言葉のおかげで、ともかくドイツ語を六年間も何とか続けていられたことと、時代錯誤的にスマイルズを、しかもドイツ語訳で読んだおかげで英文科の助手がいきなりドイツに留学するという、いかなる確率をも超える偶然が起こったのである。

それまで私は、関口存男《せきぐちつぎお》でドイツ語文法と作文は自分で勉強していたが、ドイツ語で書かれた英語学や言語学の本は読んだこともなく、見たこともなかった。

そうした白紙状態の頭脳を持って、いきなりシュナイダー教授の史的英語学と、ハルトマン教授の一般言語学の講義に投げ込まれることになったのである。

大学院の授業は午後から夜にかけてだったので、私は近くのカトリックの女子高で午前中に英語を教える仕事を与えられた。ニコラス・ロゲン先生の口利きであった。

ロゲン先生は、ケンブリッジ大学の初代英文学教授のクイラ＝クーチ卿に最も嘱望《しょくぼう》された学生だったという。修道院の奥でひたすら英文学の古典を読んでおられるといった感じの、本当に学者らしい学者であられた。その女子学園を経営する女子修道会を指導しておられて、私の就職口を見つけてくださったのである。

先生は日本の英文学界に初めて詩人ホプキンズを紹介なされた方であり、『イギリス文学史』を残されている（巽豊彦訳、未来社、一九六三年、四＋二百六十三＋十＋二百二十三＋十三pp.）。

ロゲン先生の授業はすべて英語であり、レポートはもちろん、試験の答案も英語で書かれなければならなかった。「アメリカ的生活」に適応できないであろうという理由でアメリカ留学できなくなったにもかかわらず、不満や不平な顔もしないで平常どおり孜《し》孜汲汲《しきゅうきゅう》と勉強している私に——それは学費免除の奨学金のためという理由だったが——同情しておられたのである。

戦前の日本に来られてそのまま戦時中をも日本で過ごされた上智のドイツ人の教授たちは、戦前の日本の学生の弊衣破帽《へいいはぼう》の習慣を知っておられたせいか、貧乏弊衣破靴のためにアメリカ留学を不可とされた私に同情的であったことは私も感じることができたし、そういう話を他の日本人の教授に聞かされたこともあった。

ということで、私は裕福な階級の娘さんたちの来るカトリック女学校の非常勤の先生になったわけである。

そこで私はマナーだけは恥ずかしくないように、とマナーの本を読むことにした。そして参考書に選んだのが——これも全くずれているというかピンボケというか、いまから考えると噴飯《ふんぱん》ものなのだが——チェスタフィールドの書翰集《しょかんしゅう》（*Letters written by Lord Chesterfield to his Son*: Selected by Charles Sayle, London: The Walter Scott Publishing Co., Ltd. xxxiv+281pp.）であった。

この本は池袋の古本屋で見つけたのであるが、「東京開成中学校図書室」という印が押してある。いわゆるスコット・ライブラリィ版で、手頃でしっかりした装幀の本である。

チェスタフィールドの書翰集のことは、ロゲン先生の英文学史で習った。彼の子供に宛てた手紙はイギリス十八世紀の書翰文の代表で、内容は自分の息子に礼儀《マナー》の人生における重要性を教える内容だが、教育的であるとともに文章はウィットに富み、鋭い観察眼をも示しているとして有名であると知っていた。

サミュエル・ジョンソン博士のように、チェスタフィールド卿に含むところのあった人は「売女の道徳とダンス教師の行儀作法を教える」と批判した例もあるが、実際上はヨーロッパ上流階級では必読書の一つでもあったらしい。

礼儀にも哲学が必要

そんな本を貧書生の私が読んで役に立ったか、と言えば実に役に立ったのである。もちろん、服装などの話は全く参考にならなかったが、イギリスの、あるいはヨーロッパの貴族には具体的な行儀作法の基礎に、行儀作法の哲学があることに私は気がついたのである。

その一つは精神と外見の関係である。たとえば、チェスタフィールドは「態度は柔和に、事については毅然と」(Suaviter in modo, fortiter in re) ということを強調する。これは元来、イエズス会の教えであったが、イエズス会系の学校がフランスの貴族の主要な学校となり、そこで学んだフランス貴族がヨーロッパ貴族の手本になったものらしい。十八世紀のイギリス貴族もそれに倣《なら》っていたのである。

この一つだけでも私を深く反省させた。心は剛毅でも振る舞いは軟弱の如くすべきだというのは、上智のイエズス会の神父さんたちを見てよく分かった。それまではそんなことに気付かなかったのである。神父たちはまことに柔和《にゅうわ》であった。しかし考えてみると、みな殉教する覚悟の人なのである。昔の話になるが、キリシタンの神父たちも、信者に与える印象は柔和な人だったらしいのである。

チェスタフィールドの本を古典としてきたイギリス紳士階級の特徴は、ジェントルネスということではなかったか。しかし、イギリス人は粘り強く戦った。事に関しては毅然としていた。

この本を読んでいた頃、たまたま戦時中の日本人将校のマナーについての記事も読んだのだが、そこではあるパーティの場で、花を飾ったところに酔っぱらって小便をした将校の話があった。内なる勇気を外には無作法で示すという風潮が、たしかに戦時中にはあったことが思い合わされたりしたのである。私にも当時、その傾向があったように思われて反省したのであった。

いま、この書翰集を開くと、赤線・青線・書き込みだらけである。いかに熱心に読んだか分かる。日本の英文学者でも、チェスタフィールドをこれほど精読した人はないのではないかと思われる。ここで下線している部分だけ訳出しても、青年のための有用な小冊子になりそうである。

記憶に残っていることを二、三紹介してみよう。

「某レディは頭は空っぽである。しかしそのマナーの素晴らしさでヨーロッパの政界を動かす。学問、知識のあるものがよいマナーを身につけたら、いかに有力な人物になれるか考えてみよ」

「嘘を言わずに真実を隠す巧妙さを身につけなさい」

「本当のことは秘めて、それでも率直に見えるようにしなさい」

「話す時は相手の顔をちゃんと見なさい。その時、息が臭いと嫌われます。そのためには歯をよく手入れしておくことだ」

並べればこんな工合だが、息子に与える手紙のなかにいろいろ出てくるのである。私は二年間近く、この手紙を毎日少しずつ読んで反省したのである。その効果が本当に表れるのは、留学した時であった。礼儀の哲学を知ると知らないでは、身分ある外国人との付き合いには微妙な差が出てくると思う。

私の実に実に幸せで幸運ずくめだった留学生活は、少なからずチェスタフィールドの手紙のおかげだと思っている。「社交性（sociability）を欠く」として私にアメリカ留学の機会を与えなかったアメリカ人の教授たちの教訓は、数年後に私によく理解されたと思う。そのことがなかったら、私がチェスタフィールドを読もうと決心することはなかったはずだからである。

ずっとあとになってのことだが、チェスタフィールドの書翰集が、明治八年にすでに駿河《するが》の永峰秀樹という人により『智氏家訓《ちしかくん》』として和装本三冊にして訳述されていることを発見した（大阪心斎橋通北久太郎町、河内屋、柳原喜兵衛、東京本町三丁目、河内屋、岡田文助、明治八年二月）。

永峰という人は、海軍兵学寮（のちの海軍兵学校）で英語や数学を教えた嘉永元年（一八四八年）生まれの英学者である。わざわざ名前の上に「駿河」という地名を冠しているところを見ると、スマイルズを訳した中村敬宇《なかむらけいう》が自分の名前の上に「駿河静岡」と冠したように、その地に隠退した旧将軍・徳川慶喜《とくがわよしのぶ》のいるところで出版したということを示したものであろう。

この『智氏家訓』は、中村敬宇の『西国立志編』より遅れることたった四年で出版されたことになる。英訳本としては最も早いもののひとつである。永峰が留学したという記録をまだ私は見ていないが、もし留学していなかったとしたら、どこからチェスタフィールドの本を手に入れたのか興味のあるところだ。

ひょっとしたら、同じ頃に駿河静岡にいた中村敬宇が貸したものかもしれない。中村は明治四年にミルの『自由の理』を訳しているが、永峰もその四年後にミルの『代議政体』を訳している。二人の間に関係があったのではないか。

この二人は旧幕府の出身者で、慶喜とともに静岡にいた期間があり、その時に中村がイギリスから持ち帰った通俗版のチェスタフィールドの書翰集を永峰に貸してやったとすると、小説のシーンになりそうだと想像するのだが、永峰の詳しい伝記にまだ出会っていないのが残念である。

永峰が使ったチェスタフィールドは、元来の書翰集でなく、通俗教育用に編集したものであろうということは、その目次から見ても明らかである。たとえば、巻之一の目次は「放心」「不行儀」「羞渋《ハズカシガルコト》」「交友」「言語二十七則」、巻之二の目次は「倹約」……「風流二十一則」、巻之三「虚誕《ウソ》」「重厚」……「腐儒《クサレジュシャ》」というふうになっているからである。

教訓本は日本へも

チェスタフィールドの書翰集は、上流から中流階級の子女にとってはほとんど必読の書となっていたらしいので、手っ取り早く彼の教訓を読めるように、主題別に編集した本が彼の死後、間もない頃から出ていたのである。

たとえば、私の手元にあるものの一例を挙げれば、『人間と行儀に関するチェスタフィールド卿の息子への忠告』（*Lord Chesterfield's Advice to his Son, on Men and Manners etc.*

London:W.R. Richardson, 1793, vii+205pp.）などがある。

その目次を見ると、「放心」「さまざまなぶざまなこと」「交友」「会話の諸法則」などと、永峰の訳本とそっくり重なるのである。明治初年の頃の日本で、チェスタフィールドの書翰集そのものの翻訳は無理であったろう。こういう教訓本に編集された本ならば、スマイルズの本が歓迎されたのと同じように、先進国に学びたがる日本の読者にも受け容れられたと思われる。

チェスタフィールドの書翰を出世術の本に編集した本は、今日も出ている。たとえば、『息子よ——立身出世の戦略』（*Dear Boy —— A Strategy for Rising in the World*, London etc.:Bantam Press,1989,192pp.）などである。これには、イギリスの女流小説家クックソン（Catherine Cookson）の二十九ページの序文がついている。

それから意外なことに、私の古書仲間として親しいコリン・フランクリン氏が、チェスタフィールドについての画期的な研究書を出した。『チェスタフィールド卿——その人格と〝人物たち〟』（*Lord Chesterfield : his Character and "Characters"*, Scolar Press, 1993, xv+150pp.）がそれであるが、いままで発見されていなかった資料を自在に駆使して、当時の国王、王妃、ウォルポールからピットに至る首相や政治家や詩人などについて、チェスタフィールドがいかに観察していたかをも紹介してくれている。

フランクリン氏はユダヤ系銀行家の出身で、出版社をやり、古書業をやり、著者でもある。夫人は有名な音楽家の一族とのことだ。彼の著書のうち一冊は邦訳が出ている（Colin Franklin, *The Private Presses*, Scolar Press, 1991。大竹正次訳『英国の私家版』、創文社、二〇〇一年、xii+503pp.）。

何年か前、オックスフォード郊外にある彼の広いお屋敷を訪ねた時、倉庫のような書庫と研究室のような書庫の二つに案内された。その時、彼は「チェスタフィールド家の未刊の文書も手に入ったので、その伝記のようなものを書きたい」と語った。私が彼の書翰集を読んだ珍しい男であることを喜んでくれて、話が弾んだ。そして、その本が出来上がると次のような献辞をつけて私に一冊贈呈してくれた。

「チェスタフィールド卿に対する私の愛情（affection）をともに持つ渡部教授へ」という言葉であるが、彼のペン字はいつも美しい（彼は手紙も常に自筆である）。私が自分の「社交性」を増進させようというつもりで、ずれた選択をして読んだ十八世紀のイギリス貴族の書翰集は、思いがけない縁に連なった。

恩師がくれた古い背広

――ブルジョワ学園とみなされているカトリック女子中学校に出講することになったが、背広などの洋服は持っていない。

前の年に卒業する学生寮の先輩から譲り受けた学生服――かなりくたびれたもの――し

かないが、それを着て教壇に立つつもりであった。

その頃は、大学のキャンパス内に住まれていた教育学の神藤克彦教授のお宅に週に何度も伺うということをやっていた。大学院に進む少し前に佐藤順太先生は亡くなられていたが、何だかその代わりみたいによく神藤先生の御自宅にお伺いしたのである。

神藤教授は、私が出講することになっていたカトリック女子学園の短大にも出講されていて、私もその学校に行くことになったことを大変喜んでくださった。そして、私が学生服で行くつもりでいることを告げると「それはいけない」と仰って、その場で奥様と相談して先生の古い背広をいただくことになった。それは先生が散歩のときなどに着ることにしておられたもので、「裏返し」にした洋服であった。現在では、洋服を裏返しして仕立て直すことはしなくなったが、その頃まではあったのである。

ただし、裏返しの結果として、ポケットの跡が右の胸のところに残る。しかし私は全く気にせず、ありがたく頂いた。体型がほぼ同じだったのが幸いであった。

私が就職して（非常勤だが）初めて着た洋服は、恩師の裏返しの古着だったが、これを着て私は意気揚々としてブルジョワ女学校と言われる学校の教壇に立った。私の教えたクラスではなかったが、のちに堺屋太一夫人になるお嬢さんも隣りのクラスにおられた。

神藤先生のお宅にしょっちゅうお邪魔した理由は、佐藤順太先生と共通のところがあられたからだといまでは納得している。両先生とも、中学、高校、大学とスムーズに出られた方ではなかった。独学の期間があったのだ。

経済的、家庭的事情で進学できなかった青年がその期間に必要としたのは、いわゆる「修養書」だったのである。スマイルズは当然、そのなかに入る。幸田露伴も青年（旧制高等学校や大学に行けない青年）にすすめる第一番の書物として、スマイルズを挙げている。

いまも「座右の書」

私がスマイルズの『セルフ・ヘルプ』を原書で読んでいたことを知った神藤先生は、私を「吾が党の士」ぐらいに思われたのではなかろうか。愛読書を同じくする人間に親近感を持つのは、私の経験からいっても間違いないと思われる。

「学生の修養のためにはこの本が一番良い。君にあげよう」

と言って、神藤先生は私にトッドの本をくださった（*Todd's Student's Manual* <abridged> London: The Religious Tract Society,n.d. 190pp.）のである。

これは調べてみると、一八三五年（天保六年）にアメリカのニューイングランド（マサチューセッツ）のピューリタン系の人が出版した『学生必携』（*Student's Manual*）の縮刷版であった。いわゆる修養（self improvement）の本であったが、極めて具体的でパンチのきく本であり、当時の私の修養、つまり自己改善に大いに役立ったと思う。

その記憶が強かったものだから、三十年後に三笠書房から翻訳を出した。出版社は『自分を鍛える』という表題にした。初版は一九八二年であるから、もう三十年も経つ。まだ版を重ねているので、日本の若者にも訴えるところがあるのだろう。

この訳本が出た時、神藤教授はすでに亡くなっておられたが、三笠書房の押鐘冨士雄《おしかねふじお》社長は、先生の奥様（未亡人）を高級料亭にお招きしてくれた。奥様も非常に喜んでくださった。

神藤先生のおすすめくださったものはトッドだけでない。幸田露伴の『努力論』と『修省論』がある。特に『努力論』はそれ以降、外国にいた時もその後も、私の座右の書になった。いまも私の机から手を伸ばせば届くところにある。

私は露伴の愛読者になったが、それは彼の小説から入ったのでなく、『努力論』から始まる彼の修省の本から始まった。そして、いまでも露伴がいかなる人であるかを理解するには『努力論』が肝腎だという神藤先生のご意見に全く同感している。

心は気を率ゐる……

今頃になって、特に露伴に――したがってそれを進めてくださった神藤教授に――恩を感ずるのは、脳についての考え方である。脳も脚と同じく、どんどん強くすることができるというのだが、実に説得力ある叙述なのだ。

「心は気を率《ひき》ゐ、気は血を率ゐ、血は身を率ゐるものである」

これを脚に当てはめるとこうなる。健脚の人になろうと「心」が向けば（希望すれば）、その一念（気）は脚に向かう。一歩一歩に脚に「心」を向ければ、「気」がそこに注がれる。すると「血」が脚の筋肉（身）に充ちる。これを続ければ、いつの間にか卓絶した強い脚になっているのだという。八十歳でエベレスト登頂を果たした三浦雄一郎さんの脚の鍛え方は、まさにそのようである。

露伴の面白いところは、この心↓気↓血↓身の連鎖は脳の場合も同じだと言って、祐《ゆう》天顕誉《てんけんよ》上人と清《しん》の大儒学者・閻百詩《えんひやくし》の例を挙げている。そして無形（心・気）と有形（血・身）との関係には、霊妙なる連鎖があることに気がつくことを奨めているのである。

これはまさにインスピレーションであった。私は自分は肉体は虚弱、頭脳は遅進《ちしん》という自覚があったが、露伴のこの言葉はありがたかった。それで記憶力を強めることもできると信じてやってきた。つまらない話かもしれないが、八十四歳の私はいまでも、テキストを見ないで「戦友」（ここはお国を何百里）を十四番まで、「日本陸軍」（天に代わりて不義を討つ）は十番まで、「人を恋うる歌」（妻をめとらば才たけて）を十六番まで、ラテン語でもガウデアムスを十番まで歌うことができる。

若い頃なら絶対にできなかったことだったが、心↓気↓血↓脳の連鎖を信じると、老いても若い頃より記憶力で優れることもできる。露伴はこの現象を「逆順入仙《ぎゃくじゅんにゅうせん》」と言っている。

脳生理学者はつい十年前ぐらいまで、脳細胞は毎日十万個ぐらいずつ減少すると言っていた。ところが数年前から、うまく使うと脳の記憶に関係ある海馬《かいば》は大きくなるというようになってきている。私は神藤教授のおかげで、若い頃、脳に関しては科学者の言葉よりも露伴の洞察を信じたことに感謝している。

体験から出た「推薦本」

大学の教育学の教授として神藤先生は、ドイツ風の「体系的」な教育学よりも、御自宅では常に「通俗的」と思われる本をすすめられるのが常であった。それは、先生御自身の体験から出たものであろう。

たとえば、私に向かって口をきわめて推奨された本は佐藤義亮『生きる力』（新潮社、昭和十一年、七＋二百四十六pp.）であった。この著者はいうまでもなく、新潮社の創設者である。裸一貫で秋田から出て、印刷工場に勤めたあと出版業を始め、雑誌『新聲』を創刊したが失敗した。そういう苦労を経て成功した人である。

『生きる力』を出した頃は、新潮社の大衆雑誌『日の出』が講談社の『キング』に対抗するかの如く出て、『キング』には及ばないまでも二番手であった。その自分の苦労から得た体験を小冊子にまとめたのである。『日の出』には毎号、「日の出の言葉」という佐藤社長の訓話が掲載されていた。これは評判がよかったので、一冊にまとめられたのである。教訓書を多く出した講談社の創業者の野間清治と同じパターンである。

この本を神藤先生に貸していただいて私は読んだが、私も先生に劣らずこの本から感銘を受け、「生きる力」を授けられた気がした。結局、この本も先生からいただいたが、本当にボロボロになるほど読み返している。

『生きる力』はベストセラーだった。それで二年後に続編が出た。『生きる力』の第二編は『向上の道』(新潮社、昭和十三年、七+二百五十pp.)である。

これは初刷十万部、再刷五万部、三刷五万部、四刷三万部であるから、出版したその年のうちに二十三万部を超えたことになる。凄まじい人気である。そして翌年、さらにその続編『明るい生活』(新潮社、昭和十四年、七+二百四十三pp.)が出た。この時までに『生きる力』は六百六十刷、『向上の道』は六百十二刷という凄まじい冊数であった。

この本にも、露伴のような主旨の言葉が多くみられる。たとえば、「山が抜けるまで」の項目のところには次のような言葉がある。

「頭がよくないと言はれる人は……人間の頭も使へば使ふほど知恵が湧いて来ることを知らねばなりません。長い間、凡物と言われて来た人が、忽然《こつぜん》として頭の冴えを見せて周囲を驚かした事実を私は屡々《しばしば》見て来ました……」

このあたりは、露伴の『努力論』に出てくる闇百詩を連想させる。

ここで注目すべきことは、佐藤義亮のこうした本は、シナ事変の頃に出ていることである。軍国主義的とか、侵略国家的とかいうところは少しもない。一言で言えば、スマイルズの『セルフ・ヘルプ』の世界なのだ。

向上のためのヒント

裸一貫で東北の田舎から出て成功した人が「生きる力」をどうして得たか、「向上の道」には何が重要か、「明るい生活」にはどのような心懸が大切かを体験的に語っているので、戦争の話と関係がない修養・自己改善の話である。

神藤先生は私に教育学の学問の本を薦められずに、教育的な本をよく与えられたのである。個人の修養とか向上のためのヒントは体系的学問のなかにあるのではなく、通俗と見える本にあることを知っておられたのだと思う。これは、のちに私がものを書くようになった時の指針になった。

二、二冊の「知的生活」の書

「卒業論文を書く時の英語の手本にするのに適当な作家は誰でしょうか」

私がこの質問をしたのは、大学三年の時の千葉勉先生の最後の授業が終わったあとである。まだ教壇の机のところにおられる先生に一人で近付いて行って、そんなことをお訊きしたのであった。

ハマトン『インテレクチュアル・ライフ（知的生活）』

卒業論文は英語で書くことになっていたので、何か手本になるような文章を書く作家か学者の本がないか、知りたかったのである。シェイクスピアやミルトンはどんなに偉くても、そういう人の文章を真似るわけにはいかない。

なにしろ千葉先生は夏目漱石から数えて、次の次に文部省派遣で英国で学ばれた大先生である。授業は音声学で学ぶことはほとんどなかったが、日本英文学界の耆宿《きしゅく》として尊敬していたからである。

すると千葉先生は即座に、つまりあれこれいろいろ名を挙げることなく、こう言われたのである。

「ハマトンの『インテレクチュアル・ライフ』、あれはくせのない、いい英語だったなア」

これを聞いて私は神田に行き、すぐに見つけた。戦前によく読まれた本だから、古書店で見つけることは簡単だった。表紙が落ちそうになっていてセロテープで貼ってあるその本をいま取り出してみると、マクミラン社が出した廉価版《れんかばん》（Cheap Edition）の第四刷（一九二三年＝大正十二年）である。初版は一八七三（明治六）年であり、無数の版を重ねたあとに廉価版が出て、それもよく版を重ねていたのだ。

廉価版といっても、ハードカバーの立派な装幀である（ボロボロになってテープを貼って表紙の脱落を止めてあるのは、私が何度も読んで傷んだからである）。買った値段は消してあるので分からないが、二、三百円だったと思う。

この本を持って春休みに郷里に帰った。そして毎日、一ページぐらいをノートに和訳した。その和訳したものを翌日、英語に戻して、ハマトンの原文と比較した。これを休暇中、勤勉に続けて、なるほど千葉先生の言われたとおり、クセのない暢達《ちようたつ》の名文であると納得した。

手本の英文をまず訳し、その復文をやって自分の英語を鍛えるという方法は、ベンジャミン・フランクリンの自叙伝からのヒントである。この自叙伝のその部分は、佐藤順太先生のクラスで習ったことであった。

フランクリンは特に学校教育を受けたわけではないが、文筆で立つことを決心した。その際に立派な英文を書く訓練を自分に課したが、そのやり方は、英文が優れているという評判の高いアデソン（J.Addison, 1672-1719）が『スペクテーター誌』（*The Spectator*）に書いた論文を熟読してから、その要旨を書く。その要旨を見ながら、翌日など、時間が経ってからアデソンの文章に復文する。そして、アデソンの文章との差を比べて文章術を学んだという。

順太先生は卒業後に御自宅をお訪ねした折にも、このフランクリンの学び方を口にされた。そして、英語を学ぶやり方の優れた方法だと感心しておられたのである。

旧幕時代の漢学の修業でも、似たようなことが行われたということだった。それが頭にあったので、私もハマトンを使って実行したのであった。

人間には「成熟」ということが大切であることを、私はのちになって実感した。というのは、その文章を和訳し、それを時間が経って復文するほど読んだハマトンの『知的生活』の内容は、その後、全く記憶に残っていないことに気付いたからである。

遅進児《ちしんじ》の私は、大学三年の頃は、ハマトンを暗記しながらもその内容には無関心だったほど、未成熟だったのである。それに気がついたのは、それからちょうど二十五年後であった。

六〇年代の終わり頃、私はアメリカの六つの大学を訪問教授として廻り、まだ燃え盛っている大学紛争の最中《さなか》に帰って来た。それが一応静まると、世の中の動きも急に緩やかになってきたような気がした。高度成長のスピードが落ち着いてきた感じであった。そんな感じがした頃、ふと二十五年も前に読んだハマトンを思い出した。あの本のなかには、なんだかいいことが書いてあったような気がすると感じたのである。四半世紀も前に読んで、その内容が少しも記憶に残っていない本を読み直してみたくなったのはなぜなのかは分からない。

本は処分しないことにしているので、その本はまだ書斎の片隅にあった。そして文字どおり、塵《ちり》を払って読み始めると驚いた。言々句々《げんげんくく》、ハマトンが自ら語りかけるが如くであり、しかもそれが一々私の腑《ふ》に落ちるのである。私は改めて赤線を引きながら通読した。

この本を読んで、私は自分の人世知が一挙に豊かになり、成熟した考え方とはこういうものかと教えられることがあった。また、イギリス人の考え方を教えられることが多かった。

たとえば、若い貴族から職を選ぶ際の相談を受けた場合のハマトンの答えは、当時の——そしていくらかは今日の——イギリス人の職業観を教えている。地主、軍人、聖職者が文句のつけようのない立派なものだから、若い貴族はfight（戦闘＝軍人）したり、preach（説教＝聖職者）しても、plead（弁護＝弁護士）したり、heal（治療＝医者）はしたがらないだろうなどとさり気なく書いてある。

ワイン商は青果商より格が高く、羊毛業者は製綿業者より上と考えられているとも言う。しかし、そういう職業観の愚かなことを例を挙げて説明してくれている。

知識と知恵の間

また、「独立している」（independent）という形容詞の特別の意味もよく分かった。簡単に言えば、働かなくても生活できる資産のあることなのだ。この概念が摑めると、英米人のインテリの思考法と行動が実によくわかる。

また、intelligenceとintellectという単語の区別を教えてもらったのは有り難かった。インテリジェンスは能動的な感じがする語で、足で疾走する駿馬《しゅんめ》か駝鳥《だちょう》に譬《たと》えられる。一方、インテレクトのほうは受け身の感じがする語で、すーっと羽を動かさずに空を飛ぶ鷲に譬えられる。駝鳥の脚は忙しく動く。鷲の羽はほとんど動かない。私はこの比喩《ひゆ》が大いに気に入った。

私は漢字と書道自慢の父よりも、漢字をほとんど知らなかった母のほうが遙かに賢明であったことを知っていた。しかし、知識と知恵の間の乖離《かいり》を身近に、あるいは歴史の本などで見ても、その理解ができなかったのである。

しかし、ハマトンが「知」にはインテリジェンスとインテレクトの二種あること、それを見事に説明してくれたことに感激した。「学問のある馬鹿」はいくらでもいるし、「学問のない賢者」もいくらでもいる。積み上げる知識量と深められる洞察力は一致しないことはよくある。こんなことを主題にして私の書いたものが松下幸之助さんの眼にとまったらしく、大いに同感されたと聞く。そんな関係から、松下翁の伝記を書くように頼まれたり、ＰＨＰとの関係が深まったのだから、ハマトンは私にとって恩書のひとつである。

ハマトンの著書を改めていろいろ読み出した頃に、講談社現代新書の浅川港《あさかわみなと》氏が自宅に訪ねてこられた。いろいろ企画の話があった時、私はハマトンを示して「知的生活のような本はいかがですか」と言ったら、浅川氏は乗り気でなかった。しかし、数日して再びやってこられて、「口のなかで〝知的生活〟という言葉を繰り返していたら、よさそうですね」ということだった。

それで、現代新書の一冊として『知的生活の方法』（一九七六年、二百十四pp.）が出ることになった。これはベストセラーになり、ロングセラーになった。最近では「永遠のベストセラー」などというオビがついている。

三十数年前に出た本がずっと版を重ねているので、著者としてはいろいろ愉快な思い出がある。たとえば今日、第一線で活躍している偉い人たちから「若い頃に読んで参考になりました」というような話を聞くと、著者冥利《みょうり》に尽きる思いがする。

もっと通俗的なレベルでは、こういう当たった本が出るとその他の本も売れるという随伴《ずいはん》現象が起こってくれるのである。この本が出た二年後に、私は余暇開発センターの調査研究費をいただいて一年間、エデンバラに滞在した。出国する時はまだ空港は羽田だったが、そこの書店で買った週刊誌に「先週のベストセラー」が十点挙がっていた。その一位が『知的生活の方法』であり、さらに三位と七位ぐらいのところに私の本が挙げられていた。「週刊ベストセラー・リスト十点のうち、三点もが自著であるような経験は二度とないだろう」と家内に言った覚えがある。事実、その後の三十数年間、今日に至るまでそのような経験は二度とない。

ハマトンの刺激を受けて書いた小著は、私にハマトンから教えられた「インデペンデント」という身分を与えてくれた。資産からの収入ではないが、大学からいただく自分の給料をあてにしなくても書物を自由に買うことができるという身分である。

痛ましい本の群れ

それがちょうど、エデンバラに行く時期と重なったことは予期せぬ幸運であった。当時のイギリスはひどい財政難らしく、抜本的に旧労働党の社会主義政策と対決しなければならないところまで行っていたらしい。

私がエデンバラに落ち着いた頃にサッチャー女史が保守党党首に選出され、次いで首相になったのである。イングランドも景気が悪かったと思うが、スコットランドはさらに悪かったらしい。目抜きの通りも、日本式に言えばシャッター通りみたいになっているところが多く、「貸家」(to let)や「売家」(for sale)の表示が目に付いた。

そして、スコットランドでは有名な図書館シグネット・ライブラリー(Signet Library)の蔵書のうち、スコットランド史とスコットランド法に関する蔵書以外、すべての蔵書、つまり全蔵書の八割ぐらいが競売されることになったのである。

大英帝国の良き時代の有名図書館の壮麗な大閲覧室のテーブルの上に、だいたいのテーマ別に本の小山が無数に作られた。一つひとつの山をロットと読んでいた。本の数が膨大なので、一冊一冊のオークションはやっておれなかったのである。それは見事な、否、痛ましい小山の群れであった。世界中から古書店がやって来ていた。

ハンマーを振るのはロード・ジョン・カーであった。その四分の一世紀前に彼と私は、オックスフォードでは食卓で隣り同士――彼が私の左側――であった。イギリスには数少ないカトリック貴族で、伯爵家の息子とのことであった。二十年近くも会わないでいるうちに彼は堂々たる恰幅《かっぷく》で、白い物の混じった髯《ひげ》も貫録を添えていた。

シグネット・ライブラリーが最も栄えたのは、ネイピア（M. Napier, 1776-1847）が館長をしていた時代である。彼は『ブリタニカ百科事典』の第六版に対する有名な補巻（六巻）を編集し、さらに同百科事典の出色《しゅっしょく》の第七版（二十四巻）の総編集長でもあった。

ブリタニカの圧倒的な権威もあって、彼のところには贈呈本も多かった。また、彼自身が書物好き《ビブリオファイル》であり、ヴィクトリア朝の大英帝国の富強を背景に稀覯書《きこうしょ》も買い集めた。その偉大なる蒐集《しゅうしゅう》がロットの群れとなって、競売に付されたのだ。書物のオークションとしては空前の規模だったのではないか（しかし、この有名な図書館の悲しい運命を嘆いたり、それに反対する記事が当時のエデンバラの新聞には一つもなかったことは奇異な感じがした。図書館員の給料のためと聞いていたが、国が貧《ひん》すると人々はそこまで鈍《どん》するという例を見たような気がした）。

ロットのなかには、私の欲しい本も混じっていた。名前だけは知っていて、実物を初めて見る本も多くあった。特に私はその時、イギリスの国学史を構想していたので、新刊では存在しない本で私が欲しいと思っていた本もあった。それはいくつかのロットに散在している。

　それで、日本に帰ったら見ることが絶対できない本の群れの誘惑に負けて、いくつかのロットを入手した。小さいトラックに山積みになるくらいの量であった。

紙で稼いで紙を買う

　定年退職の前に蔵書のカタログを作るように雄松堂の新田満夫社長に勧められ、彼のご推薦の植田覚先生のお力を得て、それを完成することができた。すなわち、*Bibliotheca Philologica Watanabeiensis*（雄松堂、二〇〇一年、xxvi+673pp.）である。フォリオ版（30cm×21cm）で七百ページ近いものになった（日本、シナ、朝鮮などに関する非西洋語本は入っていない）。

　このカタログを雄松堂書店から送られたケンブリッジ大学のパーカー図書館長のド・ハメル博士から、新田氏に手紙が来た。そのなかに、「この蔵書は私が知るイギリスのいかなる個人蔵書《プライベート・ライブラリ》よりも英語文献について総合的である」という主旨の言葉があった。ド・ハメル博士はオックスフォードで学位を得、サザビーの古書鑑定の仕事をし、いまはケンブリッジの他にオックスフォードでも古文書関係の講座を持っているイギリス第一の書物通である。

　その人にこう褒められては感激する他ない。なにしろ私が大学院を卒業するまで、イギリスに注文して買った本は二冊しかなかったのだから。

しかし、ド・ハメルさんの称賛には少し誤解があるように思う。というのは、シグネット・ライブラリーから買ったロットのなかには、私の専門に関係もなく、関心の対象でもない稀覯書もかなり混じっているからである。

ところで、こういう豪奢《ごうしゃ》な本の買い方ができたのは『知的生活の方法』のおかげであった。印税は三和銀行に振り込まれ、これを義兄が転送し続けてくれたからである。八ケタの金額になる買い物を家内に相談しないで買えるということは、ハマトンの言うインデペンデントな身分というべきなのではないか。

シグネット・ライブラリーの場合に限らず、貴族の邸で行われた書物のオークションやら、いろんな古書店を訪ねての買い物やら、誰にもお金のことは相談しないで自由にやれた。そのため、帰国する頃には印税のほうはほぼ空になっていた。しかし、「紙（本）で稼いだものは紙（本）に使うんだ」と公言していたのだから、それを文字どおり実行したことになる。当時の為替《かわせ》相場は、日本を発つ時は一ポンド五百円であったが、帰る頃は三百五十円ぐらいになっていた。

あの頃、『知的生活の方法』が爆発的に——一回の刷りが五万部とか十万部とかあった——売れたのは、やはりあの頃は日本の社会が豊かに落ち着いてきたからだと思う。

ハマトンが『知的生活』（一八七三年）を書いたヴィクトリア朝後半のイギリス社会も、そういう本への欲求が出る条件があったのではないか。

こんなことを言ったらイギリス人のミルワード先生も同感されて、先生も知的生活に関する本をお書きになった。

「英語がよい」という千葉先生のお奨めで読み出したハマトンだが、本当に読めば読むほど好きになる英語なので、彼の著作はたいてい集めている。そのなかでも『知的生活』やその他の著書の手書きの原稿まで入手できたのは、運が好かったからである。

彼が創刊したイギリスの一流美術雑誌『*The Portfolio*』（紙ばさみ、画帳）の二十四年分の堂々たる合本《がっぽん》二十四巻は、アメリカの富豪の家にあったものが転がり込んできた。それとは別に、ボケ予防の一環として毎朝音読することを始めた最初の本は、彼の『人間関係』（*Human Intercourse*、一八八二年）である。

文章も内容も、『知的生活』よりさらに成熟している感じがある。こうして彼の本を片っ端から音読しているうちに、私の教える上智の英文科の生徒にもハマトンの英語の「クセのない暢達《ちょうたつ》さ」を伝えたいと思うようになって、『知的生活』を教科書に使った。そして試験は、「その一部を和訳したものを復文させる」というものであった。学生諸君がどう感じたかは知らないが、損にはならなかったはずだと思っている。

ちょうどこの授業の時、何度か私を糾弾《きゅうだん》する団体が教室に押し入ったが、それは読んでいる『知的生活』とは正反対の現実であった。

――ハマトンの『知的生活』は十九世紀の七〇年代以降のイギリスのベストセラーであったから、その存在に妙なところで出会うことがある。

ハマトン人気の広がり

たとえば、十九世紀末から二十世紀の二〇年代まで奉天（いまの瀋陽《しんよう》）で伝道医師として活躍したD・クリスティの回想にも出てくる。

「〔拳匪《けんぴ》の乱の後で奉天が暴徒の荒らすままになり、クリスティの病院も自宅も完全に掠奪《りゃくだつ》、放火されてしまった〕我々は焼け跡から陶器や装飾品の破片を見出すことが出来た。一人のロシヤ兵が衛門《ヤーメン》の建物の中から見つけた英語の本を一冊私に渡した。

それは、ハマートンの〝知的生活〟で高地《ハイランド》にいる私の老叔母に著者から贈られたものであるから、私にとりて貴重な本であった。他に沢山の物が亡んだのに、このみすぼらしい古本が残ったのは不思議なことである」（クリスティ著、矢内原忠雄《やないはらただお》訳『奉天三十年』下巻、岩波書店、昭和十三年、二百十二―二百十三ページ）

スコットランドのハイランドに住む高齢の婦人が、極東の満州で伝道医師をやっている甥《おい》にわざわざ贈ってやるほど、ハマトンの『知的生活』は人気のある本だったのである。

十九世紀後半に圧倒的に人気のあったサミュエル・スマイルズの『セルフ・ヘルプ』（自助論）が、主として労働階級《ワーキングクラス》や中流下層階級《ロウワー・ミドル・クラス》（サッチャー女史の生家など）でよく読まれたとすれば、ハマトンは中流上層階級《アッパー・ミドル・クラス》、知識階級によく読まれたと言ってよいであろう。

日本での受容はどうであったかについては、石川林四郎《いしかわりんしろう》の言及がある。

「……Hamertonの論文が当時の英学会を風靡《ふうび》したことは想像も及ばぬほどで、その反動として一時閑却される傾《かたむき》もあったが、結局その平明暢達な文体は、論旨や問題を別としても、教科書として絶好の読みものたるを失はぬ」（Selections from Human Intercourse by P.G. Hamerton, 研究社、昭和三年、これは石川がハマトンの著書に英語による注釈を加えた本の序文）

石川はまた、

「〔ハマトンは〕議論の穏健なことで、論鋒《ろんぽう》は一向鋭くないが主張が十分に徹底してゐる……」（同上）

とも言っている。石川は明治学院から東大英文科に進み、ラフカディオ・ハーンの教えを受け、六高教授、東京高師教授、東京文理大教授、英語教授研究所所長を務めた人で、当時は「一番英語のできる人」とも言われていた。六高教授に、大学を出ていない明治学院の後輩の佐々木邦《ささきくに》を推薦した人でもある。

われわれには、戦中の中学校時代から『最新コンサイス英和辞典』の編者として知られていた。

革命と知的生活の関係

石川が注釈したハマトンの『人間関係』と同じ本に、解説も注釈もなく、原本から十一の章を抜いて印刷した味もそっけもない本がある。

ただ巻頭に英文で言い訳（Publisher's Note）がついていて、「書物を美術品とは見ないで、とにかく安く読者に提供することにした」という主旨の言葉がついている（P.G. Hamerton, Human Intercourse[select Essays]、三省堂、大正十五年、198pp.）。

極度に簡素な本でありながら、表紙にハマトンの正面の顔が刷ってある。これはある先生（残念ながら名前を忘れた）が勝手に空想で画いたもののことであるが、その後のハマトン関係の本には、それとは知らずにこの肖像画が使われることがあったそうだ。ハマトンの顔写真はハマトンの自伝（夫人が補足）の巻頭にあるが、当時はまだ自伝は輸入されていなかったのかもしれない（*Philip Gilbert Hamerton: An autobiography …and a memoir by his wife* …London: Seeley, 1897, xviii+641pp.）。

しかし、この写真は横顔である。三省堂版は正面の顔であるが、似てなくもないところが面白い。

明治初年から大戦に突入する頃まで、ハマトンは日本で読まれ続けた。私の持っているハマトン関係の本でもっとも大戦勃発に近い時点のものは、研究社英文譯注叢書《そうしょ》のなかの清水繁訳注の『人間関係』(*Human Intercourse*、百七十三pp.)であるが、これは昭和十四年第七版(初版は昭和六年)である。

イギリスではマクミラン社から私が生まれた頃に廉価版が出て、私はそれを持っている。だから、昭和の一ケタ頃まではハマトンは売れ続けていたことになる。アメリカではハマトンの選集十一巻が彼の最晩年に出版されているから、ハマトン人気も大したものだったと思うが、個々の作品がいつ頃まで刷り続けられていたかは知らない。

しかしたしかなことは、第二次世界大戦に近くなった頃からハマトンは次第に読まれなくなり、大戦中や大戦後は全く忘却の淵に沈んでいたのである。この現象の説明は容易である。ロシア革命が起こり、共産主義が知識人の関心の的となり、それに誘発されてドイツではナチス、イタリアではファシズム、イギリスでも共産主義を容認する社会主義が勃興してくると、知的生活みたいな暢気《のんき》なことは言えなくなったからである。

日本では英語の副教科書として大戦直前まで刷られていたが、これは日本の教育は大戦四年目まで教科書が変えられなかったという特殊事情によるものだろう（私が昭和十八年に中学に入った時の英語教科書はキングズ・クラウン・リーダーズで、当時の敵国・イギリスの王冠が表紙に刷ってある）。

神田から消えた「ハマトン」

大戦後は、どこの国も復興と経済発展が国民の大関心事ではあった。それに依然として社会主義的思想が強かった。知的生活どころではない。私がハマトンの『知的生活』を手本に英作文の勉強をしていた頃の日本もそうであった。あれだけ翻訳し、暗記しても内容が少しも頭に入らなかったのも、おそらくあの時代の雰囲気のためもあったと思う。

それから二十年も経ったら急にその内容にひかれたのは、日本も高度成長期の一段落がついて世間も少し落ち着き、私の生活もなんとなく落ち着いた感じが出た時であった。サラリーマンの間でも、「モーレツ」という合言葉が聞かれなくなった頃だと思う。『知的生活の方法』が出るまで、神田の古書店街でハマトンの原書を見つけるのは容易であり、『インテレクチュアル・ライフ』は五百円ぐらいが相場だった。それが一斉に書棚から消えたのである。

それで英米の出版社に注文が殺到したらしく、二、三の出版社が『インテレクチュアル・ライフ』の新版を出した（版権は消えている）。私は戦前のいろいろな版やアメリカの選集版も持っているが、この戦後の海賊版も参考のため、神田の古書店で入手した。一万円であった。

ボストンの Little Brown という会社が出版したことになっているが、出版年の記載もなければ、議会図書館の出版データも付いていない。つまり、ハマトンの原文だけを刷って作っただけの粗製の本だが、内容だけ読む分には差し支えない。こんな本なら、日本の個人でも作って儲けることができたのではないかと思う。

私の本が出たために、百年前に出て忘れられていた本がアメリカなどで復活したことは愉快である。そんなことはその後も起こるのだが。

ハマトンの著作については、当時の傑出した文献学者でブリティッシュ・ミューゼアムの司書であったリチャード・ガーネットが、エッセイストとしてのハマトンの著作五点を挙げ、それぞれの分野において「最高の価値（the highest merit）がある」と『大英人名事典』にも書いているように、実によい文章である。

読書のための読書

日本で読まれているのは『知的生活』と『人間関係』くらいであるが、特に目的もなく、読書のための読書としてよい英語のエッセイを楽しみたい人には奨めたいハマトンのものが他にいくつもあるが、特に私に面白くて有益だったのは『自宅の廻りにて』（*Round My House*）である。

これは、フランスの教養ある婦人と結婚してフランスに長く住んでいたハマトンの、フランス人とその習慣についての観察である。私はこの本によって、誰も教えてくれなかったフランスのことを多く学んだ。

そんな話をルイ・アレンにしたら、驚くようなことを言ってくれた。彼はダラム大学でフランス語を学んだが、その時、ハマトンのこの本をフランス語に訳すという授業があったというのだ。ハマトンの本がフランス人を知るためのいい本だという認識がイギリスの大学にあったというのが、面白かった。

ルイ・アレンはのちに、この本の第三版（一八七六年）をお土産に持って来てくれた。書き込みを見ると、一九八四（昭和五十九）年の十二月にもらったことになっている。ルイ・アレンはビルマの戦場についての浩瀚《こうかん》な本を書いた戦史家であるが、私の小著『日本　そして日本人』（祥伝社、昭和五十五年、二百四十二pp.）を序文をつけて英訳してくれた人である（*The Peasant Soul of Japan*, London: Macmillan, 1989, xiii+197pp.）。彼は私のところに相当長く滞在していたのだが、その割にはゆっくり話し合う機会がなかったことをいまでも残念に思っている。頑丈そうな男であったが、いまや亡き数に入っている。

「大人の世界」を知るために

子供の頃から私は先生を尊敬するクセ（？）があって、先生の勧められる本をよく読んだのであるが、大学院に入った直後に、自分自身で求めて読んで人生のうえに大きな影響を受けた本がある。それは、本多静六博士の『私の財産告白』（実業之日本社、昭和二十五年、二百六pp.）である。

この本は私がまだ大学生の頃に出た本であるが、出版された頃は関心がなかった。ところが、大学を卒業して学生寮の仲間もそれぞれ就職先が決まった頃に、ハッとするようなことを言われたのである。それを私に言ったK・K君は頭もよく、人柄もよい男で、当時有名な外資系の会社に採用が決まった。私は大学院に進むが、就職はカトリック女子学園の中学校の非常勤である。そんな就職の話をし合った時、K・K君はこう言った。

「昇チャンもとうとう女の子たちの相手かね」

彼に悪気はなかったが、貧乏・弊衣・破靴の私が、いわゆるブルジョワ学園の女子中学生の教師になることに、一種の違和感か、対照の面白さを感じたのであろう。その時、彼は明らかにアメリカ系の会社に入って、大人の実業家たちを相手にすることになるということに誇りを持っていると感じられた。

そのあとで自室に戻って考えてみると、自分は「大人の世界」については何も知らずに来ているし、これから入る世界も大人相手でない。自分の教養（?）の欠陥に、いまさらの如く気付いた。

つまり、大人の社会がどういう仕組みになっているのか全く知らず、また無関心で来たことに気付いたのである。K・K君は経済学部であったから、そういうことについての関心も知識もあり、彼の眼から見ると私は幼稚に見えたのではないかと思った。

それで社会の仕組みを知るために勉強しよう――といっても自分で本を読むだけであるが――と決心したのである。そして、法律や経済学の入門書から読むのが普通かもしれないが、私はここでもズレていて、数年前に評判になった本多先生の本を読もうと思った。本多先生の名前は『キング』で子供の時からお馴染《なじ》みだったし、例の評判の本が「人の書かない世間の実体を書いている」という主旨の書評を新聞か何かで読んだ記憶があったからである。

人間に関する本当の話

それ以降、私は本多先生の崇拝者になり、言い方を変えてよければ本多教の信者であり続けている。本多先生の御本はいまも売れ続け、読まれ続けているので内容については言うことはないであろう。良書中の良書だ。

その後の私の生活において、経済面とか子供の教育面とかであまり困ることがなかったのは、その多くを本多先生の御本に負うものであると自覚している。本多先生の記念行事がその郷里で行われた時、その時のスピーチをする者として、本多先生のお孫の健一氏（東京工芸大学学長）と私が選ばれたのは思いがけない喜びであり、光栄であった。

本多先生の本とともに、その頃、偶然に古書店で手にとってみて買った本に、高柳米翁の『家を富ます道』（富之研究社、昭和二十七年、二百四十九＋百三十二＋二百八十＋四pp.）がある。私はこの本をしばらくの間、午前零時から眠くなるまで読むことにした。そして、この本を二度ばかり読み終えた時、経済学部を出たK・Kよりも何倍もの経済知・世間知・人間知を得たような気がした。

その後の私の世間とか経済についての実践的な知識は、本多先生と高柳翁から学んだことから本質的に進んでいないと思う。

人間に関する本当の話はしばしば通俗書の形で表れることを、いまや傘寿《さんじゅ》を数年超えた私は実感している。

三、奇跡のような偶然と幸運

「不幸に見えても実は有り難いこと」（a blessing in disguise）という言葉の真実性を、自分の人生において何度、実感したことであろう。その一つは、私は日本において英語学・言語学の指導教授にめぐり会わなかったことを挙げなければならない。

英語を専門にすることに決めたのは、中学五年・高校三年（学制改革があったのでこんな順序になる）の時に、佐藤順太先生に英語を教えていただいたおかげである。そして、大学進学後も佐藤先生のお宅に出入りしているうちに、英文学は個人としてやったほうがよく、大学では英語学をやりたいと思うようになった。しかし、当時の上智大学には英語学の専門の先生はおられなかった。

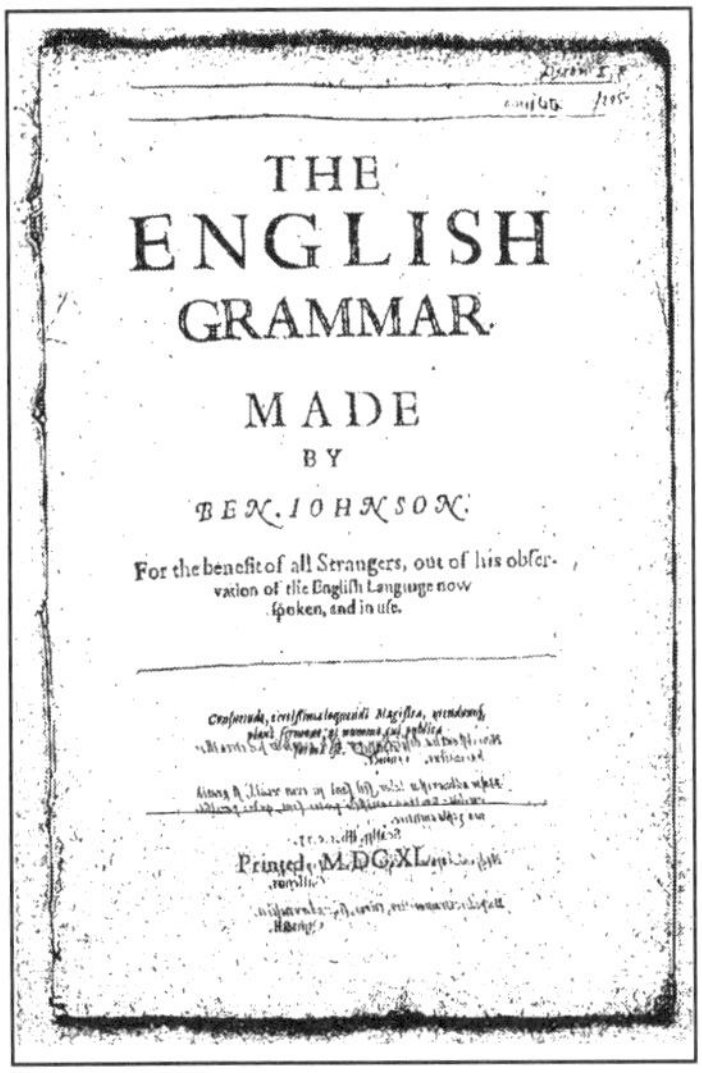

ベン・ジョンソン『英文典』

ケンブリッジ大学を出られたM・Y先生は、元来が物理学者であり、英文の文法的説明はよくできなかった。あとで知ったことだが、夏目漱石が旧制第五高等学校で教壇に立った時に評判がよかったのは、文法の説明が的確だったからだとのことである。

漱石の前任者はアメリカでバチェラーの資格を取った人で、英会話は上手であったかもしれないが、学生が納得できるように文法的に説明できなかったのである。五高の知的な学生たちが夏目先生を歓迎したのは、文法的な説明が明快だったためであった。

上智のM・Y先生は、英語はできても英語の説明は不得意だったので、われわれ英文科の学生たちはその旨を学事部に言って、M・Y先生をクビにしてもらった（M・Y先生は教養の物理学のみ担当ということになり、かえって喜んでおられたようである）。

書物愛好家の刈田先生

専門課程に進んだ時、東京教育大学から小林智賀平《こばやしちかひら》先生が、非常勤講師として来られることになった。小林先生は英語学・言語学で優れた方であったが、病気がちで休講もあり、まとまった知識を与えられた記憶はない。ただ、ボー（A.C.Baugh）の『英語史』（*A History of the English Language*: London, Routledge &Kegan Paul, 1951, xi+509pp.）を教室で推薦していただいたことは有り難かった。

ただ、この先生から個人的な指導を受けることはなかった。というのは、春休みに先生の御自宅を訪問し、しばらく話していたら、急に「君は大泉や刈田のスパイで来たな」

と言い出されたのである。そんなことは夢にも考えたことがなかった私は呆然としてしまった。

すぐに夫人が出て来て、私にお詫びを言って送り出してくれた。何が何だかさっぱり解らない話だった。あとで知ったことによると、小林先生は神経を病んでいらっしゃったので、上智の非常勤はやめさせられたとのことであった。

そういう話が学長の大泉先生や学科長の刈田先生との間で進められていた——いたかもしれない——ことを、一学生の私が知るはずがない。私としては、尊敬する英語学者・言語学者としての小林先生の謦咳《けいがい》に接し、英語学をやってゆくうえのヒントになる話を窺《うかが》えれば幸いだというつもりの表敬であった。

しかしこのようにして、上智でお会いすることのできた唯一人の本物の英語学者の指導もアドヴァイスも受けることができなくなってしまったのである。

学科長の刈田先生は、のちに日本アメリカ文学会の会長になられた米文学者である。この方は戦前に上智からアメリカに留学され、上智の卒業生では最初に英語の先生になられたということもあってか、学生を大切にされた。

授業は「英文科」ということもあって、ブランデンの講義録、ミルトンの『パラダイス・ロスト』、大学院ではシェイクスピア以外のエリザベス朝劇作者たちという工合で、まだアメリカ文学の講義はなかった（アメリカ文学はアメリカ人の教授が担当していた）。

私は授業とは別に、よく刈田先生のお宅にお邪魔した。先生の御一家が郷里に帰られた時には、私一人が年若い女中さんと二人きりになるが、留守番で住み込むよう頼まれたこともあった。

それは、学生の私が品行方正《ひんこうほうせい》で若い女性と一緒に住まわせても大丈夫という信頼に基づくものであったが、いまから考えると、そういう信頼を受けることが若い男として名誉なことかな、と思う。

もちろん先生の信頼に背くことはなく、その若い新潟出身の女性とも何もなかったが。

このように、刈田先生とは特別親しくしていただいた。また、先生は当時は稀な書物《ビブリオ》愛好家《ファイル》で、珍しいものをお持ちであった。大学院生の時、何か別の用事でお伺いした折に、先生は「君は英語学で修士論文を書くと言っていたね」と言われながら、「こんなのもあるよ」と言ってベン・ジョンソン（Ben Jonson, 1572-1637）の一冊本の全集を示されたのである。

そのなかに『英文法』（*The English Grammar*）が含まれていた。私は、大学院でこそ念願の英語学の論文を書きたいと思ってヘンリィ・スウィートの本などを読んでいたのであるが、指導教授もいないので、テーマが一向に定まらないでいたところであった。とにかく、そのジョンソンの全集を借りて帰った。

「英文法」のことならたいてい解っているつもりで開いたが、ほとんど何のことやらわからない。それでこれを読解することを修士論文のテーマにすることにした。

残念ながら、この時のジョンソンの版はわからない。珍しい版を見つけられた刈田先生が私に見せて下さったものだと思う。これを使っているうちに装幀が崩れたので、丁度その頃、製本を習っておられた神藤先生の夫人に装幀し直してもらって刈田先生にお返しした。

いまから考えると、傷んだままお返ししたほうが古書価値を下げなかったかもしれないが、その頃は「古書は修繕すべからず」ということもまだ知らずに、「いいことをした」と思っていたのである。

ただ、あのジョンソンの一冊本はそれほど古い時代のものでなかったから、修繕してもよかったかもしれない。

英文法書にも歴史がある

このような偶然の結果、私の修士論文のテーマは『ベン・ジョンソンの英文法』ということになった。アメリカ文学者の刈田先生にしてみれば、テーマを与えたという意識はなく、珍しいジョンソンの全集一巻本を見つけたので、大学院生で英語学をやりたがっている私に本を見せてくれただけの話だった。

しかし実質上は、修士論文の英語学のテーマをアメリカ文学者からいただいたことに違いない。まことに人生は偶然の連続だ。

ジョンソンについては英文学史的知識は一応持っていたし、その劇作も一つ二つ読まされていた。そしてジョンソンが、シェイクスピアのほぼ同時代人で、当代一流の古典学者でもある劇作家ということも知っていた。

またジョンソンは、シェイクスピアの最初の全集（第一フォリオ版・一六二三年）に彼を追憶する長詩を寄せた人、またシェイクスピアの知識を“small Latin and less Greek”（ラテン語はあまり知らないし、ギリシャ語はさらに知らない）と評した人物として知っていたが、英文法書を出版しているとは知らなかった（死後三年の出版で、一六四〇年）。

このジョンソンの『英文法』体系が現代のものとあまりに違っているのに驚くと同時に、その内容を理解するのに苦しんだ。刈田先生は学界で顔の広い方であったので、ジョンソンについて物を書いている東京教育大学の先生を紹介して下さった。

また、ロゲンドルフ先生は東大の英語学の先生のクラスに出られるようにも取り計らって下さった。

こうした日本の有名な英語学者から受けた学恩は大きいが、こと英文法の歴史になるとこうした英語学の大家も全く御存知ないか、無関心であられた。

私は一六四〇年に刊行されたジョンソンの英文法書を読んで、英文法書にも歴史があるはずだと考えるようになっていた――哲学に歴史があるように。しかし、その疑問に答えて下さる方は日本中にいないと思わざるを得なかった。

それでも何とか、ベン・ジョンソンの英文法の本を私の理解できる範囲で解釈して修士論文にした。その半年後に奇跡のような偶然があって、英文科助手の私がドイツに留学することになった。

三百ページの学位論文

ドイツ（ミュンスター大学）につくと、すぐにそこの英語学教授のカール・シュナイダー先生に「英文法の歴史を調べたいので博士論文の指導をお願いしたい」と英語で言うと――ドイツ語会話は日本では全くやっていない――先生はびっくりなされた様子で、「突然、論文の指導をと言われても困る。何か書いたものがあるなら見せて欲しい」ということだった。

幸いに私の修士論文は英語で書いてあったので、航空便で上智大学から送ってもらった。その論文はシュナイダー先生から、さらにハルトマン先生に渡された。そして、お二人の先生がともに私を博士候補（Cand. Phil.）として認めて下さったのである。

さすがドイツは千葉先生の言われた如く、英語学の先進国であり、英文法の歴史の研究の基礎となる古い英文法書の復刻が戦前から行われ、通史になるものも第二次世界大戦中にベルン大学教授のオットー・フンケがドイツ語で出していた。

そうした文献のあること、それらが学科図書館や大学中央図書館に揃っていること、それで足りないものはヨーロッパの他国の図書館からも取り寄せることなどを体験して、私は昂奮することが多かった。

それで知ったことは、英文法の歴史については英語で書かれた論文や書物は一点も一冊もないことであった。日本の英語学者たちは、イギリスやアメリカで出たものがあれば、それを知らないはずはなかった。もちろんドイツ語を読む学者もおられたが、英文法の歴史に関するものは視野に入らなかったらしい。

そこで、私は文法というものの歴史、ゲルマン語、特にドイツ語と英語の文法の歴史をゼロから考えてみたいと思った。指導する先生が有能・親切であったこと、資料がよく使えたこともあって、私の学位論文は、英文法が発生する背景および発生した時からの約百年間を扱って完成した。

ドイツ語で印刷して三百ページの本になった。印刷や出版は全部、ドイツの大学や機構が引き受けてくれた。私は一銭も使わなくて済んだのである（私に奨学金以外、お金があるわけがない）。これが私の二十八歳の時である。「大なる称賛を以って　博士号」(Dr.

phil, magna cum laude）を与えられるとともに、オックスフォードへの特別旅費まで与えられてドイツと別れた。

自分の好きなことに従うべき

いまふり返ってみると、いくつかの幸運の原因が思い当たる。

第一には、日本の大学での修士論文を英語で書いたことである。留学した時に、その大学の先生に見せるものがあるということが重要であった。相手に日本語の論文を読むことを期待できない。

あとになって、私は自分のゼミの学生にも「よい英語で修士論文を書くように」と勧めてきた。これに対して感謝してくれる元学生たちがいることは嬉しいことだ。

第二に、指導教授のいなかったことである。もしいたならば、当時、流行しかけていた構造言語学を勧められたかもしれない。しかし、私は指導してくれる教授がいなかったため自分の興味、関心事を追求してゆくより仕方なかった。それがたまたま英語学のなかの盲点であり、英文法の起源や発達を研究したイギリス人学者やアメリカ人学者が一人もいなかったことである。

それでいまも、自分の関心事に忠実であるように若い学者に言うことにしている。刈田先生は英語学者でなく、珍しい本を私に見せて下さったのだ。

第三には、そのせいか私は学問の流行に気を留めなくなった。構造言語学も教えさせられたこともあり、またそれに関する書物も出したが、同時にその限界をも指摘し続けてきた。生成文法論も、むしろフンボルトに対する関心を深めるだけであったし、認知言語学のやっていることより、修辞学のほうが文法的に意味があるように思われる。

第四には、イギリスやアメリカの英語学者や言語学者の仕事には敬意を払って勉強させてもらっているが、私の関心事がずれていたり、自分の関心と違う時には、必ずしも日本の英語学者のほうが先験的に劣っていると思い込むことはできなくなった。私のイギリスの国学史に対する考え方や、語源に関することなどがその結果である。

第五は、専門には直接関係ないが、人文系の人は自分の好きなことに従うべきだという信念――わがまま――に安住するようであるべきだと思うようになった。この頃のように変化の激しい時こそ、教壇に立つ人文系の学者たちには、こうした晏如《あんじょ》の気持ちが欲しいと思う。

ギリシャ哲学者のことを本当に理解したのは、その子孫のアテネ人でなく、後世の西ヨーロッパの大学の人たちであったし、周《しゅう》の時代の古代シナ文化の真の理解は、いまの中国人ではなく幕末・明治の頃の日本人らしいし、よき時代のイギリスのエッセイを理解するのは日本の学校の先生でありうるのだ。

二年以上にわたって連載させていただいたことは、私が二十五歳までの恩師や書物とその関係の話である。

そして、二十五歳の誕生日の頃に私は西ドイツに渡った。それからは、私にとって別次元の世界が始まったように思われる。

この時、私が一人で作った連歌（言語矛盾ですネ）が残っている。私はドイツに『猿《さる》蓑《みの》』（岩波文庫版）を持って行って、連歌みたいなものを一人で作り続けていたのである。その一部にこう書いてある。

青春の　夢はいづこに　果つるらん
西を望めば　切れる薄雲

ドイツからイギリスに向かう時の気分は、まさにこうだった、とあれから六十年経ったいまも記憶に鮮やかだ。

ミュンスター大学での恩師、シュナイダー先生やハルトマン先生の言葉、またそこから出発した読書体験。また、オックスフォード大学のドブソン先生やイギリスの古書店などの体験。いずれも私にとって貴重であるが、それについて語るには別の時と別の形式が適当かもしれない。

一遅進児の二十五歳までの憶い出の話を長い間、連載することを許して下さった『月刊Ｗ·ｉＬＬ』の花田紀凱編集長と、毎回読みにくい原稿の整理をして下さった梶原麻衣子さん、毎号の写真を撮影して下さった佐藤英明さんに深く感謝いたします。

本書は『ＷｉＬＬ』二〇一一年七月号から二〇一四年一月号まで連載された「書物ある人生」をまとめ、加筆したものです。

渡部昇一 わたなべ・しょういち

1930年(昭和5年) 山形県鶴岡市に生まれる
1937年(昭和12年) 鶴岡市立朝陽第一小学校入学
1943年(昭和18年) 鶴岡中学校(旧制)入学
1948年(昭和23年) 学制改革により、山形県立鶴岡第一高等学校三年生に
1949年(昭和24年) 上智大学文学部英文学科入学
1953年(昭和28年) 同大学を卒業し、上智大学大学院西洋文化研究科
1955年(昭和30年) 同大学院研究科修士課程卒業、上智大学大学院西洋文化研究科助手任命
ドイツ・ミュンスター大学留学
1958年(昭和33年) ドイツ・ミュンスター大学よりDr.Phil(哲学博士号)を受ける
イギリス・オックスフォード大学ジーザス・カレッジ寄託研究生
1960年(昭和35年) 上智大学文学部英文科講師、助教授を経て教授となる。その間、英文学科長
大学院研究主を二期務める
1968年(昭和43年) Fulbright-Hayes法によるVAPP教授としてNewJersey、NorthCarolina
Missouri、Michigan各州の六大学において半学期ずつ一年間講義
1976年(昭和51年)『腐敗の時代』で第24回日本エッセイストクラブ賞受賞
1994年(平成6年) ドイツ・ミュンスター大学より「卓越せる学問的貢献の故に」
Dr.Phil.h.c.(名誉哲学(文学)博士号)を授与
2001年(平成13年) 上智大学名誉教授
2015年(平成27年) 瑞宝中綬章授与さる

――現在までに、日本英文学会理事・評議員(8期)、国語審議会委員、臨時教育審議会専門委員(大学・専門学校)、大蔵省税制調査会特別委員、通産省産業構造審議委員会臨時委員、グレイトブリテン・ササカワ財団理事など歴任。現在は、イギリス国学協会会長、日本ビブリオフィル協会会長、日本財団評議員、野間教育財団理事、日本ウェルエージング協会理事、日本科学協会理事を務める。

主な著書
『英文法史』研究社、1965年
『英語学史』大修館書店、1975年
『イギリス国学史』研究社、1990年
『知的生活の方法』講談社現代新書、1976年
『ドイツ留学記』講談社現代新書、1980年
『アングロサクソンと日本人』新潮選書、1987年
『ヒルティに学ぶ心術 Glück 渡部昇一的生き方』致知出版社、1997年
『知的余生の方法』新潮新書、2010年
『渡部昇一「日本の歴史」全七巻』ワック、2010年――その他多数

訳書
P.G.ハマトン『知的生活』(下谷和幸共訳)講談社、1979年
アレキシス・カレル『人間――この未知なるもの』三笠書房、1986年
アレキシス・カレル『人生の考察』三笠書房、1981年
フランシス・フクヤマ『歴史の終わり』三笠書房、1992年
『G・K・チェスタトン著作集 評伝篇1 チョーサー』(福士直子共訳)春秋社、1995年
――その他多数

Origin of
Shoichi Watanabe

渡部昇一
青春の読書

2015年5月29日　初版発行

著　者　渡部昇一
発行者　鈴木隆一
発行所　ワック株式会社
〒102-0076
東京都千代田区五番町4-5 五番町コスモビル4F
電話 03-5226-7622
http://web-wac.co.jp/

印刷人　北島義俊
印刷製本　大日本印刷株式会社

ISBN 978-4-89831-432-6